DIRITTO COMMERCIALE INTERNO E INTERNAZIONALE

Collana fondata da

P. ABBADESSA - C. ANGELICI - G.F. CAMPOBASSO - A. CERRAI - A. MAZZONI

proseguita da

ASSOCIAZIONE GIAN FRANCO CAMPOBASSO

PER LO STUDIO DEL DIRITTO COMMERCIALE E BANCARIO

sotto la direzione di

P. ABBADESSA - C. ANGELICI - A. MAZZONI

Sezione Raccolte di Studi – 15

EFFICIENZA DEL MERCATO
E NUOVA INTERMEDIAZIONE

EFFICIENZA DEL MERCATO E NUOVA INTERMEDIAZIONE

a cura di

Enrico Ginevra

G. GIAPPICHELLI EDITORE – TORINO

VIA PO 21 - TEL.: 011-81.53.111 - FAX: 011-81.25.100

http://www.giappichelli.it

ISBN/EAN 978-88-921-1883-6

Composizione: La Fotocomposizione - Torino

Stampa: Stampatre s.r.l. - Torino

INDICE

IL PROBLEMA DELLA RESPONSABILITÀ FIDUCIARIA DEGLI INTERMEDIARI FINANZIARI

di *Enrico Ginevra*

GESTIONE DELL'INVESTIMENTO E RESPONSABILITÀ

di *Giuseppe Ferri* jr

I FONDI DI INVESTIMENTO ALTERNATIVI: I MODELLI REGOLATORI, IL MERCATO, L'IMPRESA PARTECIPATA

di *Marco Cian*

LA NUOVA DISCIPLINA DELLA GESTIONE COLLETTIVA. I SOGGETTI

di *Raffaele Lener*

GESTIONE COLLETTIVA DEL RISPARMIO: INQUADRAMENTO SISTEMATICO E CASI DUBBI

di *Eugenio Barcellona*

LA GESTIONE DI PORTAFOGLI E IL *BAIL-IN* DEI DEPOSITI BANCARI

di *Vincenzo De Stasio*

GLI AUTORI

MARCO LAMANDINI – Professore Ordinario di Diritto commerciale – Alma Mater Studiorum Università di Bologna

FRANCESCO CESARINI – Professore emerito di Economia delle aziende di credito – Università Cattolica del Sacro Cuore

GIORGIO GOBBI – Capo del Servizio Stabilità Finanziaria – Banca d'Italia

FILIPPO ANNUNZIATA – Professore Associato di Diritto degli intermediari e dei mercati finanziari – Università Bocconi di Milano

LUCA PISANI – Professore Ordinario di Diritto commerciale – Università degli studi della Campania

GIANLUCA GUERRIERI – Professore Ordinario di Diritto commerciale – Alma Mater Studiorum Università di Bologna

ANDREA PERRONE – Professore Ordinario di Diritto commerciale – Università Cattolica del Sacro Cuore di Milano

ANTONELLA SCIARRONE ALIBRANDI – Professore Ordinario di Diritto dell'economia – Università Cattolica del Sacro Cuore di Milano

UGO MALVAGNA – Assegnista di ricerca – Università Cattolica del Sacro Cuore di Milano

ENRICO GINEVRA – Professore Ordinario di Diritto commerciale – Università degli Studi di Bergamo

GIUSEPPE FERRI *jr* – Professore Ordinario di Diritto commerciale – Università degli Studi di Roma Tor Vergata

MARCO CIAN – Professore Ordinario di Diritto Commerciale – Università degli Studi di Padova

RAFFAELE LENER – Professore Ordinario di Diritto commerciale – Università degli Studi di Roma Tor Vergata

EUGENIO BARCELLONA – Professore Associato di Diritto commerciale – Università del Piemonte Orientale

VINCENZO DE STASIO – Professore Associato di Diritto commerciale – Università degli Studi di Bergamo

DALLA CRISI DEL CREDITO ALLA *CAPITAL MARKETS UNION*. UNA BREVE NOTA INTRODUTTIVA [*]

di *Marco Lamandini*

1. In due giornate così ricche di interventi specifici su molti dei cantieri aperti – a vario titolo – per la riforma o la "messa a terra" del diritto finanziario dell'Unione, il mio compito è solo quello di offrire un breve inquadramento iniziale di natura generale, che possa favorire una considerazione di sistema dei contributi specifici – di necessità assai più approfonditi di questo mio introduttivo – che saranno offerti dai relatori che mi seguiranno. Nel farlo muoverò naturalmente dalla prospettiva del Piano di Azione della Commissione sulla CMU del 30 settembre 2015 [1] e dalla sua assai interessante analisi economica di impatto [2], considerandone alcune prospettive evolutive.

2. Il titolo dell'intervento che mi è stato assegnato muove, intenzionalmente, dalla "crisi del credito". Ed è, naturalmente, un punto di partenza opportuno, solo che si consideri come il sistema finanziario europeo, e il segmento italiano ancor più, evidenzi un eccesso di dipendenza dal credito bancario. Come è stato ben illustrato da un recente, e importante, studio [3] gli attivi bancari rappresentano circa tre volte il PIL europeo e superano di oltre il doppio la dimensione combinata dei mercati azionario, obbligazionario *corporate* e del debito sovrano. Negli Stati Uniti il rapporto è invertito con i tre segmenti principali di investimenti finanziari sostanzialmente tra loro equivalenti in termini dimensionali (ma con il mercato azionario primo tra i tre e gli altri due seguenti sostanzialmen-

---

[*] Relazione al Convegno organizzato dalla Associazione Gian Franco Campobasso e dall'Università di Bergamo su "*Efficienza del mercato e nuova intermediazione*", Bergamo, 28-29 ottobre 2016. L'Autore è componente della Commissione di Riesame (BoA) dello European System of Financial Supervisors (ESFS), della Commissione di Riesame (Appeal Panel) del Single Resolution Board (SRB) e dello *Informal Group of Company Law Experts* (ICLEG) della Commissione Europea. Le opinioni espresse sono a titolo personale e non impegnano in alcun modo le istituzioni di appartenenza. Si applicano gli usuali *disclaimer*.

[1] COM(2015) 468 final.

[2] SWD(2015) 183 final.

[3] D. VALIANTE, *Europe's Untapped Capital Market*, CEPS/ECMI, Brussels, 2016, 73 ss.

te di pari dimensione). In Giappone, dove pure il mercato azionario è all'ultimo posto, esso è comunque percentualmente più grande di quello europeo e quello obbligazionario *corporate* è maggiore di quello bancario. In Cina si assiste ad un fenomeno simile a quello europeo, ma in tutt'altro contesto politico e macroeconomico e comunque con una percentuale di attivi bancari che resta tuttora inferiore rispetto a quella europea se misurata in rapporto al prodotto interno lordo. Non stupisce dunque che dall'avvio della crisi finanziaria del 2007-2008 si riconosca l'inevitabilità di politiche restrittive degli attivi bancari (e dunque di una "crisi del credito"); e anche di recente nell'ambito delle politiche macroprudenziali del Comitato per il Rischio Sistemico si è insistito sulla necessità di azioni decise volte a ridurre il ruolo – eccessivo – del settore bancario [4].

3. Il quadro si presenta ancora più preoccupante se si presta attenzione al fatto che, ove si analizzi il solo mercato dei capitali, quello europeo presenta una dimensione (relativa, rispetto al prodotto interno lordo) dei mercati azionario e obbligazionario *corporate* inferiore alla metà di quello nordamericano, mentre sono simili le dimensioni dei mercati obbligazionario bancario e del debito pubblico. Inoltre, i mercati azionario ed obbligazionario restano tutt'oggi largamente "compartimentali" su base nazionale, con troppo scarsa integrazione transfrontaliera. Ne deriva anche una eccessiva granularità di strutture di mercato tra Stati membri. Non mancano in altri termini Stati membri – come ad esempio l'Olanda – il cui mercato azionario e obbligazionario *corporate* è quantitativamente molto sviluppato (totalizzando oltre 4 volte il prodotto interno lordo), benché nel paese esista anche un sistema bancario significativo (con ciò evidenziandosi che non necessariamente ricorre una correlazione inversa tra i due settori); a fronte di ciò numerosi sono gli Stati membri il cui mercato di capitali è troppo piccolo e quello azionario eccessivamente ridotto (e l'Italia, naturalmente, è tra questi). Indicativo di squilibrio – seppur di segno opposto – è ovviamente anche lo sproporzionato rapporto tra mercato dei capitali e prodotto interno lordo di alcuni piccoli Stati membri che operano da "*hub*" finanziario (esemplare il caso del Lussemburgo il cui mercato dei capitali capitalizza circa 180 volte il prodotto interno lordo; ma interessanti sono anche i casi di Irlanda, Malta e Cipro).

4. Il grado di eccessiva dipendenza dal finanziamento bancario che, malgrado la crisi, tuttora connota, complessivamente – seppur con variazioni significative su scala nazionale – l'industria europea emerge nitidamente anche dall'esame dei dati che si riferiscono alla struttura finanziaria delle imprese europee. In

---

[4] M. PAGANO & AL., *Is Europe Overbanked?*, Report n. 4/2014, ESRB, Advisory Scientific Committee.

termini relativi, le imprese europee dipendono per oltre il triplo di quelle statunitensi da prestiti bancari, con la conseguenza che raccolgono circa la metà di quanto non raccolgano le imprese statunitensi dai mercati dei capitali. Ciò – al netto di una serie di necessarie ponderazioni – ha portato a stimare che, mentre in Europa il finanziamento delle imprese è per circa l'80% di tipo bancario, negli Stati Uniti lo è per meno della metà. A sua volta la Commissione Europea ha calcolato che in Europa i debiti bancari costituiscono l'11% del passivo complessivo delle società mentre negli Stati Uniti solo il 3%; a loro volta le obbligazioni *corporate* costituiscono il 4% del passivo complessivo delle società europee, mentre rappresentano l'11% di quelle statunitensi. Il capitale azionario è sostanzialmente equivalente per società statunitensi e europee, ma mentre circa il 50% di esso è quotato per le società statunitensi, per quelle europee quello quotato non supera il 30%. Ciò offre una chiara indicazione dei pericoli insiti, per il finanziamento delle imprese, nella contrazione degli attivi bancari, originata dal deterioramento complessivo degli stessi dovuto (anche) agli effetti della lunga crisi finanziaria ed economica avviatasi nel 2007-2008; ciò indica pure la strada più logica da intraprendere: quella della progressiva sostituzione di parte del finanziamento bancario mediante capitale azionario o debito *corporate* da collocarsi sul mercato dei capitali. Con una nota di metodo, già opportunamente evidenziata dalla Commissione nella sua analisi di impatto del Piano d'azione per la CMU [5]: quella secondo cui il rapporto tra mercato bancario e mercato dei capitali dovrebbe essere complementare; a ben vedere infatti i due sistemi, più che competere tra loro, si completano e dovrebbero evolvere insieme. Ne è chiara dimostrazione, *in apicibus*, il ruolo che è affidato al mercato dei capitali per rifinanziare le banche stesse: avvenga ciò attraverso operazioni di cartolarizzazione ovvero tramite operazioni di pronti contro termine o altre operazioni di mercato aperto o con l'emissione, che sarà crescente anche per effetto dei requisiti MREL e TLAC, di titoli *bail-inable* (a fronte della aspirazione delle autorità di supervisione e risoluzione a rimuovere per quanto possibile ogni eccessivo rischio di impatto della risoluzione sui depositi e alla finanza pubblica).

5. Un'osservazione, per quanto sommaria, della struttura del mercato finanziario europeo offre ulteriori indicazioni utili al nostro successivo discorso.

a) Anzitutto, l'eccesso di dipendenza dal credito bancario ha dato vita, a partire dalla crisi finanziaria del 2007-2008, ad una spirale in avvitamento negativo una volta che la crisi ha indotto perdite permanenti di prodotto interno lordo in un contesto segnato altresì dalla riduzione delle prospettive di crescita future. Infatti, si sono realizzati, nell'ordine, (*i*) sia perdite permanenti di valore per il significativo (e spesso) rapido deterioramento degli attivi, (*ii*) sia "ritirate" stra-

---

[5] *Ibidem*, 25.

tegiche dei gruppi bancari transfrontalieri dai paesi – in genere periferici – in cui il credito era affluito in eccesso a seguito dell'Unione monetaria, anche per i segnali fuorvianti di premio sul rischio che nella sua prima fase l'Unione monetaria ha inviato proprio rispetto alle economie periferiche e che si sono tradotti in distorsioni sul mercato interbancario, (*iii*) sia crisi bancarie associate talora anche a crisi sovrane (ciò che, tradizionalmente, genera un aggravamento complessivo della spirale economica negativa). L'Italia offre un campionario estremo di tutti questi fenomeni, con un'evidente spinta alla contrazione delle attività economiche indotta (anche) dalla contrazione delle attività bancarie dovuta (tra l'altro) a ragioni prudenziali (a loro volta inasprite dai requisiti più restrittivi di Basilea 3 e della CRD IV e CRR), che non è stato possibile contrastare per intero mediante la, pur assai opportuna, politica monetaria espansiva della BCE la quale, mentre ha offerto un contributo essenziale nell'evitare l'insorgere di una crisi di liquidità sistemica, ha nel tempo (e inevitabilmente) generato a sua volta effetti pregiudizievoli sia sul margine di interesse delle banche e dunque sul modello tradizionale di banca commerciale sia sulla redditività attesa dalle attività finanziarie, con ricadute non trascurabili sulle politiche di portafoglio di assicurazioni e fondi pensione.

b) In secondo luogo, l'andamento dei flussi transfrontalieri di capitale ha evidenziato un netto deterioramento. Dal 2011 fino a tempi recenti il bilancio dei flussi di capitale in entrata e in uscita nell'area euro ha evidenziato un saldo netto negativo. I flussi lordi, a loro volta, si sono a lungo mantenuti ad un livello del 70% circa al di sotto del picco pre-crisi, a livelli corrispondenti a quelli del 2005 [6]. I dati del 2015 hanno cominciato ad introdurre elementi di mitigazione del fenomeno, ma è tuttora prematuro trarre conclusioni definitive da ciò. L'entità del saldo netto negativo è significativa: oltre Euro 100 miliardi investiti o prestati al di fuori dell'Unione per ciascun anno nel triennio 2012-2014 [7]. A loro volta, gli investimenti diretti intra-EU sono precipitati dopo la crisi e permangono a livelli assai bassi: nella media si è passati da Euro 435 miliardi annui del periodo 2004-2008 a Euro 245 miliardi del periodo 2009-13. Il dato puntuale degli investimenti intra-EU del 2013 era un preoccupante Euro 123 miliardi pari al 74% in meno rispetto al dato 2011. Nello stesso periodo l'investimento diretto verso l'Europa da paesi terzi è aumentato del 49% e quello in uscita dall'Europa verso i paesi terzi del 4%. Questo ha fatto dire alla Commissione Europea che l'Europa è stata la regione maggiormente colpita quanto ad effetti sull'investimento diretto dalla crisi finanziaria. A differenza di ciò, gli investimenti di portafoglio, pur volatili, si sono mantenuti relativamente più stabili, anche se sono

---

[6] COMMISSION STAFF WORKING DOCUMENT, *On the movement of capital and the freedom of payments*, Brussels, 2015, 7.

[7] Lo rileva la Commissione, *Analisi di impatto*, cit., nt. 4, 60.

divenuti progressivamente meno interessanti per gli investitori stranieri nell'area euro, per effetto delle operazioni straordinarie di politica monetaria della BCE che hanno compresso i rendimenti dei titoli di debito sovrani e *corporate*.

c) In terzo luogo, un'analisi della struttura dei portafogli delle imprese finanziarie europee mostra come una significativa componente di esso (oltre il 17%) sia investita in strumenti di mercato monetario, contro il 4% nord-americano: ciò potrebbe, teoricamente, indicare la disponibilità di almeno un parte di oltre 17 trilioni di Euro per investimenti più a lungo termine. Parallelamente, il ruolo di investitori istituzionali quali assicurazioni e fondi pensioni evidenzia al momento un peso percentuale minore che negli Stati Uniti di titoli azionari quotati. La stessa minore propensione all'investimento in titoli azionari o obbligazionari *corporate* si evidenzia per l'investitore *retail* europeo (21% del portafoglio rispetto al 39% nordamericano), con una assai significativa quota di risparmio anche qui investita in prodotti monetari (30% rispetto al 13% statunitense). Peraltro, anche la struttura degli appetiti finanziari è fortemente granulare in Europa, con grandi differenze tra Stati membri [8]. Parallelamente, anche le banche europee, a seguito della crisi finanziaria del 2007-8, hanno modificato le proprie strategie proprietarie e di trading, con una diminuzione media dei profitti derivanti da esse. A sua volta, l'industria del risparmio gestito – che è quasi raddoppiata nelle sue attività dal 2008 – evidenzia ancora una forte frammentazione nazionale (malgrado il 50% dei fondi sia formalmente lussemburghese o irlandese, ma mediante la formula del *round-trip fund*, in realtà offerto solo in uno Stato membro, diverso da quello di stabilimento), con dimensioni medie dei fondi pari circa ad un sesto di quelle nordamericane. I fondi di *private equity* e di *venture capital* europei totalizzano a loro volta attività che sono inferiori ad un terzo di quelle nordamericane e il *crowdfunding* europeo è ancora in uno stato embrionale (2,5 miliardi di Euro rispetto agli oltre 7 miliardi nordamericani).

d) Infine, anche l'analisi del mercato (primario e secondario) azionario e obbligazionario evidenzia come l'integrazione geografica – inizialmente rapidamente aumentata allorché si diede avvio all'eurosistema – abbia subito ritardi. Il mercato primario europeo appare dominato dalle emissioni di società grandi e molto grandi e già quotate (dimostrandosi così poco recettivo per le PMI e le *start up*) e altamente concentrato avendo raggiunto nel 2014 il punto più basso in termini di numero di società quotate. A sua volta la dimensione del mercato secondario azionario è circa un quinto di quello degli Stati Uniti, e si presenta così, rispetto a quest'ultimo, assai meno liquido e meno adatto agli investimenti di *private equity* e *venture capital*. Ancor più modesto il grado di liquidità e di scambi transfrontalieri che interessano le società a minor capitalizzazione, per le quali l'*home bias* è la regola. Il mercato primario obbligazionario è storicamente

---

[8] Ne offre un quadro analitico D. VALIANTE, *op. cit.*, 91.

piuttosto evoluto anche in Europa; stenta tuttavia, nel confronto con gli Stati Uniti, quello del *private placement*, pur con un ruolo crescente sia per il mercato tedesco dei *Schuldscheine* sia per quello francese dell'*EuroPP* (e, progressivamente, dei minibond in Italia). Malgrado ciò, si resta a livelli inferiori della metà di quelli statunitensi. Allo stesso modo, anche il mercato secondario è afflitto da *home bias*. Per molti versi non dissimile appare infine il mercato delle cartolarizzazioni che, dopo la crisi del 2008, non ha ancora ripreso smalto ed appare in gran parte finalizzato all'emissione di titoli da utilizzare come collaterale per le operazioni di rifinanziamento con la banca centrale (non a caso nel 2009 il 95% dei titoli erano detenuti da banche, e oggi il dato appare prossimo al 65%).

6. Le considerazioni che precedono ben illustrano le ragioni per le quali il Piano di Azione della Commissione Europea per un'Unione dei Mercati dei Capitali sia articolato in una molteplicità di azioni tra loro anche piuttosto eterogenee *tanto negli strumenti* (dall'introduzione di nuove regole europee alla revisione di quelle esistenti, al mero monitoraggio dell'evoluzione di mercato al rafforzamento delle misure di sostegno, al ripensamento delle regole e degli incentivi fiscali che incidono sulle scelte di finanziamento) *quanto negli obiettivi* (promuovere i flussi di investimento, favorire il finanziamento dei migliori progetti su base non nazionale ma di macro area, rendere il sistema finanziario più stabile, accrescere il grado di integrazione del mercato finanziario europeo, il suo grado di concorrenza e con esso e indirettamente la competitività europea). Ed anche per questo l'Unione dei Mercati dei Capitali si differenzia nettamente dall'Unione bancaria.

7. Le principali linee di azione indicate dalla Commissione, sono state raccolte attorno a sei principali aree tematiche: (1) il finanziamento dell'innovazione, delle *start up* e delle società non quotate (specialmente mediante misure volte a dare sostegno al *venture capital* mediante la promozione di fondi di fondi e fondi transfrontalieri e mediante possibili incentivi fiscali, da estendersi anche ai *business angels*); (2) la semplificazione di accesso al mercato dei capitali per le PMI (specialmente mediante misure di semplificazione del prospetto e degli *SME Growth Markets*); (3) la promozione di politiche di portafoglio per assicurazioni, banche e ELTIFs che promuovano investimenti sostenibili, infrastrutturali e comunque di lungo periodo; (4) la promozione della tutela degli investitori *retail* (dando seguito al Libro verde sui servizi finanziari del 2015); (5) la riattivazione della capacità delle banche di finanziare l'economia reale, mediante la promozione di cartolarizzazioni semplici, trasparenti e standardizzate, l'utilizzo dei *covered bonds* per le PMI e l'introduzione di maggiori spazi di libertà per le banche di credito cooperativo; (6) la facilitazione dell'investimento transfrontaliero, mediante la rimozione delle barriere che vi ostano, ivi compre-

se quelle di diritto societario (anche collegate al funzionamento delle società di gestione accentrata e di liquidazione dei titoli, come da tempo evidenziato dai rapporti del c.d. gruppo Giovannini) e fallimentare. È in questo contesto che viene ritenuta necessaria una maggiore convergenza delle prassi di vigilanza e un parziale rafforzamento dell'ESMA.

8. Si tratta, naturalmente, di azioni tutte opportune e al tempo stesso necessarie. Rivolgendomi qui principalmente a giuristi, mi concentro conclusivamente sui profili di riforma istituzionale della supervisione. Corrispondendo a istanze sempre più fortemente avvertite, la Commissione Europea ha finalmente messo mano ad una maggiore devoluzione di competenze di supervisione diretta all'ESMA e ad una parallela riforma della *governance* della stessa (capace di temperare l'influenza, finora dominante, delle autorità nazionali che siedono nei suoi organi). Ciò testimonia che l'esperimento della vigilanza diretta dell'ESMA su agenzie di rating e *trades repositories* si è dimostrata efficace e può essere replicata in altri casi. Del resto, nella prospettiva di una Unione dei mercati dei capitali volta a finalmente superare le purtroppo perduranti segmentazioni nazionali dei mercati in Europa, una vigilanza unitaria per le operazioni transfrontaliere e le infrastrutture di mercato transfrontaliere è, in linea di principio, una risposta ragionevole e, al tempo stesso, necessaria. E ciò senza che la scelta del modello debba essere eccessivamente condizionata dal percorso evolutivo compiutosi nel contesto, in verità diverso, dell'Unione bancaria o dall'archetipo storico della *Securities and Exchange Commission* negli Stati Uniti d'America. In una non troppo risalente tassonomia degli assetti organizzativi delle reti di autorità di vigilanza[9], Scholten e Ottow mostrano che il gradiente di europeizzazione dei meccanismi di cooperazione istituzionale nella vigilanza finanziaria è molto variabile (va, come efficacemente scrivono gli autori, da una "taglia small" a una "extralarge"). Anche nel quadro del divisato ridisegno istituzionale dell'ESMA non si muove, opportunamente, verso "una taglia unica" bensì verso un mix di vigilanza centralizzata e decentrata che assicuri, in relazione alle specifiche caratteristiche dei singoli segmenti di mercato, l'esito organizzativo e funzionale più efficiente. Ciò trova corrispondenza anzitutto nella proposta di regolamento del giugno 2017 che prefigura un nuovo e importante ruolo dell'ESMA nella supervisione non solo delle controparti centrali europee ma anche su quelle di paesi terzi, con una vera e propria forma di vigilanza extraterritoriale in relazione alle controparti centrali extra europee di rilevanza sistemica[10]. Ma so-

---

[9] M. SCHOLTEN-A. OTTOW, *Institutional Design of Enforcement in the EU: The Case of Financial Markets*, in *Utrecht Law Review*, vol. 10, n. 5, 2014, 85.

[10] Sul tema sia consentito rinviare, per tutti i riferimenti alla letteratura, a M. LAMANDINI-D. RAMOS MUÑOZ, *Supervisory systems after Brexit: coordination between EU and UK on a daily basis. Dispersed vs. single supervisor (systemic risk aspects)*, in *EBI working paper (forthcoming)*.

prattutto trova attuazione nella proposta di regolamento presentata dalla Commissione Europea il 20 settembre 2017 diretto a modificare, tra l'altro, il Regolamento 1095/2010, con la quale vengono centralizzate presso l'ESMA le competenze di vigilanza diretta su talune categorie di prospetti, circa l'autorizzazione e la supervisione dei fondi armonizzati EuVECA, EuSEF e ELTIF, circa la registrazione e vigilanza dei *data reporting services providers* e degli indici (*benchmarks*). E al tempo stesso si prefigura una struttura organizzativa, ispirata (con talune differenze) a quella già sperimentata dal Meccanismo Unico di Risoluzione, in modo da assicurare maggiore centralità all'interesse europeo. Queste proposte – che presentano anche taluni elementi di contraddittorietà interna, come ad esempio la costituzione di una CCP Executive Session prefigurata dalla proposta del giugno 2017 ma non adeguatamente raccordata con la rinnovata *governance* dell'ESMA quale prefigurata dalla proposta del settembre 2017 – non possono considerarsi ancora il punto di arrivo degli assetti di vigilanza che paiono necessari per una efficiente Unione dei Mercati dei Capitali. Esse costituiscono tuttavia, nel non favorevole contesto politico attuale, un piccolo ma significativo passo in avanti in un processo evolutivo che, di necessità, impiegherà ancora lunghi anni prima di pervenire al suo esito finale.

IL FINANZIAMENTO DELLE IMPRESE ITALIANE: DAL CREDITO BANCARIO AL MERCATO

di *Francesco Cesarini*[1] e *Giorgio Gobbi*[2]

1. *Una questione che viene da lontano.* – La stretta dipendenza delle imprese dalle banche per il finanziamento non solo dell'attività corrente (capitale circolante) ma anche degli investimenti a lungo termine (capitale fisso) è una caratteristica strutturale che ha accompagnato l'economia italiana lungo tutto il suo percorso, dalla prima rivoluzione industriale a cavallo tra il XIX e il XX secolo all'attuale fase di uscita da una delle sue crisi più profonde. La capacità delle banche di raccogliere capillarmente il risparmio presso le famiglie e di affidarlo a imprenditori coraggiosi e innovatori ha segnato gran parte delle storie di successo della nostra storia, come il miracolo economico. Al tempo stesso, lo stretto legame tra banche e imprese è periodicamente sfociato in episodi di crisi che hanno messo a nudo la fragilità di un sistema finanziario in cui il ruolo dei mercati è ampiamente sottodimensionato. Alcune citazioni, senza pretesa di organicità, testimoniano della persistenza della questione ai cambiamenti istituzionali e alle profonde trasformazioni dell'economia.

Nel 1922, Piero Sraffa concludeva la sua analisi della crisi bancaria innescata dal dissesto della Banca Italiana di Sconto sottolineando che: "*[i]l finanziamento dell'industria è considerato dalle banche Italiane come una delle loro funzioni principali: esse normalmente concedono crediti anche a lungo termine alle aziende industriali e spesso si impossessano di una proporzione rilevante del loro capitale azionario e lo conservano fino a che non siano in grado di*

---

[1] Università Cattolica del Sacro Cuore, Professore emerito di Economia delle aziende di credito.

[2] Banca d'Italia.

Contributo al convegno "*Efficienza del mercato e nuova intermediazione*", Bergamo 28-29 ottobre 2016. Gli autori ringraziano Paolo Finaldi Russo e Giovanni Guazzarotti per i preziosi suggerimenti e Federica Costantini per l'assistenza editoriale. Le opinioni espresse non impegnano in nessun modo la Banca d'Italia e suoi vertici.

piazzarlo convenientemente. Una tale politica da parte delle banche rappresenta per l'industria una necessità assoluta. A causa della scarsità di capitale nel paese, della generale riluttanza a investire in beni mobili e della timidezza e ignoranza di molti capitalisti, le industrie non possono altrimenti ottenere il capitale di cui hanno bisogno"[3].

Superato definitivamente il modello di banca mista con la crisi dei primi anni '30, con l'assorbimento di gran parte del sistema creditizio nella sfera pubblica, il secondo sviluppo industriale degli anni cinquanta e sessanta fu ancora ampiamente finanziato con risorse raccolte dalle banche. Nella postfazione alla traduzione italiana dello studio comparato dei sistemi finanziari di Alexandre Lamfalussy, uno degli autori di questa nota nel 1972 rilevava che: "*[m]algrado la cautela con cui vanno esaminate le statistiche ottenute mediante l'elaborazione e l'aggregazione di dati contabili di non omogenea rilevazione, non si può affatto dubitare che esista un netto stacco tra l'Italia e gli altri paesi del Mec con riferimento al concorso offerto dai mezzi propri al finanziamento delle imprese industriali* [...] *In realtà occorre ammettere che, almeno per quanto riguarda le imprese maggiori, in Italia, le banche e gli istituti di credito industriale non hanno fatto un serio e sistematico sforzo per indurle a rafforzare la struttura finanziaria, sia attraverso aumenti di capitale, sia attraverso un allargamento della compagine sociale. E non è difficile intravederne i motivi: le imprese affermate, le aziende a partecipazione statale, quelle appartenenti a noti gruppi finanziario-industriali vengono da molti nostri esponenti bancari considerate [...] come clienti di solvibilità indiscussa e indiscutibile ai quali si deve cercare di offrire credito nella massima misura possibile*"[4].

I difficili anni '70 fecero emergere diffusi problemi di sostenibilità di strutture finanziarie eccessivamente sbilanciate verso il debito, soprattutto tra le grandi imprese. A metà degli anni '80, quando il risanamento economico e finanziario del sistema produttivo era in pieno corso, il Governatore della Banca d'Italia Carlo Azeglio Ciampi ribadiva con forza che: "*[p]er l'impresa, che trae il proprio utile dall'assunzione di un rischio, il capitale di rischio rappresenta il fondamento stesso dell'attività, determina e condiziona le possibilità di crescita, consente di superare le fasi avverse del mercato. Un azionariato interessato ai risultati economici di lungo periodo, piuttosto che a fiammate speculative, è per essa un indispensabile retroterra istituzionale. Nell'esperienza italiana la riluttanza a cercare sul mercato capitale azionario, dettata dal timore di perdere il controllo proprietario, è stata all'origine di crisi di aziende ancora dotate di buone capacità di produzione e di vendita, ma indebolite nella struttura finanziaria. [...] La presenza di operatori che attivino la domanda di azioni rende ancor più necessario evitare carenze di offerta: occorre portare in borsa nuove imprese. I*

---

[3] SRAFFA (1986), 234.

[4] CESARINI (1972), 180-181 e 194.

listini non forniscono un'immagine fedele del sistema produttivo di cui dovrebbero essere l'espressione. Le società quotate alla Borsa di Milano sono meno numerose di quanto fossero nell'età giolittiana. Eppure, è ampio il numero di imprese che posseggono i requisiti per la quotazione"[5].

La storia successiva, dagli anni '90 ai giorni nostri, è l'oggetto principale delle riflessioni che seguono. Anche tralasciando i paesi anglosassoni quali il Regno Unito e gli Stati Uniti – in cui la finanza di mercato si è sviluppata di pari passo con il decollo economico nei secoli scorsi – il confronto con i paesi dell'Europa continentale con sistemi economici e giuridici simili al nostro è impietoso. Attualmente in Italia sono quotate 235 società non finanziarie a fronte di circa 600 in Germania e 700 in Francia; il valore di mercato complessivo delle aziende quotate nei tre paesi è pari al 20, 46 e 68% del prodotto interno lordo, rispettivamente. Soltanto le azioni di 24 delle società non finanziarie italiane quotate hanno caratteristiche di liquidità tali da essere inserite tra i 40 titoli che compongono l'indice benchmark MIB. A queste 24 società è però da ricondursi oltre il 50% della capitalizzazione di borsa, a testimonianza sia della scarsa liquidità di gran parte degli altri titoli, sia delle limitate opportunità di diversificazione offerte agli investitori.

Per superare la condizione di persistente sottodimensionamento del mercato dei capitali sono stati intrapresi, a più riprese, vasti programmi indirizzati a imprese e investitori basati su interventi normativi e incentivi di natura economica. La tesi che cercheremo di argomentare è che uno sviluppo duraturo del mercato dei capitali richiede il superamento di soglie di attività minime al sopra delle quali risulta conveniente operare sia per le imprese sia per gli investitori. Un mercato per funzionare richiede professionalità, competenze tecniche, infrastrutture tecnologiche e operatori specializzati che possono trovare remunerazione soltanto con volumi di attività relativamente elevati. Mercati di piccole dimensioni sono generalmente poco liquidi e ciò rende costose le transazioni. I movimenti ciclici osservati negli ultimi decenni nel numero delle imprese quotate e in quello delle emissioni obbligazionarie non sono finora riusciti a generare le masse critiche per rendere la crescita irreversibile. Il raggiungimento delle soglie minime di attività, che non ci avventureremo a quantificare, richiede cambiamenti profondi, strutturali, nei comportamenti tanto delle banche quanto delle imprese.

Le trasformazioni dell'economia indotte dalla lunga fase di crisi da un lato e le recenti riforme nella regolamentazione bancaria dall'altro hanno rafforzato l'esigenza dello sviluppo dei mercati in ragione dell'interesse generale. Allineare gli incentivi privati verso questo interesse collettivo è un processo assai difficoltoso. Le numerose misure adottate negli anni più recenti si muovono in questa direzione; ma i loro risultati richiedono tempo per manifestarsi. Il loro successo tuttavia dipenderà in modo essenziale dall'evoluzione della struttura finanziaria delle imprese verso una maggiore solidità e una più facile valutabilità

---

[5] BANCA d'ITALIA (1985), 24-25.

da parte degli investitori. In assenza di questa evoluzione il costo della finanza di mercato rimarrà per la gran parte delle imprese, anche quelle di medie e grandi dimensioni, troppo elevato per rappresentare un'opzione praticabile nel continuo e non riservata a congiunzioni particolarmente favorevoli.

2. *Le politiche pubbliche per lo sviluppo della finanza non bancaria.* – La diversificazione del sistema finanziario italiano è da decenni un obiettivo prioritario della politica economica in Italia. Negli ultimi anni gli interventi si sono intensificati: sono state introdotte, tra le altre, misure volte a favorire gli investimenti in obbligazioni di medie imprese (i *minibond*), ad aprire il mercato del credito all'offerta proveniente dall'estero o da operatori non bancari (compagnie di assicurazioni e fondi di credito), a incentivare gli investimenti nel capitale delle nuove imprese innovative. La Tabella 1 contiene un elenco, verosimilmente incompleto, di queste misure. Altre misure, come la concessione di agevolazioni fiscali sugli investimenti di lungo periodo in strumenti emessi dalle piccole e medie imprese, sono all'esame del parlamento.

Alla base di questo rinnovato sforzo per ampliare l'offerta di finanziamenti non bancari alle imprese vi sono due insiemi di fattori: il primo di natura congiunturale, il secondo di medio e lungo periodo. L'obiettivo di natura congiunturale è stato quello di far fronte alla restrizione ciclica del credito da parte delle banche. Profondità e durata della crisi si sono riflesse a più riprese in forti restrizioni dell'offerta di credito da parte degli intermediari, alle quali le autorità di politica economica hanno risposto con una pluralità di strumenti: dalle misure di politica monetaria alle garanzie pubbliche sui prestiti. Il tentativo di aumentare il numero e la portata dei canali attraverso i quali convogliare finanza alle imprese è stato parte di questo ampio insieme di interventi.

Gli obiettivi di più lungo termine possono essere riassunti sotto il programma "Finanza per la crescita" promosso congiuntamente dal Ministero dello Sviluppo Economico e dal Ministero dell'Economia e delle Finanze[6]. Lo sviluppo della finanza non bancaria è volto a colmare ritardi dell'economia italiana nel campo dell'innovazione, della crescita dimensionale delle imprese e dell'aumento della produttività.

I risultati delle misure adottate sono difficili da valutare anche per il breve periodo di tempo intercorso dalla loro introduzione. Se da un lato le compagnie di assicurazione non hanno sfruttato le maggiori opportunità di investimento in titoli non quotati e quelle di concessione di credito, dall'altro sono diventati operativi circa 30 fondi chiusi di debito (*private debt*) – di cui la metà italiani – con un obiettivo di raccolta complessivo di circa 5 miliardi. Alla fine del 2015 erano attivi 158 fondi chiusi nel comparto dell'azionariato privato (*private equity*), con un obiettivo di raccolta di 9 miliardi. Sono aumentati i finanziamenti esterni

[6] Cfr. MINISTERO DELL'ECONOMIA E DELLE FINANZE (2016).

delle *start-up* innovative, attraverso sia capitale di rischio sia debito[7]. I volumi di risorse che transitano attraverso questi canali sono ancora contenuti nel confronto internazionale, ma rappresentano una base sulla quale il mercato può crescere.

Tra il 2013 e il 2015 sono state un centinaio le imprese che hanno emesso obbligazioni, 55 quelle che si sono quotate in borsa (21 nei tre anni precedenti). Nello stesso periodo sono cresciute in misura considerevole anche le risorse potenzialmente investibili in strumenti finanziari emessi dalle imprese grazie al favorevole andamento della raccolta dell'industria del risparmio gestito, che ha superato i 270 miliardi.

La questione cruciale è quindi quella di valutare le forze che possono sostenere e alimentare lo sviluppo della finanza non bancaria e quelle che invece agiscono in senso contrario. Per un tentativo di analisi in questa direzione ci limiteremo a considerare i mercati del debito obbligazionario e quello azionario, congiuntamente all'evoluzione dell'industria del risparmio gestito.

3. *La recente ripresa della finanza di mercato: ciclica o strutturale?* – Negli ultimi due decenni i mercati dei capitali e il risparmio gestito hanno vissuto fasi di espansione seguite da fasi di contrazione (Figure 1, 2 e 3).

Per molte imprese l'accesso al mercato obbligazionario è stato un episodio isolato nella propria vita aziendale, legato a particolari operazioni o a condizioni di mercato particolarmente favorevoli. Ciò può rientrare nella fisiologia di una società di medie dimensioni che concentra la provvista di risorse esterne in poche emissioni di importo relativamente elevato per minimizzare l'incidenza dei costi fissi legati all'operazione. È quindi necessario che il numero di nuovi emittenti cresca nel tempo in modo tale da generare volumi complessivi sufficienti a remunerare le risorse specialistiche necessarie al funzionamento del mercato. Se ciò non succede, come non è successo ad esempio agli inizi dello scorso decennio, la crescita del mercato perde momento fino a sgonfiarsi.

Lo stesso modello si ripropone per le quotazioni in borsa. Il numero di imprese presenti sul mercato è regolato da un lato dall'afflusso di nuove quotazioni e dall'altro dalla fuoriuscita di quelle che si cancellano dal listino. La Figura 2 mette in evidenza come le nuove quotazioni tendano a concentrarsi in particolari periodi di tempo, mentre le cancellazioni dal listino seguono un flusso più o meno regolare nel tempo. Anche in questo caso il raggiungimento di un numero elevato di imprese sul mercato richiede di stabilizzare nel tempo i flussi in entrata.

Infine, un andamento ciclico analogo si riscontra nella raccolta dei fondi comuni, che rappresentano la principale fonte di offerta di finanza non bancaria.

---

[7] Cfr. FINALDI RUSSO, MAGRI e RAMPAZZI (2016).

L'investimento della ricchezza finanziaria delle famiglie italiane affluisce periodicamente all'industria del risparmio gestito, tipicamente nelle fasi di discesa dei tassi di interesse. La scarsità di strumenti emessi dalle imprese non finanziarie italiane fa sì che nelle fasi di espansione della raccolta, i fondi investano flussi crescenti di risorse in azioni, obbligazioni e quote di fondi emessi da operatori esteri (Figura 4).

Le decisioni delle imprese sulle fonti di finanziamento dipendono da una pluralità di fattori, tra i quali un peso rilevante hanno i costi relativi. Per un'impresa il costo di accedere ai mercati azionario e obbligazionario dipende dalle condizioni generali dei mercati, che è all'origine della ciclicità, e da fattori specifici. Analisi recenti del mercato obbligazionario italiano mostrano, in linea con i risultati della letteratura internazionale [8], che la capacità delle imprese di emettere titoli di debito dipende essenzialmente da due fattori: la reputazione e la trasparenza dell'azienda nei confronti degli investitori e l'equilibrio delle sue condizioni economiche e patrimoniali. Attualmente in Italia il numero di imprese che soddisfano queste condizioni è molto contenuto, nell'ordine di 500 società [9].

La quotazione in borsa è ostacolata, oltre che dalla dimensione, dalla riluttanza della proprietà ad aprire il capitale a investitori esterni, la scarsa propensione dell'azienda a crescere, gli oneri connessi con gli obblighi di trasparenza (dovuti ad esempio alla maggiore visibilità agli occhi del fisco, delle autorità di controllo, degli azionisti di minoranza), un carico impositivo eccessivamente gravoso [10]. Tra le medie imprese quelle che riescono ad accedere ai mercati sono soltanto quelle più solide e trasparenti. È proprio su questa fascia di aziende, tuttavia, che la concorrenza del credito bancario è più forte. A fronte degli elevati costi regolamentari, le banche concentrano l'offerta sulle imprese meno rischiose, che assorbono meno capitale (Figura 5) [11]. Per queste imprese le condizioni del credito bancario sono probabilmente più convenienti del costo del finanziamento sul mercato (Figura 6).

Il consolidamento della ripresa del mercato dei capitali richiede quindi l'espansione del bacino delle imprese per le quali i costi di accesso a questo tipo di finanza siano competitivi con il credito bancario. Due fattori appaiono cruciali a questo fine: il rafforzamento patrimoniale e l'aumento della trasparenza.

All'inizio della crisi le imprese italiane erano caratterizzate da un grado di patrimonializzazione inferiore a quello delle altre aziende europee, indipendentemente dalla dimensione e dal settore di attività. Parte di questo divario è stato

---

[8] Cfr. ad esempio DATTA, ISKANDAR-DATTA e PATEL (2000) e HALE e SANTOS (2008).

[9] Cfr. ACCORNERO, FINALDI RUSSO, NIGRO e GUAZZAROTTI (2015).

[10] Cfr. PAGANO, PANETTA e ZINGALES (1998), PELIZZONI (2002), FRANZOSI e PELIZZONI (2003).

[11] Cfr. BONACCORSI e FINALDI (2016).

colmato, sia perché sono uscite dal mercato le aziende maggiormente indebitate, sia per un processo di riequilibrio favorito anche dalle agevolazioni fiscali introdotte con l'Aiuto alla Crescita Economica (ACE). Reintrodotta nel 2011, questa misura ha reso più neutrale la tassazione di capitale e debito. Prime analisi suggeriscono che queste agevolazioni abbiano contribuito alla riduzione della leva finanziaria delle imprese italiane negli ultimi anni [12].

I costi di accesso al mercato dei capitali dipendono anche dalla valutabilità dei rischi da parte degli investitori. A questo fine, altrettanto importante della solidità patrimoniale sono la qualità della struttura di comando (*governance*) la trasparenza dei propri bilanci e l'individuazione di chiare responsabilità di amministrazione e controllo. In questo caso, l'intervento pubblico potrebbe prevedere incentivi alla revisione dei bilanci, al ricorso a servizi di consulenza aziendale e allo sviluppo di servizi di rating mirati alle piccole e medie imprese [13].

Le politiche pubbliche sono necessarie per rimuovere distorsioni, come nel caso dell'ACE, o favorire comportamenti in linea con l'obiettivo di rendere le imprese maggiormente accessibili da parte degli investitori. Esse non possono però sostituirsi interamente alle forze di mercato, che nel sistema finanziario italiano sono espresse principalmente, in modo attivo o passivo, dalle politiche di offerta del credito da parte delle banche.

4. *Il ruolo delle banche.* – La fase successiva alla crescita dei mercati azionari e obbligazionari degli inizi degli anni 2000 fu seguita da una forte espansione del credito bancario. Il calo strutturale dei tassi di interesse seguito all'avvio dell'unione monetaria e a condizioni particolarmente favorevoli di raccolta sui mercati internazionali consentì alle banche di ampliare notevolmente l'offerta di credito. Nel decennio il rapporto tra credito bancario alle imprese e prodotto interno lordo aumentò di 10 punti percentuali: un incremento inferiore, tra i principali paesi dell'area dell'euro, soltanto a quello della Spagna (Figura 7).

L'abbondanza di credito a costi molto contenuti non soltanto frenò l'accesso al mercato delle imprese che avevano le caratteristiche per farlo, ma favorì un aumento diffuso del grado di indebitamento indebolendo la struttura finanziaria di gran parte del settore produttivo. L'accresciuta fragilità dei bilanci allontanò dal mercato un numero elevato di medie imprese, prevenendone la diversificazione delle fonti di finanziamento e rendendole più vulnerabili alla restrizione creditizia seguita alla crisi finanziaria globale.

Livelli di indebitamento elevati non hanno poi consentito di assorbire le perdite della recessione e ne hanno amplificato gli effetti lasciando una pesante eredità nei bilanci delle banche sotto forma di crediti deteriorati.

---

[12] Ch. BRANZOLI e CAIUMI (2018).

[13] Cfr. GUAGLIANO, LINCIANO e MAGISTRO CONTENTO (2013).

Può succedere di nuovo? È ipotizzabile che anche i segnali di ripresa dei mercati dei capitali possano essere ancora ancora cancellati da una ripresa dell'offerta di credito? La risposta a questa domanda richiede di separare il breve termine da un orizzonte di più lungo periodo. Nel breve termine, banche e mercati competono sullo stesso insieme, non molto numeroso, di imprese, caratterizzate da bilanci solidi e dimensione medio grande. È quindi possibile che la disponibilità di credito renda meno vantaggioso il ricorso al mercato dei capitali. Nel medio e lungo periodo le condizioni appaiono però diverse da quelle degli inizi dello scorso decennio.

Le riforme regolamentari e degli assetti di vigilanza delle banche seguite alla crisi hanno avuto due effetti principali. Il primo è l'innalzamento dei livelli quantitativi e qualitativi dei requisiti patrimoniali e, quindi, una riduzione della leva con cui operano le banche. Il secondo è una disciplina molto restrittiva degli interventi pubblici per risanare le banche in crisi.

La riduzione della leva delle banche rende più costosa l'erogazione del credito a ogni singolo cliente (impresa) in proporzione diretta al capitale necessario per il rispetto dei limiti regolamentari, ossia in funzione del grado di rischiosità. Le forti limitazioni all'accesso alle risorse pongono un limite all'ammontare complessivo di rischio macroeconomico che ciascuna banca, e il settore nel suo insieme, potrà assumere.

I vincoli posti alla leva e alla capacità delle banche di assumere rischi si stanno già riflettendo sulle politiche di offerta e continueranno a esercitarsi anche nel futuro. Per le imprese, le condizioni per accedere al credito bancario diventano sempre più selettive, in particolare con riferimento al loro grado di patrimonializzazione. Si tratta di un percorso ancora agli inizi sui cui gravano molte incertezze.

5. *Conclusioni.* – In questa nota abbiamo ripercorso rapidamente l'annosa questione del limitato sviluppo del mercato dei capitali in Italia. La tesi che abbiamo cercato di sostenere è che, pur a fronte di estesi programmi di interventi normativi e di incentivazione economica, i mercati dei capitali non abbiano mai raggiunto la soglia critica di attività necessaria per consentire uno sviluppo sostenuto e duraturo di forme di finanziamento diverse dal credito bancario. Ciò è riconducibile a due fattori. Il primo è il bacino assai ristretto di imprese con caratteristiche tali, in termini di solidità dei bilanci e valutabilità da parte degli investitori, da poter far ricorso al mercato per raccogliere risorse finanziarie. Il secondo è la concorrenza tra finanza di mercato e credito bancario.

L'idea ovviamente non è originale e già Enrico Filippi, commentando lo stato dell'arte sul finire degli anni '60, scriveva: "*[d]a anni ormai, e da più parti, si lamenta la carenza di emissioni obbligazionarie, imputandole di volta in volta all'insensibilità ed alla diffidenza del risparmiatore nei confronti delle società o alla carenza delle norme legislative e fiscali, quando invece le fonti empiri-*

che sembrano indicare concordemente che la ristrettezza del mercato mobiliare italiano è l'effetto e non la causa delle mancate emissioni"[14].

Molto di ciò che si poteva fare in termini di incentivo alla domanda e all'offerta, soprattutto con riferimento agli interventi normativi, è stato fatto. Negli anni più recenti è nuovamente aumentato il numero di imprese quotate in borsa e di quelle che hanno emesso obbligazioni per la prima volta. Il consolidamento di questi progressi in una fase di crescita prolungata non è scontato. Nel breve termine i venti contrari generati dalla concorrenza del credito sono molto forti, ma nel medio termine le prospettive appaiono piuttosto diverse da quelle successive alle precedenti fasi espansive del "ciclo dei mercati". La capacità delle banche di espandere credito è stata limitata dalle riforme regolamentari seguite alla crisi e le imprese, anche per accedere al credito bancario, sono forzate a irrobustire la loro struttura patrimoniale.

L'esito di questo processo dipenderà in larga misura dalla cogenza con cui le forze in campo renderanno finalmente attuale l'auspicio del Governatore Ciampi in chiusura del passo sopra citato: "*[è] nell'interesse degli stessi enti creditizi favorire un'adeguata capitalizzazione dei soggetti affidati, perseguendo a un tempo il rafforzamento della finanza d'impresa, l'ampliamento del mercato azionario e il miglioramento dei loro attivi*"[15].

Nota bibliografica

ACCORNERO M.-FINALDI RUSSO P.-GUAZZAROTTI G.-NIGRO V., *First-time corporate bond issuers in Italy*, in *Questioni di Economia e Finanza, Banca d'Italia*, 2015, n. 269.

BANCA D'ITALIA, *Assemblea generale dei partecipanti, Considerazioni finali*, 1985.

BRANZOLI N.-CAIUMI A., *How effective is an incremental ACE in addressing the debt bias? Evidence from corporate tax returns,* Commissione Europea, Taxation Papers, WP, n. 72, 2018.

CESARINI F., *Sistema bancario e offerta di capitale di rischio in Italia*, postfazione a LAMFALUSSY A., *I mercati finanziari europei*, Torino, 1972.

DATTA S.-ISKANDAR-DATTA M.-PATEL A., *Some Evidence on the Uniqueness of Initial Public Debt Offerings*, in *Journal of Finance*, 2000, 55(2).

FILIPPI E., *Le duecento Maggiori S.p.A industriali 1967-68*, in *L'impresa*, n. 1, 1970.

---

[14] FILIPPI (1970), 17.

[15] BANCA d'ITALIA (1985), 24.

FINALDI RUSSO P.-MAGRI S.-RAMPAZZI C., *Innovative Start-Ups in Italy: Their Special Features and the Effects of the 2012 Law*, in *Politica Economica/Journal of Economic Policy*, 2016, n. 2.

FRANZOSI A.-PELLIZZONI E., *La quotazione in Borsa: attitudini e comportamenti delle imprese italiane*, in *Borsa Italiana, BItNotes*, 2003, n. 7.

GUAGLIANO C.-LINCIANO N.-MAGISTRO CONTENTO C., *The impact of financial analyst reports on small caps prices in Italy*, Consob, in *Quaderni di finanza*, 2013, n. 73.

HALE G.-SANTOS J., *The decision to first enter the public bond market: The role of firm reputation, funding choices and bank relationships*, in *Journal of Banking and Finance*, 2008, n. 32.

MINISTERO DELL'ECONOMIA E DELLE FINANZE, *Finanza per la crescita: un piano per aumentare il credito e far crescere le imprese*, 2016, disponibile in *http://www.mef.gov.it/farsiunidea/booklet/Finanza_Crescita.pdf.*

PAGANO M.-PANETTA F.-ZINGALES L., *Why Do Companies Go Public?*, in *Journal of Finance*, I, 1998.

PELLIZZONI E., *Le potenzialità di crescita del numero di società quotate in Borsa*, in *Borsa Italiana, BIt Notes*, 2002, n. 6, dicembre.

SRAFFA, P., *La crisi bancaria in Italia*, in P. SRAFFA, *Saggi*, Bologna, 1986, traduzione di *The Bank Crisis in Italy*, in *Economic Journal*, 32, 1922, 178-197.

TAVOLA 1 – *Principali interventi normativi mirati a favorire l'accesso delle imprese al mercato dei capitali e a fonti di finanziamento diverse dal canale bancario*

Anno	Intervento	Descrizione	Principali riferimenti normativi
2011	ACE - Aiuto crescita economica	Incentivi al finanziamento delle piccole e medie imprese mediante capitale proprio attraverso la deduzione dal reddito imponibile di un importo corrispondente al rendimento nozionale del nuovo capitale proprio.	DL 201/2011 art. 1 ACE (Salva Italia)
2012	Minibond	Nuova disciplina sull'emissione di obbligazioni e cambiali finanziarie da parte di società non quotate sui mercati regolamentati.	DL 83/2012, art. 32 (Decreto Sviluppo)
2012/2015	Start-up e PMI innovative	Introduzione di benefici fiscali a favore di soggetti che investono nel capitale di rischio delle Start-up e delle PMI innovative. Possibilità di finanziamento tramite portali di equity crowdfunding.	DL 83/2012, art. 32 e DL 3/2015 art. 4
2014	Incentivi per la quotazione sul mercato azionario	Misure finalizzate ad agevolare l'accesso ai mercati finanziari da parte di piccole e medie imprese, sia incentivando direttamente la quotazione sia favorendo l'adozione della forma societaria di società per azioni (es. riduzione degli obblighi di natura informativa, ampliamento degli strumenti di mantenimento del controllo, abbassamento del capitale minimo richiesto per la costituzione di s.p.a.)	DL 91/2014
2014/2015	Eliminazione della ritenuta d'acconto su obbligazioni non quotate e operazioni di finanziamento a medio e lungo termine	Interventi mirati a favorire operazioni di private placement e finanziamenti di durata superiore a 18 mesi da parte di finanziatori esteri.	DL 91/2014, art. 21 e DL 3/2015, art. 6
2014	Direct lending per fondi di credito, assicurazioni e società di cartolarizzazione	Provvedimento volto ad autorizzare lo svolgimento dell'attività di finanziamento delle imprese da parte delle società di assicurazione, dei fondi di credito e delle società di cartolarizzazione.	DL 91/2014, art. 22
2015	Estensione dei soggetti che possono ottenere la garanzia pubblica sui finanziamenti concessi alle imprese	La norma estende la possibilità di richiedere l'intervento del Fondo Centrale di Garanzia, in precedenza limitata alle sole banche, alle imprese di assicurazione e agli organismi di investimento collettivo del risparmio.	DL 3/2015, art.8
2017	Piani individuali di risparmio (PIR)	Introduzione di agevolazioni fiscali per chi acquista, direttamente o tramite fondi, titoli di imprese e li mantiene in portafoglio per un periodo di almeno 5 anni	L. 232/2016

FIGURA 1. – *Numero di società non finanziarie italiane quotate in borsa*

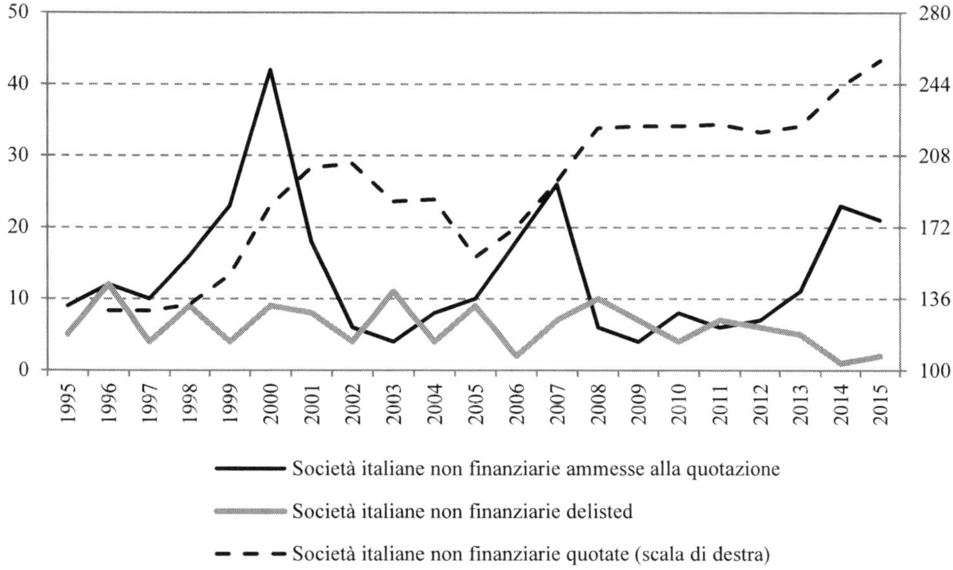

FIGURA 2. – *Emissioni lorde di obbligazioni delle imprese non finanziarie italiane (miliardi di euro)*

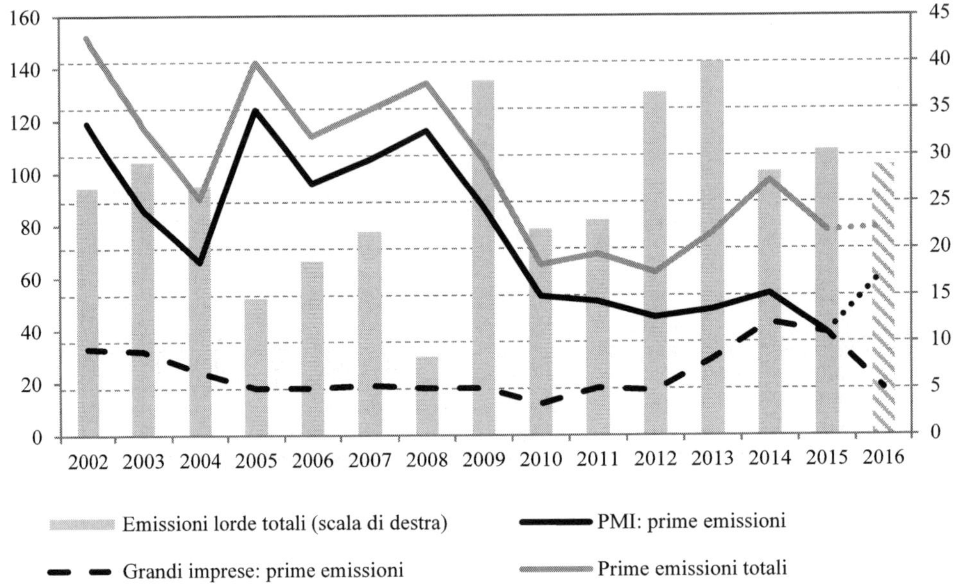

FIGURA 3. – *Raccolta dei fondi comuni e tassi di interesse (miliardi di euro e punti percentuali)*

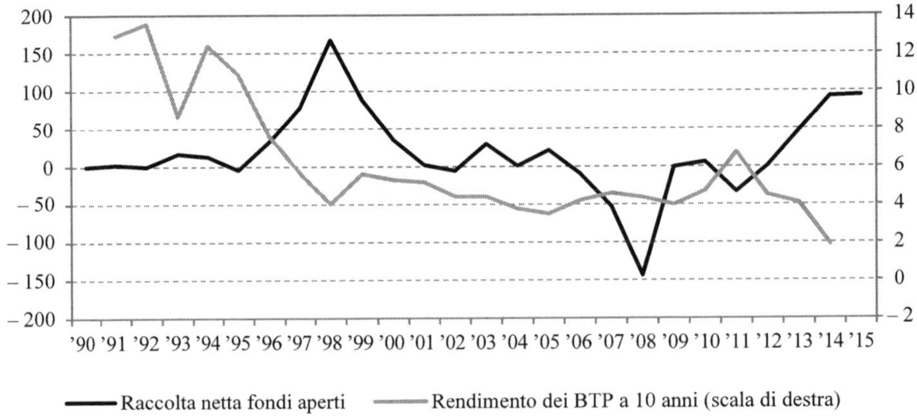

FIGURA 4. – *Portafoglio dei fondi comuni (miliardi di euro)*

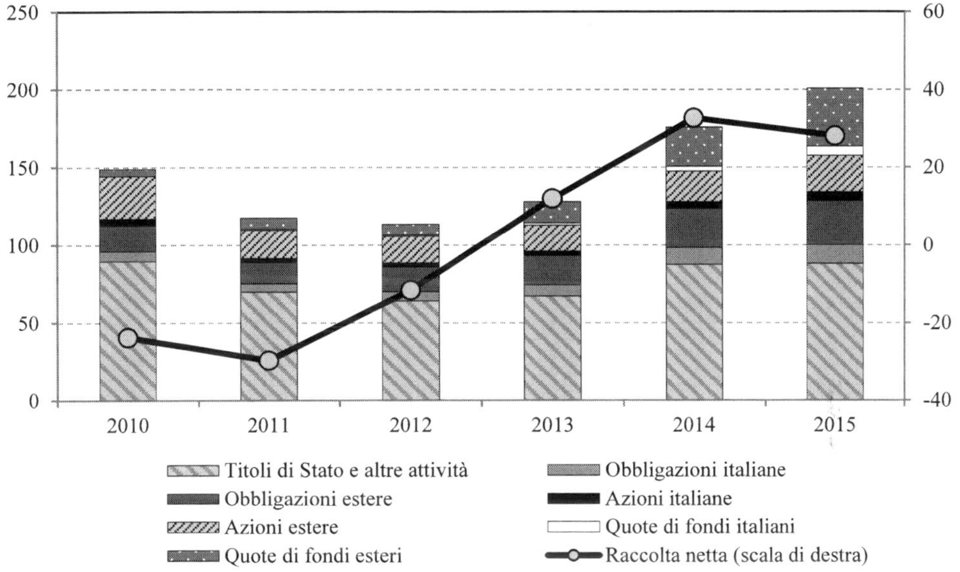

FIGURA 5. – *Prestiti alle imprese per classe di rischio (variazioni percentuali sui 12 mesi)*

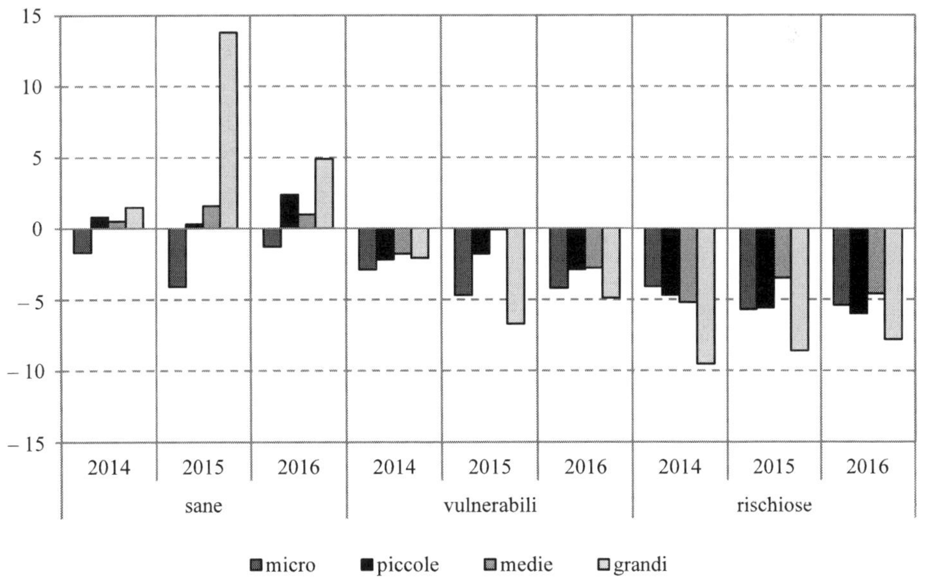

FIGURA 6. – *Costo del credito e delle emissioni obbligazionarie (valori percentuali)*

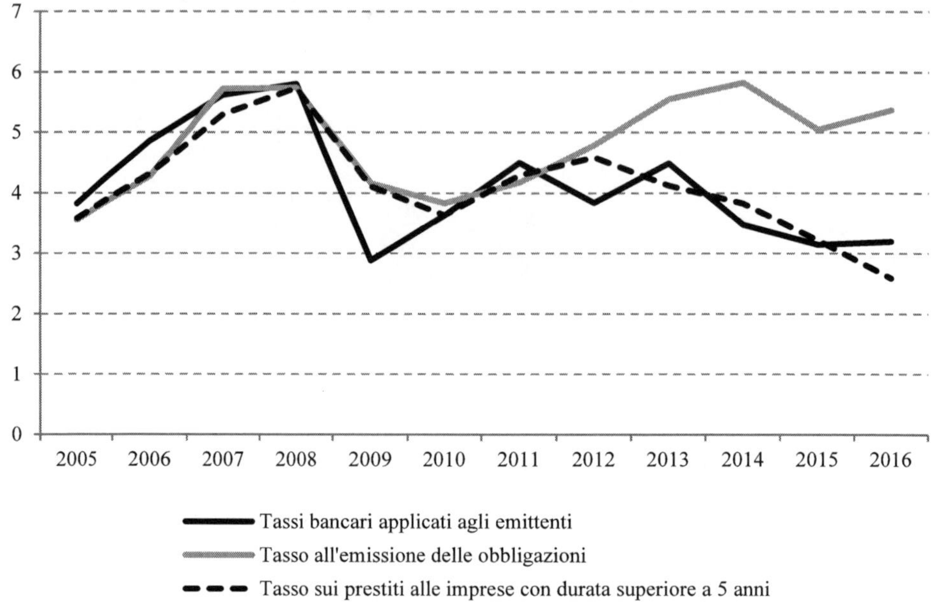

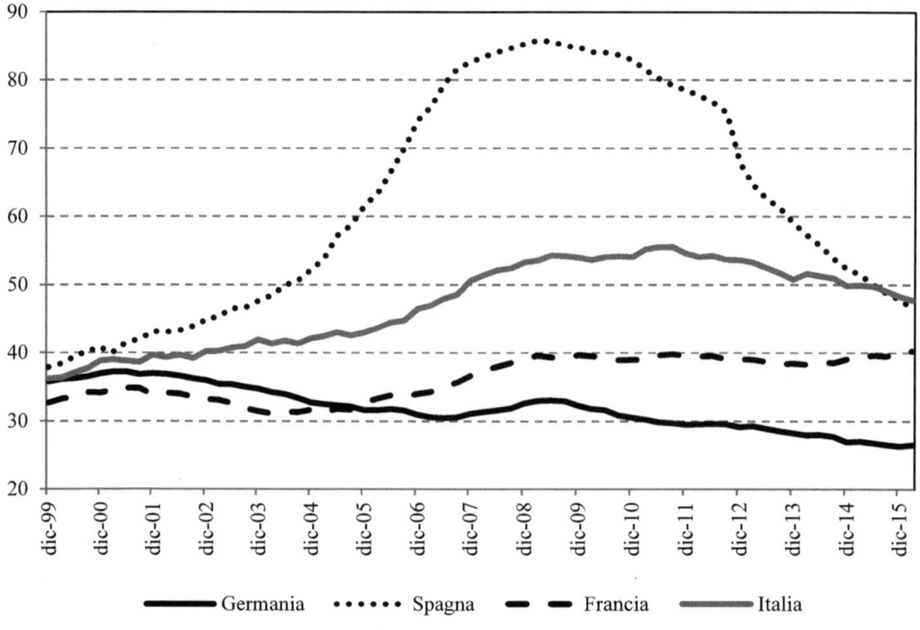

"NUOVI MERCATI" E RUOLO DELLE SOCIETÀ DI GESTIONE

di *Filippo Annunziata*

1. *Introduzione*. – Trattare il tema della disciplina dei "nuovi mercati" deputati allo scambio di strumenti finanziari comporta, inevitabilmente, la necessità di ripercorrere, seppure in estrema sintesi, le profonde trasformazioni che questa materia ha conosciuto negli ultimi 2-3 decenni: un fenomeno che in Italia ha visto, negli anni '90 del XX Secolo, la trasformazione dei mercati borsistici da strutture pubbliche a soggetti privati, costituiti ed operanti in forma societaria e, successivamente, la progressiva perdita del "monopolio" che, in base ad una tradizione risalente quantomeno alle codificazioni dell'Ottocento, era tradizionalmente proprio delle Borse. Al contempo, il tema tocca alcuni degli sviluppi più recenti della disciplina dei mercati, rappresentati dal progressivo affermarsi di mercati "alternativi" rispetto alle borse tradizionali, secondo un fenomeno che, negli ultimi tempi, ha visto crescere l'interesse da parte degli operatori. I "nuovi mercati" – per tali intendendosi, essenzialmente, i sistemi di negoziazione diversi dai veri e propri mercati regolamentati, identificabili, allo stato, con i sistemi multilaterali e, più di recente, anche con i sistemi organizzati di negoziazione – stanno, infatti, conoscendo un momento di particolare crescita. In Italia, ad esempio, l'AIM – l'MTF di Borsa Italiana dedicato alle piccole e medie imprese italiane ad alto potenziale di crescita – ha registrato, nel corso del 2017, un incremento dell'emissioni azionarie del 414% in termini di volumi d'offerta, e del 62% in termini di numero di offerte: le IPOs rappresentano il 97% delle emissioni, con un incremento anno su anno pari al 511%[1].

[1] Anche l'MTA – il mercato regolamentato, che si rivolge principalmente alle imprese di media e grande capitalizzazione – ha fatto registrare importanti progressi: +198% di incremento dell'emissioni azionarie in termini di volumi d'offerta (delle sole IPOs è aumentato del 253%) e del 120% in termini di numero di offerte. I dati sono ricavati dal rapporto *Italian capital markets monitor. Year 2017*, Baffi Carefin, Università Bocconi, 14 febbraio 2018d.

La situazione che si è determinata, anche a seguito delle numerose novità introdotte dalla disciplina di recepimento della Direttiva MiFID II, è peraltro frutto di un lungo processo evolutivo, iniziato ormai più di trent'anni fa, e che ha profondamente mutato gli assetti tradizionali propri delle *trading venues*.

In pressoché tutti i Paesi europei, l'impulso più forte alla revisione della disciplina dei mercati si realizzò, negli ultimi decenni del Secolo scorso, nel periodo a cavallo della redazione della Direttiva 93/22/CEE. Alcuni Paesi si erano mossi, in realtà, ben prima della Direttiva: il Regno Unito, ad esempio, già a partire dal 1986 (con il *Financial Services Act 1986*) era passato da assetti di mercato basati essenzialmente sull'autodisciplina, ad un sistema misto, secondo una linea di tendenza per taluni versi opposta a quella dei Paesi dell'Europa continentale che, invece, proprio in quell'arco temporale avrebbero dato avvio alla privatizzazione delle Borse pubbliche.

Storicamente, prima del recepimento della Direttiva del 1993, in ambito europeo, la disciplina dei mercati borsistici poteva, in effetti, ricondursi a due schemi principali, che – in termini forse un po' semplicistici, ma efficaci – potrebbero definirsi come modelli di stampo "pubblicistico" e "privatistico": il primo, tipico dei Paesi dell'Europa continentale; il secondo tipico del Regno Unito, tradizionalmente basato sulla *self-regulation*.

I due modelli si distinguevano soprattutto in base alla natura giuridica della Borsa, che – nel modello pubblico – era istituita per legge, o per provvedimento amministrativo, gestita e controllata da Autorità pubbliche, generalmente operante in regime di monopolio. Nel modello privatistico la Borsa era di contro istituita da privati, ed era perlopiù sottratta a controlli di matrice pubblicistica o governativa. Nel primo caso, erano il diritto amministrativo e quello pubblico che, in gran parte, regolavano il funzionamento, l'istituzione, il funzionamento della Borsa, e l'accesso al mercato[2]. Nel secondo caso, la Borsa poggiava sul ricorso più o meno ampio a forme di autoregolamentazione e, naturalmente, era il contratto – anziché il diritto amministrativo – a costituire il fondamento dei rapporti tra i vari attori del mercato.

A fronte di una storica contrapposizione tra i due modelli, negli anni che coincisero con la preparazione e l'emanazione della Direttiva del 1993, da più parti si avvertì l'esigenza di un parziale avvicinamento degli stessi, soprattutto per effetto dell'inasprirsi della concorrenza tra le piazze finanziarie europee conseguente all'introduzione del principio del mutuo riconoscimento in materia di servizi di investimento e di mercati.

---

[2] Per un esame dell'evoluzione storica della disciplina v. BAIA CURIONI, *Regolazione e competizione-storia del mercato azionario in Italia 1808-1938*, Bologna, 1995. V. anche SABATINI, *Commento agli artt. 61-62*, in *Il Testo Unico delle disposizioni in materia di intermediazione finanziaria*, a cura di Rabitti-Bedogni, Milano, 1998, 455; SEPE, *Commento all'art. 62*, in *Commentario al Testo Unico delle disposizioni in materia di intermediazione finanziaria*, a cura di Alpa-Capriglione, 1998, 590.

In Italia, la svolta in chiave "privatistica" coincise – come noto – con la "trasformazione" della Borsa in una società per azioni, e il conseguente abbandono della forma dell'ente pubblico, secondo un processo avviato dalla legge 2 gennaio 1991, n. 1, nel quadro – peraltro – del più ampio fenomeno di privatizzazioni che interessò, in quegli anni, il sistema italiano. Sebbene nello schema che ne scaturì convivessero profili di pregnante controllo pubblico (peraltro, tutt'ora presenti), appare tuttavia evidente che l'accento prioritario cadde, decisamente, su quelli privatistici: l'attività di organizzazione e gestione dei mercati venne, nel contesto delle riforme, espressamente qualificata quale attività "di impresa", con o senza scopo di lucro [3]; il suo svolgimento venne riservato a società per azioni appositamente autorizzate, partecipate da soggetti privati; l'attività non era più esercitata in regime di monopolio, ma poteva essere svolta, in regime di concorrenza, da più soggetti, con pieno assoggettamento, tra l'altro, alla disciplina *antitrust*. L'accesso al mercato, e il rapporto tra i partecipanti allo stesso, con la società di gestione, era, ormai, basato sul contratto, anziché sul diritto pubblico [4].

L'assetto raggiunto con il recepimento della Direttiva del 1993, e la successiva emanazione del t.u.f., conobbero un'ulteriore sviluppo in seguito al recepimento della prima Direttiva MiFID (Direttiva 2004/39/UE). La disciplina delle *trading venues* introdotta dalla MiFID segnò, infatti, il definitivo venir meno del tradizionale monopolio riconosciuto alle Borse, così che – nell'esplicare la stessa funzione di negoziazione organizzata e nell'ottica di promuovere una sana competizione ("*fair competition*") – ai mercati regolamentati si affiancarono i sistemi multilateriali di negoziazione (*Multilateral Trading Facilities* – MTF), e gli internalizzatori sistematici (ai quali, in varia misura, si applicavano regole ricavate da quelle proprie delle *trading venues*). Coerentemente con tale impostazione, scomparve del tutto l'obbligo di concentrazione delle operazioni nei mercati regolamentati (ossia le Borse), che già era stato ridimensionato dalla Direttiva del 1993.

Già nel contesto della MiFID I, la disciplina dei "mercati regolamentati" (ossia, delle vecchie "Borse") perde, così, gran parte della sua specificità: le regole applicabili alle diverse *trading venues* sono, di fatto, molto vicine. Il riconosci-

---

[3] È da notare che oggi questa prescrizione è scomparsa. Infatti, a differenza del previgente art. 61 t.u.f., art. 64 non prevede più espressamente che l'attività di gestione di un mercato regolamentato è un'attività di impresa. All'indomani dell'emanazione del t.u.f. questa affermazione aveva una portata rivoluzionaria: si usciva, infatti, dalla fase di privatizzazione della borsa, ed era allora opportuno chiarire definitivamente che l'attività di organizzazione e gestione dei mercati regolamentati avrebbe ormai perso ogni qualificazione legata, o conseguente, ala tradizionale configurazione della stessa come "pubblico servizio", per rientrare più direttamente nel novero delle attività economiche private (art. 2082 cod. civ.).

[4] V. MOTTI, *Mercati borsistici e diritto comunitario*, Milano, 1997; R. COSTI, *Libertà d'impresa e gestione dei mercati regolamentati*, in *Giur. comm.*, 2000, I, 104.

mento e la parificazione ai mercati regolamentati dei sistemi multilaterali di negoziazione e degli internalizzatori sistematici assottiglia, inoltre, la classica distinzione tra "intermediari" e "mercati" che da sempre connotava la disciplina del mercato dei capitali. In tale prospettiva, i sistemi multilaterali possono essere gestiti sia dai gestori di mercati regolamentati, sia da intermediari abilitati: si tratta, dunque, di un'attività che si colloca, ormai, perfettamente "a cavallo" tra la disciplina dei mercati, e delle attività di intermediazione. È proprio in questa prospettiva, tra l'altro, che la MiFID prevede l'assoggettamento dei mercati regolamentati a regole "costitutive" (requisiti dei soggetti gestori, norme di organizzazione, ecc.) in senso lato "modellate" su quelle proprie degli intermediari.

Tuttavia, anche nel rinnovato contesto della MiFID, la nozione di mercato regolamentato mantiene sempre una valenza specifica, derivante dal più ampio assetto della disciplina europea sul mercato dei capitali: più precisamente, i veri e propri "mercati regolamentati" sono quelli che conferiscono agli emittenti lo *status* di emittente quotato, al fine dell'applicazione di particolari discipline (ad esempio: OPA; tutela delle minoranze; *corporate governance*; obblighi informativi, ecc.). Si può, dunque, pur sempre parlare di mercati o di Borse "ufficiali", anche dopo il recepimento della Direttiva: tali sono i mercati regolamentati che rispettano gli specifici requisiti previsti per tali *trading venues*, e con riferimento ai quali si applicano particolari regimi, volti ad assicurare l'integrità e il buon funzionamento dei mercati stessi secondo *standard* particolarmente elevati. È, però, evidente che la qualificazione di un mercato come "regolamentato" non sottende più alcuna posizione di "monopolio" o di "riserva" *nel contesto della disciplina MiFID*.

Con MiFID II la disciplina dei mercati subisce un nuovo impulso. Al fine di promuovere la negoziazione degli strumenti finanziaria in sedi regolamentate, ed assicurare adeguati standard di trasparenza (*pre* e *post-trade*) si assiste, anzitutto, al ridisegno della mappa delle *trading venues*, con l'introduzione di una nuova tipologia denominata "sistema organizzato di negoziazione" (*Organized Trade Facilities* – OTF), nonché di una nuova sottocategoria di MTF, ossia i "mercati di crescita per le PMI". Gli "internalizzatori sistematici" vengono, formalmente, espunti dall'elenco delle *trading venues* riconosciute, anche se essi restano assoggettati a regole tipiche di queste ultime (ad esempio, quelle di trasparenza). Numerosi elementi che attengono al funzionamento delle *trading venues* conoscono, altresì, un deciso rinnovamento, anche per tener conto dell'evoluzione tecnologica e delle tecniche di negoziazione, come ad esempio il c.d. "*high frequency trading*"[5]. Vengono altresì introdotte regole specifiche per

---

[5] La negoziazione c.d. "ad alta frequenza" (*high frequency trade*, HFT) rappresenta una tematica rilevante nell'impianto normativo della MiFID, soprattutto alla luce dell'impatto che essa può avere sul funzionamento delle *trading venue*. L'HFT è una particolare tecnica di negoziazione algoritmica, definita all'art. 1, comma 6-*septies*, t.u.f. Tuttavia, anche sulla base della circostanza

i servizi di comunicazione dati e, soprattutto, viene re-introdotta – secondo un meccanismo di corsi e ricorsi storici – una sorta di regola di concentrazione delle operazioni sulle *trading venues*, denominata *trading obligation.*

2. *Il mercato regolamentato: il gestore e il mercato.* – Anche dopo il recepimento della MiFID II, l'attività di gestione dei veri e propri *mercati regolamentati* è riservata ad appositi soggetti, costituiti in forma di società per azioni, anche senza scopo di lucro (art. 64 t.u.f.).

La convergenza fra le regole che disciplinano lo svolgimento dell'attività di organizzazione e gestione dei mercati e quelle tipiche degli intermediari permane nel nuovo sistema. Ad esempio, i requisiti soggettivi previsti in capo alle società di gestione riecheggiano quelli enunciati dalla disciplina degli intermediari; al contempo, la disciplina primaria prevede, anche nel contesto della disciplina dei mercati, rinvii alla normazione secondaria, alla quale spetta specificare le regole più di dettaglio [6]. Spetta, inoltre, alla Consob di stabilire, con proprio regolamento, le attività connesse e strumentali che le società di gestione possono svolgere, nonché i requisiti generali di organizzazione del mercato. La norma riflette, a ben guardare, le analoghe regole in materia di "esclusività" dell'oggetto sociale degli intermediari, e risponde ad esigenze tanto di vigilanza sull'attività del soggetto, quanto di prevenzione degli eventuali conflitti di interessi. E ancora: il Ministro dell'economia e delle finanze è chiamato a stabilire i requisiti degli esponenti aziendali e dei partecipanti al capitale dei gestori di un mercato regolamentato (artt. 64-*bis* e 64-*ter*). Anche queste disposizioni sono modellate su quelle rivenienti dalla disciplina degli intermediari (artt. 13 e 14 t.u.f.), anche se con qualche differenza: agli esponenti aziendali, ad esempio, è richiesto il possesso di requisiti di onorabilità, professionalità e indipendenza (art. 64-*ter* t.u.f.), e non anche di requisiti di correttezza e competenza, previsti invece per gli intermediari. Sempre in senso analogo a quanto previsto dalla disciplina degli intermediari, in assenza dei requisiti dei partecipanti al capitale o in caso di inosservanza degli obblighi informativi nei confronti dell'Autorità di Vigilanza preposta, è fatto divieto di esercitare i diritti voto inerenti alle azioni eccedenti la soglia minima individuata in base ai commi 7, 8 e 9 dell'art. 64-*bis*, ovvero oggetto della mancata comunicazione. Alla Consob è riservato il potere di

---

che si tratta, innanzitutto, generalmente di negoziazioni per conto proprio la trattazione del tema non risulta, a stretto rigore, ricompresa nell'argomento del presente intervento. Per tale motivo, sia consentito rinviare, per approfondimenti a ALVARO-VENTORUZZO, *«High-Frequency Trading»: note per una discussione*, in *Banca Impr. Soc.*, 3/2016, 417-444, doi: 10.1435/85967; BALP-STRAMPELLI, *Preserving Capital Markets Efficiency in the High-Frequency Trading Era* (January 7, 2018). Bocconi Legal Studies Research Paper No. 3097723. Available at SSRN: *https://ssrn.com/abstract=3097723.*

[6] Si vedano altresì gli standard tecnici contenuti nel Regolamento (UE) 2017/584 del 14 luglio 2016, che specifica i requisiti organizzativi delle sedi di negoziazione.

opporsi, entro 90 giorni dalla comunicazione da parte della società di gestione, ai cambiamenti negli assetti azionari delle società di gestione, qualora tali cambiamenti mettano a repentaglio la gestione sana e prudente del mercato (comma 5).

Sempre con riferimento all'assetto proprietario della società di gestione, è opportuno rilevare che non constano specifiche disposizioni relative ad una particolare composizione "qualitativa" del capitale. In altri termini, non sussistono limiti soggettivi alla partecipazione al capitale della società di gestione: chiunque (purché in possesso dei requisiti richiesti dalla normativa) potrà essere socio (anche di controllo) di una società di gestione dei mercati, potendo tale condizione essere limitata soltanto dalla previsione di particolari clausole statutarie che i soci stessi abbiano adottato. Allo stesso modo, non è ormai più previsto che, ad esempio, una determinata quota del capitale della società debba giocoforza appartenere ad una certa categoria di soggetti (ad esempio, gli intermediari ammessi alle negoziazioni), come invece era stato stabilito in sede di privatizzazione della "vecchia" Borsa pubblica. Il tema della composizione "qualitativa" del capitale, comunque, riemerge con riguardo all'organizzazione che le società di gestione devono darsi e, in particolare, in relazione agli assetti statutari e alle regole concernenti i conflitti di interessi.

Ai sensi dell'art. 64-*quater* t.u.f. l'organizzazione e la gestione del mercato sono disciplinate da un *regolamento* deliberato dall'assemblea ordinaria o dal consiglio di sorveglianza della società di gestione oppure, se ciò prevede lo statuto della società, dall'organo di amministrazione. Tuttavia, se le azioni della stessa società di gestione del mercato sono quotate in un mercato regolamentato, il regolamento va approvato dal consiglio di amministrazione, o dal consiglio di gestione della società, ciò al fine di ridurre il rischio di conflitti di interessi che, inevitabilmente, si porrebbe. La definizione del contenuto del regolamento è affidata, innanzitutto, al rispetto dei criteri stabiliti dalla Consob, in conformità alla disciplina europea. Il t.u.f. stabilisce, tuttavia, alcuni *standard*, che riflettono le pervasive regole derivanti dalla disciplina MiFID I e MiFID II. In generale, il regolamento deve soddisfare, nel suo complesso, gli standard volti ad assicurare la trasparenza del mercato, l'ordinato svolgimento delle negoziazioni e la tutela degli investitori, e determinare le regole che ne governano struttura e funzionamento. I mercati regolamentati sono altresì sottoposti a pregnanti regole di organizzazione, declinate dall'art. 65 t.u.f., nel rispetto delle previsioni comunitarie in materia.

Fermi i limiti discendenti dalle disposizioni sopra richiamate, è indubbio che il "regolamento" costituisce atto di autonomia privata, avente natura negoziale. In primo luogo, infatti, il regolamento è approvato dalla società di gestione, e più precisamente (come regola generale) dall'assemblea della stessa, e non è un atto amministrativo o promanante da un'Autorità amministrativa. In secondo luogo, l'adesione al mercato da parte di un intermediario – o di un emittente – comporta l'accettazione delle regole che disciplinano il mercato stesso, come formulate nel regolamento approvato dalla società di gestione. Si assiste pertanto ad un tipico meccanismo di formazione del contratto per "adesione", sulla base di un testo predisposto unilateralmente dalla società di gestione.

La natura contrattuale del regolamento comporta, ovviamente, rilevanti conseguenze per quanto attiene al rapporto tra i soggetti ammessi al mercato e le società di gestione: ad esempio, eventuali controversie vengono risolte, anziché con gli strumenti propri del diritto amministrativo – come tipicamente accade quando l'organizzazione e la gestione del mercato sono affidati a soggetti pubblici – con quelli del diritto privato, e dunque mediante ricorso all'Autorità giudiziaria ordinaria, o a procedimenti arbitrali. Al di là di tale specifico profilo, ne viene in realtà modificata la stessa prospettiva nella quale si inquadrano i rapporti tra gli operatori ammessi al mercato, ed il soggetto deputato alla sua gestione e organizzazione. La dinamica dei rapporti tra la società di gestione e gli operatori ammessi al mercato non è più quella che tipicamente caratterizza il soggetto privato nei suoi rapporti con la Pubblica amministrazione, ma è quella assai diversa che riguarda i rapporti tra due controparti contrattuali di cui una – la società di gestione del mercato – si trova sì in una condizione di "superiorità", ma pur sempre nel senso in cui tale espressione deve intendersi quando ci si riferisce a rapporti negoziali, che intercorrono tra privati, anziché tra soggetti privati e soggetti pubblici [7].

In tale prospettiva, pare essenziale porre in luce che il regolamento del mercato non è *di per sé* oggetto di autorizzazione da parte dell'Autorità di vigilanza. L'art. 64-*quater*, comma 3, t.u.f. stabilisce, infatti, che la Consob autorizza l'esercizio dei mercati regolamentati, quando il regolamento del mercato è conforme alla disciplina comunitaria, ed è idoneo ad assicurare la trasparenza del mercato, l'ordinato svolgimento delle negoziazioni e la tutela degli investitori. L'oggetto dell'autorizzazione amministrativa è dunque espressamente riferito all'attività di "gestione" del mercato, e non al regolamento in quanto tale, con ciò riconfermando il margine di autonomia del gestore del mercato nella predisposizione del regolamento, nonché, al contempo, la sua natura privatistica [8]. Ciò non toglie, però, che il regolamento sia sottoposto, quantomeno indirettamente, al vaglio amministrativo: la conformità del regolamento del mercato ai criteri previ-

---

[7] VENTORUZZO, *Natura giuridica e disciplina del rapporto tra società di gestione di mercati regolamentati e intermediari ammessi all'attività di negoziazione: considerazioni a margine di un caso di "cancellazione" di contratti conclusi tra operatori*, in *Banca borsa tit. cred.*, 2005, II, 1 ss.

[8] Cfr. SEPE, *op. cit.*, nt. 2; COSTI R., *Il mercato mobiliare*, IV ed., Torino, 2006; RUBINO DE RITIS-PISANI, *Commento all'art. 61*, in *Testo Unico della Finanza. Commentario diretto da G.F. Campobasso*, Torino, 2002, I, 505. Più risalenti nel tempo, e dunque, non a caso ancora influenzate da una visione maggiormente attenta alla permanenza nel sistema di profili pubblicistici le posizioni di Capriglione (1998), e quella, riferita ai mercati all'ingrosso di titoli di Stato, di NAPOLETANO, *Commento all'art. 66*, in *Commentario al Testo Unico delle disposizioni in materia di intermediazione finanziaria*, a cura di Alpa-Capriglione, Padova, 1998, 633.

sti dalla legge è, infatti, uno dei requisiti stessi per il rilascio dell'autorizzazione. Va, inoltre, osservato che l'art. 64-*quater*, comma 6, t.u.f. sottopone all'approvazione della Consob le *modificazioni* del regolamento del mercato, creando così un'apparente asimmetria tra l'oggetto formale dell'autorizzazione iniziale, e la fase successiva relativa ad eventuali modifiche al regolamento. Si tratta, tuttavia, di elementi che non incidono sulla natura del regolamento del mercato, e che rispondono unicamente a finalità di vigilanza: in particolare, se le successive modifiche del regolamento non fossero in alcun modo sottoposte al vaglio della Consob, residuerebbero spazi elusivi della disciplina difficilmente presidiabili.

La Consob può revocare l'autorizzazione del mercato regolamentato quando: a) l'autorizzazione è stata ottenuta presentando false dichiarazioni o con qualsiasi altro mezzo irregolare; b) non sono più soddisfatte le condizioni cui è subordinata l'autorizzazione; c) sono state violate in modo grave e sistematico le disposizioni del t.u.f. relative al mercato regolamentato o al gestore del mercato; d) abbia cessato di funzionare da più di sei mesi o rinunci espressamente all'autorizzazione.

In analogia agli istituti previsti per gli intermediari, in caso di gravi irregolarità nella gestione del mercato regolamentato ovvero nell'amministrazione del gestore del mercato regolamentato e comunque quando lo richiede la tutela degli investitori, il Ministero dell'Economia e delle Finanze, su proposta della Consob, dispone lo scioglimento degli organi amministrativi e di controllo del gestore del mercato, nominando un commissario.

L'impronta decisamente privatistica della disciplina dei mercati recata dal t.u.f. trova un limite, per i mercati regolamentati, nella fase di ammissione alla quotazione: il sistema italiano, infatti, ha sin dall'origine optato per il mantenimento di una sorta di "doppio binario" che vede, da un lato, la società di gestione decidere in merito all'ammissione alla quotazione e, dall'altro, la Consob competente in merito all'approvazione del prospetto di offerta/ammissione alla quotazione. Sebbene il t.u.f. prevedesse una disposizione (art. 94-*bis*, comma 3, abrogato dall'art. 1, d.lgs. n. 184/2012) che consentiva alla Consob di delegare tale adempimento alla società di gestione, tale opzione non fu mai sfruttata[9].

Questo bipolarismo non si ritrova, invece, nell'ambito degli MTF e degli OTF, per i quali le regole di ammissione alla negoziazione e la relativa procedura sono interamente affidati al gestore del mercato, anche con riguardo agli eventuali profili informativi.

---

[9] Da una prima osservazione sul tema dell'attribuzione del potere di approvare il prospetto di offerta e quotazione a livello europeo, emerge un panorama eterogeneo che vede taluni Stati prevedere la potestà autorizzativa sul prospetto di quotazione della società di gestione, fra cui, ad esempio, il Lussemburgo (Luxembourg Stock Exchange); e altri Stati che, al contrario, non prevedono questa possibilità, come ad esempio il Regno Unito (London Stock Exchange).

3. *Gli MTF* – Come già anticipato, sin dalla prima Direttiva MiFID e, in seguito, con la MiFID II, nel novero delle *trading venues* sono ricompresi anche i sistemi multilaterali di negoziazione (MTF). Gli MTF sono caratterizzati da una definizione strettamente allineata a quella di mercato regolamentato, riflettendo il fatto che entrambi esplicano la stessa "*funzione di negoziazione organizzata*" [10].

Un MTF, al pari di un mercato regolamentato è infatti un "*sistema multilaterale*" (art. 1, comma 5-*octies*, t.u.f.), vale a dire un sistema costituito da una serie di regole tali da consentire "*l'interazione tra interessi multipli di acquisto e di vendita di terzi relativi a strumenti finanziari*" (art. 1, comma 5-*bis.1*, t.u.f.). Siffatta interazione deve inoltre dare luogo a contratti relativi a strumenti finanziari ammessi alla negoziazione conformemente alle regole proprie di ciascun mercato.

In secondo luogo, mercati regolamentati ed MTF fanno sì che gli interessi di negoziazione si incontrino al loro interno in base a regole "non discrezionali" stabilite *ab origine* dal gestore del sistema. Con ciò si deve intendere che le regole che disciplinano il funzionamento del sistema "*non lasciano al mercato regolamentato o al gestore del mercato o all'impresa di investimento che gestisce un sistema multilaterale di negoziazione alcuna discrezionalità su come possano interagire gli interessi*" (Considerando 7, MiFIR). Tali previsioni incidono giocoforza a livello strutturale, così che gli MTF e i mercati regolamentati risultato fra loro assimilabili sul piano dell'attività, ma disallineati sul piano soggettivo. Esiste, infatti, una differenza di base tra i due, rappresentata dal fatto che un MTF può essere gestito sia da un gestore di un mercato (regolamentato), sia da intermediari abilitati alla prestazione di servizi e attività di investimento. Inoltre, i requisiti degli MTF sono in parte diversi e, per alcuni profili, meno pervasivi di quelli dei mercati regolamentati. Infine, quando un MTF è organizzato e gestito da un intermediario (ad esempio, una banca o un'impresa di investimento), le regole che disciplinano il soggetto gestore (esponenti aziendali; partecipazioni rilevanti; capitale) discendono direttamente dalle norme del t.u.f. in materie di intermediari, anziché da quelle che regolano i soggetti che gestiscono un mercato.

In considerazione della complessità intrinseca nella gestione di un MTF – che, in sostanza, coincide con quella della gestione di un mercato regolamentato – i gestori di un MTF sono sottoposti ad obblighi specifici. In particolare, in base all'art. 65-*bis* t.u.f., il gestore di un sistema multilaterale di negoziazione deve disporre di ogni presidio di natura organizzativa e procedurale utile a garantire:

---

[10] V. Considerando 7, MiFIR, per cui "*È opportuno precisare le definizioni di mercato regolamentato e di sistema multilaterale di negoziazione, che dovrebbero restare strettamente allineate, in modo da riflettere il fatto che entrambi esplicano in realtà la stessa funzione di negoziazione organizzata*".

a) un processo di negoziazione corretto e ordinato, e un'efficiente esecuzione degli ordini; b) una sana gestione dell'operatività del sistema, anche per far fronte ad imprevisti rischi disfunzionali; c) una puntuale individuazione e un'immediata gestione di eventuali conflitti tra il sano funzionamento del sistema e gli interessi dei soggetti che, a vario titolo, vi interagiscono nel sistema.

Il gestore di un MTF deve, inoltre, disporre di almeno tre membri o partecipanti o clienti concretamente attivi, ciascuno dei quali deve poter interagire con tutti gli altri per quanto concerne la formazione dei prezzi.

Sono inoltre richieste misure necessarie per favorire il regolamento efficiente delle operazioni concluse nel MTF, ed obblighi di informazione nei confronti dei membri, o partecipanti, o clienti circa le rispettive responsabilità per quanto concerne il regolamento delle operazioni effettuate nel sistema. Si osservi che queste previsioni si applicano anche ai sistemi organizzati di negoziazione (OTF), di cui si dirà a breve.

3.1. *I mercati di crescita per le PMI*. – Quella dei sistemi multilaterali di negoziazione è la *trading venue* che sembra aver maggiormente ha raccolto gli esiti del dibattito sul rapporto tra regole di mercato e piccole e medie imprese, che – fin dagli anni '70 del secolo scorso – ha animato la disciplina dei mercati, tanto a livello nazionale, quanto a livello comunitario. L'idea di fondo, tutt'ora ritenuta valida, è sostanzialmente quella di creare appositi circuiti, per la negoziazione degli strumenti emessi dalle PMI: mercati, ovviamente, caratterizzati da regole di funzionamento, requisiti di accesso, regimi "semplificati" rispetto a quelli "ordinari", al fine di incentivarne il ricorso da parte delle piccole e medie imprese.

In questa prospettiva, anche se con un approccio piuttosto "neutro", la prima Direttiva MiFID si era mossa nella direzione di introdurre, a fianco della disciplina dei mercati regolamentati, un regime agevolato – quello degli MTF – caratterizzato dalla disapplicazione degli oneri più rilevanti derivanti dalla disciplina "di base" degli emittenti quotati (i.e. Direttiva sul prospetto, la Direttiva sugli abusi di mercato – nella sua versione del 2003 – la Direttiva OPA, la Direttiva Transparency). Nel medesimo solco, sebbene con un'impronta decisamente più marcata a favore di segmenti di mercato dedicati specificamente alle PMI, MiFID II prevede ora un nuovo regime per quei sistemi che si pongano l'obiettivo di agevolare l'accesso al mercato da parte delle piccole e medie imprese: si tratta dei cosiddetti "*mercati di crescita per le PMI, mercati di crescita o mercati junior*" [11].

Nelle intenzioni del legislatore europeo, il perseguimento di tale obiettivo si realizza [12] mediante la definizione di requisiti strutturali (minimi) del mercato, e

---

[11] Cfr. Considerando 132, MiFID II.

[12] In proposito, il legislatore europeo ritiene "*opportuno prestare attenzione alle modalità con cui la regolamentazione futura dovrà favorire e promuovere ulteriormente l'utilizzo di tale mer-*

l'iscrizione dell'MTF un apposito registro, volta precipuamente ad "aumentarne la visibilità e il profilo".

La disciplina degli MTF dedicati alle PMI è improntata, quantomeno nelle declamazioni, ad una logica di semplificazione delle regole altrimenti applicabili agli MTF "ordinari" e, naturalmente, ai mercati regolamenti [13]. Istruttivi, a riguardo, si rivelano i Considerando del Regolamento delegato (UE) 2017/565: in particolare, il n. 112 là dove prevede che "*data la diversità dei modelli operativi degli attuali sistemi multilaterali di negoziazione (MTF) che nell'Unione si concentrano sulle PMI e con l'obiettivo di assicurare il successo della nuova categoria del mercato di crescita per le PMI, è opportuno concedere ai mercati di crescita per le PMI un adeguato grado di flessibilità circa la valutazione dell'adeguatezza degli emittenti per l'ammissione nella loro sede. In ogni caso, il mercato di crescita per le PMI non dovrebbe prevedere norme che impongono agli emittenti oneri maggiori rispetto a quelli loro applicabili nei mercati regolamentati*". Con specifico riguardo ai criteri di ammissione alle negoziazioni in un mercato di crescita per le PMI, il Considerando 113 del Regolamento delegato afferma che "*[p]er quanto concerne il contenuto del documento di ammissione che un emittente dovrebbe produrre all'ammissione iniziale alla negoziazione dei suoi titoli su un mercato di crescita per le PMI se non si applica il requisito di pubblicare un prospetto a norma della Direttiva 2003/71/CE, è opportuno che le autorità competenti mantengano la discrezionalità di valutare se le norme stabilite dal gestore del mercato di crescita per le PMI consentono un'informazione adeguata degli investitori. Sebbene la piena responsabilità delle informazioni contenute nel documento di ammissione debba ricadere sull'emittente, dovrebbe spettare al gestore del mercato di crescita per le PMI definire il modo in cui esaminare adeguatamente il documento di ammissione. Ciò non dovrebbe obbligatoriamente prevedere un'approvazione formale da parte dell'autorità competente o del gestore*". Soltanto il tempo potrà dire se questi "incentivi" saranno sufficienti e se questi particolari MTF saranno, effettivamente, in grado di attrarre le imprese alle quali si rivolgono.

Le disposizioni che regolano i mercati di crescita per le PMI sono contenute

---

cato in modo da renderlo attraente agli occhi degli investitori, ridurre gli oneri amministrativi e fornire ulteriori incentivi per l'accesso da parte delle PMI ai mercati dei capitali attraverso i mercati di crescita per le PMI" (cfr. Considerando 132, MiFID II).

[13] Quanto alla definizione di "piccola o media impresa", l'art. 61, comma 1, lett. h), t.u.f. richiama in proposito la normativa comunitaria (Regolamento (UE) 2017/1129), la quale – a sua volta – rimanda alla stessa MiFID II, così ché per «piccole e medie imprese», o PMI, si intendono: i) le società che in base al loro più recente bilancio annuale o consolidato soddisfino almeno due dei tre criteri seguenti: numero medio di dipendenti nel corso dell'esercizio inferiore a 250, totale dello stato patrimoniale non superiore a 43 000 000 EUR e fatturato netto annuale non superiore a 50 000 000 EUR; oppure ii) un'impresa che ha una capitalizzazione di borsa media inferiore a 200 000 000 EUR sulla base delle quotazioni di fine anno dei tre precedenti anni civili.

all'art. 69 t.u.f., che a sua volta recepisce la MiFID II (art. 33). La "registrazione" di un MTF come mercato di crescita per le PMI avviene da parte della Consob, su domanda del gestore del sistema e deve essere conforme a quanto previsto dall'art. 31 del Regolamento Mercati (adottato con delibera n. 20249 del 28 dicembre 2017) e dal Regolamento di esecuzione (UE) 2016/824. La Consob, a tali fini, valuta che siano soddisfatti determinati requisiti di carattere strutturale e organizzativo-procedurale. Il primo, e più rilevante requisito consta nella previsione che il sistema sia in grado di assicurare che almeno il 50% degli emittenti i cui strumenti finanziari sono ammessi alla negoziazione sul sistema, siano PMI; tale requisito deve, peraltro, essere verificato sia al momento della registrazione come mercato di crescita per le PMI sia successivamente, con riferimento a ciascun anno civile.

Oltre ai requisiti richiesti ad un MTF, un mercato di crescita per le PMI deve: (i) disporre di criteri appropriati per l'ammissione e la permanenza alla negoziazione degli strumenti finanziari sul sistema; (ii) assicurare che gli emittenti rendano pubbliche informazioni sufficienti a permettere agli investitori di effettuare una scelta consapevole in merito all'investimento [14]; (iii) fornire un'adeguata informativa finanziaria periodica, comprendente quantomeno la relazione finanziaria annuale sottoposta a revisione; e (iv) conservare e divulgare pubblicamente le informazioni regolamentate riguardanti gli emittenti.

Nell'ambito dei medesimi requisiti, il t.u.f. richiama anche il quadro normativo in materia di abusi di mercato: in particolare, gli MTF devono implementare sistemi e controlli efficaci tesi a prevenire e individuare gli abusi di mercato secondo quanto prescritto dal Regolamento (UE) n. 596/2014 (di cui all'art. 16), nonché verificare il rispetto dei requisiti del citato regolamento in capo agli emittenti, alle persone che esercitano responsabilità di direzione e alle persone ad esse strettamente legate, secondo le pertinenti definizioni riscontrabili nel contesto del Regolamento (UE) n. 596/2014.

La normativa contro gli abusi di mercato rappresenta il piano dove si gioca una delle partite fondamentali, non solo a livello europeo, per l'accessibilità del mercato dei capitali da parte delle PMI. Infatti, il legislatore europeo prevede che gli emittenti i cui strumenti finanziari sono ammessi alla negoziazione su un mercato di crescita per le PMI possono, se previsto dalle regole della singola sede, pubblicare le informazioni privilegiate che li riguardano soltanto sul sito *internet* della sede di negoziazione (art. 17(9), MAR); inoltre, tali emittenti sono esentati dalla redazione degli elenchi delle persone aventi ac-

---

[14] Il t.u.f. prevede, a questo proposito, che "*[t]ali informazioni possono consistere in un appropriato documento di ammissione o in un prospetto se i requisiti di cui al regolamento 2017/1129/UE sono applicabili con riguardo a un'offerta pubblica presentata insieme all'ammissione alla negoziazione dello strumento finanziario sul sistema multilaterale di negoziazione*" (art. 69, comma 2, lett. c).

cesso a informazioni privilegiate se sono soddisfatte determinate condizioni (art. 18(6), MAR).

Pur alla luce delle linee programmatiche tracciate dal legislatore europeo e di là dai riflessi che queste hanno indubbiamente prodotto a livello legislativo, si osserva come la disciplina recata da MiFID II per i mercati di crescita per le PMI non abbia finora interpretato efficacemente lo spirito di facilitare l'acceso ai mercati da parte delle PMI [15]. Al contrario, i requisiti che deve possedere un MTF per potersi qualificare come "mercato di crescita" appaiono, a dire il vero, maggiormente volti a riprodurre gli *standard* minimi di regolamentazione e trasparenza previsti per le altre *trading venues*, piuttosto che a creare un vero incentivo per l'accesso delle PMI, rispetto alla formula neutra dell'MTF.

Non si deve, infatti, dimenticare che il nodo da sciogliere risiede nella capacità di individuare un punto di equilibrio fra le esigenze di semplificazione – connaturate alla concezione di mercati riservati alle PMI – e la tutela degli investitori; la MiFID II sottrae la materia all'autonomia negoziale, facendone l'oggetto di un intervento conformativo piuttosto robusto, i cui esiti danno adito al sorgere di non pochi interrogativi circa la sua efficacia. Non pare, ad esempio, irragionevole domandarsi se il rigido requisito sulla composizione del mercato di crescita, che consente l'ingresso e la permanenza sul mercato anche di società diverse dalle PMI – a patto che il numero di queste non superi il 50% degli emittenti sul mercato, – sia adatto a soddisfare l'obiettivo di facilitare l'accesso al mercato dei capitali per le PMI. La possibilità per emittenti di più grandi dimensioni di accedere (con una certa facilità) ad un mercato di crescita potrebbe richiedere infatti un inasprimento, piuttosto che un'attenuazione, dei vincoli normativi ai partecipanti al mercato stesso, al fine di garantire un adeguato livello di protezione agli investitori. Al contempo, limitare l'accesso degli emittenti diversi dalle PMI ai mercati di crescita non sembrerebbe di *per sé* compromettere la liquidità e la redditività del mercato, che costituiscono gli elementi alla base della scelta di fissare una tale soglia d'accesso.

Allo stesso modo, il contesto normativo complessivo da cui si sviluppano i mercati di crescita sembra connotarsi per un non perfetto coordinamento fra la definizione di PMI e la microstruttura dei mercati finanziari: emittenti che rientrano a nella categoria delle PMI dispongono già di diverse alternative per accedere al mercato dei capitali, anche senza ricorrere ad un mercato di crescita, la cui preferenza rispetto ad altri mercati non implica vantaggi sufficientemente chiari.

La complessità di individuare un adeguato assetto della disciplina dei mercati di crescita è testimoniata anche dall'attenzione che, recentemente, la Com-

---

[15] VEIL-DI NOIA, *SME Growth Markets*, in D. BUSCH-G. FERRARINI, *Regulation of the EU Financial Markets: MiFID II and MiFIR*, Oxford University Press, 2017, 356; ENRIQUES L., *What should qualify as a 'SME Growth Market'?*, Oxford Business Law Blog, 2018 disponibile all'indirizzo: *https://www.law.ox.ac.uk/business-law-blog/blog/2018/01/what-should-qualify-sme-growth-market.*

missione Europea ha dimostrato con l'apertura della "Consultazione pubblica sulla creazione di un contesto normativo proporzionato per la quotazione delle PMI" [16]. La consultazione si pone, infatti, nella prospettiva di meglio precisare la nozione di mercato di crescita per le PMI, di individuare i settori in cui si potrebbero ridurre gli oneri amministrativi gravanti sulle PMI quotate, e quelli in cui alcuni cambiamenti potrebbero aiutare a (ri)costruire i contesti favorevoli agli scambi specifici per le PMI.

4. *Gli OTF*. – I sistemi organizzati di negoziazione (*Organized Trading Facility* – OTF) sono gli ultimi "sistemi multilaterali", in ordine di tempo, ad essere entrati a far parte del novero delle *trading venues*, per effetto della revisione dell'impianto normativo in materia di mercati di strumenti finanziari operato dalla MiFID II.

Nelle intenzioni del legislatore comunitario, la nuova categoria degli OTF intende "integrare" i tipi esistenti di sedi di negoziazione (Considerando n. 9, MiFIR), allo scopo di "*rendere i mercati finanziari dell'Unione più trasparenti ed efficienti nonché di definire condizioni eque tra le varie sedi che offrono servizi di negoziazione multilaterale*" (Considerando n. 8, MiFIR). Tale complementarietà rispetto alle altre *trading venues* si riverbera giocoforza sulla definizione di OTF che risulta volutamente ampia, così da ricomprendere, anche in futuro, "tutti i tipi di esecuzione organizzata e organizzazione di negoziazione che non corrispondono alle funzionalità o alle specifiche normative delle sedi esistenti". Già da questi primi elementi, risulta chiaro che gli OTF sono geneticamente caratterizzati da elementi che segnano, seppur all'interno della medesima categoria, la distanza dalle altre *trading venues*, a partire dalla già richiamata mancata "corrispondenza" con le funzionalità delle altre sedi di negoziazione.

Nello specifico, due sono le cifre distintive che connotano gli OTF rispetto alle altre *trading venues*: la prima, e più evidente, consiste nel fatto che "*in un sistema organizzato di negoziazione l'esecuzione degli ordini è svolta su base discrezionale*" (art. 65-*quater* t.u.f.). La seconda è data dal fatto che sugli OTF possono essere negoziati soltanto strumenti finanziari diversi dalle azioni, vale a dire in particolare "*obbligazioni, strumenti finanziari strutturati, quote di emissioni e strumenti derivati*" (art. 1, comma 5-*octies*, lett. b), t.u.f.) [17].

Quanto alla discrezionalità nell'esecuzione delle operazioni, l'art. 65-*quater*, comma 1, t.u.f., specularmente a quanto già stabilito dalla MiFID II [18], chiarisce

---

[16] Il testo della consultazione, che è stata aperta il 18 dicembre 2017 e si conclusa il 26 febbraio 2018, è reperibile all'indirizzo: *https://ec.europa.eu/info/sites/info/files/2017-barriers-listing-smes-consultation-document_en.pdf*.

[17] SEPE, *La MiFID II e i mercati*, in TROIANO e MOTRONI, *La MiFID II: Rapporti con la clientela – regole di governance – mercati*, Padova, 2016, 279.

[18] Si vedano a questo proposito gli artt. 20(6) e 27, MiFID II, nonché il Considerando 9, MiFIR.

che questa sussiste quando il gestore di un OTF decide di: a) collocare o ritirare un ordine sul proprio sistema; o b) non abbinare lo specifico ordine di un cliente con gli altri ordini disponibili nel sistema in un determinato momento, purché ciò avvenga nel rispetto delle specifiche istruzioni ricevute dal cliente, nonché degli obblighi individuati ai sensi dell'art. 6 t.u.f., vale a dire quelli di *best execution*. Il margine di discrezionalità di cui dispongono i gestori di OTF trova, pertanto, un limite nella migliore esecuzione nei confronti dei soggetti che si avvalgono della sede di negoziazione, così come nei requisiti di trasparenza pre-negoziazione.

Nelle pieghe della disciplina delle *trading venue* si annidano, inoltre, altre differenze che distinguono la disciplina degli OTF, da quella propria delle altre sedi di negoziazione. Una di queste (forse la più rilevante) consiste nella duplice possibilità – espressamente preclusa ai gestori di mercati regolamentati e di MTF [19] – che il gestore di un OTF (a) svolga una negoziazione "*matched principal*" [20], limitatamente ad obbligazioni, prodotti finanziari strutturati, quote di emissione e taluni derivati, ed esclusivamente nei casi in cui il cliente abbia acconsentito al processo; e (b) possa "*effettuare negoziazione per conto proprio diversa dalla negoziazione «matched principal» in relazione a titoli di debito sovrano privi di un mercato liquido*" [21].

Una seconda differenza che emerge dalle pieghe della normativa attiene all'applicazione del principio della *best execution*. Infatti, mentre alle operazioni concluse in un sistema organizzato di negoziazione si applica l'intero art. 27 della MiFID II (che regola la *best execution*), alle operazioni concluse su un sistema multilaterale di negoziazione non si applica il dettato del richiamato art. 27, se non limitatamente a "*i dati relativi alla qualità dell'esecuzione delle operazioni*" [22]. Con riferimento agli MTF, la norma prevede, però, che i suoi mem-

---

[19] V. art. 65-*quinquies*, comma 5, t.u.f., nonché per i gestori di MTF, l'art. 19, § 5, e per i gestori dei mercati regolamentati, l'art. 47, § 2 della MiFID II. In linea con questa segmentazione, si pone anche il Considerando 7, MiFIR, quando prevede che "*I mercati regolamentati e i sistemi multilaterali di negoziazione non sono tenuti a gestire un sistema «tecnico» per l'abbinamento (matching) degli ordini e dovrebbero poter gestire altri protocolli di negoziazione, compresi i sistemi nell'ambito dei quali gli utenti possono negoziare a fronte di richieste di quotazioni indirizzate a più fornitori*".

[20] Per negoziazione "*matched principal*" si intende "*una negoziazione in cui il soggetto che si interpone tra l'acquirente e il venditore non è mai esposto al rischio di mercato durante l'intera esecuzione dell'operazione, con l'acquisto e la vendita eseguiti simultaneamente ad un prezzo che non permette a tale soggetto di realizzare utili o perdite, fatta eccezione per le commissioni, gli onorari o le spese dell'operazione previamente comunicati*" (art. 1, comma 6-*octies*, t.u.f.).

[21] V. art. 65-*quinquies*, t.u.f.

[22] V. art. 19(4), MiFID II, ove si prevede che "*Gli Stati membri garantiscono che gli articoli 24, 25, 27 paragrafi 1, 2 e da 4 a 10, e l'articolo 28 non si applichino alle operazioni concluse in base alle norme che disciplinano un sistema multilaterale di negoziazione tra i membri del medesimo o i suoi partecipanti ovvero tra il sistema multilaterale di negoziazione e i suoi membri o i suoi partecipanti in relazione all'impiego del sistema multilaterale di negoziazione*".

bri o partecipanti siano tenuti a rispettare gli obblighi di *best execution* nei confronti dei loro clienti quando, agendo per conto di questi ultimi, eseguono i loro ordini tramite i sistemi di un MTF [23].

Il gestore di un OTF che abbina gli ordini dei clienti può, dunque, decidere se, quando e in che misura abbinare due o più ordini all'interno del sistema, e può "facilitare" la negoziazione tra clienti, in modo da far incrociare due o più interessi di negoziazione potenzialmente compatibili in un'operazione, fermo il rispetto dei requisiti della *best execution* nei limiti sopra richiamati.

Il gestore di un OTF non può, però, operare anche come internalizzatore sistematico, né può collegarsi a un internalizzatore sistematico in modo tale da consentire l'interazione tra i propri ordini e gli ordini o quotazioni di un internalizzatore sistematico. Esso non può neppure collegarsi a un altro sistema organizzato di negoziazione in modo tale da consentire l'interazione tra gli ordini dei diversi sistemi. Si tratta di limitazioni che risultano coerenti con l'intrinseca neutralità che caratterizza l'attività di gestione di una sede di negoziazione; esse, inoltre, evitano il rischio che il gestore di un OTF possa impegnare risorse proprie per l'esecuzione delle transazioni all'interno del proprio sistema, se non nei casi riconducibili all'operatività *matched principal* e a quella sui titoli di Stato per i quali non esiste un mercato liquido.

Quanto alle tipologie di strumenti finanziari negoziabili su un OTF, la scelta del legislatore europeo di limitarli a taluni strumenti non-*equity* non è del tutto comprensibile. Si è trattato, in vero, di una scelta di compromesso, peraltro maturata nelle ultimissime battute dei lavori preparatori di MiFID II. Indipendentemente da ogni giudizio circa la "bontà" di tale scelta, restava il fatto che il sistema presentava una grave lacuna: non era, infatti, chiara la qualificazione di quei sistemi che consentono di negoziare, su basi multilaterali, azioni o altri strumenti di capitale di rischio, secondo regole connotate da elementi di discrezionalità del gestore. Tali sistemi non sarebbero, infatti, MTF (in quanto discrezionali), né OTF (perché tratterebbero strumenti esclusi da questi ultimi). Al fine di colmare tale "vuoto", l'art. 23, §. 2, del Regolamento MiFIR ha però disposto che "*un'impresa di investimento che gestisce un sistema interno di abbinamento che esegue gli ordini dei clienti su azioni, certificati di deposito, fondi indicizzati quotati, certificati e altri strumenti finanziari analoghi su base multilaterale deve assicurare di possedere l'autorizzazione come sistema multilaterale di negoziazione a norma della Direttiva 2014/65/UE e rispetti tutte le pertinenti disposizioni relative a tali autorizzazioni*".

5. *Mercati e regole di trasparenza.* – Il contemporaneo operare, nel contesto europeo, di varie sedi di negoziazione, comporta, inevitabilmente, l'accentuarsi

[23] V. art. 19(4), MiFID II.

dei problemi legati alla trasparenza ed all'informativa relativamente alle condizioni alle quali è possibile scambiare, sulle varie sedi, un dato strumento finanziario. Il rischio che la disciplina MiFID I e MiFID II reca con sé è quello della frammentazione delle sedi di esecuzione, e della difficoltà che ne potrebbe derivare in punto di ricerca, tra l'altro, delle condizioni di *best execution*.

Al fine di scongiurare che la proliferazione delle *trading venues* generi un effetto opposto a quello voluto, la MiFID II introduce due rimedi principali: l'introduzione dei nuovi servizi di fornitura di dati (di cui si dirà a breve), e la definizione di un regime armonizzato di *trasparenza* delle condizioni di negoziazione sulle diverse sedi di negoziazione. La *ratio* che ispira tali discipline – in vero, alquanto tecniche e dettagliate – è nel senso che la costante disponibilità di adeguate informazioni sui prezzi rende confrontabili le diverse sedi e, per tale via, agevola il raggiungimento degli obiettivi che la Direttiva si pone (aumento della trasparenza, dell'efficienza e della concorrenzialità tra le sedi di esecuzione, nonché rafforzamento del processo di *price discovery* degli strumenti negoziati).

In tale prospettiva, già la prima Direttiva MiFID aveva introdotto precisi obblighi di trasparenza che riguardano sia la fase *precedente* la conclusione delle operazioni (c.d. *pre-trade transparency*) sia quella successiva (c.d. *post-trade transparency*), anche se il quadro tracciato da quella Direttiva era incompleto, perché escludeva dall'applicazione della disciplina della trasparenza i mercati diversi da quelli azionari. MiFID II formula – sia direttamente, sia negli atti delegati – regole più pervasive in materia di trasparenza, in massima parte affidate a disposizioni di diretta applicazione negli Stati membri (in specie, nel Regolamento (UE) n. 600/2014). Il sistema normativo è, a riguardo, alquanto complesso: non soltanto per come vengono declinati gli obblighi di trasparenza, ma anche per la serie di eccezioni e deroghe che sono previsti a livello comunitario. Nel rinviare alle disposizioni del Regolamento per l'esame puntuale delle singole previsioni, si può comunque osservare che la disciplina della *pre-trade* e *post-trade transparency* è costruita su un delicato equilibrio tra esigenze di trasparenza, e regole di microstruttura dei mercati, e ne riflette gli inevitabili compromessi[24].

6. *I servizi di comunicazione dati.* – Come già accennato, per scongiurare l'insorgere dei problemi di trasparenza delle condizioni di negoziazione, come con-

[24] In proposito, al fine di cogliere il livello di complessità della norma, si legga quanto contenuto nel Considerando 16 del MiFIR, ove "*Per garantire condizioni uniformi tra le sedi di negoziazione, è necessario applicare i medesimi requisiti di trasparenza pre-negoziazione e post negoziazione alle diverse tipologie di sedi. È opportuno che i requisiti di trasparenza siano calibrati in base alle diverse tipologie di strumenti finanziari, ivi compresi azioni, obbligazioni e strumenti derivati, tenendo in conto gli interessi degli investitori e degli emittenti, tra cui gli emittenti di titoli di Stato, e la liquidità di mercato. I requisiti dovrebbero essere calibrati in base alle diverse tipologie di negoziazioni, ivi compresi i sistemi order driven o quote-driven, quali ad esempio i sistemi per la richiesta di quotazioni, come pure i sistemi ibridi e voice broking, e tenere conto della dimensione dell'operazione, compreso il volume d'affari, e altri criteri pertinenti*".

seguenza dell'ampliamento delle *trading venues*, la MiFID II ha previsto l'introduzione di una nuova disciplina relativa ai servizi di comunicazione dati (c.d. *data reporting services*). Tale disciplina si articola, in particolare, su tre fronti: (i) i dispositivi di pubblicazione autorizzati (*Approved Publication Arrangement* – APA), ossia i soggetti autorizzati a pubblicare i report delle operazioni concluse per conto delle imprese di investimento; (ii) i meccanismi di segnalazione autorizzati (*Approved Reporting Mechanism* – ARM), ossia i soggetti autorizzati a segnalare le informazioni di dettaglio sulle operazioni concluse alle Autorità competenti o all'ESMA; e, infine, (iii) i sistemi consolidati di pubblicazione (*Consolidated Tape Provider* – CTP), ossia soggetti autorizzati a fornire il servizio di raccolta, presso le varie *trading venues*, dei report delle operazioni concluse [25]. Questi ultimi hanno il compito di consolidare le informazioni in un flusso elettronico di dati costantemente attualizzati, in grado così di fornire informazioni sui prezzi e sul volume per ciascuno strumento finanziario.

La disciplina dei servizi di comunicazione dati è stata recepita nel t.u.f. agli artt. 79-*bis* ss., nonché nella Parte III del Regolamento mercati, adottato dalla Consob con delibera n. 20249 del 28 dicembre 2017, dove vengono individuati i soggetti che possono essere autorizzati allo svolgimento di queste attività (tra i quali possono rientrare anche gestori di sedi di negoziazione), i relativi requisiti, e le procedure per il rilascio delle autorizzazioni [26].

Nel contesto di MiFID II, il servizio di comunicazione dati riveste un ruolo essenziale: per gli utenti, in quanto consente di disporre di una visione globale dell'attività di negoziazione su tutti i mercati finanziari dell'Unione; per le Autorità di vigilanza, in quanto destinatarie di informazioni accurate ed esaustive sulle operazioni pertinenti. Uno dei limiti, infatti, della disciplina dei mercati, sia nel contesto di MiFID I, quanto di MiFID II, è proprio rappresentato dal rischio di frammentazione delle informazioni "sparpagliate" tra diverse *trading venues*, tra di loro non integrate. Tale rilievo giustifica la particolare attenzione che la disciplina pone alle condizioni di accesso alle informazioni (che deve avvenire in modo non discriminatorio), nonché ai costi praticati dai soggetti autorizzati al servizio dati. In tale contesto, il Considerando 124 del Regolamento delegato (UE) 2017/565 richiama l'attenzione sul fatto che le commissioni per i dati siano fissate ad un livello "ragionevole": pertanto, le commissioni devono avere un rapporto ragionevole con il costo di produzione e diffusione dei dati. Fermo quanto precede, e senza pregiudizio dell'applicazione delle norme sulla concorrenza, i fornitori dei dati dovrebbero determinare le commissioni in base ai loro costi, ai quali può essere aggiunto un margine commerciale, consideran-

---

[25] V. art. 4, comma 1, punti 52, 53, 54), MiFID e riprese all'art. 1, comma 6-*undecies*, t.u.f.

[26] Si vedano anche le norme tecniche recate in proposito dal Regolamento (UE) 2017/571 del 2 giugno 2016 e dal Regolamento (UE) 2017/1110 del 22 giugno 2017.

do fattori come il margine operativo, il *return on costs* (ROC), il rendimento delle attività operative e il rendimento del capitale. Come chiarisce anche il Considerando 125, invece, i dati di mercato dovrebbero essere forniti in modo non discriminatorio, il che presuppone che debba essere offerto lo stesso prezzo e gli stessi altri termini e condizioni a tutti i clienti appartenenti alla medesima categoria secondo criteri oggettivi pubblicati. Questi principi sono poi consolidati nel corpo dello stesso Regolamento delegato, in specifiche e puntuali disposizioni (artt. 88-89).

7. *La c.d.* "trading obligation". – Sulla scorta del medesimo intento di scongiurare che la frammentazione dei mercati possa produrre un esito opposto rispetto alle generali esigenze di tutela degli investitori ed efficienza dei mercati, il legislatore europeo – pur non reintroducendo puntualmente la vecchia disciplina sulla "concentrazione" delle operazioni nei mercati regolamentati – dispone, con la MiFID II, che – in una serie di circostanze – le negoziazioni poste in essere dalle banche e dalle imprese di investimento vadano effettivamente eseguite nelle *trading venues* stesse.

In particolare, le operazioni che hanno ad oggetto azioni e altri strumenti *equity* negoziati nelle *trading venues* devono, come regola generale, essere eseguite su di un mercato regolamentato, un MTF o tramite un internalizzatore sistematico. Di tutta evidenza, tale obbligo non può applicarsi agli scambi sugli OTF che, come detto, non consentono la negoziazione di strumenti *equity*. La negoziazione può anche avvenire, a certe condizioni, su sedi non-UE a tal fine riconosciute equipollenti (cfr. art. 23 del Regolamento MiFIR). Una disciplina analoga riguarda i derivati soggetti alle norme del Regolamento EMIR per quanto attiene al loro regolamento (l'esecuzione dei derivati può anche avvenire su un OTF).

Il legislatore ha, tuttavia, ritenuto opportuno prevedere un regime derogatorio dal suddetto obbligo di negoziazione, qualora esista una motivazione legittima, vale a dire che l'ordine presenti caratteristiche peculiari, in quanto "non sistematico", "irregolare" o "non frequente", oppure in quanto interviene tra controparti professionali o qualificate, e non contribuisce al processo di formazione dei prezzi. La concreta identificazione di questi presupposto è affidata, nel contesto di MiFID II, al Regolamento delegato (UE) 2017/587, cui si rimanda.

Si tratta, in parte, di un ritorno al passato: la regola sulla concentrazione, affondata da MiFID I, riemerge così in parte nel contesto della MiFID II e soltanto il tempo potrà dirsi se si tratta di un caso isolato, oppure di un processo destinato, nel tempo, a ricondurre indietro la lancetta dell'orologio.

8. *Controversie e responsabilità*. – La riconduzione della disciplina dei mercati in un alveo governato dal diritto privato, secondo uno schema che tocca, egualmente, mercati regolamentati, MTF e OTF, si riflette naturalmente sulle

regole che presiedono alla gestione delle eventuali patologie. Ci riferiamo, in particolare, alla risoluzione delle controversie tra partecipanti al mercato e "gestore", e al tema della responsabilità delle società di gestione.

Quanto al primo profilo, si ha una chiara riprova di quanto già osservato là dove si considerino, ad esempio, le regole che disciplinano le controversie nell'ambito dei mercati regolamentati gestiti da Borsa Italiana s.p.a.

La natura privatistica della società di gestione comporta, evidentemente, l'inutilizzabilità degli istituti propri del diritto amministrativo; i rimedi sono dunque quelli tipici della materia dei contratti, e, pertanto, il ricorso all'autorità giudiziaria ordinaria, o l'arbitrato[27]. Un esempio di questo assetto lo fornisce il Regolamento dei mercati organizzati e gestiti da Borsa Italiana s.p.a., ove si distingue al riguardo tra controversie sottoposte all'Autorità giudiziaria, e altre controversie.

Le prime sono relative alla materia dei corrispettivi, al diniego dell'ammissione alla quotazione ufficiale di Borsa, e alla revoca di tale ammissione: in base all'art. 7.2 del Regolamento, esse sono sottoposte alla giurisdizione esclusiva dei giudici italiani, e sono di competenza del Foro di Milano. Ogni altra controversia occasionata o derivante dal Regolamento, dalle Istruzioni e da ogni altra disposizione emanata da Borsa Italiana, è invece riservata alla competenza di un collegio arbitrale, nominato e funzionante ai sensi dell'art. 7.5. Quest'ultimo prevede la formazione di un collegio arbitrale composto da tre membri; l'arbitrato ha carattere rituale e viene svolto in osservanza delle norme del codice di procedura civile italiano. In tale ambito va segnalata la particolare soluzione accolta nell'art. 7.4: infatti, condizione necessaria per attivare la procedura arbitrale è il preventivo esperimento di un'apposita procedura dinnanzi al Collegio dei Probiviri. Quest'ultimo è composto da tre membri, nominati dal Consiglio di amministrazione della Borsa Italiana, tra persone "*indipendenti e di comprovata esperienza in materia di mercati finanziari*". Il Collegio dei Probiviri decide sulla controversia secondo diritto, con rispetto del principio del contraddittorio; il termine per la decisione è assai rapido, essendo stabilito in 30 giorni dalla data di impugnazione del provvedimento contestato. Il Collegio dei Probiviri svolge una funzione alquanto diversa da quella del collegio arbitrale: in base al comma 6, le decisioni del Collegio hanno valore interlocutorio, e sono comunque sostituite dal lodo arbitrale, ove una parte instauri quest'ultimo procedimento. Inoltre, le decisioni del Collegio non hanno valore vincolante nei confronti degli arbitri eventualmente nominati, i quali "*hanno ogni più ampia facoltà e potere di riesame totale e integrale della controversia, senza preclusione alcuna*". Appare allora evidente che il Collegio dei Probiviri svolge un ruolo di mediazione tra le parti, vicino a quello di un soggetto conciliatore, senza però assumere la for-

---

[27] V. BENEDETTELLI, *Arbitrato, borse-valori ed internazionalizzazione dei mercati finanziari*, in *Riv. soc.*, 1999, 1323.

male posizione di organo giudicante, né sostituirsi agli arbitri. Il preventivo ricorso al Collegio dei Probiviri non è, comunque, obbligatorio per le controversie che sono affidate alla competenza dell'Autorità giudiziaria ordinaria.

Naturalmente, ogni mercato, e – analogamente – ogni MTF o OTF avrà regole proprie con le quali disciplinare le controversie, che non necessariamente riflettono le soluzioni adottate nel Regolamento di Borsa Italiana, ma che – nuovamente – discenderanno sempre e comunque dalle regole applicabili ai contratti.

Il diritto privato, e non il diritto pubblico offrirà – nuovamente – il quadro di riferimento per affrontare eventuali questioni in tema di responsabilità della società di gestione che può investire tanto profili che attengono ai rapporti tra la società e i partecipanti al mercato (emittenti e negoziatori), quanto profili riconducibili alla sfera dei fatti illeciti, là dove si pongano questioni che attengano alla responsabilità della società di gestione verso terzi, o per profili che non attengono alla sfera del contratto. Un caso emblematico e, per certi versi "classico" che, a riguardo, si può porre è, naturalmente, rappresentato dalla responsabilità della società di gestione per fatti commessi in relazione all'ammissione alla negoziazione di strumenti finanziari, e nel quale possono convivere profili tanto contrattuali, quanto extra-contrattuali. Proprio l'ammissione alle contrattazioni rappresenta, peraltro, un terreno nel quale il diritto amministrativo mantiene una sua possibile valenza, con esclusivo riferimento – però – ai mercati regolamentati: la "bipartizione" tra compiti spettanti alla società di gestione, da un lato, e alla Consob, dall'altro, in fase di ammissione alla quotazione costituisce un terreno nel quale la responsabilità può riverberarsi su entrambi i piani, ed investire profili che interessano anche il diritto amministrativo. Il riferimento corre, naturalmente, alle questioni che si pongono con riguardo all'eventuale responsabilità della Consob per omesso o insufficiente controllo in fase di approvazione del prospetto informativo e sulle quali esiste, come noto, da tempo un importante *corpus* giurisprudenziale, a partire dal celebre *leading case* del 2001. Con quella sentenza (Cassazione 3 marzo 2001, n. 3132) venne meno – quantomeno nella materia di cui si discute – il dogma della irrisarcibilità dei danni recati ad interessi legittimi, e fu riconosciuta, per la prima volta, la tutela risarcitoria degli interessi lesi da un difetto di vigilanza da parte della Consob. Il dibattito conseguente alla sentenza del 2001 ha oscillato, tuttavia, proprio con riguardo alla qualificazione della situazione tutelata in capo agli investitori: da un lato, si è ricondotta la questione allo schema generale dell'art. 2043 cod. civ.; dall'altro, si è invece parlato di un diritto di protezione in capo ai singoli, la cui violazione darebbe luogo ad ipotesi di responsabilità contrattuale[28]. Parimenti, si è discusso

---

[28] ROMAGNOLI, *La Consob e la sollecitazione all'investimento: esercizio di poteri ed obblighi verso gli investitori*, in *Giur. comm.*, 2002, 754 ss.; SCOGNAMIGLIO, *Responsabilità dell'organo di vigilanza e danno meramente patrimoniale*, in *Banca borsa tit. cred.*, 1995, 543 ss.; CASTRONOVO, *Responsabilità civile per la pubblica amministrazione*, in *Jus*, 1998, 647 ss. Ricostruisce la

se, al fine di integrare gli estremi della responsabilità, la condotta dell'Autorità di vigilanza debba qualificarsi in termini (quantomeno) di colpa grave, o anche semplicemente di colpa [29]. La questione è stata, infine, sostanzialmente chiarita dall'intervento del legislatore: l'art. 4, comma 3, lett. d), d.lgs. 29 dicembre 2006, n. 303 ha infatti modificato l'art. 24 della legge 28 dicembre 2005, n. 262, introducendo il comma 6-*bis*, in base al quale "*nell'esercizio delle proprie funzioni di controllo*" la Consob risponde "*dei danni cagionati da atti o comportamenti posti in essere con dolo o colpa grave*".

Orbene, è chiaro che tali conclusioni – non del tutto scevre dal porre, ancora oggi, questioni interpretative – non sono estendibili al ruolo eventualmente svolto dal gestore di un MTF o di un OTF, con riguardo alla fase o al processo di ammissione di strumenti finanziari alla negoziazione su tali sistemi. In questi casi, infatti, la Consob non svolge alcun ruolo, e i profili di responsabilità restano, pertanto, quelli che attengono al ruolo dei gestori delle *trading venues*, governati – come già si è ricordato – dal diritto privato.

---

tesi in chiave critica ANDÒ, *Il problema della responsabilità delle autorità di vigilanza sui mercati finanziari*, Milano, 2008, 151 ss.

[29] V. per un'efficace sintesi del dibattito SARTORI, *La responsabilità da prospetto informativo*, in *Riv. dir. banc.*, 8, 2011.

GLI STRUMENTI *PRIVATE*: MERCATO OBBLIGAZIONARIO E *MINI-BOND* *

di *Luca Pisani*

SOMMARIO: 1. Premessa. – 2. Inquadramento del tema. – 3. Il mercato obbligazionario. – 4. La prima revisione dei limiti all'emissione. – 5. Le nuove deroghe.

1. *Premessa.* – Desidero ringraziare l'Associazione Gian Franco Campobasso per il graditissimo invito a svolgere una relazione in un così prestigioso Convegno.

Il mio ringraziamento va anche all'Università degli Studi Di Bergamo per l'ospitalità in questa splendida sede, che offre ai lavori una cornice davvero incantevole. Di tanto mi complimento con l'amico Enrico Ginevra.

2. *Inquadramento del tema.* – Il tema della relazione che mi è stata assegnata ben si colloca nel tessuto del convegno, nella misura in cui contribuisce a delineare il *fil rouge* che collega il finanziamento dell'impresa societaria al mercato dei capitali.

Il riferimento agli strumenti "private" impone di prendere in considerazione esclusivamente gli strumenti di *private equity*, con cui si contrassegna l'investimento, tendenzialmente da parte di fondi chiusi, in strumenti emessi da società non quotate, o meglio non aventi azioni quotate in mercati regolamentati.

Il successivo riferimento al mercato obbligazionario ritaglia ulteriormente il tema, inducendo ad esaminare la più circoscritta prospettiva dei fondi (chiusi) di *private debt*, ovvero dediti prevalentemente alla sottoscrizione e allo scambio sul mercato di obbligazioni e titoli di debito.

Infine, il cenno finale ai minibond intende contrassegnare gli interventi normativi – a partire dal 2012 – che hanno inciso, nell'ambito di un più ampio disegno forse ancora incompleto, sulla possibile gamma degli strumenti finanziari di debito che le società non quotate possono emettere. Interventi, si noti, varati a quasi dieci anni dalla riforma del 2003 che pure già aveva inciso sullo statuto dei titoli *private*, sia ridisegnando quasi integralmente i limiti e le competenze in materia di emissione di obbligazioni di s.p.a.; sia ampliando lo spettro delle

---

* Il presente contributo è dedicato a Gian Franco Campobasso.

situazioni soggettive incorporabili nei titoli obbligazionari; sia creando la categoria degli strumenti finanziari obbligazionari[1]; sia affiancando ai titoli obbligazionari strumenti finanziari partecipativi reputati, per lo più, senza obbligo di rimborso[2]; sia, infine, emancipando la s.r.l. dal divieto di emettere obbligazioni[3].

Rispetto alla precedente, la riforma del 2012 si caratterizza proprio per l'attenzione prevalente al mercato obbligazionario ed ai protagonisti del mercato stesso, ovvero i fondi. Al contempo, la novella non ha risparmiato il codice civile, rimodellando in particolare alcune deroghe ai limiti all'emissione. Infine, si è registrata una profonda revisione della disciplina, sino a quel momento "dormiente" delle cambiali finanziarie, nel tentativo di conferire alla stessa una vera e propria "scossa".

Tanto premesso sul piano diacronico, proverò a declinare il complesso tema in armonia con le interessanti relazioni che mi hanno preceduto e con il più ampio *Leit Motiv* del convegno teso a verificare se l'obiettivo di conferire normativamente una spinta in termini di efficienza al mercato dei capitali possa dirsi effettivamente conseguito. Con un sottointerrogativo legato alla disintermediazione, che si presta a molteplici livelli di lettura. Si può cioè leggere come rapporto tra intermediari più tradizionali, le banche, e nuovi intermediari, i gestori di fondi. Come rapporto diretto tra emittenti e investitori (*crowdfunding*). E così via.

3. *Il mercato obbligazionario.* – Ora, rispetto ad altri temi in campo quello degli strumenti private presenta un certo margine di ambiguità quando si guardi alla disciplina strettamente societaria dell'emittente: i titoli obbligazionari, di per sé presi, nulla ci dicono rispetto alla fonte del finanziamento.

Mi spiego meglio: le obbligazioni in tanto possono giocare un ruolo quale strumento di raccolta di capitali in quanto attingono a risorse rese disponibili da soggetti diversi da quelli che sono soci o, se si vuole, che detengono azioni.

Guardando alla prassi, possiamo rilevare che le obbligazioni possono essere sottoscritte dai soci, dalla controllante o altra società del gruppo, o infine da investitori "estranei".

In diversa prospettiva, può dirsi che attraverso i titoli obbligazionari si può raccogliere capitale da soggetti che non sono interessati a diventare soci (obbligazioni non convertibili), da soggetti che hanno interesse a diventare soci (obbligazioni convertibili), da soggetti che accettano il rischio di diventare soci

---

[1] Locuzione proposta da N. CIOCCA, *Gli strumenti finanziari obbligazionari*, Milano, 2012, 2 ss., per identificare strumenti caratterizzati – al pari delle obbligazioni di tipo classico – da un obbligo di rimborso a carico dell'emittente, ma al contempo distanti dalla obbligazione di tipo classico quanto al contenuto dell'impegno alla restituzione.

[2] In luogo di molti, A. VALZER, *Gli strumenti finanziari partecipativi e non partecipativi nelle società per azioni*, Torino, 2012, 87 ss.

[3] Sul punto v. l'ampia analisi di F. BRIOLINI, *L'emissione e la sottoscrizione dei titoli di debito*, in *Riv. dir. comm.*, 2016, I, 427 ss.

(obbligazioni convertende) o che accettano di soggiacere alle valutazioni del management (*reverse convertible*).

Ancora, mi sembra che la disciplina sui minibond, così come altri interventi emergenziali, abbia determinato un effetto molto comune nell'evoluzione del diritto societario: attirare l'attenzione degli interpreti sulle novità, così proiettando un cono d'ombra su alcune delle scelte operate in occasione della ben più organica e radicale riforma del 2003 (completata nel 2004) prima che alle stesse venisse dedicata una ponderazione sedimentata. Al riguardo va sottolineato che l'espressione mini bond rischia di trarre in inganno, atteso che ricomprende una serie di situazioni estremamente ampie sul piano della fattispecie. Secondo quanto si legge sul sito di Borsa italiana, "*I minibond sono obbligazioni o titoli di debito a medio-lungo termine emessi da società italiane non quotate, tipicamente PMI, normalmente destinate a piani di sviluppo, a operazioni di investimento straordinarie o di refinancing. Permettono alle società non quotate di aprirsi al mercato dei capitali, riducendo la dipendenza dal credito bancario. Come tutte le obbligazioni hanno un tasso d'interesse riconosciuto sotto forma di cedola periodica, e una data di scadenza*".

Insomma, si tratta di una fattispecie tutt'altro che nuova, ovvero emissioni di strumenti già ampiamente noti, che vengono agevolati – sotto il profilo dei costi di emissione, della tassazione applicabile e della salvaguardia della eventuale componente usuraria della cedola – in ragione delle caratteristiche dell'emittente e/o dei sottoscrittori. Quindi la disciplina dei mini bond mira semplicemente a ravvivare il mercato obbligazionario attraverso una serie di incentivi accomunati dall'obiettivo di sviluppare il ricorso allo strumento da parte soprattutto delle PMI [4].

Ciò che appare nuovo ed assume rilevanza nell'ottica del diritto societario attiene alla revisione dei limiti all'emissione delle obbligazioni, su cui occorre soffermarsi.

4. *La prima revisione dei limiti all'emissione*. – Prima di dedicarsi alle innovazioni più recenti, pare opportuno sottolineare come le tre principali novità del 2003 sui limiti all'emissione (computabilità di alcune riserve, rilevanza del capitale anche non liberato, raddoppio della somma capitale e riserve) siano state osservate soprattutto per la loro potenziale incidenza sul risalente dibattito circa la funzione del limite medesimo. Così, i due principali fautori della tesi dell'equilibrio, Paolo Ferro-Luzzi [5] e Gian Franco Campobasso [6], non tardavano a

---

[4] L. PISANI, *Il controllo dei creditori*, in *Banca e borsa*, 2017, I, 76 ss.

[5] P. FERRO-LUZZI, *Riflessioni sulla Riforma; I: La società per azioni come organizzazione del finanziamento di impresa*, in *Riv. dir. comm.*, 2005, I, 863 ss.; ID., *Il limite all'emissione di obbligazioni* (*art. 11, comma 1, lett. a*, legge n. 262/2205), in *Riv. soc.*, 2007, 252 ss.

[6] G.F. CAMPOBASSO, *La riforma delle società di capitali e delle cooperative. Aggiornamento della 5ª Edizione del Diritto commerciale 2. Diritto delle società*, Torino, 2003, 177, secondo il

cogliere nella riforma organica la definitiva conferma della impostazione dagli stessi già propugnata, nella misura in cui figuravano ulteriormente ridimensionati i già deboli appigli interpretativi della opposta tesi, che sostanzialmente sin dagli anni '80 non incontrava proseliti [7].

Un apparente indizio a favore della tesi più risalente veniva involontariamente alimentato dalla legge sulla tutela del risparmio, con riguardo alla computabilità nel limite delle garanzie rilasciate per prestiti di altre società (art. 2412, comma 4, inserito dalla legge n. 262/2005). Restava tuttavia impregiudicato il decisivo rilievo secondo cui nulla vieta alla società di indebitarsi (o di rilasciare garanzie) senza limiti per debiti non obbligazionari.

Nel complesso, alquanto fugaci erano i commenti sulla nuova configurazione del limite, se non che la possibilità di emettere obbligazioni figurava "*significativamente ampliata*" rispetto al passato [8].

Eppure, gli esempi proposti per migliorare la comprensione della nuova disciplina rivelavano molto più delle parole lo scarto quantitativo tra vecchi e nuovi limiti, che erano *ben più che raddoppiati.* Lo stesso Gian Franco Campobasso proponeva un esempio in cui l'ammontare massimo di obbligazioni che potevano venire emesse risultava, a parità di condizioni, di ben 6 volte superiore rispetto a quello operante in passato [9].

In effetti, le varie ipotesi di deroga al limite, in parte rivisitate, in parte del tutto nuove [10], finivano per suggestionare gli interpreti, i quali reputavano implicitamente confermata proprio dalle deroghe la valenza del limite generale. In fondo, anche alla luce di un importante studio di comparazione che sottolineava la peculiarità dell'opzione adottata da Italia, Francia, Spagna e Portogallo nel più ampio panorama internazionale [11], ci si attendeva un passo più deciso nel senso della totale eliminazione del limite.

---

quale la riforma del 2003 "*ha abbandonato definitivamente l'idea che il limite all'emissione di obbligazioni abbia funzione di garanzia, in senso proprio, degli obbligazionisti e concepisce lo stesso come una tecnica volta ad evitare che gli azionisti ricorrano al mercato del capitale di credito in misura eccessiva rispetto al capitale di rischio apportato*".

[7] Inoltre, dal nuovo art. 2412, comma 3, risulta chiaro che l'eventuale emissione di obbligazioni garantite da ipoteca su immobili di primo grado della società *non rientra nel calcolo ai fini del limite*, sicché solo le obbligazioni eccedenti, e non tutte le obbligazioni, vanno garantite.

[8] Così G.F. CAMPOBASSO, *La riforma*, cit., 177.

[9] Cfr. ancora G.F. CAMPOBASSO, *La riforma*, cit., 177: "*se il capitale sottoscritto è 100 (di cui 50 versato), la riserva legale è 20 e le altre riserve disponibili (statutarie o facoltative) 30, la società potrà emettere obbligazioni per ammontare non superiore a 300 (mentre in passato il limite sarebbe stato 50)*".

[10] Al riguardo v. L. PISANI, *Le obbligazioni*, in *Il nuovo diritto delle società*, Liber amicorum *Gian Franco Campobasso*, diretto da Abbadessa-Portale, I, Torino, 2006, 784 ss.

[11] G.F. CAMPOBASSO, *Gli strumenti di finanziamento: le obbligazioni*, in *Il diritto delle società per azioni: problemi, esperienza, progetti*, a cura di Abbadessa-Rojo, Milano, 1993, 237 ss.

Non mancava addirittura tra i commentatori un qualche saluto positivo del nuovo limite, che "*ha il duplice positivo effetto pratico di accrescere la raccolta diretta del capitale da parte dell'impresa collettiva e di serbare, al contempo, un'apparente minima soglia di tranquillità nella mente dell'investitore, quest'ultimo vedendo comunque confermato un ammontare massimo al capitale obbligazionario emettibile*" [12].

Una certa attenzione veniva invece dedicata in chiave sistematica alle norme sulla responsabilità dell'intermediario per le sole obbligazioni eccedenti, che forse rivelava più di ogni altra una "nuova" tecnica di tutela degli obbligazionisti fondata non sull'equilibrio, ma sulla ben più concreta responsabilità dell'intermediario. Fattispecie questa ricalcata per i titoli di debito della s.r.l., seppur con il correttivo, assente nella s.p.a., della esclusione dei soci (possessori di titoli di debito) dal novero dei soggetti beneficiari della tutela.

Tali responsabilità evocano lo spettro del merito creditizio, e dunque ben si collocano nel tema odierno della transizione da un sistema di finanza bancaria ad un sistema di finanza affidata ad operatori pur sempre professionali, ma non bancari.

Restava tuttavia la convinzione che il limite in qualche modo potesse continuare a porre un argine alla raccolta tra il pubblico [13]. Forse non ci si rendeva conto che proprio nella vigenza del nuovo limite i ben noti crack legati a bond determinavano l'allontanamento e la sfiducia del pubblico rispetto all'acquisto sul mercato secondario di detti titoli. E in ogni caso si segnava la distinzione tra titoli quotati, titoli destinati ad investitori professionali, e titoli destinati al risparmiatore isolato.

La vera questione era forse un'altra. Il vecchio limite, pur con tutte le sue criticità, poteva venire considerato a buon diritto un punto di equilibrio tra risorse investite dai soci e risorse reperite sul mercato obbligazionario. Il nuovo limite, anche a prescindere dalle più generose deroghe, continua sì a delineare un tetto massimo rispetto all'indebitamento obbligazionario, ma non rappresenta né può rappresentare un punto di equilibrio finanziario.

Forse non si è riflettuto a sufficienza sul dato che anche la tesi dell'equilibrio perdeva gran parte della sua giustificazione logica una volta raddoppiata la soglia ed abbandonato il riferimento al capitale "versato ed esistente". Dunque la vera delegittimazione del limite scaturiva dalla riscrittura del principio generale, prima ancora che dalle dilatate deroghe allo stesso. In altre parole, nel pieno rispetto del nuovo limite si possono registrare tanto situazioni di equilibrio, quanto situazioni di notevole squilibrio dell'indebitamento.

Ebbene, va posto in evidenza che la perdita di autorevolezza del limite for-

---

[12] In questi termini, M. PALMIERI, *I nuovi limiti all'emissione di obbligazioni*, in *Giur. comm.*, 2006, I, 299 ss.

[13] G.F. CAMPOBASSO, *Gli strumenti*, *loc. cit.*; LIBONATI, *Corso di diritto commerciale*, Milano, 2009, 340 che parla di operazioni azzardate rispetto alla consistenza patrimoniale della società.

male alla emissione non è rimasta priva di effetti. Il limite poteva infatti, preservando la sua originaria confezione, ambire a fungere da termine di riferimento per determinare la situazione di eccessivo squilibrio dell'indebitamento rispetto al patrimonio netto di cui all'art. 2467. Oggi, invece, come dimostra l'esperienza giurisprudenziale, si pone la questione se il prestito obbligazionario possa reputarsi postergato qualora emesso in condizioni di eccessivo squilibrio [14].

5. *Le nuove deroghe.* – Alla luce delle considerazioni sopra svolte, si ridimensiona l'intervento del 2012 volto a sagomare due nuove deroghe: la soppressione del limite ordinario per le società per azioni non quotate, *limitatamente alle obbligazioni destinate alla quotazione*; per le obbligazioni convertibili o con diritto di sottoscrizione, indipendentemente dalla destinazione alla quotazione e dalle qualità soggettive del sottoscrittore.

Ho già avuto modo di soffermarmi su tali novità, precisando che nella prassi la quotazione dei bond può rappresentare un elemento trainante nella direzione della quotazione delle azioni, che diviene a questo punto un dato eventuale e comunque successivo. Ho proposto, al riguardo, l'espressione società per azioni "semi quotata" [15].

Devo aggiungere, tuttavia, che a sei anni dalla nascita di tale nuova figura di obbligazioni non sembra che il mercato abbia inciso sull'effettiva circolazione dei titoli. Anzi, estremamente diffusa si presenta la pratica "*buy-and-hold*" di molti investitori specializzati. E quando, come talora accade, la società emittente entra in crisi [16], i titoli risultano ancora nelle mani del sottoscrittore o dei sottoscrittori originari.

Sotto questo profilo, non sembrano emergere particolari questioni, se non che il mercato figura tale solo di nome. Qualora però i titoli abbiano una effettiva circolazione, va sottolineato che l'art. 2412, comma 5, è chiaro nel precisare che "*I commi primo e secondo non si applicano ...*"; sicché viene meno, almeno per le società azionarie, quella responsabilità che il legislatore addossa al primo sottoscrittore verso gli acquirenti che non siano investitori professionali.

---

[14] Trib. Milano, 25 luglio 2014, in *Banca e borsa*, 2015, II, 155, con nota di G. BALP, *Prestiti obbligazionari e finanziamenti dei soci «in qualsiasi forma effettuati»: sulle ragioni della difficoltosa convivenza delle rispettive discipline*; ed. in *Giur. comm.*, 2015, II, 1313, con nota di G. DOMENICHINI-M.M. PRATELLI, *Prestito obbligazionario e postergazione legale*. Sul punto torna, difendendo la posizione contraria all'applicabilità, M. LUBRANO DI SCORPANIELLO, *Postergazione legale per le obbligazioni?*, in *Giur. comm.*, 2018, I, 529 ss.

[15] Per una ricca illustrazione dei dati statistici al 31 dicembre 2017 cfr. il *Quarto Report Italiano sui Minibond* presentato dalla *School of Management* del Politecnico di Milano nel febbraio 2018, reperibile sul sito *Osservatoriominibond.it*.

[16] Per i riferimenti v. *Quarto Report Italiano sui Minibond*, cit., 36 e 54.

INVESTIMENTO IN CREDITI E NUOVE CARTOLARIZZAZIONI

di *Gianluca Guerrieri*

1. Da vari decenni, nei sistemi economici capitalistici le operazioni di finanziamento su crediti hanno assunto un'importanza centrale, stante la prassi delle imprese di fare ricorso a capitali di credito, consentendo ai finanziatori di soddisfarsi grazie ai flussi di cassa rivenienti dal "portafoglio crediti" dell'imprenditore finanziato.

Si spiega in tal modo il proliferare di leggi speciali che, nell'affiancare la disciplina dettata dal codice civile, hanno dato vita a una pluralità di modelli negoziali, diretti a consentire il conseguimento delle finalità sopra descritte mediante diversi schemi giuridici; leggi anche di recente novellate al fine di tipizzare operazioni fortemente diffuse nella prassi [1].

D'altra parte, il perdurare della crisi economica globale che, a partire dal 2008, ha infettato l'economia mondiale, ha condotto i legislatori nazionali e sovranazionali a ampliare il novero degli strumenti utilizzabili dalle imprese per reperire nuovi finanziamenti e a rivolgere una crescente attenzione all'esigenza degli intermediari bancari e finanziari di ripulire i bilanci dai crediti incagliati, o in sofferenza: crediti in parte insorti, *ab origine*, nel patrimonio delle banche, e in parte acquistati dalle stesse banche nell'ambito delle operazioni di finanziamento alle imprese sopra descritte.

In effetti, per rimanere al sistema bancario italiano, i dati riportati da Banca Italia a fine settembre 2016 [2], al netto degli arrotondamenti, evidenziano crediti deteriorati per 360 miliardi di euro (il 18,1% dei crediti vantati dalle banche nei confronti della propria clientela, svalutati in bilancio a 197 miliardi di euro), di cui crediti appostati a sofferenza per 210 miliardi di euro (il 10,6% dei crediti verso clienti, svalutati in bilancio a 87 miliardi di euro) [3]: cifre che esprimono in

---

[1] E v., in particolare, *infra*, § 2.

[2] Data di aggiornamento del presente contributo.

[3] E v. *Plus Il 24 Ore*, 17 settembre 2016. Cfr., inoltre, ABI, CERVED, *Nuove sofferenze delle imprese in calo nel 2016*, in *Bancaria*, 2017, n. 1. Sui cc.dd. *non performing loans* (NPL) v., di recente, BOLOGNESI-COMPAGNO-GALDIOLO-MIANI, *La gestione dei Npl: cessione o cartolarizzazione?*, in *Bancaria*, 2017, n. 2; COTUGNO, *Credito* non performing *e* forborne exposure: *nuove*

maniera evidente la crisi che caratterizza il nostro sistema economico e che fanno emergere con chiarezza la necessità di accordare sostegno alle imprese dando respiro, *in primis*, al mondo bancario.

2. La predetta finalità – perseguita attraverso vari interventi normativi[4] – ha condotto, fra l'altro, alla riscrittura delle norme in tema di cessione dei crediti di impresa e di cartolarizzazione dei crediti: istituti volti a favorire investimenti in posizioni creditizie da parte non solo degli operatori specializzati, ma anche del pubblico.

Quanto alla legge 21 febbraio 1991, n. 52, sulla cessione dei crediti di impresa[5], il d.l. 3 maggio 2016, n. 59, convertito in legge mediante legge 30 giugno 2016, n. 119, ne ha novellato l'art. 1, lett. c), ampliando in tal modo la categoria dei soggetti autorizzati all'acquisto dei crediti di impresa ai sensi della normativa speciale ivi dettata: normativa ora applicabile anche alle cessioni effettuate, a norma dello stesso art. 1, a società di capitali che svolgano "*l'attività di acquisto di crediti, vantati nei confronti di terzi, da soggetti del gruppo di appartenenza che non siano intermediari finanziari oppure di crediti vantati da terzi nei confronti di soggetti del gruppo di appartenenza*"; ferme, per espressa previsione del dato normativo, le riserve di attività previste ai sensi del testo unico bancario.

Evidente, dunque, la *voluntas legis* di consentire operazioni di cessioni di crediti d'impresa, ai sensi della legge n. 52/1991, anche a enti non bancari, chiamati a fungere da polmone finanziario per le imprese facenti parte dello stesso gruppo, o acquistando crediti vantati da queste ultime nei confronti della propria clientela[6], o acquistando crediti di terzi – si può supporre, di banche o di altri intermediari finanziari – nei confronti delle imprese del gruppo; fattispecie, quest'ultima, evidentemente pensata per consentire alle banche di essere sgravate da crediti sorti da operazioni di finanziamento alle imprese e di venire sostituite, nella posizione di finanziatori, da società del gruppo di appartenenza dei soggetti finanziati[7].

---

regole e implicazioni gestionali, in *Bancaria*, 2016, n. 6; INZITARI, *Crediti deteriorati (*NPL*), aiuti di stato nella* BRRD *e nella comunicazione sul settore bancario del 30.7.2013 della Commissione europea*, in *Banca, borsa, tit. cred.*, 2016, I, 641 ss., ove ulteriori riferimenti.

[4] Interventi normativi che hanno attirato l'attenzione degli operatori giuridici, ma sono rimasti pressoché totalmente trascurati dalla dottrina.

[5] Su cui v., *ex multis*, BASSI, *Factoring e cessione dei crediti di impresa*, Milano, 1993; BELVISO, *L'ambito di applicabilità della nuova disciplina sulla cessione dei crediti d'impresa*, in *Riv. dir. impresa*, 1992, 1 ss.; G. CIAN, *Disciplina della cessione dei crediti di impresa*, in *Nuove leggi civ. comm.*, 1994, I, 246 ss.; PERLINGIERI, *La cessione dei crediti ordinari e "d'impresa"*, Napoli, 1993; RIVOLTA, *La disciplina della cessione dei crediti d'impresa*, in *Riv. dir. civ.*, 1991, II, 709 ss.; TATARANO (a cura di), *La cessione dei crediti di impresa*, Napoli, 1995. Si consenta, inoltre, il rinvio a GUERRIERI, *Cessione dei crediti d'impresa e fallimento*, Milano, 2002, ove ulteriori riferimenti.

[6] E, dunque, svolgendo nei confronti di tali imprese la funzione di soggetti finanziatori.

[7] Rimane fermo che non necessariamente i terzi, da cui le società di capitali di cui all'art. 1, legge n. 52/1991 possono acquistare crediti ai sensi di tale legge, devono essere banche o intermediari

3. Quanto alla cartolarizzazione dei crediti, la normativa originariamente dettata, nel nostro ordinamento, dalla legge 30 aprile 1999, n. 130 [8], è stata a più riprese modificata dal legislatore [9], che

(*i*) ha ampliato – attraverso disposizioni, invero, piuttosto oscure [10] – il novero delle fattispecie rientranti nell'ambito di applicazione della legge e

(*ii*) ne ha integrato la disciplina, sciogliendo alcuni nodi interpretativi che avevano creato incertezze fra i giuristi e gli operatori.

Circa il primo profilo [11] – premesso che oggi le società di cartolarizzazione, ove ricorrano le condizioni di cui all'art. 1, comma 1-*ter*, legge n. 130/1999, possono effettuare finanziamenti a favore di soggetti diversi dalle persone fisi-

---

finanziari; così come non necessariamente si deve trattare di crediti già precedentemente oggetto di cessioni, poste in essere ai sensi della legge n. 52/1991 o di altre leggi speciali in tema di finanziamento su crediti. L'ampiezza delle espressioni utilizzate dal legislatore, infatti, consente di affermare che si può trattare di crediti vantati da qualsivoglia soggetto terzo (per tale intendendosi una persona diversa dal debitore ceduto e dalla società cessionaria), a qualsivoglia titolo; sì che possono ricomprendersi, nell'ambito di applicazione della norma, anche crediti sorti (non da fatto volontario, bensì) da fatto illecito o da altro atto o fatto idoneo a fungere da fonte di obbligazioni, ai sensi dell'art. 1173 cod. civ.

[8] Su tale provvedimento normativo si vedano *ex multis*, BONTEMPI-SCAGLIARINI, *La securitization*, Milano, 1999; FERRO-LUZZI, *La cartolarizzazione: riflessioni e spunti costruttivi*, in *Bancaria*, 2001, 24 ss.; LA TORRE, *Securitisation e banche*, Bologna, 1995; PARDOLESI (a cura di), *La cartolarizzazione dei crediti in Italia. Commentario alla legge 30 aprile 1999, n. 130*, Milano, 1999; RUMI, *Securitisation in Italia*, in *Giur. comm.*, 2000, I, 457 ss.; VERONELLI, *Contributo allo studio della cartolarizzazione dei crediti*, Brescia, 2000; Si consenta, poi, il rinvio a GALLETTI-GUERRIERI, *La cartolarizzazione dei crediti*, Bologna, 2002, ove ulteriori riferimenti. Cfr., inoltre, MALATESTA, *La legge sulla cartolarizzazione e la cessioni di crediti "esteri"*, in *Banca, borsa, tit. cred.*, 2002, I, 92 ss.; CARNOVALE, *La cartolarizzazione dei crediti (la nuova normativa e i profili di vigilanza)*, in *Dir. banca e merc. fin.*, 2002, 477 ss.; BESSONE, *Cartolarizzazione dei crediti. "Soggetti", disciplina delle attività, garanzie di pubblica vigilanza*, in *Dir. banca e merc. fin.*, 2002, 3 ss.; LADISPOTO, *Cessione dei crediti futuri e mercato delle cartolarizzazioni*, in *Banca, borsa, tit. cred.*, 2003, II, 541 ss.; MERUSI, *Per un divieto di cartolarizzazione del rischio di credito*, in *Banca, borsa, tit. cred.*, 2009, I, 253 ss.

[9] E v., al riguardo, TROMBETTI, *Le operazioni di cartolarizzazione di crediti commerciali e le recenti modifiche dei decreti Destinazione Italia e Competitività*, in *Bancaria*, 2014, n. 10.

Si tratta delle novellazioni del dato normativo operate, rispettivamente, dal d.l. 23 dicembre 2013, n. 145, convertito con legge 21 febbraio 2014, n. 9, e dal d.l. 24 giugno 2014, n. 91, convertito con legge 11 agosto 2014, n. 116, citati *infra*.

Successivamente alla stesura del presente contributo – aggiornato, come anticipato, a fine settembre 2016 – la legge n. 130/1999 è stata ulteriormente novellata, ad opera dell'art. 60-*sexies*, comma 1, lett. b), d.l. 24 aprile 2017, n. 50, così come convertito in legge con legge 21 giugno 2017, n. 96: articolo che ha introdotto, nel testo della legge n. 130/1999, l'art. 7.1 (rubricato "*Cartolarizzazione di crediti deteriorati da parte di banche e intermediari finanziari*") e, conseguentemente, la lett. *i-bis*) dell'art. 2, comma 3.

[10] Frutto – si può immaginare – della volontà di rendere applicabile, in tutto o in parte, la lege n. 130/1999 a singole operazioni studiate nella prassi.

[11] *Sub* (i).

che e dalle microimprese [12] – va evidenziato che, alle tre tipologie di cartolarizzazione delineate dal testo originario della legge n. 130/1999 [13], si sono aggiunte:

– La fattispecie di cui all'art. 1, comma 1-*bis* [14], per il quale la normativa sulle cartolarizzazioni si applica anche "*alle operazioni (...) realizzate mediante la sottoscrizione o l'acquisto di obbligazioni e titoli similari ovvero cambiali finanziarie, esclusi comunque titoli rappresentativi del capitale sociale, titoli ibridi e convertibili, da parte della società emittente i titoli* [15]"; essendo previsto che, "*Nel caso di operazioni realizzate mediante sottoscrizione o acquisto di titoli, i richiami ai debitori ceduti si intendono riferiti alla società emittente i titoli*";

---

[12] L'art. 1, comma 1-*ter*, legge n. 130/1999 – una volta richiamata, per definire le microimprese, la nozione di cui all'art. 2, § 1, dell'allegato alla raccomandazione 2003/361/CE ("*1. La categoria delle microimprese delle piccole imprese e delle medie imprese [PMI] è costituita da imprese che occupano meno di 250 persone, il cui fatturato annuo non supera i 50 milioni di EUR oppure il cui totale di bilancio annuo non supera i 43 milioni di EUR.*". "*2. Nella categoria delle PMI si definisce piccola impresa un'impresa che occupa meno di 50 persone e realizza un fatturato annuo o un totale di bilancio annuo non superiori a 10 milioni di EUR.*". "*3. Nella categoria delle PMI si definisce microimpresa un'impresa che occupa meno di 10 persone e realizza un fatturato annuo oppure un totale di bilancio annuo non superiori a 2 milioni di EUR*") – impone che:

"a) *i prenditori dei finanziamenti siano individuati da una banca o da un intermediario finanziario*" iscritto nell'albo di cui all'art. 106 t.u.b.: soggetti che possono svolgere anche le funzioni di *servicer* di cui al successivo art. 2, lett. c);

b) i titoli emessi dalle società di cartolarizzazione per raccogliere il denaro attraverso cui concedere i predetti finanziamenti devono essere destinati ad investitori qualificati, *ex* art. 100 t.u.f.;

c) la banca o l'intermediario finanziario di cui alla lett. a) devono trattenere "*un significativo interesse economico nell'operazione, nel rispetto delle modalità stabilite dalla disposizioni di attuazione della Banca d'Italia*". E v., al riguardo, le disposizioni contenute nel provvedimento di Banca d'Italia in data 8 marzo 2016, di aggiornamento delle circolari 17 dicembre 2013, n. 285 e 3 aprile 2015, n. 288.

Qualora ricorrano tali condizioni, pare che i diritti dei portatori dei titoli emessi dalle "*società di cartolarizzazione*" (gli investitori qualificati di cui al punto b]) non godano della segregazione patrimoniale che normalmente caratterizza le operazioni di cartolarizzazione: segregazione a cui l'art. 1, comma 1-*ter*, in effetti, non fa alcun riferimento.

[13] Si tratta, come noto, delle cartolarizzazioni poste in essere mediante cessione dei crediti a società veicolo, *ex* art 1, legge n. 130/1999; di quelle realizzate mediante cessioni di crediti a fondi comuni di investimento, ai sensi del successivo art. 7, comma 1, lett. b); di quelle caratterizzate dalla segregazione del portafoglio crediti posto alla base dell'operazione, mediante la tecnica della *subparticipation* (e, dunque, senza ricorrere al trasferimento della titolarità dei crediti *de quibus*), *ex* art. 7, comma 1, lett. a): e v., sul punto, GUERRIERI, in GALLETTI-GUERRIERI, *La cartolarizzazione dei crediti*, cit., 41 ss. e 211 ss.

[14] Comma aggiunto dal d.l. 23 dicembre 2013, n. 145, convertito con legge 21 febbraio 2014, n. 9.

[15] Società emittente che, dunque – sembra di capire – offre ai sottoscrittori titoli destinati ad essere soddisfatti grazie al rendimento di un portafoglio crediti dalla stessa acquistato, mediante sottoscrizione di obbligazioni o titoli similari che le attribuiscono la qualità di creditrice della società emittente tali obbligazioni o tali titoli similari (e sembrerebbe allora che, nel testo del comma 1-*bis*, il termine "*società emittente*" sia utilizzato, nel primo caso, per fare riferimento alla società che emette i titoli oggetto dell'operazione di cartolarizzazione; nel secondo caso, per fare riferimento alla società che ha precedentemente emesso "*obbligazioni e titoli similari, ovvero cambiali finanziarie*" e che è, dunque, debitrice della prima).

– La fattispecie di cui all'art. 7, comma 2-*quater*, a norma del quale le disposizioni della legge n. 130/1999 – e, in particolare, in quanto compatibili, gli artt. 1, 2, 3, 5, 6, 7 – "*si applicano altresì alle operazioni di cartolarizzazione*" – modellate sullo schema della *subparticipation*[16] – aventi ad oggetto "*crediti sorti dalla concessione di uno o più finanziamenti da parte della società emittente i titoli*"[17];

– Le fattispecie contemplate dagli artt. 7-*bis*, 7-*ter* e 7-*quater*, in tema di obbligazioni bancarie garantite.

A quest'ultimo insieme appartengono sia le cartolarizzazioni realizzate mediante emissione di obbligazioni bancarie garantite di tipo "tradizionale"[18], sia

---

[16] Difficile, in effetti, comprendere sotto quali profili la fattispecie di cui all'art. 7, comma 2-*quater*, si distingua da quella delineata dall'art. 7, comma 1, lett. a). Certo, mentre quest'ultima si riferisce alla "*erogazione di **un** finanziamento al soggetto cedente*" (grassetto nostro, al pari di quello che segue), la prima disposizione consente che la cartolarizzazione si basi sul rendimento dei crediti sorti in capo alla società emittente per effetto di "*uno **o più** finanziamenti*" che – pare di comprendere (anche dal successivo riferimento "*ai soggetti finanziati*") – possono essere concessi a soggetti diversi. D'altra parte, il comma 2-*sexies*, nel riferirsi alle operazioni di cui al comma 2-*quater* (al fine di prescrivere che i titoli oggetto dell'operazione di cartolarizzazione *de qua* devono essere "*destinati ad investitori qualificati ai sensi dell'articolo 100*" t.u.f.), fa rientrare in tale insieme non solo le cartolarizzazioni realizzate mediante finanziamento, ma anche le cartolarizzazioni realizzate mediante "*acquisto dei crediti*", rendendo ancor più complesso comprendere quale sia la peculiarità della fattispecie di cui al comma 2-*quater*, tale da aver indotto il legislatore a riservare la sottoscrizione dei titoli oggetto di cartolarizzazione agli investitori qualificati.

[17] In tal caso, ai sensi del citato comma 2-*quater* "*i richiami al cedente e al cessionario devono intendersi riferiti, rispettivamente, al soggetto finanziato e al soggetto finanziatore e i richiami ai debitori ceduti si intendono riferiti ai soggetti finanziati*"; essendo previsto dal comma 2-*septies* che, in tali ipotesi, il *servicer* di cui all'art. 2, comma 6, "*in aggiunta agli altri obblighi previsti*" dalla legge n. 130/1999, debba anche verificare "*la correttezza delle operazioni poste in essere ai sensi del comma 2-*quater *e la conformità delle stesse alla normativa applicabile*". L'art. 7, comma 2-*quinquies*, d'altra parte, stabilisce che la segregazione patrimoniale dei crediti e delle somme corrisposte dai debitori, di cui all'art. 1, comma 1, lett. b), legge n. 130/1999 (sì che su tale patrimonio divengono esperibili unicamente azioni a tutela dei diritti previsti da quest'ultima disposizione: i diritti incorporati nei titoli emessi e i diritti di credito aventi ad oggetto i costi dell'operazione), si determina "*Dalla data certa dell'avvenuta erogazione, anche in parte, del finanziamento*": disposizione che richiama, nel contenuto, l'art. 5, legge n. 52/1991 (su cui sia consentito rinviare a GUERRIERI, *Cessione dei crediti d'impresa e fallimento*, cit., 130 ss.; dovendosi ricordare che, mediante d.l. 23 dicembre 2013, n. 145, convertito con legge 21 febbraio 2014, n. 9, il testo dell'art. 5, ora citato, è stato novellato attraverso l'introduzione del comma 1-*bis*, a norma del quale, al fine di assicurare data certa al pagamento ivi previsto – ma il principio è verosimilmente trasponibile anche ai pagamenti di cui alla legge n. 130/1999 – è sufficiente "*l'annotazione del contante sul conto di pertinenza del cedente*", in conformità con quanto disposto dall'art. 2, comma 1, lett. b), d.lgs. 21 maggio 2004, n. 170).

[18] Tale fattispecie, come noto, ricorre – *ex* art. 7-*bis*, legge n. 130/1999 (ma v. anche i provvedimenti di attuazione di cui al Decr. Min. Economia e Finanze 14 dicembre 2006, n. 310 e di cui al Decr. CICR in data 12 aprile 2007) – quando vengano ceduti, da parte delle banche *originators*, "*crediti fondiari e ipotecari*", "*crediti nei confronti delle pubbliche amministrazioni o garantiti dalle medesime, anche individuabili in blocco*", o crediti incorporati in "*titoli emessi nell'ambito di operazione di cartolarizzazione aventi ad oggetto crediti della medesima natura*".

Acquirenti devono essere "*società il cui oggetto esclusivo sia l'acquisto di tali crediti e titoli*"

quelle poste in essere mediante la costituzione di patrimoni destinati [19], sia quelle

---

(e non, più in generale, "*la realizzazione di una o più operazioni di cartolarizzazione dei crediti*": e v., invece, l'art. 3, comma 1) – generalmente (non – come pure parrebbe dal testo – obbligatoriamente) "*mediante l'assunzione di finanziamenti concessi o garantiti anche dalle banche cedenti, e la prestazione di garanzia per le obbligazioni emesse dalle stesse banche ovvero da altre*": obbligazioni che – a quanto pare di comprendere dal secondo comma – sono destinate ad essere soddisfatte grazie (ed esclusivamente grazie) al rendimento del portafoglio crediti ceduto.

Ai sensi dell'art. 7-*bis*, comma 2, infatti, "*I crediti ed i titoli acquistati dalla società*" di cartolarizzazione "*e le somme corrisposte dai relativi debitori sono destinati al soddisfacimento dei diritti, anche ai sensi dell'art. 1180 del codice civile*" (sull'adempimento del terzo), "*dei portatori delle obbligazioni di cui al comma 1*" (oltre che, se esistenti, "*delle controparti dei contratti derivati con finalità di copertura dei rischi insiti nei crediti e nei titoli ceduti e degli altri contratti accessori*"), "*nonché al pagamento degli altri costi dell'operazione, in via prioritaria rispetto al rimborso dei finanziamenti di cui al comma 1*" (finanziamenti che, evidentemente, se concessi, mantengono almeno in parte il rischio dell'operazione a carico delle banche *originators*, le quali, tuttavia, grazie alla cessione dei crediti oggetto della cartolarizzazione, parrebbero poter iscrivere, nei loro bilanci, un unico credito da finanziamento verso la società cessionaria in luogo della pluralità di crediti verso i debitori ceduti).

Alle obbligazioni bancarie garantite, ai sensi dell'art. 7-*bis*, comma 1, si applicano, salvo quanto specificato ai successivi commi 2 e 3 dello stesso art. 7-*bis*, gli artt. 3, commi 2, 2-*bis*, 2-*ter* e 3 (sulla segregazione patrimoniale), 4 (sugli effetti della cessione) e 6, comma 2 (sull'estensione alla cessione *de qua* delle agevolazioni fiscali previste dall'art. 15 d.p.r. 29 settembre 1973, n. 601, qualora detta cessione abbia ad oggetto crediti derivanti dalle operazioni di cui agli artt. 15, 16 e 19 del medesimo d.p.r.).

Non si applicano, per contro, ai sensi dell'art. 7-*bis*, comma 4, gli artt. 69 e 70 r.d. 18 novembre 1923, n. 2440 (che dettano una disciplina speciale delle cessioni dei crediti verso lo Stato, imponendo, fra l'altro, la forma dell'atto pubblico o della scrittura privata autenticata); fermo restando che, dell'affidamento al *servicer* delle funzioni previste dall'art. 2, comma 3, lett. c), viene dato avviso mediante pubblicazione in G.U. e lettera raccomandata A.R. alle P.A. debitrici.

Sono poi esentati da revocatoria fallimentare, ai sensi dell'art. 67, comma 4, l. fall., sia i finanziamenti eventualmente concessi alle società cessionarie, sia la garanzia dalle stesse prestata ai portatori dei titoli.

[19] Previste dall'art. 7-*ter*, legge n. 130/1999, a norma del quale:

"*1. Alla costituzione di patrimoni destinati aventi ad oggetto i crediti ed i titoli di cui all'art.* 7-bis, *comma 1, e alla destinazione dei relativi proventi, effettuate ai sensi dell'articolo 2447*-bis *del codice civile, per garantire i diritti dei portatori delle obbligazioni emesse da banche di cui all'articolo* 7-bis, *comma 1, si applicano le disposizioni di cui all'articolo* 7-bis, *commi 5 e 6*" (e, dunque, la normativa secondaria ivi richiamata: il Decr. Min. Economia e Finanze 14 dicembre 2006, n. 310 e il Decreto CICR 12 aprile 2007, già menzionati alla nt. 18).

"*1*-bis. *Ai soggetti cessionari di cui all'art.* 7-bis *si applicano, nei limiti stabiliti dal Ministero dell'economia e delle finanze con regolamento, emanato, sentita la Banca d'Italia, ai sensi dell'articolo 17, comma 3, della legge 23.8.1988, n. 400, le disposizioni previste per gli intermediari finanziari dal Titolo V*" del t.u.b. (artt. 106 ss.).

La lettura coordinata degli artt. 7-*bis* e 7-*ter* fa pensare che la costituzione di patrimoni destinati, a cui si riferisce il primo comma di quest'ultima disposizione, rappresenti una mera eventualità, potendo le obbligazioni bancarie garantite essere emesse anche senza il ricorso alla tecnica di segregazione patrimoniale di cui agli artt. 2447-*bis* ss.

La stessa, peraltro, perlomeno astrattamente, potrebbe essere operata sia in capo all'*originator*, sia in capo alla società cessionaria, anche se, quanto a quest'ultima, l'art. 7-*bis* – come si è visto – prevede che la segregazione operi in forza del richiamo all'art. 3, commi 2, 2-*bis*, 2-*ter* e 3. Più logico, dunque, pensare alla costituzione di un patrimonio destinato da parte dell'*originator*; ipo-

basate su portafogli crediti aventi la composizione descritta dall'art. 7-*quater*[20].

D'altra parte, con riferimento ai profili di disciplina oggetto delle modifiche più salienti[21], è opportuno ricordare che:

– Attraverso l'introduzione dell'art. 2, comma 6-*bis*, legge n. 130/1999[22], si è attribuito al *servicer* il compito di verificare la conformità delle operazioni di cartolarizzazione alla legge e al prospetto informativo[23];

---

tesi in cui, evidentemente, non avrebbe luogo la cessione degli attivi da cartolarizzare, di cui all'art. 7-*bis*, comma 1, e verrebbe meno, dunque, la presenza della società acquirente e garante.

[20] Ai sensi dell'art. 7-*quater*, legge n. 130/1999:

"*1. Gli articoli* 7-bis, *commi 1, 2, 3, 4, 5, 6, e 7, e* 7-ter, *comma 1, e le disposizioni ivi richiamate si applicano anche alle operazioni, ivi disciplinate, aventi ad oggetto obbligazioni e titoli similari ovvero cambiali finanziari, crediti garantiti da ipoteca navale, crediti nei confronti di piccole e medie imprese, crediti derivanti da contratti di leasing o di factoring, nonché di titoli emessi nell'ambito di operazioni di cartolarizzazione aventi ad oggetto crediti della medesima natura. Tali crediti e titoli possono essere ceduti anche da società facenti parte di un gruppo bancario*" (e, dunque, non necessariamente da banche, secondo quanto prescritto dall'art. 7-*bis*: e v. l'art. 60 t.u.b., che detta una definizione di gruppo bancario comprensiva, oltre che di banche, anche di società "*finanziarie e strumentali*" controllate dalla banca italiana capogruppo o da società finanziarie o "*di partecipazione finanziaria mista*", quando ricorrano i requisiti di cui alla lett. b) di detto articolo).

"*2. Il regolamento di cui al comma 5 dell'articolo* 7-bis *adotta anche disposizioni di attuazione del presente articolo con riferimento ai medesimi profili ivi menzionati. Il medesimo regolamento individua le categorie di crediti o titoli di cui al comma 1, cui si applicano le disposizioni di cui al presente articolo, e regola l'emissione di titoli di cui al presente articolo differenziandoli dai titoli emessi ai sensi dell'art.* 7-bis".

Si ricordi che il comma 1 dell'art. 7-*quater* – che all'evidenza si propone di ampliare, rispetto a quanto disposto dall'art. 7-*bis*, gli attivi cartolarizzabili mediante emissione di obbligazioni bancarie garantite – è stato novellato dal d.l. 14 febbraio 2016, n. 18, convertito con legge 8 aprile 2016, n. 49, il cui art. 13-*bis* prevede che "*All'articolo 7*-quater*, comma 1, della legge 30 aprile 1999, n. 130, le parole: "commi 1, 2, 3, 4, 5 e 7, e 7*-ter*, comma 1, sono sostituite dalle seguenti: "commi 1, 2, 3, 4, 5, 6 e 7, e 7*-ter*, comma 1*".

Si noti, altresì, che l'art. 7-*quater*, comma 1, non richiama il comma 1-*bis* dell'art. 7-*ter* (riportato alla nt. 19).

Lo stesso art. 7-*quater*, comma 2, rinvia, peraltro, al regolamento di cui al comma 5 dell'art. 7-*bis* (e, dunque, al Decr. Min. Economia e Finanze 14 dicembre 2006, n. 310), lasciando dunque pensare, perlomeno *prima facie*, che alla fattispecie di cui allo stesso art. 7-*quater* sia inapplicabile la normativa secondaria di cui all'art. 7-*bis*, comma 6 (e, quindi, il Decreto CICR 12 aprile 2007); conclusione, tuttavia, che parrebbe errata, perché il comma 1 dell'art. 7-*quater* – come si è visto – rinvia non solo alla disciplina di cui ai singoli commi dell'art. 7-*bis* e all'art. 7-*ter*, comma 1, ma anche alle "*disposizioni ivi richiamate*": insieme in cui sembra corretto ricomprendere anche il provvedimento a cui è riferito l'art. 7-*bis*, comma 6.

Probabilmente, in effetti, il tenore letterale del comma 2 dell'art. 7-*quater* – riferito al solo regolamento di cui all'art. 7-*bis*, comma 5 – si giustifica in considerazione del fatto che il legislatore primario intendeva semplicemente richiedere che fosse tale regolamento a disciplinare i profili di cui allo stesso art. 7-*quater*, comma 2.

[21] E v. *supra*, a inizio paragrafo, *sub* (ii).

[22] Comma introdotto dall'art. 9, d.lgs. 13 agosto 2010, n. 141.

[23] Più precisamente, il citato art. 2, comma 6-*bis*, stabilisce quanto segue. "*I soggetti di cui al comma 6*" (ove il riferimento ai prestatori dei servizi di cui allo stesso art. 2, comma 3, lett. c): "*i*

– Mediante la riscrittura dell'art. 3 [24], sono stati introdotti utili chiarimenti in merito alla composizione del patrimonio segregato a garanzia dei sottoscrittori e alla normativa applicabile a tale patrimonio nell'ipotesi di crisi della banca depositaria [25];

– Grazie alla riformulazione dell'art. 4 [26], è stata dettata una disciplina *ad hoc* in merito agli effetti della cessione dei crediti derivanti da apertura di credito e dei crediti verso la pubblica amministrazione [27];

---

soggetti incaricati della riscossione dei crediti ceduti e dei servizi di cassa e di pagamento") "*verificano che le operazioni siano conformi alla legge ed al prospetto informativo*".

[24] Novellato a più riprese dal d.lgs. 13 agosto 2010, n. 141, dal d.l. 23 dicembre 2013, n. 145, convertito con legge 21 febbraio 2014, n. 9, e dal d.l. 24 giugno 2014, n. 91, convertito con legge 11 agosto 2014, n. 116.

[25] Al riguardo, è opportuno ricordare che, grazie alla novellazione dell'art. 3, comma 2, si è definitivamente chiarito che fanno parte del patrimonio segregato, a garanzia dei sottoscrittori dei titoli emessi nell'ambito dell'operazione di cartolarizzazione, sia i crediti relativi a ciascuna operazione – insieme definito mediante espresso riferimento normativo tanto ai "*crediti vantati nei confronti del debitore o dei debitori ceduti*", quanto a "*ogni altro credito maturato dalla società*" emittente i titoli – sia "*i relativi incassi e le attività finanziarie acquistate con i medesimi*" (non essendo possibile utilizzare le somme pagate dai debitori ceduti per l'acquisto di attività di tipo diverso: e v. anche l'art. 2, comma 3, lett. e).

I commi 2-*bis* e 2-*ter*, d'altra parte, rendono palese che la segregazione opera con riferimento a tutte le somme giacenti sui conti delle società emittenti, aperti presso la banca depositaria o presso i *servicers*, e a quelle giacenti sui conti di questi ultimi. Tali somme, ai sensi del comma 2-*bis*, possono essere utilizzate, infatti, solo per soddisfare i sottoscrittori dei titoli da cartolarizzazione e le "*controparti dei contratti derivati con finalità di copertura dei rischi insiti nei crediti e nei titoli ceduti*" (essendo dunque consentita la stipula di derivati rientranti in tale insieme e – pare di comprendere – solo in tale insieme), oltre che per pagare gli "*altri costi dell'operazione*" (su cui si veda l'art. 2, comma 3, lett. h). Rimane ferma – ai sensi del comma 2-*ter* – la possibilità che i patrimoni dei *servicers* siano sottoposte ad azioni di soggetti terzi per l'eccedenza delle somme dovute alle società per la cartolarizzazione.

È poi previsto che, tanto nel caso di apertura, a carico della banca depositaria, di procedimenti di cui al titolo IV del t.u.b. (titolo che oggi regola, oltre all'amministrazione straordinaria e alla liquidazione coatta amministrativa, i piani di risanamento, il sostegno finanziario di gruppo, le misure di intervento precoce), o di procedure concorsuali, quanto nel caso di sottoposizione a tali procedure dei *servicers*, le somme già accreditate sui conti ora menzionati, unitamente a quelle affluite in corso di procedura, debbano essere immediatamente e integralmente restituite alle società per la cartolarizzazione al di fuori di piani di riparto e di restituzione di somme e, addirittura, senza che sia necessaria la presentazione di istanze di insinuazione al passivo.

[26] Frutto della novella di cui al d.l. 23 dicembre 2013, n. 145, convertito con legge 21 febbraio 2014, n. 9.

[27] Quanto ai crediti derivanti da apertura di credito, anche regolate in conto corrente, il comma 2-*bis* dell'art. 4 chiarisce che, una volta espletate le formalità previste dal comma 2 per rendere opponibili ai terzi la cessione a favore della società veicolo, la stessa diviene opponibile anche con riferimento ai crediti futuri, sempre che l'apertura di credito sia stata stipulata prima del compimento di tale formalità: disposizione di cui è necessario operare un inquadramento sistematico, chiedendosi se la regola ivi prevista (per cui la cessione di crediti futuri è opponibile a terzi alla

– Per effetto dell'introduzione dell'art. 5, comma 2-*bis*[28], si è chiarito che i titoli emessi nell'ambito di operazioni di cartolarizzazione sono *assets* compatibili con i limiti di investimento dei fondi pensione[29] e utilizzabili, ai sensi dell'art. 38, d.lgs. 7 settembre 2005, n. 209[30], per la copertura delle riserve tecniche delle imprese di assicurazione[31].

---

condizione – e alla sola condizione – che, al tempo del compimento delle formalità previste dalle legge quali condizioni di opponibilità, sia già stato perfezionato il contratto da cui tali crediti trarranno origine) debba essere considerata espressione di un principio generale o abbia, per contro, natura eccezionale. Sulla questione si consenta di rinviare a GUERRIERI, *Cessione dei crediti d'impresa e fallimento*, cit., 108 ss., ove (i) una critica all'orientamento secondo cui, per rendere opponibile ai terzi le cessioni di crediti futuri, sarebbe necessario operare dette formalità alla data della venuta ad esistenza dei singoli crediti e (ii) la formulazione della tesi secondo cui l'opponibilità dovrebbe dirsi prodotta dal compimento di tali formalità, *una tantum*, con riferimento al negozio di cessione.

Quanto alle cessioni dei crediti nei confronti delle pubbliche amministrazione, il comma 4-*bis* sancisce che non trovano applicazione gli artt. 69 e 70, r.d. 18 novembre 1923, n. 2440 (su cui v. *supra*, nt. 17); fermo restando che, dell'affidamento al *servicer* delle funzioni previste dall'art. 2, comma 3, lett. c), viene dato avviso mediante pubblicazione in G.U. e lettera raccomandata A.R. alle P.A. debitrici.

[28] Introdotto dall'art. 12, d.l. 23 dicembre 2013, convertito con legge 21 febbraio 2014, n. 9, e poi modificato dall'art. 22, d.l. 24 giugno 2014, n. 91, convertito con legge 11 agosto 2014, n. 116.

[29] Su cui v. la disciplina dettata dal d.lgs. 5 dicembre 2005, n. 252 dal decr. Mef 2 settembre 2014, n. 166.

[30] A norma del quale "*1. Le riserve tecniche sono coperte con attivi di proprietà dell'impresa.*

*1-*bis. *L'impresa investe gli attivi a copertura delle riserve tecniche in modo adeguato alla natura dei rischi e delle obbligazioni assunte e alla durata delle passività e nel migliore interesse dei contraenti, degli assicurati, dei beneficiari e degli aventi diritto a prestazioni assicurative, tenendo conto degli obiettivi strategici resi noti dall'impresa.*

*1-*ter. *In caso di conflitto di interessi, l'impresa o il soggetto che gestisce il portafoglio di attività dell'impresa garantisce che l'investimento sia realizzato nel migliore interesse dei contraenti, degli assicurati, dei beneficiari e degli aventi diritto a prestazioni assicurative.*

*2. Gli attivi di cui al comma 1-*bis *possono includere anche i finanziamenti concessi nei confronti di soggetti diversi dalle persone fisiche e dalle microimprese, come definite dall'articolo 2, paragrafo 1, dell'allegato alla raccomandazione 2003/361/CE della Commissione europea. In tal caso l'IVASS stabilisce condizioni e limiti operativi tenendo conto dei seguenti criteri:*

a) i prenditori dei finanziamenti siano individuati da una banca o da un intermediario finanziario iscritto nell'albo di cui all'articolo 106 del decreto legislativo 1° settembre 1993, n. 385, e successive modificazioni;

b) la banca o l'intermediario finanziario di cui alla lettera a) trattenga un interesse economico nell'operazione, pari ad almeno il 5 per cento del finanziamento concesso, trasferibile anche a un'altra banca o intermediario finanziario, fino alla scadenza dell'operazione;

c) il sistema dei controlli interni e gestione dei rischi dell'impresa sia adeguato e consenta di comprendere a pieno i rischi, in particolare di credito, connessi a tale categoria di attivi;

d) l'impresa sia dotata di un adeguato livello di patrimonializzazione; l'esercizio autonomo dell'attività di individuazione dei prenditori da parte dell'assicuratore, in deroga ai criteri di cui alle lettere a) e b), è sottoposto ad autorizzazione dell'IVASS.

4. In caso di attivi a copertura che rappresentano un investimento in una società controllata, che per conto dell'impresa di assicurazione ne gestisce in tutto o in parte gli investimenti, l'IVASS, nel verificare la corretta applicazione delle norme e dei principi di cui al presente articolo, tiene conto degli attivi detenuti dalla società controllata.". E v. il provvedimento IVASS 6 giugno 2016, n. 24.

[31] L'art. 5, comma 2-*bis*, precisa che ciò vale anche ove si tratti di titoli non destinati alla ne-

4. Anche a livello comunitario, del resto, la cartolarizzazione dei crediti è stata individuata quale istituto cardine per la ripresa del sistema economico, grazie al sostegno che è in grado di fornire agli istituti bancari e, più in generale, al mondo delle imprese.

Non a caso la Commissione U.E., nel dare vita all'Action Plan Package del settembre 2015, al fine di realizzare la Capital Markets Union [32], ha dato vita, fra l'altro, alla proposta di regolamento sulle cartolarizzazione del 30 settembre 2015, che, fra i motivi e gli obiettivi della proposta [33], esprime la volontà:

– di dare maggiore ossigeno ai bilanci degli enti creditizi e di ripartire maggiormente i rischi fra i vari attori del sistema [34];
– di rivitalizzare i mercati europei della cartolarizzazione, più fiacchi di quelli statunitensi, nonostante in Europa i rischi di *default* siano inferiori rispetto agli USA [35];
– di diffondere fiducia fra gli investitori in relazione alle operazioni di cartolarizzazione, imponendo un mantenimento parziale del rischio in capo a cedenti, promotori, prestatori [36];
– di accrescere la trasparenza circa i dati salienti delle cartolarizzazioni, in particolare attraverso la creazione obbligatoria, da parte dei cedenti e dei promotori, di un sito *web* a disposizione degli investitori [37].

---

goziazione in mercati regolamentati, o in sistemi multilaterali di negoziazione, e privi di valutazione del merito di credito da parte di operatori terzi, e rinvia, quanto alle misure di dettaglio per la copertura delle riserve tecniche delle imprese assicurative, al regolamento IVASS che disciplina la materia (e v. *supra*, la nt. 30).

[32] Su cui, *inter alia*, SICLARI, European Capital Markets Union *e ordinamento nazionale*, in *Banca, borsa, tit. cred.*, 2016, I, 481 ss., ove ampi riferimenti.

[33] E v. la relazione di accompagnamento, 2-4.

[34] E v. il considerando n. 4, ove si afferma che, se "*strutturata in modo solido*", la cartolarizzazione rappresenta un importante canale di diversificazione delle fonti di finanziamento e di ripartizione più efficiente del rischio all'interno del sistema finanziario dell'U.E., potendo dare, *inter alia*, "*ai bilanci dei cedenti quel maggiore ossigeno necessario per aumentare l'erogazione di prestiti all'economia*".

[35] E v. la relazione di accompagnamento, 2, ove si ricorda che gli strumenti di cartolarizzazione statunitensi con *rating* AAA, garantiti da mutui ipotecari su immobili residenziali (RMBS), hanno toccato percentuali di *default* del 16% nel segmento *subprime* e del 3% nel segmento *prime*, mentre i *default* nell'Unione Europea non hanno mai superato la percentuale dello 0,1%; d'altra parte, gli RMBS classificati BBB hanno toccato percentuali di *default* del 62% nel segmento *subprime* e del 46% nel segmento *prime*, contro la percentuale massima dello 0,2% fatta registrare dall'Unione Europea.

[36] Cfr. la relazione di accompagnamento, 15. E v. il considerando 12, ove è sottolineata l'importanza di allineare gli interessi dei predetti soggetti agli interessi degli investitori, e l'art. 4 della proposta di regolamento.

[37] Cfr. la relazione di accompagnamento, 16. E v. i considerando 13 e 14, a norma dei quali, fra l'altro, "*È importante (...) instaurare un sistema globale in cui gli investitori abbiano accesso*

A tal fine, la proposta di regolamento, all'art. 2, n. 1, dà una definizione di cartolarizzazione [38] diretta ad identificare la fattispecie oggetto delle disposizioni che seguono: disposizioni dirette, in particolare, a identificare le cartolarizzazioni "STS" – semplici, trasparenti, standardizzate – a imporre obblighi di verifica e di *due diligence* agli investitori istituzionali che intendano "*esporsi verso*" un'operazione di cartolarizzazione [39] e a stabilire regole sulla vigilanza [40].

La cartolarizzazione è definita come un'operazione avente ad oggetto un portafoglio di esposizioni il cui rischio è diviso in segmenti, sì che i pagamenti effettuati a coloro su cui è trasferito il rischio dipendono dalla *performance* di detto portafoglio, e in cui la distribuzione delle perdite avviene sulla base di criteri di subordinazione per segmenti [41]; essendo definita cartolarizzazione tradizionale quella posta in essere mediante cessione dei crediti e cartolarizzazione sintetica quella realizzata in assenza di cessione [42].

Una cartolarizzazione, d'altra parte, può essere qualificata come STS e, come tale, notificata all'ESMA [43], solo se presenti i requisiti di cui agli artt. 8, 9 e 10 [44]: venga cioè realizzata mediante *true sale*, con effettivo trasferimento, dal-

---

a tutte le informazioni d'interesse per l'intera durata delle operazioni (...) e favorire l'accesso continuo, agevole e gratuito degli investitori ad informazioni attendibili sulle cartolarizzazioni". "*Nella comunicazione agli investitori i cedenti, promotori e SSPE*" (società veicolo per le cartolarizzazioni) "*dovrebbero mettere a disposizione tutti i dati effettivamente significativi sulla qualità creditizia e sulle* performance *delle esposizioni sottostanti, compresi i dati che permettano agli investitori di reperire chiaramente, all'interno del portafoglio delle esposizioni sottostanti, i casi di: morosità e* default *dei debitori sottostanti, ristrutturazione del debito, remissione del debito, tolleranza, riacquisto, sospensione dei pagamenti, perdita, importo stornato, recupero e altre misure a tutela della* performance *degli attivi. La comunicazione agli investitori dovrebbe riportare altresì dati sui flussi di cassa generati dalle esposizioni sottostanti e dalle passività dell'emissione della cartolarizzazione (...)*". Cfr., inoltre, l'art. 5 della proposta di regolamento.

[38] "*L'operazione o lo schema in cui il rischio di credito associato ad un'esposizione o ad un portafoglio di esposizioni è diviso in segmenti aventi le seguenti due caratteristiche:*

(a) *I pagamenti effettuati nell'ambito dell'operazione o dello schema dipendono dalla* performance *delle esposizioni o del portafoglio di esposizioni;*

(b) *La subordinazione dei segmenti determina la distribuzione delle perdite nel corso della durata dell'operazione o dello schema*".

[39] Così, testualmente, l'art. 3, comma 1, della proposta di regolamento.

[40] Imponendo, fra l'altro, agli artt. 15 ss. della proposta di regolamento, obblighi di cooperazione fra le autorità di vigilanza dei singoli ordinamenti nazionali e stabilendo sanzioni per le ipotesi di inosservanza, da parte dei vari soggetti coinvolti nell'operazione, degli obblighi dettati dalle norme che precedono.

[41] Al riguardo dovendosi distinguere perlomeno due segmenti: il c.d. *first loss* e il c.d. *second loss*.

[42] E v. l'art. 2, nn. 9) e 10), della proposta di regolamento.

[43] Ai sensi dell'art. 14 della proposta di regolamento.

[44] Ovvero, nel caso di cartolarizzazioni ABCP (aventi ad oggetto, *ex* art. 2, nn. 7 e 8, titoli prevalentemente in forma di "commercial paper *garantiti a attività con durata originaria pari o inferiore ad un anno*"), i requisiti di cui agli artt. 12 e 13 (e v. quanto disposto dall'art. 11).

l'*originator* al veicolo, delle attività facenti parte del portafoglio oggetto dell'operazione [45]; abbia ad oggetto esposizioni sottostanti omogenee per tipologie di attività e aventi le caratteristiche di cui all'art. 8 [46]; cedente, promotore e prestatore originario adempiano l'obbligo di mantenimento del rischio in conformità con l'art. 4 [47]; il rischio di tasso di interesse e il rischio di cambio siano attenuati e venga data comunicazione delle misure adottate a tal fine; il pagamento dell'interesse si basi su tassi del mercato di uso generale e non rimandi a formule o derivati complessi; la documentazione riguardante l'operazione sia redatta in conformità con quanto stabilito dall'art. 9 [48]; prima dell'investimento, siano messi a disposizione dei potenziali sottoscrittori dati storici sulla *performance* statica e dinamica, in termini di *default* e di perdite, di esposizioni "*sostanzialmente analoghe a quelle oggetto della cartolarizzazione*"; prima dell'emissione dei titoli, un campione delle esposizioni sia sottoposto a verifica esterna da parte di "*un soggetto adeguato e indipendente*"; in epoca anteriore alla fissazione del prezzo e, a seguire, su base continuativa, il cedente o il promotore forniscano agli investitori un modello di flusso di cassa delle passività; cedente, promotore e società veicolo siano corresponsabili dell'osservanza dell'art. 5, in tema di trasparenza dell'operazione, e mettano a disposizione le informazioni ivi previste nei modi determinati dalla proposta di regolamento [49].

Ai sensi dell'art. 14, comma 4, l'ESMA pubblica sul proprio sito *web* un elenco di tutte le cartolarizzazioni per le quali cedente, promotore e società veicolo hanno notificato il rispetto dei requisiti di legge per essere considerate cartolarizzazioni STS ed aggiorna tale elenco [50] qualora una cartolarizzazione cessi di essere considerata STS a seguito di una decisione delle autorità competenti o di una notifica da parte del cedente, del promotore e della società veicolo.

---

[45] E v. l'art. 8, comma 1, della proposta di regolamento.

[46] Dovendosi trattare, fra l'altro, di "*obbligazioni vincolanti per contratto e opponibili con pieno diritto di rivalsa nei confronti dei debitori e con flussi di pagamento periodici prestabiliti per il pagamento di locazioni, capitale e interessi o per qualsiasi altro diritto di ottenere un reddito dalle attività su cui si fondano tali pagamenti*".

[47] A norma del quale "*Il cedente, il promotore o il prestatore originario della cartolarizzazione mantiene in ogni momento un interesse economico netto rilevante nella cartolarizzazione non inferiore al 5%*".

[48] Dovendo fra l'altro comprendere "*adeguati eventi*" che determinino il rimborso anticipato dei titoli; indicare chiaramente obblighi, compiti e responsabilità attributi al *servicer* e procedure e responsabilità atte a tutelare gli investitori per l'ipotesi di *default* di quest'ultimo; individuare i rimedi a disposizione dei sottoscrittori per l'ipotesi di *default* dei debitori; contenere disposizioni chiare in grado di favorire la pronta risoluzione dei contenziosi fra le diverse classi di investitori.

[49] E v., in particolare, l'art. 5 e l'art. 10, comma 4.

[50] Ove devono essere indicati anche le sanzioni amministrative e i provvedimenti correttivi eventualmente adottati dalle autorità competenti con riferimento a ciascuna cartolarizzazione.

5. In tale quadro normativo, si inscrive la normativa sulle cartolarizzazioni con garanzia statale, dettata dal d.l. 14 febbraio 2016, n. 18, convertito con legge 8 apile 2016, n. 49, e dal decreto del Ministero dell'Economia e delle Finanze (Mef) in data 3 agosto 2016: normativa diretta ad individuare cartolarizzazioni particolarmente virtuose, al punto che ai sottoscrittori dei titoli emessi dalla società veicolo può essere fornita la garanzia dello stesso Mef (c.d. GACS [51]); ferma la possibilità che cartolarizzazioni estranee alla fattispecie delineata da tali fonti normative – e per le quali, dunque, detta garanzia non può essere concessa – possano considerarsi valide ed efficaci.

Gli artt. 3-6 del d.l. n. 18/2016 dettano, dunque, i requisiti richiesti dalla legge perché la garanzia statale possa essere accordata:

A. Si deve trattare di operazioni di cartolarizzazione poste in essere mediante cessione di crediti [52];

B. Cedenti devono essere banche o intermediari finanziari iscritti all'albo di cui all'art. 106 t.u.b.;

C. I crediti ceduti devono avere carattere pecuniario [53] ed essere classificati a sofferenza [54].

In tali casi – per diciotto mesi dalla data di entrata in vigore del d.l. n.

---

[51] Acronimo di Garanzia sulla Cartolarizzazione delle Sofferenze. Sulla disciplina delle GACS v. anche MESSINA-GIANNESI, *Garanzia sulla cartolarizzazione delle sofferenze (GACS): dal d.l. 18/2016 al DM 3 agosto 2016*, in *www.dirittobancario.it*, *Approfondimenti*, Novembre 2016.

[52] Si tratta dello schema delineato dall'art. 1, legge n. 130/1999 (su cui *supra*, nt. 13); e si consenta, al riguardo, di rinviare nuovamente a GUERRIERI, in GALLETTI-GUERRIERI, *La cartolarizzazione dei crediti*, cit., 41 ss.

[53] Essendo compresi in tale insieme, per espressa previsione del dato normativo (e v. l'art. 3, comma 1, d.l. n. 18/2016), anche i crediti derivanti da contratti di *leasing*: precisazione peraltro superflua, stante l'ampiezza dell'espressione "*crediti pecuniari*", evidentemente comprensiva di tutti i crediti aventi ad oggetto somme di denaro, a prescindere da quale sia la loro fonte.

[54] La terminologia, come noto, evoca i crediti che, sulla base della normativa di Banca d'Italia in tema di Centrale Rischi (Circolare n. 139/1991 – 15° aggiornamento del giugno 2016, 44; e v. il Decr. Min. Economia e Finanze e del Presidente del CICR in data 11 luglio 2012, n. 663), sono vantati nei confronti di "*soggetti in stato di insolvenza, anche non accertato giudizialmente, o in situazioni sostanzialmente equiparabili, indipendentemente dalle eventuali previsioni di perdita formulate dall'intermediario*"; essendo precisato che "*l'appostazione a sofferenza implica una valutazione da parte dell'intermediario della complessiva situazione finanziaria del cliente e non può originare automaticamente al verificarsi di specifici eventi quali, ad esempio, uno o più ritardi nel pagamento del debito o la contestazione del credito da parte del debitore*". Sulle sofferenze bancarie v., da ultimo, la comunicazione di Banca Italia in data 18 luglio 2016, che fa seguito, fra l'altro, alle precedenti comunicazioni in data 1° aprile 2016 e 26 maggio 2016 (tutte disponibili in *www.bancaditalia.it/compiti/vigilanza/normativa/archivio-norme/comunicazioni/com-20160329/index.html*). Ai sensi dell'art. 2, comma 1, lett. b), decr. Mef 3 agosto 2016, i crediti da cartolarizzare devono essere "*classificati e segnalati in sofferenza in data antecedente alla cessione alla Società di cartolarizzazione*".

18/2016[55] (prorogabili di altri diciotto previa approvazione della commissione UE[56]) – il Mef potrà concedere la garanzia dello Stato; ciò, nei limiti delle somme stanziate *ad hoc*, oggetto di un fondo vincolato previsto dall'art. 12 e pari, per il 2016, a 120 milioni di euro: fondo autoalimentato con il denaro pagato quale corrispettivo per la garanzia[57].

Vale, al riguardo, il principio *first come, first served*, desumibile dall'art. 7, comma 3, del regolamento ministeriale[58].

---

[55] Data coincidente, *ex* art. 18 dello stesso decreto legge, con il giorno successivo a quello della sua pubblicazione in Gazzetta Ufficiale (avvenuta il 15 febbraio 2016) e, dunque, con il giorno 16 febbraio 2016.

[56] E v. l'art. 3, comma 2, d.l. n. 18/2016, a norma del quale il Mef può estendere, con decreto, il periodo di diciotto mesi di cui al comma 1, "*fino a un massimo di ulteriori diciotto mesi, previa approvazione da parte della Commissione europea*".

Successivamente alla stesura del presente contributo, in effetti, il periodo di cui all'art. 3, comma 1, d.l. n. 18/2016 è stato esteso fino al 6 settembre 2018, in forza dell'art. 1 decr. Mef del 21 novembre 2017.

[57] E v. quanto disposto dallo stesso art. 12, comma 1, a norma del quale il fondo *de quo*, stanziato nello stato di previsione del Mef, "*è ulteriormente alimentato con i corrispettivi annui delle garanzie concesse*" (da fissarsi su base annua e a condizioni di mercato, sulla base della metodologia di cui all'art. 9, d.l. n. 18/2016) "*che a tal fine sono versate all'entrata del bilancio dello Stato per la successiva riassegnazione al Fondo. Dette somme sono versate su apposita contabilità speciale vincolata al pagamento dell'eventuale escussione delle predette garanzie, nonché agli ulteriori oneri connessi all'attuazione*" del capo II d.l. n. 18/2016, sulle GACS, "*derivanti dall'articolo 3, comma 3, e dall'articolo 13, comma 1*": disposizioni che prevedono, rispettivamente:

(i) la nomina, da parte del Mef, di "*un soggetto qualificato indipendente per il monitoraggio della conformità del rilascio della garanzia a quanto previsto*" dal d.l. n. 18/2016 "*e nella decisione della Commissione europea*" (trattasi della decisione, di cui allo stesso art. 3, comma 3, "*sul regime di concessione della garanzia dello Stato*": decisione *C(2016) 873 final* intervenuta, in concreto, in data 10 febbraio 2016);

(ii) la possibilità, per il Mef, di avvalersi di una società a capitale interamente pubblico (*ex* art. 19, comma 5, d.l. 1° luglio 2009, n. 78, convertito con legge 3 agosto 2009, n. 102) "*per la gestione dell'intervento*" di cui al d.l. n. 18/2016: società in effetti identificata nella CONSAP s.p.a. (e v. l'art. 1, lett. e), del decr. Mef 3 agosto 2016, che qualifica tale società quale "*Gestore*", prevedendo l'emanazione "*di un apposito disciplinare, da sottoscriversi per accettazione da CONSAP S.p.A.*").

[58] A norma del quale "*Il gestore procede (...) all'istruttoria delle singole richieste*" "*nel rispetto dell'ordine cronologico di presentazione*", essendo poi l'esito dell'istruttoria tempestivamente trasmesso al Ministero ai fini dell'adozione del decreto del Mef di concessione della garanzia dello Stato; con la conseguenza che, perlomeno di regola, e salva l'ipotesi di allungamento dei tempi dell'istruttoria relativa a una richiesta precedente rispetto ad una successiva, le richieste suscettibili di essere accolte dovrebbero venire accettate nell'ordine di presentazione.

L'istanza di concessione della garanzia (che, nel caso in cui le società cedenti siano più di una, deve essere presentata dalle stesse "*congiuntamente*": e v. l'art. 6 decr. Mef 3 agosto 2016) deve essere, a pena di improcedibilità, redatta su un modulo pubblicato sul sito *web* del Ministero e sottoscritta dal legale rappresentante dell'*originator* (art. 7, comma 2, decr. Mef) e deve avere il contenuto minimo prescritto dallo stesso decr. Mef, all'art. 7, comma 1.

È poi previsto [59] che un soggetto qualificato come indipendente debba monitorare la conformità della garanzia alla normativa di cui al d.l. n. 18/2016 [60] e alle decisioni della commissione UE.

5.1. Venendo al dettaglio dell'operazione, l'art. 4, comma 1, lett. a), stabilisce che la cessione deve avvenire a un importo non superiore al valore contabile netto dei crediti oggetto di cartolarizzazione [61]; importo che – pare di cogliere – dovrebbe valere come limite anche per le somme richieste ai sottoscrittori al momento dell'emissione dei titoli [62].

I titoli emessi, d'altra parte, devono essere suddivisi, quantomeno, in due classi [63]: una *tranche senior* – la sola rispetto alla quale può operare la garanzia statale [64] – ed una *tranche junior*, a cui si può aggiungere almeno una *tranche* di "*mezzanine*" [65].

---

[59] E v. l'art. 3, comma 3, d.l. n. 18/2016 (su cui *supra*, nt. 57).

[60] E v., in particolare, gli artt. 5, 6 e 8, d.l. n. 18/2016, su cui *infra*, nel testo.

[61] La norma citata chiarisce, fra parentesi (!), che per "*valore contabile netto*" si intende il "*valore lordo al netto delle rettifiche*"; dunque – sembra di comprendere – l'importo nominale dei crediti, così come svalutato tenendo conto che si tratta di crediti in sofferenza. Sul punto, si veda, del resto, il disposto dell'art. 2, comma 1, lett. a), decr. Mef 3 agosto 2016, ove il riferimento a un importo "*aggregato*" (e, dunque, riferito alla totalità dei crediti ceduti) "*non superiore al valore lordo aggregato, al netto delle rettifiche*", e l'ulteriore precisazione per cui, nei rapporti fra cedente e cessionaria, si deve attribuire rilievo (in questo senso parendo di dover leggere l'ambigua lettera della norma) a "*eventuali incassi rivenienti dagli stessi crediti e di competenza della Società di cartolarizzazione, percepiti dalla Società cedente tra la data di definizione del valore contabile e la data di trasferimento, come attestato dalla Società cedente sulla base delle scritture contabili*".

[62] La *ratio legis*, infatti, pare quella di evitare che la garanzia dello Stato, in rapporto al verosimile rendimento del portafoglio di crediti ceduti, possa risultare eccessivamente elevata, essendo eccessivamente elevato il debito della società emittente verso i sottoscrittori; al riguardo non parendovi essere dubbi circa il fatto che, venendo accordata una garanzia, la posizione giuridica facente capo alla società emittente sia un vero e proprio debito, il cui importo non è a priori limitato al rendimento del portafoglio crediti *de quo*.

[63] E v. l'art. 4, comma 1, lett. b), il cui tenore letterale mette in luce che, ai fini del d.l. n. 18/2016, le classi si distinguono "*in ragione del grado di subordinazione nell'assorbimento delle perdite*".

[64] Essendo peraltro precisato dall'art. 3, comma 2, decr. Mef 3 agosto 2016 che, qualora vengano emesse più *tranche* di titoli *senior*, la garanzia statale può essere richiesta per una o più di dette *tranche*.

[65] Le definizioni di titoli *senior*, *junior* e mezzanine sono dettate dall'art. 4, mediante individuazione dei tratti salienti della disciplina loro applicabile.

In particolare, ai sensi dell'art. 4, comma 1, lett. c), la classe di titoli *junior* "*non ha diritto a ricevere il rimborso del capitale, il pagamento degli interessi o altra forma di remunerazione fino al completo rimborso del capitale dei Titoli delle altre classi*"; e ciò comporta che i portatori di tali titoli siano collocati, dall'art. 7, all'ultimo posto dell'"*Ordine di priorità dei pagamenti*" (essendo chiarito da tale disposizione che la postergazione a cui sono soggetti i titoli *junior* opera non solo rispetto al rimborso del capitale – secondo quanto, appunto, specificato dall'art. 4, lett. c] – ma anche rispetto al rimborso degli interessi dovuti alle altre classi di titoli: e v. *infra*, in questo stesso par., nel testo).

Quanto alle mezzanine e ai titoli *senior*, la successiva lett. d) detta una disciplina che consta di due norme, una imperativa ed una dispositiva:

(i) le mezzanine devono essere postergate ai titoli *senior* nella corresponsione degli interessi;

(ii) per contro, "*possono essere antergate al rimborso del capitale dei Titoli* senior", sì che di regola sono evidentemente postergate a quest'ultima classe di titoli anche sotto tale profilo.

E in effetti, ai sensi dell'art. 7, l'ordine di priorità dei pagamenti contempla:

(i) il pagamento degli interessi dovuti ai titoli *senior* al n. 6) e il pagamento degli interessi dovuti ai titoli mezzanine al n. 8); al n. 7] essendo previsto il "*rispristino della disponibilità della linea di credito*" che sia stata eventualmente richiesta ed utilizzata dalla società emittente, ai sensi dell'art. 4, lett. f). Quest'ultima disposizione prevede che l'operazione può essere strutturata prevedendo l'attivazione di una linea di credito, "*al fine di gestire il rischio di eventuali disallineamenti fra i fondi rivenienti dagli incassi e dai recuperi effettuati in relazione al portafoglio dei crediti ceduti e i fondi necessari per pagare gli interessi sui Titoli* senior" (e, dunque, solo a tal fine, non essendo consentito, invece – perlomeno a quanto emerge dalla lettera della norma – ricorrere al prestito bancario per assolvere ad esigenze finanziarie a beneficio dei portatori di altri titoli, o per consentire la regolare soddisfazione dei diritti dei portatori dei titoli *senior* alla restituzione del capitale). La medesima disposizione, non senza ambiguità (legate, essenzialmente, all'utilizzo dei termini "*minimo*" e "*coerente*"), pone peraltro un limite quantitativo a detta linea di credito, stabilendo l'attivazione della stessa (ove prevista: sì che, nonostante l'aggettivo "*sufficiente*" possa risultare ingannevole, non dovrebbe trattarsi di limite minimo, ma di limite massimo) "*per un ammontare sufficiente a mantenere il livello minimo di flessibilità finanziaria coerente con il merito di credito dei titoli* senior".

Ai sensi della precedente lett. e), del resto, "*può essere prevista la stipula di contratti di copertura finanziaria con controparti di mercato al fine di ridurre il rischio derivante da asimmetrie fra i tassi di interessi applicati su attività e passività*"; essendo in effetti imposta, dall'art. 6, la pattuizione, con i sottoscrittori, di interessi non a tasso fisso, ma a tasso variabile.

(ii) il rimborso del capitale dei titoli *senior* al n. 9); il rimborso del capitale delle mezzanine al n. 10); ordine, quest'ultimo, che per quanto emerge dal citato art. 4, lett. d), può essere invertito.

Le "*Caratteristiche dei titoli* senior *e dei titoli mezzanine*", d'altra parte, sono individuate anche dall'art. 6, a norma del quale:

"*a) la remunerazione*" di tali titoli deve essere "*a tasso variabile*";

"*b) il rimborso del capitale prima della data di scadenza è parametrato*" (sembra di cogliere, obbligatoriamente) "*ai flussi di cassa derivanti dai recuperi e dagli incassi realizzati in relazione al portafoglio dei crediti ceduti, al netto di tutti i costi relativi all'attività di recupero e incasso dei crediti ceduti*"; norma significativa, perché consente (e forse, affinché si possa rientrare nella fattispecie cartolarizzazione, impone) una limitazione del debito che nella prassi delle cartolarizzazioni è praticata, ma che – sino all'entrata in vigore del d.l. n. 18/2016 – non trovava fondamento in alcuna espressa disposizione normativa (dovendosene desumere la legittimità in via ermeneutica: e v. GUERRIERI, *Art. 1, Legge 30 aprile 1999, n. 130. Disposizioni sulla cartolarizzazione dei crediti*, in *Nuove leggi civ. comm.*, 2000, 1021); potendosi peraltro ipotizzare che tale limitazione, espressamente ammessa, nel contesto del d.l. n. 18/2016, solo per il rimborso del capitale relativo alle mezzanine, e prima della scadenza, sia in realtà praticabile, perlomeno in cartolarizzazioni diverse da quella regolata da detto decreto legge, senza limiti (e, dunque, anche per il rimborso del capitale alla scadenza – a norma dell'art. 7 – e per il rimborso degli interessi, oltre che, più in generale, per tutti i titoli sottoscritti dagli investitori).

"*c) il pagamento degli interessi è effettuato in via posticipata a scadenza trimestrale, semestrale o annuale e in funzione del valore nominale residuo del titolo all'inizio del periodo di inte-*

L'ordine di priorità dei pagamenti, a differenza di quanto disposto dalla legge n. 130/1999, è poi stabilito in maniera espressa dal legislatore: l'art. 7, infatti, prevede che "*Le somme rivenienti dai recuperi e dagli incassi realizzati in relazione al portafoglio dei crediti ceduti, dai contratti di copertura finanziaria stipulati e dagli utilizzi della linea di credito*" [66], "*al netto delle somme trattenute dal soggetto incaricato della riscossione dei crediti ceduti per la propria attività di gestione secondo i termini convenuti con la società cessionaria*" [67], "*sono impiegate, nel pagamento delle seguenti voci, secondo il seguente ordine di priorità*": ordine che è possibile sintetizzare nel modo seguente:

1) Debiti fiscali;
2) Debiti verso prestatori di servizi;

---

ressi di riferimento"; precisazione, quest'ultima, che sembra pensata per l'ipotesi di rimborso anticipato del capitale, in misura parziale (parendo invece di dover leggere e di poter spiegare l'espressione "*in via posticipata*" nel senso che la scadenza del relativo debito deve coincidere con la fine del "*periodo di interessi di riferimento*". Peraltro, alla luce del successivo art. 7, sull'"*Ordine di priorità dei pagamenti*"; si desume che il pagamento degli interessi sui titoli *senior* e sulle mezzanine è subordinato all'adempimento dei crediti di cui ai numeri 1-5 e, nel caso delle mezzanine, 6 e 7, ma è di regola anticipato rispetto al rimborso del capitale investito dai sottoscrittori di detti titoli).

Ai sensi dell'art. 6, comma 2, d'altra parte, la remunerazione delle mezzanine – che di regola deve avvenire a norma dell'art. 7 (ove – come anticipato – il diritto agli interessi dei sottoscrittori di tali titoli è collocato al n. 8 dell'ordine di priorità dei pagamenti ivi previsto) –"*al ricorrere di determinate condizioni*", e sempre che ciò sia previsto dal contratto di emissione, può essere differito (non è chiaro sino a quale momento, non parendovi essere limiti all'autonomia privata), ovvero può essere postergato al completo rimborso del capitale dei titoli *senior* (credito di regola, invece, postergato al pagamento degli interessi ai portatori di mezzanine, *ex* art. 7, n. 9]), o condizionato a "*obiettivi di* performance *nella riscossione o recupero in relazione al portafoglio di crediti ceduti*".

Sul punto va segnalato anche il disposto degli artt. 3, comma 1, e 4, comma 2, decr. Mef 3 agosto 2016, a norma dei quali:

(i) "*sono considerati Titoli* senior *i titoli di classi che non siano subordinate ad altre classi della stessa emissione*" (art. 3, comma 1, ove la precisazione per cui tale condizione è rispettata se, dopo l'avvio di azione esecutiva – *post enforcement priority* – o a seguito di messa in mora – *post-acceleration priority* – nessun'altra classe, sulla base del regolamento dei titoli, "*riceve pagamenti per capitale e interessi in via prioritaria rispetto*" alla classe *de qua*);

(ii) dall'applicazione delle priorità di pagamento, per come risultanti "*nel regolamento dei titoli e nei contratti dell'operazione, non devono risultare pagamenti sovraordinati ai Titoli* senior *diversi da quelli previsti dall'art. 7*" d.l. n. 18/2016 (art. 4).

[66] E v., come detto (*supra*, nt. 65), le previsioni di cui alle lett. e) ed f) dell'art. 4.

[67] Si noti, dunque, che il *servicer*, il soggetto che è incaricato della gestione e della riscossione dei crediti facenti parte del portafoglio ceduto e che, per espressa previsione dell'art. 5, comma 4, deve essere soggetto diverso dall'*originator* ed estraneo al gruppo di appartenenza dello stesso, è collocato (perlomeno in linea di principio, e salva diversa previsione convenzionale: e v. anche MESSINA-GIANNESI, *op. cit.*, 5) in una posizione preferenziale rispetto a tutti gli altri creditori, ivi compreso lo Stato, nella sua qualità di titolare dei crediti tributari.

3) Interessi e commissioni dovuti alla banca che abbia eventualmente accordato la linea di credito di cui all'art. 4, lett. f) [68];

4) Corrispettivo dovuto per la garanzia dello Stato sui titoli *senior* [69];

5) Somme dovute alle eventuali controparti di contratti di copertura finanziaria, di cui all'art. 4, lett. e) [70];

6) Interessi sui titoli *senior*;

7) Rimborso del capitale oggetto della linea di credito di cui al citato art. 4, lett. f);

8) Interessi sulle mezzanine;

9) Rimborso del capitale relativo ai titoli *senior*, in misura integrale;

10) Rimborso del capitale relativo alle mezzanine, anch'esso in misura integrale [71];

11) Pagamento di quanto dovuto per interessi, altre eventuali forme di remunerazione e capitale, ai portatori dei titoli *junior*.

Tale ordine può tuttavia essere convenzionalmente alterato, nei limiti previsti dal d.l. n. 18/2016 – e, pare di comprendere, solo entro tali limiti [72] – dettati, da un lato, dall'art. 7, comma 1-*bis*, relativo ai crediti di cui ai numeri 2), 3), 4) e 5) [73] e, d'altro lato, dagli artt. 4 e 6, che regolano i rapporti fra titoli *senior* e mezzanine [74].

5.2. Ai sensi dell'art. 8, comma 2, d.l. n. 18/2016, la garanzia dello Stato deve essere incondizionata, irrevocabile, a prima richiesta e deve garantire tutti i pagamenti contrattualmente previsti, a favore dei titoli *senior*, per capitale e interessi [75].

---

[68] Su cui v. *supra*, nt. 65.

[69] Su cui v. *supra*, nt. 57.

[70] Su cui v. *supra*, nt. 65.

[71] Da tale precisazione (espressa dalla legge mediante riferimento al "*completo rimborso*" dei titoli *de quibus*: quanto al n. 9], i titoli *senior*; quanto al n. 10], le mezzanine) si desume che, in linea di principio, e salva la possibilità di dar vita alle deroghe convenzionali di cui all'art. 4, lett. d) (e v. *supra*, nt. 65), non è possibile iniziare a rimborsare il capitale relativo alle mezzanine se non è stato rimborsato sino all'ultimo centesimo il capitale relativo ai titoli *senior*, così come non è possibile pagare neppure in minima parte i portatori di titoli *junior* se non sono stati pagati per intero i portatori delle mezzanine.

[72] Dovendosi ancora una volta precisare che ciò vale, semplicemente, quale condizione perché l'operazione possa beneficiare della garanzia dello Stato. Sul punto v. anche MESSINA-GIANNESI, *op. cit.*, 5.

[73] La cui soddisfazione può essere condizionata a obiettivi di *performance* del portafoglio crediti ceduti, o postergati al rimborso del capitale dei titoli *senior* in misura integrale.

[74] Nei termini ricordati *supra*, nt. 65.

[75] La norma si riferisce ai pagamenti dovuti ai portatori di titoli *senior*, "*per la loro intera durata*": espressione che deve essere riferita a tutte le scadenze temporali stabilite per l'adempimen-

La stessa può essere escussa secondo l'iter delineato dal successivo art. 11, il cui primo comma – nel dettare termini dallo stesso definiti "*perentori*" – prevede che:

a) decorsi sessanta giorni dalla scadenza del termine previsto per l'adempimento del loro credito per capitale o interessi [76], i portatori dei titoli *senior*, "*di concerto e mediante il rappresentante degli obbligazionisti (RON)* [77]", hanno l'onere [78] di inviare la richiesta di pagamento alla società cessionaria [79];

b) decorsi trenta giorni, ma non oltre sei mesi, dal ricevimento di detta richiesta di pagamento da parte della società cessionaria, ove quest'ultima non abbia provveduto al pagamento, i portatori dei titoli *senior* [80] possono escutere la garanzia dello Stato;

---

to dei crediti incorporati nei suddetti titoli e che mira a impedire la concessione della garanzia del Mef per una parte soltanto dei crediti *de quibus*.

[76] Precisamente – a norma dell'art. 11 – "*Nell'ipotesi di mancato pagamento che perduri per sessanta giorni dalla scadenza del termine per l'adempimento*"; fermo restando che, ai sensi dell'art. 5, comma 1, decr. Mef 3 agosto 2016, il "*regolamento dei titoli e i contratti dell'operazione*" devono prevedere che il mancato pagamento di un importo dovuto a titolo di interessi sui titoli *senior* e l'escussione della garanzia non comportano la decadenza dal beneficio del termine per la società di cartolarizzazione, con riferimento alle somme ancora dovute, a successive scadenze, a titolo di interessi e di capitale.

[77] Figura (a cui il testo normativo si riferisce mediante l'uso dell'appellativo RON, acronimo di *Representative of the Noteholders*) che, dunque, parrebbe dover essere presente e venire nominata da parte dei possessori dei titoli garantiti (è dubbio se all'unanimità o – come è ipotizzabile – secondo i criteri dettati dall'art. 2415 cod. civ., applicato analogicamente, se non estensivamente).

Ci si deve chiedere, del resto, se è alla disciplina delle obbligazioni che si deve attingere per colmare le lacune normative caratterizzanti la normativa ora descritta, innanzitutto quanto all'espressione "*di concerto*"; espressione da leggersi – si potrebbe ipotizzare – nel senso che i portatori dei titoli *senior* sono chiamati ad adottare le decisioni di cui all'art. 11, anche in punto *an*, secondo le maggioranze e secondo il procedimento di cui allo stesso art. 2415 cod. civ.

Tale opzione ermeneutica pare tuttavia da respingere, dal momento che – se così fosse – si dovrebbe negare la sussistenza di un diritto soggettivo dei singoli portatori di titoli *senior* all'escussione della garanzia: diritto che invece il d.l. n. 18/2016 parrebbe configurare, fra l'altro, nel periodo di esordio dello stesso art. 11 ("*La garanzia dello Stato può essere escussa dal detentore entro i nove mesi successivi alla scadenza dei Titoli* senior": e v. di seguito, nel testo), e che comunque pare rispondere alla *ratio legis* di rendere i titoli oggetto dell'operazione appetibili per il pubblico degli investitori; appetibilità che è già fortemente ridotta per via di quanto evidenziato nel testo, a fine paragrafo, e che, ove i sottoscrittori non avessero la certezza di poter escutere la garanzia dello Stato, sarebbe ulteriormente compromessa. Sul punto cfr. anche MESSINA-GIANNESI, *op. cit.*, 9. La norma *de qua* sembra allora da leggere nel senso che coloro, fra i portatori dei titoli, che decidono di richiedere la garanzia statale devono presentare le richieste di cui all'art. 11, comma 1, attraverso il *Representative of the Noteholders*.

[78] In questo senso parendo di dover leggere l'espressione "*inviano*".

[79] Che, dunque, perlomeno ai fini dell'attivazione della garanzia statale, pare godere di una sorta di proroga *ex lege* della scadenza prevista per l'adempimento, per il periodo di sessanta giorni dalla data di scadenza del proprio debito.

[80] Anche in tal caso, "*di concerto e tramite il rappresentante degli obbligazionisti (RON)*".

c) decorsi trenta giorni dal ricevimento della richiesta di escussione, il Mef provvede alla corresponsione dell'importo dovuto, "*senza aggravio di interessi o spese*".

Non è chiaro, peraltro, come coordinare le predette disposizioni con il periodo di esordio dell'art. 11, comma 1, per cui i detentori dei titoli *senior* possono escutere la garanzia "*entro i nove mesi successivi alla scadenza*" di detti titoli; essendo ipotizzabile, al riguardo, che nove mesi sia semplicemente la risultante della sommatoria del termine *sub* a), del più lungo dei termini *sub* b) e del termine *sub* c) [81].

Ai sensi dell'art. 11, comma 3, d.l. n. 18/2016, il Mef, dopo aver proceduto al pagamento a favore dei sottoscrittori che abbiano escusso la garanzia, "*è surrogato nei diritti dei detentori dei Titoli* senior".

Trattasi, tuttavia, di surroga *sui generis*, dal momento che lo Stato, a norma della citata disposizione, non subentra nella posizione dei creditori soddisfatti, essendo il suo diritto – oltre che soggetto alle eventuali "*limitazioni contrattualmente stabilite per l'esercizio*" dei diritti di questi ultimi – subordinato al diritto agli interessi dei portatori dei titoli *senior* [82-83], quando invece, sulla base dei principi generali del diritto civile, dovrebbe concorrere, sia per la parte relativa al capitale, sia per la parte relativa agli interessi, con tali soggetti, secondo le regole della *par condicio creditorum* [84].

---

[81] In effetti, se si prescinde dal fatto che i termini di cui all'art. 11, comma 1, sono (inopportunamente) indicati in parte in mesi e in parte in giorni, è possibile rilevare come la sommatoria dei termini di sessanta giorni, di sei mesi e di trenta giorni dia vita a un totale di nove mesi. Ed è inutile sottolineare che, se l'interpretazione proposta è corretta, l'indicazione di quest'ultimo termine, da parte della prima parte della norma, è priva di qualsivoglia utilità.

[82] Più precisamente, la legge utilizza l'espressione "*subordinatamente al pagamento di quanto dovuto a titolo di interessi ai portatori dei Titoli* senior".

[83] Peraltro, ci si deve chiedere se la legge, nel dettare la predetta regola di subordinazione, abbia inteso collocare il credito di regresso dello Stato immediatamente dopo il diritto agli interessi dei portatori dei titoli *senior*, di cui all'art. 7, n. 6), introducendo dunque, idealmente, un n. 6-*bis* nel contesto di cui all'art. 7 (come parrebbe ragionevole ritenere per le ipotesi di escussione della garanzia – con conseguente insorgenza del credito di regresso *de quo* – per gli interessi), o abbia voluto operarne una diversa collocazione (come sembrerebbe di poter sostenere per le ipotesi di escussione della garanzia – con conseguente insorgenza del credito di regresso dello Stato – per il capitale; ipotesi in cui lo Stato dovrebbe concorrere, secondo le regole della *par condicio*, coi portatori dei titoli *senior* per il rimborso del capitale, *ex* art. 7, n. 9], vedendo il proprio diritto subordinato anche ai crediti di cui allo stesso art. 7, nn. 7] e 8]).

[84] In assenza dell'art. 11, comma 3, d.l. n. 18/2016, la porzione di credito di regresso relativa al capitale dovrebbe dunque concorrere, con rango paritario, coi crediti di cui al n. 9) dell'art. 7; quella relativa agli interessi, allo stesso modo, dovrebbe concorrere, con rango paritario, coi crediti di cui al precedente n. 6) dell'art. 7.

5.3. La garanzia dello Stato – come si è anticipato [85] – può essere concessa solo per i titoli *senior*, sempre che il loro *rating* non sia inferiore a BBB [86] e che lo Stato, le amministrazioni pubbliche e le società direttamente o indirettamente controllate da queste ultime non abbiano acquistato mezzanine, o titoli *junior* [87].

La sua efficacia, inoltre, è subordinata alla circostanza che almeno il 50% più uno dei titoli *junior* venga trasferito – *rectius*, venga sottoscritto – entro dodici mesi dalla data di emanazione del decreto di concessione della garanzia medesima [88]; il che comporta il rischio, per i portatori di titoli *senior*, di rimane-

---

[85] E v. *supra, sub* § 5.1.

[86] In particolare, l'art. 5, comma 1, d.l. n. 18/2016 prevede che, "*Ai fini del rilascio della garanzia dello Stato, i Titoli* senior *devono avere previamente ottenuto un livello di* rating *assegnato da una agenzia esterna di valutazione del merito di credito (ECAI) accettata dalla Banca Centrale Europea al 1° gennaio 2016, non inferiore all'ultimo gradino della scala di valutazione del merito di credito* investment grade": ultimo gradino che corrisponde, appunto, al *rating* BBB (e v. il sito di Standard & Poor's: *http://www.spratings.com/en_US/understanding-ratings*).

Lo stesso vale, ai sensi della medesima disposizione, allorché la normativa applicabile richieda il rilascio di due valutazioni di merito di credito (ipotesi in cui la seconda valutazione sul medesimo titolo *senior* può essere rilasciata da un'ECAI registrata ai sensi del Reg. CE n. 1060/2009 del Parlamento europeo e del Consiglio, del 16 settembre 2009) e nel caso in cui le parti decidano di avvalersi del disposto di cui all'art. 5, comma 2, che consente di ricorrere a una valutazione del merito di credito "*privata e destinata esclusivamente al Ministero dell'economia e delle finanze*" (che fungerà da committente ed unico destinatario ai sensi dell'art. 2 Reg. CE 1060/2009 e che dovrà esprimere il proprio *placet* circa l'agenzia di *rating* proposta dall'*originator*).

[87] E v. l'art. 8, comma 3, d.l. n. 18/2016.

[88] Che si tratti di condizione sospensiva lo si desume dall'art. 8, comma 1, d.l. n. 18/2016; disposizione ai sensi della quale la garanzia statale "*diviene efficace solo quando la società cedente abbia trasferito a titolo oneroso almeno il 50% più 1 dei Titoli* junior *e, in ogni caso, un ammontare dei Titoli* junior *e, ove emessi, dei Titoli mezzanine, che consenta l'eliminazione contabile dei crediti oggetto dell'operazione di cartolarizzazione dalla contabilità della società cedente e, a livello consolidato, del gruppo bancario cedente, in base ai principi contabili di riferimento in vigore nell'esercizio di effettuazione dell'operazione*" (trattasi, evidentemente, degli IFRS, dal momento che soggetti cedenti *ex* d.l. n. 18/2016 – come ricordato *supra* – possono essere solo banche e intermediari finanziari, tenuti ad applicare i principi contabili internazionali *ex* art. 2, comma 1, lett. c), d.lgs. 28 febbraio 2005, n. 38; quanto alle difficoltà di ricostruire il trattamento contabile dei crediti e delle attività finanziarie sulla base degli IFRS – tema che esula dai confini della presente trattazione – v. per tutti BOCCHINI, *Diritto della contabilità delle imprese. 2. Bilancio d'esercizio*, Torino, 2016, 599 ss.; sul tema, quanto ai principi contabili nazionali, v. l'OIC 15, 15 ss., nella versione del dicembre 2016, disponibile in *www.fondazioneoic.eu*). E v. l'art. 7, comma 4, decr. Mef 3 agosto 2016, a norma del quale la garanzia del Mef "*è sospensivamente condizionata al trasferimento di cui all'art. 8, comma 1, del decreto-legge*" 18/2016. Lo stesso art. 7, comma 4, ora citato, precisa peraltro che, se detta condizione non si realizzi nei dodici mesi successivi alla "*data di adozione del decreto di concessione della garanzia dello Stato*", l'*originator* "*decade dall'ammissione al beneficio della garanzia e la richiesta deve essere nuovamente presentata*"; ne discende che, con riferimento ai titoli *de quibus*, la garanzia, mai divenuta efficace, non potrà più divenirlo, e che il richiedente, anche ove rinnovi l'istanza, risulterà postergato rispetto agli altri eventuali richiedenti (vigendo al riguardo – come ricordato *supra, sub* §. 5 – la

re privi della garanzia statale su cui, verosimilmente, tutti costoro faranno affidamento.

Ne discende che, in concreto, potrebbe essere possibile riuscire a collocare i titoli *senior* solo una volta sottoscritti i titoli *junior*, nella percentuale ora indicata; e ciò sempre che non si ritenga possibile una sottoscrizione dei titoli *senior* condizionata all'insorgenza della garanzia statale.

Non è questo, d'altra parte, il rischio principale a cui la legge sottopone i sottoscrittori che vorrebbero fare affidamento sulla garanzia del Mef.

Si deve considerare, infatti, che la stessa può divenire inefficace *a posteriori*, *inter alia*[89], *ex* art. 8 del decreto Mef 3 agosto 2016[90], nell'eventualità in cui:

a) la società di cartolarizzazione[91] o i portatori dei titoli, revocando l'incarico alla società di *servicing* originariamente designata, determinino "*un peggioramento del* rating *del Titolo* senior *da parte dell'ECAI*"[92] e, altresì,

---

regola *first come, first served*). Lo stesso decr. Mef 3 agosto 2016 prevede poi, all'art. 5, comma 3, che ai fini di cui all'art. 8, comma 1, d.l. n. 18/2016, ora citato, "*per trasferimento a titolo oneroso si intende anche il trasferimento nel contesto di operazioni straordinarie*" coinvolgenti la società cedente; all'art. 7, comma 1, che nel presentare l'istanza al Mef per la concessione della garanzia il legale rappresentante della società cedente deve impegnarsi a trasmettere tempestivamente la documentazione attestante il trasferimento dei titoli *junior* ed, eventualmente, delle mezzanine, nella misura di cui all'art. 8, comma 1, d.l. n. 18/2016, "*corredata da idonea attestazione della società di revisione*".

[89] E v. quanto osservato *infra*, nt. 92.

[90] Articolo rubricato "*Inefficacia della garanzia*".

[91] Trattasi del termine utilizzato dal decr. Mef 3 agosto 2016 per indicare la società cessionaria.

[92] Al riguardo, è peraltro opportuno ricordare che:

– ai sensi dell'art. 5, comma 3, d.l. n. 18/2016, "*La società cessionaria si impegna*" – e, dunque, deve obbligarsi (a pena di impossibilità, per l'operazione, di ricadere nel novero di quelle per cui può essere rilasciata la garanzia dello Stato, e salva la sua responsabilità, in caso di inadempimento alla citata obbligazione) – a non richiedere la revoca del *rating* da parte delle ECAI coinvolte, sino al completo rimborso del capitale dei Titoli *senior*;

– ai sensi dell'art. 5, comma 4, d.l. n. 18/2016, l'eventuale decisione di revocare l'incarico al *servicer*, adottata dalla società cessionaria o dai portatori dei titoli, "*non deve determinare un peggioramento del* rating *del Titolo* senior *da parte dell'ECAI*", divenendo altrimenti inefficace la garanzia concessa dal Mef, secondo quanto precisato nel testo. Norma, quest'ultima, da cui pare peraltro desumersi che, in via convenzionale, la competenza ad adottare detta decisione possa venire assegnata a tali soggetti – *special purpose vehicle* (SPV) cessionaria o sottoscrittori – in via cumulativa o in via alternativa fra loro; potendosi ipotizzare che, ove sia riservata agli investitori, gli stessi siano chiamati a decidere a maggioranza, sulla base della regola di cui all'art. 2415 cod. civ. (sulla cui applicabilità alla masse dei sottoscrittori v. *supra*, nt. 77).

Ai sensi dell'art. 5, comma 1, decr. Mef 3 agosto 2016, d'altra parte, "*il regolamento dei titoli e i contratti dell'operazione*" devono prevedere, "*Ai fini dell'ammissione alla garanzia*" (e dunque, pare di intendere, a pena di inefficacia della medesima, ove le prescrizioni che seguono vengano violate) – oltre a quanto già precisato circa la mancata decadenza dal beneficio del termine per la società di cartolarizzazione inadempiente, anche in caso di escussione della garanzia (e v. *supra*, alla nt. 76) – che le modifiche di cui alla lett. b) di tale articolo non possano essere effet-

b) qualora "*siano stati modificati il regolamento dei titoli o gli altri contratti dell'operazione in difformità con quanto previsto dal decreto-legge*" 18/2016 e dallo stesso decreto Mef 3 agosto 2016.

Ed è agevole comprendere come si tratti di una normativa che, consentendo il venir meno dell'efficacia della garanzia del Mef per fatto imputabile ai soggetti che hanno architettato l'operazione[93], rende assolutamente incerta la possibilità, per i sottoscrittori, di godere di tale forma di garanzia e rischia di minare le *chances* di successo dell'istituto *de quo*, con conseguente frustrazione degli obiettivi per il perseguimento dei quali lo stesso è stato concepito.

---

tuate senza l'espresso consenso del Ministero; si tratta delle modifiche dell'importo nominale o del capitale dei titoli *senior*; dell'incremento del tasso di interesse applicato a tali titoli o – ove sia sovraordinato al rimborso del capitale dei titoli *senior* – alle mezzanine; della scadenza dei titoli *senior*; degli eventi "(trigger event)" che consentono ai portatori di detti titoli di far decadere la società di cartolarizzazione dal beneficio del termine o di "*applicare la priorità di pagamento derivante da una messa in mora* (post acceleration o post enforcement priority)"; del regolamento dei titoli o dei contratti dell'operazione che comporti un peggioramento del *rating* dei titoli *senior*; si tratta, inoltre, di qualsivoglia modifica a tale regolamento e a tali contratti "*nell'ipotesi di escussione della garanzia*" (espressione, evidentemente, non perspicua, ma che pare riferibile alle modifiche della disciplina convenzionale *de qua*, operata in caso di escussione della garanzia; ed è opportuno ricordare che, ai sensi dell'art. 7, comma 1, decr. Mef, il legale rappresentante della società cedente, nel presentare istanza per la concessione della garanzia, deve impegnarsi a comunicare, o a procurare che sia comunicata al gestore, ogni modifica del regolamento dei titoli e dei contratti dell'operazione di cartolarizzazione).

Ancora una volta "*Ai fini dell'ammissione alla garanzia*", d'altra parte, l'art. 5, comma 2, decr. Mef 3 agosto 2016, stabilisce che la società di *rating* deve avere accesso alle informazioni ivi previste, alla lett. a), e a non meglio determinate "*informazioni, quantitative e qualitative, sul soggetto incaricato della riscossione dei crediti*".

[93] Soggetti nei cui confronti, pure, parrebbe configurabile un'azione di responsabilità, per i danni da loro determinati ai singoli sottoscrittori violando i doveri di condotta posti dall'art. 5, comma 4, d.l. n. 18/2016 e dall'art. 8 decr. Mef 3 agosto 2016.

OLTRE LA TRASPARENZA.
PRODUCT GOVERNANCE E *PRODUCT INTERVENTION* E LE "NUOVE" REGOLE DI COMPORTAMENTO

di *Andrea Perrone*

SOMMARIO: 1. Tutela dell'investitore ed evoluzione della disciplina. – 2. Il paradigma di trasparenza e i suoi limiti. – 3. Le regole di comportamento dirette ad assicurare la "qualità del servizio". – 4. L'approccio orientato al governo del prodotto. – 5. Le implicazioni distributive del nuovo regime.

1. *Tutela dell'investitore ed evoluzione della disciplina.* – La tutela dell'investitore ha un ruolo centrale nella disciplina del mercato dei capitali. In coerenza con le indicazioni provenienti dall'organizzazione internazionale delle autorità di vigilanza sui mercati finanziari [1], nel diritto dell'Unione europea la protezione degli investitori è diffusamente identificata come finalità delle norme che regolano emittenti, intermediari e mercati (per es.: in materia di prospetto, considerando n. 7 Regolamento (UE) 2017/1129; in materia di servizi di investimento, considerando n. 7, Direttiva 2014/65/UE: d'ora in poi, "MiFID II"; in materia di abusi di mercato, art. 1, Regolamento (UE) n. 596/2014). Analogo approccio si rinviene nella disciplina italiana, dove il riferimento alla protezione degli investitori ricorre soprattutto nella prospettiva di individuare competenze e poteri dell'autorità di vigilanza (per es.: artt. 5, comma 1, lett. b); 62, comma 1; 79-*sexies*, comma 3; 91, d.lgs. 24 febbraio 1998, n. 58 – Testo Unico delle disposizioni in materia finanziaria: d'ora in poi, "t.u.f.").

Che cosa significa, tuttavia, tutelare l'investitore? Chi sono gli investitori da proteggere? Quali sono le modalità di disciplina più idonee? La risposta offerta a queste domande dal diritto dell'Unione europea e dall'ordinamento italiano registra, nel tempo, una rilevante evoluzione, sollecitata dagli scandali di inizio secolo, dalla crisi finanziaria globale e dalla successiva crisi del debito sovrano.

---

[1] Nel senso che gli obiettivi della disciplina del mercato dei capitali sono «proteggere gli investitori», «assicurare la correttezza, l'efficienza e la trasparenza dei mercati» e «ridurre il rischio sistemico», INTERNATIONAL ORGANIZATION OF SECURITIES COMMISSIONS, *IOSCO Objectives and Principles of Securities Regulation*, May 2017, in *www.iosco.org*, 3.

L'andamento di tale evoluzione è spesso poco lineare, risultando l'esito di un'interazione tra modifiche introdotte dal legislatore, interventi di *soft law* delle autorità di vigilanza ed azione di *enforcement* amministrativo e giudiziale[2]. Mancano, nel contempo, momenti di radicale discontinuità, prevalendo, piuttosto, un concorso tra impostazioni di disciplina, che solo in parte risultano tra loro complementari[3].

2. *Il paradigma di trasparenza e i suoi limiti.* – In conformità alla impostazione della *securities regulation* statunitense, il diritto europeo dei mercati finanziari ha tradizionalmente collegato la tutela dell'investitore al problema delle asimmetrie informative che connotano il mercato dei capitali[4]. Tra emittente e investitori, tra investitori e intermediari e tra diversi investitori operanti sui mercati, sussiste una disparità nella distribuzione delle informazioni, che può pregiudicare l'efficienza dell'investimento, quando non addirittura consentire frodi. Secondo quanto fatto palese dalla previgente disciplina europea in materia di prospetto, servizi di investimento e abusi di mercato (rispettivamente, Direttiva 2003/71/CE, Direttiva 22/93/CEE e Direttiva 2003/6/CE), in questa prospettiva la tutela dell'investitore tende a risolversi in regole di trasparenza: l'imposizione di un obbligo di *disclosure* in capo al soggetto più informato "livella il terreno di gioco", così rimuovendo in radice il presupposto per comportamenti opportunistici e assicurando la possibilità di operare scelte di investimento razionali[5]. Esplicitamente considerato come «il più importante strumento di tutela

[2] Con riferimento allo sviluppo del diritto dell'Unione europea, N. MOLONEY, *How to Protect Investors. Lessons from the EC and the UK*, Cambridge, 2010, 45 ss.; per l'ordinamento italiano, mi permetto rinviare ad A. PERRONE, *Servizi di investimento e regole di comportamento. Dalla trasparenza alla fiducia*, in *Banca, borsa, tit. cred.*, 2015, I, 31 ss.; sul ruolo della giurisprudenza civile, M. ANDENAS-F. DELLA NEGRA, *Between Contract Law and Financial Regulation: Towards the Europeanisation of General Contract Law*, in 28 *EBLR* (2017), 499 ss.; F. DELLA NEGRA, *The private enforcement of the MiFID conduct of business rules. An overview of the Italian and Spanish experiences*, in 10 *ECLR* (2014), 571 ss.; J. BONAVITA, *The Regulation of 'Speculative Interest-Rate Bets' by the German Federal Court of Justice – New Dimensions of Market Intervention Hidden Behind the Old Information Model*, in 13 *EBOR* (2012), 271 ss.; A. PERRONE-S. VALENTE, *Against All Odds: Investor Protection and the Role of Courts*, *ivi*, 31 ss.

[3] Per una recente sottolineatura del punto, V. COLAERT, *Building Blocks of Investor Protection: All-embracing Regulation Tightens its Grips*, in 6 *JECML* (2017), 229 ss.; in una prospettiva più generale, per un approfondimento del rapporto tra disciplina regolamentare e regole privatistiche, O. CHEREDNYCHENKO, *Contract Governance in the EU: Conceptualising the Relationship between Investor Protection Regulation and Private Law*, in 21 *Eur. L. J.* (2015), 500 ss.

[4] Per tutti, M. ANDENAS-I. H-Y CHIU, *The Foundations and Future of Financial Regulation: Governance for Responsibility*, London, 2014, 22 ss.

[5] In termini sintetici, N. MOLONEY, *Financial Services and Markets*, in R. BALDWIN-M. CAVE-M. LODGE (eds.), *The Oxford Handbook of Regulation*, Oxford, 2012, 438 s.; più diffusamente, A. OGUS, *Regulation. Legal Form and Economic Theory*, Oxford, 1994, 23 s., 41, 121 ss.

dell'investitore»[6], il paradigma di trasparenza presuppone il modello neoclassico di agente economico razionale orientato alla massimizzazione dell'utilità individuale[7] e presenta numerosi vantaggi dal punto di vista politico: non incide in misura rilevante sulla spesa pubblica[8] ed esonera il regolatore dal «difficile compito di operare un compromesso tra differenti preferenze»[9].

I limiti di un simile impianto concettuale sono emersi, tuttavia, con chiarezza a seguito degli scandali di inizio secolo e della crisi finanziaria globale. In contrasto con la «tradizione di autonomia dell'investitore, *caveat emptor* e di valutazione individuale del rischio nella disciplina dei mercati finanziari»[10], le *débâcles* dell'ultimo ventennio hanno, infatti, esemplificato in modo eclatante la rilevanza sistemica dei limiti cognitivi dei partecipanti al mercato e la possibilità che le molteplici dinamiche della libertà morale conducano a scelte individuali non coerenti con il modello dell'agente economico razionale[11]. Né è mancata, nel contempo, la consapevolezza che nel mercato dei capitali alle asimmetrie informative si accompagna un altrettanto rilevante disparità nella distribuzione del potere contrattuale[12]: di qui l'insufficienza di una disciplina di mera trasparenza, che può «persino legittimare pratiche perniciose» a detrimento di chi pur sarebbe diretta a proteggere[13].

---

[6] IOSCO, *Methodology for Assessing Implementation of the IOSCO Objectives and Principles of Securities Regulation*, May 2017, in *www.iosco.org*, 10.

[7] Per tutti, E. AVGOULEAS, *The Global Financial Crisis and the Disclosure Paradigm in European Financial Regulation: The Case for Reform*, in 6 *ECFR* (2009), 442.

[8] In termini generali, O. BEN-SHAHAR-C. SCHNEIDER, *More Than You Wanted to Know: The Failure of Mandated Disclosure*, Princeton, 2014, 145 s.; con specifico riferimento alla disciplina del mercato dei capitali, L. ENRIQUES-S. GILLOTTA, *Disclosure and Financial Market Regulation*, in N. MOLONEY-E. FERRAN-J. PAYNE (Eds.), *The Oxford Handbook of Financial Regulation*, Oxford, 2015, 438 s.

[9] H. BEALES-R. CRASWELL-S. SALOP, *The Efficient Regulation of Consumer Information*, in 24 *J. Law & Econ.* (1981), 513; più in generale, 119 R. BALDWIN-M. CAVE-M. LODGE, *Understanding Regulation*[2], Oxford, 2012, 119.

[10] N. MOLONEY, (nt. 2), 53.

[11] Per tutti, D. KINGSFORD-SMITH-O. DIXON, *The Consumer Interest and the Financial Markets*, in N. MOLONEY-E. FERRAN-J. PAYNE, (nt. 8), 696 ss., spec. 707 ss.; G. SPINDLER, *Behavioral Finance and Investor Protection Regulations*, in 34 *J. Consum. Policy* (2011), 321 ss.; sul punto mi permetto rinviare anche ad A. PERRONE, *Mercato all'ingrosso e regole di comportamento*, in *Riv. soc.*, 2010, 525 ss.

[12] F. DENOZZA, *Law and Power in a World with No Transaction Costs: An Essay on the Legitimating Function of the Coasian Narrative*, 2009, in *www.ssrn.com*, 39.

[13] S. WEATHERILL, *EU Consumer Law and Policy*, Cheltenham-Northampton, 2005, 85, da cui la citazione; con specifico riferimento al problema del conflitto di interessi, D. CAIN-G. LOEWENSTEIN-D. MOORE, *The Dirt on Coming Clear: Perverse Effects of Disclosing Conflicts of Interest*, in 34 *J. Legal Stud.* (2005), 1 ss.; per una discussione di carattere più generale, O. BEN-SHAHAR-C. SCHNEIDER, (nt. 8), 169 ss.

3. *Le regole di comportamento dirette ad assicurare la "qualità del servizio".* – Con specifico riguardo ai servizi di investimento, la scelta della Direttiva 39/2004/CE (d'ora in poi, "MiFID") di vincolare il prestatore a regole di comportamento orientate al «miglior interesse dei suoi clienti» segna un primo passaggio verso un modello di tutela dell'investitore «più in funzione degli obblighi dell'intermediario nei suoi confronti che della capacità dell'investitore di operare scelte razionali informate» [14].

Tale impostazione della MiFID non abbandona il paradigma tradizionale [15], ma aggiunge alla disciplina di trasparenza un ulteriore "tassello" costituito da nuove regole di comportamento specificamente orientate ad assicurare la «qualità del servizio» [16] prestato dall'intermediario. Più in particolare, le previsioni sugli assetti organizzativi richiesti a presidio dei conflitti di interesse e l'obbligo imposto all'intermediario di verificare la coerenza dell'investimento con le caratteristiche del cliente integrano il precedente regime di trasparenza con due ulteriori strategie normative: da un lato, regole di organizzazione, dirette a limitare la possibilità per l'intermediario di estrarre benefici privati dall'investimento del cliente [17]; dall'altro, regole spesso qualificate come «paternalistiche» [18], funzionali a proteggere l'investitore dai propri limiti cognitivi e, quindi, ultimamente da se stesso [19].

Come già sottolineato in altra occasione, un simile equilibrio tra regole di trasparenza e disciplina del servizio risulta, tuttavia, alterato dalla scelta operata dalle autorità di vigilanza di espandere in via interpretativa la fattispecie di consulenza, così da generalizzare la regola di adeguatezza e, in questo modo, realizzare uno spostamento del paradigma verso un modello paternalista, che, altrimenti, potrebbe essere più dubbio [20]. Ritenere sussistere la consulenza anche

---

[14] N. MOLONEY, (nt. 2), 53.

[15] Per tutti, M. MOLONEY, *EC Securities Regulation²*, Oxford, 2008, 602.

[16] L'espressione è di V. COLAERT, (nt. 3), per es. 234.

[17] Sul punto mi permetto rinviare ad A. PERRONE, *Conflitti di interesse e regole di organizzazione*, in M. ANOLLI-A. BANFI-G. PRESTI-M. RESCIGNO (a cura di), *Banche, servizi di investimento e conflitti di interesse*, Bologna, 2007, 57 ss.

[18] N. MOLONEY, (n. 2), 236; nel contesto statunitense, F. GEDICKS, *Suitability Claims and Purchases of Unreccomended Securities: An Agency Theory of Broker-Dealer Liability*, in 37 *Arizona St. L. Rev.* (2005), 584 s.; ma v. già J. MARKHAM, *Protecting the Institutional Investor – Jungle Predator or Shorn Lamb?*, in 12 *Yale J. Regulation* (1995), 369.

[19] Nel senso che il paternalismo giuridico è diretto a «scavalcare la scelta individuale» al fine di evitare che l'interessato provochi «un danno a sé stesso», in generale A. OGUS, *The Paradoxes of Legal Paternalism and How to Resolve Them*, in 30 *Leg. Stud.* (2010), 62; con specifico riferimento alla tutela dell'investitore, M. GUTTENTAG, *Protection from What? Investor Protection and the JOBS Act*, in 13 *U.C. Davis Bus. L.J.* (2013), 229.

[20] Per una discussione del punto, A. PERRONE, (nt. 2), 35 s.; sottolinea che la disciplina di adeguatezza prevista dall'art. 19, § 4, MiFID con riferimento al servizio di consulenza e di gestione di portafoglio non comporta, in quanto tale, un cambio di paradigma, dal momento che tale regola

nel caso di consiglio *spot* sul singolo strumento finanziario fornito dall'intermediario in occasione della prestazione di un qualsiasi servizio di investimento [21] equivale, infatti, ad assoggettare alla verifica di adeguatezza virtualmente ogni operazione. Nella concreta operatività degli intermediari, un momento incidentale di raccomandazione personalizzata si accompagna, infatti, in modo pressoché costante alla prestazione di un servizio di investimento "esecutivo", tipicamente nella forma dell'esecuzione di ordini per conto terzi: con la conseguenza che, anche in questi casi, l'intermediario risulta chiamato a rispondere in ordine all'adeguatezza della relativa operazione di investimento.

Pur potendosi dubitare della legittimità formale di questa operazione ermeneutica [22], la scelta operata dalle autorità di vigilanza non pare reversibile. Il dichiarato intento «di spostare la logica distributiva che permea il sistema dell'intermediazione verso un approccio di servizio al cliente» [23] e le dettagliate *Guidelines* diffuse dalla *European Securities and Markets Authority* (d'ora in poi, "ESMA") [24] costituiscono, in proposito, una conferma eloquente, ulteriormente rafforzata dalla scelta di ridurre gli spazi operativi del regime di *execution only* (art. 25, § 4, MiFID II), così da spingere «un ampio novero di investitori al dettaglio verso un rapporto di consulenza» [25]. Né, peraltro, l'approccio in parola può dirsi lontano dalle indicazioni della realtà effettuale. Soprattutto nel mercato *retail*, infatti, l'investitore ricerca nell'intermediario un interlocutore del quale potersi fidare per una decisione di investimento che non è in grado di gestire da solo. Una simile dinamica fiduciaria – del tutto normale e assolutamente necessaria in un contesto complesso come quello finanziario [26] – porta, tuttavia,

---

«costituisce il contenuto fondamentale della relazione fiduciaria tra l'investitore al dettaglio e l'impresa di investimento», L. KLÖHN, *Preventing Excessive Retail Investor Trading under MiFID: A Behavioural Law & Economics Perspective*, in 10 *EBOR* (2009), 439, nt. 5.

[21] L'indicazione proveniente dallo *European Committee of Securities Regulators* (CESR, *Cesr's Technical Advice on Possible Implementing Measures of the Directive 2004/39/EC on Markets in Financial Instruments*, 05-290b, 2005, in *www.esma.europa.eu*, 7), è stata recepita, nel nostro Paese, da CONSOB, *Documento di consultazione per l'attuazione della Direttiva MiFID – Schede di approfondimento. I servizi e le attività di investimento. Alcune nozioni*, 2007, in *www.consob.it*, 5.

[22] Al riguardo mi permetto rinviare ad A. PERRONE, *Obblighi di informazione,* suitability *e conflitti di interesse: un'analisi critica degli orientamenti giurisprudenziali e un confronto con la nuova disciplina MiFID*, in A. PERRONE (a cura di), *I soldi degli altri*. Milano, 2008, 28.

[23] CONSOB, *Piano strategico 2010-2012*, in *www.consob.it*, 29.

[24] ESMA, *Guidelines on certain aspects of the MiFID suitability requirements*, July 2012, in *www.esma.europa.eu.*

[25] Così O. CHEREDNYCHENKO, (nt. 3), 503.

[26] P. MÜLBERT-A. SAJNOVITS, *The Element of Trust in Financial Markets Law*, in 18 German L. J. (2017), 6; in termini più generali, N. LUHMANN, *Trust and Power*, a cura di King-Morgner, Malden, 2017, 27 ss.; nella nostra letteratura, L. PURPURA, *L'evoluzione "fiduciaria" dei doveri di comportamento dell'intermediario nella prestazione dei servizi di investimento alla clientela al dettaglio*, in *Banca, borsa, tit cred.*, 2013, I, 222.

con sé la vulnerabilità del cliente rispetto all'intermediario destinatario della sua fiducia[27]. Di qui la titolarità di un potere dell'intermediario sul cliente, che giustifica la corrispondente responsabilità del primo a tutela della possibile vulnerabilità del secondo, così da assicurare, in una prospettiva di carattere più generale, «la salvaguardia della fiducia nel sistema finanziario» (art. 5, comma 1, lett. a), t.u.f.).

4. *L'approccio orientato al governo del prodotto.* – La stagione successiva alla crisi finanziaria globale segna l'avvento di un'ulteriore strategia a tutela dell'investitore che completa la parabola verso il paternalismo iniziata dalla *law in action* nel vigore della MiFID.

Preceduta da alcuni provvedimenti delle autorità di vigilanza diretti ad anticipare il rispetto delle regole di comportamento a livello di assetti organizzativi interni dell'intermediario[28], la MiFID II, la Direttiva delegata (UE) 2017/593 (d'ora in poi, "Direttiva delegata MiFID II") e le relative *Guidelines* dell'ESMA introducono, infatti, regole assai stringenti sulla "produzione" e sulla distribuzione degli strumenti finanziari, sinteticamente identificate con l'espressione «*product governance*».

Secondo un approccio di «meta-regolamentazione»[29] che estende all'intera

---

[27] R. COLOMBO, *Trust and the Reform of Securities Regulation*, in 35 *DJCL* (2010), 835; più in generale, C. HILL-E. O'HARA O'CONNOR, *A Cognitive Theory of Trust*, in 84 *Wash, U. L. Rev.* (2006), 1724; ma v. già M. BLAIR-L. STOUT, *Trust, Trustworthiness, and the Behavioral Foundations of Corporate Law*, in 149 *U. Pa. L. Rev.* (2001), 1739 s.

[28] Il riferimento è alla Comunicazione Consob 2 marzo 2009, n. DIN/9019104 sui prodotti finanziari illiquidi e alla Comunicazione Consob 22 dicembre 2014, n. 0097996 sulla distribuzione di prodotti finanziari complessi ai clienti *retail*, entrambe in *www.consob.it*, nonché alle *opinion* ESMA 7 febbraio 2014 e 27 marzo 2004, intitolate, rispettivamente, *MiFID practices for firms selling complex products* e *Structured Retail Products – Good practices for product governance arrangements*, entrambe in *www.esma.europa.eu*.

[29] Sul punto, O. CHEREDNYCHENKO, *Cooperative or competitive? Private regulators and public supervisors in the post-crisis European financial services landscape*, in 35 *Pol. & Soc.* (2016), 111; sulla meta-regolamentazione, intesa come strategia normativa che impone alle imprese l'adozione di un proprio sistema di gestione e controllo interno destinato a essere verificato dalla competente autorità di vigilanza, in termini generali, N. GUNNIGHAM, *Enforcement and Compliance Strategies*, in R. BALDWIN-M. CAVE-M. LODGE, (nt. 5), 135 ss.; C. COGLIANESE-E. MENDELSON, *Meta-Regulation and Self-Regulation, ivi*, 146 ss.; con specifico riferimento al sistema finanziario, J. BLACK, *Regulatory Styles and Supervisory Strategies*, in N. MOLONEY-E. FERRAN-J. PAYNE, (nt. 8), 226 ss. L'approccio di meta-regolamentazione presenta un tratto di eteronomia inferiore rispetto alle impostazioni, pur prospettate in dottrina, orientate all'approvazione preventiva o al divieto (nel primo senso, per esempio, S. OMAROVA, *License to Deal: Mandatory Approval of Complex Financial Products*, in 90 *Wash. U. L. Rev.* (2012), 64 ss.; E. POSNER-G. WEYL, *An FDA for Financial Innovation: Applying the Insurable Interest Doctrine to 21st Century Financial Markets*, 107 *Nw. U. L. Rev.* (2013), 1307 ss.; per uno spunto nel senso del divieto, nella nostra letteratura, D. MAFFEIS, Dum loquimur fugerit invida aetas: *lo* swap *in Cassazione, prima di MiFID II e in attesa delle probabilità*, in *Banca, borsa, tit. cred.*, 2018, II, 11).

catena del valore la disciplina del rapporto bilaterale tra intermediario e cliente[30], le regole di *product governance* impongono agli intermediari di adottare assetti organizzativi capaci di assicurare che la "produzione" e la distribuzione di strumenti finanziari siano immuni da conflitti di interessi e rispondano alle esigenze di un determinato *target* di mercato. Così, per esempio, «al fine di evitare e ridurre sin dall'inizio potenziali rischi di mancato rispetto delle regole di protezione degli investitori» (considerando n. 15, Direttiva delegata MiFID II), gli intermediari «che realizzano strumenti finanziari» (c.d. *manifacturer*) devono far sì che «tali prodotti siano concepiti per soddisfare le esigenze di un determinato mercato di riferimento di clienti finali individuato all'interno della pertinente categoria di clienti e che la strategia di distribuzione degli strumenti finanziari sia compatibile con il *target*» (art. 24, § 2, MiFID II) in conformità a uno specifico «processo di approvazione» da porre in essere «prima della loro commercializzazione o distribuzione alla clientela» (art. 16, § 3, MiFID II e art. 9, Direttiva delegata MiFID II). Del pari, l'intermediario che provvede alla distribuzione (c.d. *distributor*) «deve conoscere gli strumenti finanziari offerti o raccomandati, valutarne la compatibilità con le esigenze della clientela cui fornisce servizi di investimento» e «fare in modo che gli strumenti finanziari siano offerti o raccomandati solo quando ciò sia nell'interesse del cliente» (art. 24, § 2, MiFID II e art. 10, Direttiva delegata MiFID II)[31].

A livello di *enforcement* l'impostazione di *product governance* è presidiata attribuendo alle autorità di vigilanza pervasivi poteri di intervento (c.d. *product intervention*). Il mancato rispetto delle regole sul governo del prodotto e la contestuale sussistenza di un «timore significativo» per la tutela degli investitori consentono alle autorità nazionali o europee di vietare o limitare la commercializzazione, la distribuzione o la vendita degli strumenti finanziari interessati dalla violazione (artt. 40-43 dal Regolamento (UE) n. 600/2014: d'ora in poi, "MiFIR")[32].

L'approccio così descritto non è, all'evidenza, privo di costi. Accanto al costo

---

[30] Al riguardo, A. MARCACCI, *European Regulatory Private Law Going Global? The Case of Product Governance*, in 18 *EBOR* (2017), 313 ss., spec. 328; P. PFISTERER, *Die neuen Regelungen der MiFID II zum Anlegerschutz. Analyse und Vergleich zur bestehenden Rechtslage*, Wiesbaden, 2016, 25; l'impostazione adottata dalla disciplina di MiFID II si ritrova anche nelle indicazioni emergenti a livello internazionale: INTERNATIONAL ORGANIZATION OF SECURITIES COMMISSION, *Regulation of Retail Structured Products. Final Report*, December 2013, in *www.iosco.org*.

[31] Per una più analitica illustrazione della disciplina, D. BUSCH, *Product Governance and Product Intervention under MiFID II/MiFIR*, in D. BUSCH-G. FERRARINI (eds.), *Regulation of the EU Financial Markets. MiFID II and MiFIR*, Oxford, 2017, 123 ss.; con riguardo alle norme italiane di riferimento mi permetto rinviare ad A. PERRONE, *Il diritto del mercato dei capitali*[2], Milano, 2018, 221 ss.

[32] Sul punto e per una prima valutazione della disciplina, N. MOLONEY, *Regulating the Retail* Market, in N. MOLONEY-E. FERRAN-J. PAYNE (nt. 7), 761 ss.

di *compliance* con la disciplina [33], rilevano, in particolare, il costo opportunità per la possibile riduzione degli ambiti di innovazione [34] e il costo da *over-reliance* dell'investitore nella "sicurezza" dei prodotti distribuiti, potenzialmente accresciuto dalle previsioni in materia di *product intervention* [35]. Come già osservato in altro contesto [36], non sembra, tuttavia, che tali costi comportino *a priori* l'inefficienza della soluzione: la realizzazione e la distribuzione di un prodotto finanziario conformato al mercato di riferimento riducono, infatti, il rischio di controversie relative alla distribuzione di strumenti finanziari non adeguati e, quindi, i costi connessi al relativo rischio legale. In questa prospettiva, l'intermediario rispettoso delle regole di *product governance* può, a parità di condizioni, offrire strumenti finanziari a un prezzo più ridotto, con il conseguente beneficio in termini di competitività; nel contempo, l'osservanza delle regole di *product governance* consente di accrescere la propria reputazione, con un ulteriore vantaggio competitivo, particolarmente rilevante in un contesto fortemente caratterizzato da dinamiche fiduciarie. Né, per altro verso, l'indubbio tratto di paternalismo che connota la disciplina deve essere eccessivamente enfatizzato [37]. Il riferimento della disciplina vigente al principio di proporzionalità (artt. 9, § 1 e 10, § 1, Direttiva delegata MiFID II) e la significativa flessibilità offerta dalle *Guidelines* dell'ESMA al *distributor* che adotti un approccio di consulenza e di gestione diversificata del portafoglio [38], induce, infatti, a ritenere che, nel suo complesso, la disciplina di *product governance* costituisca più un limite a casi eclatanti di *misselling* piuttosto che uno strumento di conformazione "forte" delle dinamiche sul lato dell'offerta.

5. *Le implicazioni distributive del nuovo regime.* – Un'ultima considerazione rimane da dedicare alle conseguenze distributive della disciplina vigente.

Spostando il baricentro della catena del valore dal *distributor* al *manifacturer*, le regole di *product governance* comportano, infatti, un vantaggio competitivo per i produttori a scapito dei distributori [39]. In questa prospettiva, la tradizionale

---

[33] Per un primo riferimento, M. SCHULTE, *The price of stable markets and investor confidence: some thoughts on MiFID II's cost-benefit ratio*, in 19 *ERA Forum* (2018), 21.

[34] O. CHEREDNYCHENKO, *Freedom of Contract in the Post-Crisis Era: Quo Vadis?*, in 10 *ECLR* (2014), 418; N. MOLONEY, *The Investor Model Underlying the EU's Investor Protection Regime: Consumers or Investors?*, in 13 *EBOR* (2012), 191 ss.

[35] M. ANDENAS-I. H-Y CHIU (nt. 4), 241; O. CHEREDNYCHENKO (nt. 34), 419.

[36] A. PERRONE (nt. 10), 534 s.

[37] Così, invece, O. CHEREDNYCHENKO (nt. 34), 398 ss.

[38] ESMA, *Guidelines on MiFID II product governance requirements*, June 2017, nn. 50-52, in *www.esma.europa.eu*.

[39] Devo l'osservazione alla relazione svolta da Luigi Spada nel corso di un seminario in Università Cattolica del Sacro Cuore in data 20 aprile 2016; per uno spunto nella stessa direzione, CONSOB, *Relazione Illustrativa Programmatica 2016-2018*, in *www.consob.it*, 4.

allocazione del rapporto con la clientela in capo al distributore potrebbe, pertanto, essere sostituita da una combinazione tra prodotti "certificati" dai *manifacturer* e piattaforme elettroniche di distribuzione, secondo un esito che appare coerente con la crescente tendenza alla disintermediazione agevolata dal progresso tecnologico e, nello specifico del mercato dei capitali, dal c.d. *Fintech*. Di qui un rilevante problema di competitività per l'industria bancaria italiana, caratterizzata da una folta presenza di distributori e dalla quasi completa assenza di produttori.

La MiFID II lascia comunque uno spazio importante al distributore, che appare ragionevole valorizzare. Nel sistema vigente, infatti, compete al distributore valutare *ex ante* la coerenza in concreto del prodotto con il *target market* (art. 10, parr. 2 e 5, Direttiva delegata MiFID II), verificare l'adeguatezza del prodotto rispetto al singolo investitore (considerando 71 e art. 16, § 3, MiFID II) e riferire *ex post* al *manifacturer* le informazioni necessarie per la revisione periodica dei prodotti (art. 10, § 9, Direttiva delegata MiFID)[40]. Tale ruolo del distributore risponde a una logica di specializzazione produttiva e di distribuzione del rischio che risulta preferibile rispetto a un'impostazione diretta a disintermediare *tout court* l'allocazione del risparmio. Se, da un lato, infatti, i limiti cognitivi degli investitori sono "gestiti" meglio responsabilizzando il distributore piuttosto che regolando il prodotto, per altro verso, responsabilizzare il distributore consente di circoscrivere il rischio di errori: rischi che, di contro, con la disintermediazione acquistano carattere sistemico, così da generare costi destinati a essere socializzati in modo indiscriminato e, pertanto, inefficiente.

Nella strutturale asimmetria informativa che connota le scelte di investimento, la prevalenza di un modello fiduciario fondato sull'intelligente relazione tra cliente e intermediario rispetto a un'allocazione del risparmio realizzata mediante prodotti "certificati" dipenderà dalle scelte strategiche dell'industria bancaria e dalle opzioni di *enforcement* delle autorità di vigilanza.

---

[40] Sul punto, con un maggior grado di dettaglio, ESMA, *Guidelines on MiFID II product governance requirements*, June 2017, rispettivamente: nn. 27-32 e 34-48; nn. 33 e 53; nn. 58 e 59, in *www.esma.europa.eu*; per un approfondimento sul rapporto tra definizione del *target market e* verifica di adeguatezza, M. HOBZA-A. VONDRÁČKOVÁ, *Target Market Under MiFID II: The Distributor's Perspective*, July 2018, in *www.ssrn.com*, 10 ss.

COLLOCAMENTO DEI TITOLI BANCARI E "RESPONSABILITÀ" DEL SISTEMA

di *Antonella Sciarrone Alibrandi* e *Ugo Malvagna*[1]

SOMMARIO: 1. Il *self-placement* dei titoli di emissione bancaria tra responsabilità del collocatore e «responsabilità» dei regolatori. – 2. Il quadro normativo di fonte europea: CRD IV/CRR e BRRD. – 3. Criticità dell'attuale assetto: rigidità dei coefficienti patrimoniali e moltiplicazione degli strumenti di raccolta. – 4. Incongruenza del rapporto tra disciplina sul patrimonio e presidi in materia di conflitto d'interessi nella prestazione dei servizi di investimento. – 5. Interventi delle ESAs in materia di *self-placement* e di applicazione del MREL alle situazioni di larga diffusione dei titoli di debito *senior* presso i *retailer*. – 6. *Product governance* e gestione dei conflitti di interesse nel *self-placement* di titoli bancari.

1. *Il* self-placement *dei titoli di emissione bancaria tra responsabilità del collocatore e «responsabilità» dei regolatori.* – L'area operativa del collocamento dei propri titoli da parte delle banche evoca nell'oggi problemi di significativo impatto per il tessuto socio-economico, specie nel nostro Paese: problemi che non sembrano proprio destinati a scemare o anche solo a ridimensionarsi nell'immediato futuro. Da un lato, a venire in gioco è il nodo sensibile inerente alla struttura organizzativa della banca, nella configurazione normativa attuale conferitale dagli artt. 1, comma 2, lett. f) e 10 t.u.b. Dall'altro, il complessivo assetto del sistema finanziario a livello europeo e le scelte di *policy* ivi adottate conferiscono al problema inedite dimensioni di rilevanza.

Un cenno va speso in termini di definizione dell'approccio di fondo con cui si è scelto in questa sede di accostare il tema del collocamento dei titoli bancari: tema che di per sé si presta a essere affrontato sotto più e distinte prospettive, ciascuna delle quali rispondente a un diverso scopo di indagine. Se la concreta enucleazione delle regole di condotta degli intermediari e delle strutture rimediali connesse alla loro violazione (come pure, se del caso, quello della responsabilità delle autorità amministrative) costituisce l'approccio più diffuso fra quanti in Italia hanno indagato la questione, il taglio che in questo studio si vuole adotta-

[1] Il lavoro è frutto della riflessione comune dei due Autori. Ad Antonella Sciarrone Alibrandi va attribuita la stesura dei paragrafi 1, 3, 5, mentre ad Ugo Malvagna si deve la stesura dei paragrafi 2, 4, 6.

re è piuttosto quello della valutazione dell'adeguatezza complessiva – nella materia qui considerata – della disciplina di fonte europea [2].

Più in dettaglio, ciò che si intende verificare è se i contenuti normativi dei numerosi atti di emanazione europea che edificano l'odierna architettura regolatoria dell'attività bancaria costituiscano nel loro insieme, in punto di organizzazione e conduzione dell'attività di raccolta del capitale (di rischio e debito), un *framework* di regole che possa dirsi coerente e non contradditorio.

Una simile scelta di fondo consegue in via diretta alla constatazione – a nostro avviso davvero ineludibile – della palese insufficienza di un approccio al problema in discorso focalizzato sulla sola prospettiva della disciplina in materia di conflitti di interesse nella prestazione di servizi di investimento. In effetti, inscrivendosi il *self-placement* dei titoli di propria emissione all'interno dell'area concettuale della raccolta bancaria, in quanto strumentale all'attività degli impieghi, la sua limitazione al perimetro tematico dei servizi di investimento – e la sua considerazione come mera *species* dello stesso – comporta in automatico la perdita di visuale sulle dinamiche intrinseche che incidono sul suo atteggiarsi e ne guidano l'evoluzione.

Così descritta la linea che informa il presente lavoro e prima di volgere lo sguardo verso i pertinenti dati normativi di fonte europea, sembra opportuno evidenziare *in limine* che il contesto italiano vive il problema dell'approvvigionamento finanziario degli enti creditizi in termini particolarmente acuti, tali da collocare il nostro Paese in una situazione affatto anomala nel contesto europeo, in particolare nel confronto comparativo con Paesi simili al nostro per popolazione e caratteristiche del sistema produttivo.

Si può osservare infatti – con qualche margine di semplificazione dovuto a ragioni di sintesi – che la problematicità con cui il tema del collocamento dei titoli bancari è vissuto in Italia, se di per sé consegue alla sottocapitalizzazione delle imprese (anche) bancarie (che a sua volta riflette la tradizionale scarsezza di provvista finanziaria caratterizzante l'economia italiana), trova inoltre un determinante fattore di aggravamento nella vasta diffusione dei titoli di emissione bancaria presso investitori *retail* di poca o nulla sofisticazione e ridotto capitale fatto oggetto di risparmio; se si preferisce, presso le famiglie italiane «comuni».

Scivolando dal piano materiale a quello normativo, va pure rilevato che il problema si trova nell'oggi complicato dal principio del divieto di aiuti di stato. O, per meglio dire, dalla particolare – eccessiva, ci si sente di affermare – rigidità con cui la Commissione è venuta ad intenderlo a partire dal 2013.

Com'è evidente il riferimento va, *in primis*, alla comunicazione del 30 luglio 2013 sul c.d. *burden sharing*, che com'è noto ha costituito, sul piano politico,

---

[2] Cfr., ad esempio, R. LENER, Bail-in *bancario e depositi bancari fra procedure concorsuali e regole di collocamento degli strumenti finanziari*, in *Banca, borsa, tit. cred.*, 2016, I, 287.

l'elemento prodromico all'adozione della Direttiva BRRD[3]; nonché, e con diretto ed esclusivo riferimento all'Italia, al provvedimento sul caso *Tercas* del 23 dicembre 2015, recante la condanna per il nostro Paese al recupero del sostegno finanziario erogato dal FITD necessario al salvataggio dell'ente, qualificato come un aiuto di stato illecito.

Sulla complessa dinamica qui evocata ha pure inciso in via ulteriore la scelta, compiuta dal governo italiano nel 2012 – e della cui opportunità sono in molti oggi a dubitare –, di ricorrere in modo assai limitato alla possibilità di ricapitalizzazione delle banche, pure a fronte di un'accumulazione di *non performing loans* già allora molto significativa e preoccupante[4].

Risulta allora chiaro che, di fronte a una situazione siffatta, il sistema bancario italiano si sia trovato e tuttora si trovi esposto a una poderosa tensione verso intense politiche di raccolta. Tra i canali della quale rientra, ovviamente, quello del *self-placement*; rivestendovi anzi un ruolo di rilievo primario (cfr. il rilievo svolto *infra*, n. 3). Comprendere quali siano le condizioni e i limiti di legittimità dell'attività di collocamento dei titoli bancari che la normativa attuale fissa e valutarne la complessiva efficienza assume allora contorni di reale urgenza.

2. *Il quadro normativo di fonte europea: CRD IV/CRR e BRRD.* – In effetti, il nucleo di problemi appena evocato tocca un nervo scoperto della regolamentazione bancaria di natura non già contingente, bensì strutturale (almeno finché si resti all'interno delle nozioni definitorie dell'attività bancaria proprie del t.u.b, richiamate *supra*, n. 1). Di fronte a un modello normativo di banca che legittima il collocamento dei titoli di debito e di capitale di propria emissione[5], la regolamentazione dell'attività di raccolta si trova inevitabilmente a dover navigare attraverso Scilla e Cariddi: da una parte gli obiettivi di *funding* misurati

---

[3] Sulla quale v. ora G. Lo Schiavo, *Burden Sharing Arrangements vs. Shareholders and Creditors: Kotnik, Dowling and the Current State Aid Policy in the Banking Sector*, in *European Business Organizaton Review*, 2018, 584.

[4] Su cui v. ora i dati riferiti dal Vice Capo del Dipartimento Vigilanza bancaria e finanziaria della Banca d'Italia, P. Angelini, *I crediti deteriorati: mercato, regole e rafforzamento del sistema*, reperibile su *Dirittobancario.it*.

[5] Il rilievo svolto nel testo non vuole porre a oggetto di critica la ammissibilità in sé del *self-placement*, bensì perimetrare la questione oggetto del presente contributo. In effetti, anche ipotizzando un divieto di «auto-collocamento», il problema non sarebbe certo rimosso, quanto piuttosto portato sul piano dei rapporti tra banche emittenti e prestatori di servizi di investimento (tra i quali possono figurare le banche altre da quelle emittenti il titolo oggetto del servizio): e cioè sull'esistenza di rapporti tra emittente e collocatore tali da confliggere con il perseguimento del miglior interesse del cliente da parte del prestatore del servizio.

Sul tema v., con diretto riferimento alla disciplina degli *inducements* di cui alla MiFID II, A. Perrone, *Tanto rumore per nulla? Per un ripensamento della disciplina sugli inducements*, in *Banca, borsa, tit. cred.*, 2016, I, 137; E. Restelli, *How inducement regulation is shaping investment service industry*, reperibile su *Researchgate.com*, luglio 2018.

(anche) sulle normative in materia di capitale regolamentare, dall'altra il (difficile) rispetto della disciplina in materia di obblighi di condotta nella prestazione dei servizi d'investimento.

Con riferimento al primo dei due poli, le direttrici che definiscono dal punto di vista sostanziale l'assetto normativo attuale fanno leva, da un lato, su struttura e articolazione del patrimonio e del capitale nella prospettiva del relativo rafforzamento; dall'altro, sulla fissazione di una regola di (tendenziale) internalizzazione dei costi di fronte all'ipotesi della crisi dell'ente.

In merito al primo dei due profili, il riferimento necessario corre al «*package*» CRR/CRD IV, costitutivo del primo pilastro dell'Unione Bancaria. A tal riguardo, viene in particolare rilievo la disciplina in materia di requisiti patrimoniali.

Non certo nuova nel panorama normativo europeo, la stessa si caratterizza però, rispetto al passato, per un significativo irrobustimento dei coefficienti (cfr. CRR, art. 92, § 1, lett. a), e b) dove sono richiesti rispettivamente un «coefficiente di capitale primario di classe 1 del 4,5%» e un «coefficiente di capitale di classe 1 del 6%», mentre nel regime precedente essi ammontavano rispettivamente al 2% e al 4%), oltre che per una serie di presidi aggiuntivi attinenti ai profili della liquidità e della leva finanziaria.

In punto di costruzione del patrimonio ai fini del rispetto dei suddetti coefficienti, resta ferma – secondo l'impianto precedente – la possibilità del ricorso a strumenti «innovativi» di capitale, che nella tassonomia della CRR sono designati in termini di «*additional Tier 1 capital*» (ibridi di patrimonializzazione, prestiti obbligazionari subordinati, *contingent convertible bonds*). Così come resta fermo – e anzi si rafforza – un approccio di vigilanza prudenziale che: per un verso, è «*one size fits all*» (cfr., l'omogeneità dei coefficienti); per un altro, prevede una tendenziale libertà di articolazione degli strumenti di raccolta sia quanto allo schema tipico di riferimento, sia quanto alle concrete condizioni che essi presentano (si pensi, ad esempio, alla variabilità, da banca a banca, dei *trigger points* di svalutazione o conversione delle obbligazioni); contiene, infine, aperture verso la possibilità di negoziare con le Autorità di Vigilanza deroghe o esenzioni a livello individuale, che vanno al di là della tradizionale dialettica tra regolatore ed ente vigilato.

Su questa forte esigenza di patrimonializzazione converge anche il set di regole forgiato dalla BRRD, come comprensivo dell'idea del *bail-in*[6].

Andando molto oltre il già sperimentato principio del *burden sharing*, il meccanismo della contribuzione alle perdite che va sotto il nome di *bail-in* fissa nella sostanza un principio gerarchico di coinvolgimento dei creditori (dopo gli azionisti) nella crisi dell'ente; principio che, com'è noto, passa anzitutto attraver-

---

[6] Com'è noto la regola di contribuzione alle perdite non esaurisce la regolamentazione introdotta dalla BRRD, che si compone di più strumenti anche preventivi o di intervento precoce (anteriore all'apertura della risoluzione e anzi inteso ad evitarla), su cui cfr. D. ROSSANO, *La nuova regolazione delle crisi bancarie*, Torino, 2017, spec. 53 ss.

so la conversione o l'«assorbimento» di strumenti ibridi (tra cui le obbligazioni subordinate), per andare quindi a toccare le obbligazioni *senior* e, infine, i depositi superiori a 100.000 euro [7].

Come pure è noto, il meccanismo tecnico di attuazione di questa regola si organizza, per le banche non sistemiche, intorno al c.d. MREL («*Minimum Requirement for own funds and Eligible Liabilities*») che richiede di identificare un ammontare (nel concreto definito dall'Autorità europea in relazione al capitale regolamentare di ciascuna banca: art. 45 BRRD e relativa disciplina di attuazione [8]) di passività le quali, in caso di dissesto dell'ente, saranno destinate ad assorbire le perdite, in modo tale da consentire, insieme con l'eventuale ricapitalizzazione post-risoluzione, di assicurare il rispetto dei requisiti patrimoniali. Per le banche sistemiche, la medesima funzione è assolta da un differente parametro, concettualmente omologo ma congegnato in altro modo (c.d. TLAC, *Total-loss Absorbing Capacity*) [9].

Per la verità, la normativa europea è sul punto ancora *in fieri*: nel senso che, da un lato, la stessa BRRD ha previsto un'entrata in vigore differita e progressiva del TLAC (con due step temporali, il primo nel 2019 e il secondo nel 2022); dall'altro, è in corso un procedimento di revisione della Direttiva sulle crisi bancarie che si propone di modificare, insieme ad altri profili, proprio quello dei coefficienti di assorbimento delle perdite, nella precipua prospettiva dell'allineamento tra i due (ferma restando la limitazione della discrezionalità dell'Autorità di risoluzione alle sole banche non sistemiche) [10].

---

[7] A riguardo nella letteratura italiana v. almeno G. PRESTI, *Il* bail-in, in *Banca, impresa, società*, 2015, 339; M. SPERANZIN, voce Bail-in *(e condivisione degli oneri)*, in *Digesto delle discipline privatistiche, Sez. comm.*, Torino, 2017; R. LENER, *Bail-in bancario*, cit.; F. CAPRIGLIONE, *La nuova gestione delle crisi bancarie tra complessità normativa e logiche di mercato*, in *Riv. trim. dir. ec.*, 2017, I, 102; B. INZITARI, BRRD, *Bail in, risoluzione della banca in dissesto, condivisione concorsuale delle perdite (d.lgs. n. 180 del 2015)*, in *Dir. fall.*, 2016, I, 629; D. ROSSANO, cit.; E. RULLI, *Contributo allo studio della disciplina della* risoluzione *bancaria. L'armonizzazione europea del diritto delle crisi bancarie*, Torino, 2017; L. STANGHELLINI, *Risoluzione,* bail-in *e liquidazione coatta: il processo decisionale*, in *Analisi Giuridica dell'Economia*, 2016, 567; C. BRESCIA MORRA, *Nuove regole per la gestione delle crisi bancarie: risparmiatori vs. contribuenti*, *ivi*, 279.

[8] Regolamento delegato (UE) 2016/1450 della Commissione del 23 maggio 2016 che integra la Direttiva 2014/59/UE del Parlamento europeo e del Consiglio per quanto riguarda le norme tecniche di regolamentazione che precisano i criteri applicabili alla metodologia con cui è determinato il requisito minimo di fondi propri e passività ammissibili.

[9] Per la genesi storica del parametro in questione, cfr. P. BRIERLEY, *Ending Too-Big-To-Fail: Progress Since the Crisis, the Importance of Loss-Absorbing Capacity and the UK Approach to Resolution*, *European Business Organizaton Review*, 2017, 457.

[10] Proposta di Regolamento del Parlamento Europeo e del Consiglio che modifica il regolamento (UE) n. 575/2013 per quanto riguarda il coefficiente di leva finanziaria, il coefficiente netto di finanziamento stabile, i requisiti di fondi propri e passività ammissibili, il rischio di controparte, il rischio di mercato, le esposizioni verso controparti centrali, le esposizioni verso organismi di investimento collettivo, le grandi esposizioni, gli obblighi di segnalazione e informativa e che modifica il regolamento (UE) n. 648/2012 [Fascicolo interistituzionale: 2016/0360 (COD)].

Ad ogni modo, e al di là delle tecnicalità applicative, MREL e TLAC – dotati della descritta funzione – operano *ex ante* come una sorta di coefficiente patrimoniale aggiuntivo rispetto a quelli della CRD IV.

3. *Criticità dell'attuale assetto: rigidità dei coefficienti patrimoniali e moltiplicazione degli strumenti di raccolta.* – Così brevemente esposti i cardini normativi che – nel fissare i parametri da rispettare in punto di articolazione del patrimonio – presiedono all'attività di approvvigionamento finanziario degli enti creditizi, è ora il momento di sviluppare qualche valutazione critica, a partire dall'esistenza di almeno due profili problematici (il primo dei quali viene analizzato in questo §; il secondo nel successivo n. 4). Entrambi i profili attengono al rapporto tra norme sul patrimonio (coefficienti del *package* CRD IV/CRR e della BRRD) e attività di collocamento dei titoli bancari, disponendosi, a nostro avviso, secondo un livello crescente di criticità.

Il primo aspetto da considerare attiene agli effetti che conseguono alla congiunta previsione – nella CRD IV e nel CRR – di coefficienti tendenzialmente rigidi, a fianco della possibilità di conseguire il rispetto degli stessi mediante gli strumenti «innovativi» più vari, in punto tanto di caratteristiche di struttura (ibridi di patrimonializzazione, *contingent convertible*, etc.), quanto del loro specifico contenuto regolamentare (per stare all'esempio di prima, accade che titoli della medesima categoria – obbligazione *contingent convertible* – presentino *trigger points* diversi).

Sul punto ci preme segnalare che un simile assetto riesce – in modo singolare – a coniugare due difetti all'apparenza opposti.

Da un lato, l'uniformazione dei coefficienti si trova a essere, in particolare per talune categorie di enti creditizi, fortemente onerosa e (probabilmente) sovradimensionata rispetto all'obiettivo della stabilità. Ciò è tanto più vero se si considera la tendenza delle autorità di vigilanza (europee e nazionali) a un'applicazione minima del principio di proporzionalità, a dispetto del diffuso omaggio formale allo stesso che si riscontra negli atti di loro emanazione (così come pure – va segnalato – nelle fonti di rango legislativo).

Dall'altro, la circostanza che il rispetto del rigido sistema dei coefficienti venga conseguito dagli enti creditizi mediante la conformazione e l'emissione dei più vari strumenti «innovativi» apre a una varietà di titoli assai poco standardizzati e difficili da comparare, in specie per i *retailer*. Il che rende i titoli di emissione bancaria, tradizionalmente percepiti come strumenti finanziari (oltre che sicuri, anche) semplici, sempre più sofisticati nella struttura: e, dunque, tendenzialmente sconsigliati a una vasta platea di investitori.

Un esempio davvero evidente dell'evocata dinamica riguarda ora quella particolare figura di strumenti obbligazionari di recente introdotta – sulla scorta di altre esperienze europee (talora di ordine legale, talora di ordine societario-organizzativo o contrattuale) – dal legislatore italiano, che va sotto il nome di strumento di «credito chirografario di secondo livello» (o *senior non preferred debt*, secondo la più diffusa denominazione anglofona: cfr. artt. 12-*bis* e 91, comma 1-*bis*, t.u.b)[11].

Si tratta, in sintesi, di obbligazioni destinate ad assorbire le perdite dopo gli strumenti di debito subordinato esistenti, ma prima delle obbligazioni *senior*: subordinate, dunque, al «vero» debito chirografario (le obbligazioni, appunto, e ogni altro credito di diversa natura), ma antergate rispetto ai subordinati per così dire «classici». Come si afferma comunemente, si viene a creare un «cuscinetto di protezione» intorno al debito chirografario.

Rilevata tale nuova, ulteriore possibilità di articolazione delle forme della raccolta, è sufficiente, in questa sede, svolgere solo qualche rapida notazione al riguardo.

Innanzitutto, per ribadire – in linea con quanto osservato appena *supra* – che il crescere della stratificazione e della complessità della struttura finanziaria delle banche comporta *di per sé* il doveroso allontanamento dei relativi titoli dagli investitori *retail* (o, quanto meno, un serio ed effettivo incremento dei presidi in materia di adeguatezza); con effetti sul costo della raccolta, che allo stato attuale sono ancora da comprendere appieno (in effetti, la base dei possibili destinatari del collocamento – legittimo – viene inevitabilmente a ridursi).

E, inoltre, per segnalare, in questa stessa prospettiva, che la novella legislativa limita in modo espresso il collocamento di questi titoli agli investitori qualificati. Una simile scelta è a nostro avviso senz'altro da approvare; forse, anzi, da irrigidire in via ulteriore. In effetti, se è vero quanto si è osservato in ordine alla possibilità che il ricorso ai *senior non preferred* serva a evitare l'inclusione nel MREL dei titoli di debito detenuti dai *retailer*, sarebbe stata del tutto incongrua (oltre che molto probabilmente contraria, in via pressoché costante, ai principi in materia di prestazione dei servizi di investimento) la prospettiva di un collocamento di questi strumenti presso i *retailer*, se non proprio – e più alla radice – verso tutti i soggetti diversi dagli investitori istituzionali.

Il problema della complessità e della difficoltosa comparabilità tra i titoli non è certo risolto, quanto piuttosto ulteriormente incrementato (e in misura significativa), dalla disciplina della BRRD. In effetti, la sola astratta eventualità della sottoposizione a *bail-in* introduce *di per sé* un elemento di complessità del titolo. In via ulteriore, l'inclusione di una data serie obbligazionaria nel MREL (con conseguente predestinazione del titolo ad assorbire le perdite prima dell'intervento del fondo di risoluzione) opera come coefficiente aggiuntivo di rischio.

Per quanto concerne poi il profilo della comparabilità, la disciplina della BRRD aggrava la già complessa situazione delineata da CRD IV/CRR. Al di là

---

[11] Su cui v. D. VATTERMOLI, *«Strumenti di credito chirografario di secondo livello». Alchimie linguistiche e tutela del mercato*, in *Dir. banca merc. fin.*, 2018, I, 207; D. BAIERLEIN, *Germany explores senior non-preferred debt option*, in *International Financial Law Review*, April 24th 2017.

del fatto che obbligazioni intrinsecamente identiche (ad esempio, per grado di subordinazione, tasso di rendimento, *maturity*) potrebbero in un dato ente essere destinate in via prioritaria all'assorbimento delle perdite e in un altro no, per il caso delle banche non sistemiche la disciplina dell'art. 45 BRRD rimette la calibrazione del coefficiente MREL alla *definizione individuale* («*bank specific*») dell'autorità: anche qui, allora, si pongono problemi evidenti di standardizzazione, comparabilità e comprensione da parte degli investitori, in particolare *retail*. Come si è già segnalato (*supra*, n. 2), in sede di revisione della BRRD vi è l'intenzione di allineare MREL e TLAC; tale intenzione non sembra però spingersi fino al livello di rimuovere ogni margine discrezionale del regolatore con riferimento alle banche non sistemiche.

4. *Incongruenza del rapporto tra disciplina sul patrimonio e presidi in materia di conflitto d'interessi nella prestazione dei servizi di investimento.* – Il secondo punto fortemente critico del contesto di regolazione odierno – e, in realtà, ancora più delicato del precedente – attiene al fatto che le innovazioni provenienti dalla disciplina della *Banking Union* sin qui considerata (CRD IV/CRR e BRRD), nella misura in cui vengono a generare una coazione all'irrobustimento dei mezzi propri realizzato tramite ricorso alla raccolta mediante capitale di debito (subordinato e non), operano come ulteriore incentivo – di fonte normativa – nei confronti di politiche di sistematica «promozione» dei propri titoli nel contesto dei servizi di investimento ai clienti *retail*.

Questi ultimi, infatti, hanno storicamente costituito – almeno nel contesto italiano – un ambito privilegiato per fare fronte all'esigenza di patrimonializzazione, in ragione della possibilità per l'intermediario di spuntare condizioni comparativamente migliori rispetto ad altri canali di raccolta, o ad altre forme di conseguimento dei livelli di capitale richiesti. La circostanza dipende, com'è facile intuire, dalla possibilità per l'intermediario di fare ampia leva sul rapporto fiduciario in essere con la propria clientela, tanto più se non sofisticata.

Senonché, una simile situazione disvela un contrasto – se non di ordine concettuale, comunque di manifesta e grave rilevanza pratica – tra il corpo normativo costituito da CRD IV/CRR-BRRD e quello, pure di origine europea (segnatamente, nell'oggi, MiFID II), in materia di prestazione dei servizi di investimento.

Più in dettaglio, l'attrito si esprime con diretto riferimento alla disciplina in materia di conflitti di interesse ivi contenuta: la quale sancisce, in ordine all'agire degli intermediari, la doverosa prevalenza dell'interesse del cliente su quello proprio se confliggente (cfr. art. 23 MiFID II e comunque, forse in modo più efficace, il principio generale dell'agire nell'interesse del cliente *ex* art. 24 MiFID II) [12].

---

[12] Cfr. L. ENRIQUES-M. GARGANTINI, *The overarching duty to act in the best interest of the client in MiFID II*, in 85; per il regime normativo anteriore, M. MAGGIOLO, *Servizi ed attività d'investimento*, in *Tratt. dir. civ. e comm. Cicu-Messineo*, Milano, 2012, 374.

Per articolare meglio il rilievo critico, va anzitutto osservato che una valutazione retrospettiva dell'efficacia della normativa sui servizi di investimento in punto di prevenzione dei (e protezione dai) conflitti di interesse nel collocamento dei titoli bancari restituisce un esito non proprio confortante.

In effetti, perfino a seguito del completo assoggettamento alla disciplina di trasparenza finanziaria dei titoli di emissione bancaria (anche quelli diversi dalle azioni o dalle opzioni su azioni) realizzato nel 2005 con la legge sulla tutela del risparmio, l'efficacia preventiva e repressiva della normativa in discorso si è rivelata – proprio per l'esposizione della clientela al rischio dello sfruttamento, se non del tradimento, della fiducia riposta nell'intermediario – non particolarmente elevata.

Sono del resto assai note le recenti vicende in cui alcune banche, approfittando della propria posizione di emittente e intermediario (quando non anche di finanziatore), e giocando davvero troppe parti in commedia, hanno massivamente coinvolto la clientela *retail* nel collocamento dei propri titoli, in patente e sistematica violazione dell'intero apparato normativo del t.u.f. (e dintorni), e così pure di altre serie normative di caso in caso applicabili: di diritto dei consumatori, di diritto societario, quando non anche di diritto civile generale.

Si pensi, in particolare, ai finanziamenti baciati delle popolari venete proposti «spontaneamente» in occasione di aumenti di capitale (o anche della vendita di azioni proprie combinata ai finanziamenti), come alla circostanza per cui 789 milioni di obbligazioni subordinate delle ben note "quattro banche", presenti, insieme ad azioni, nei patrimoni di 10.500 investitori *retail*, sono finite azzerate in occasione della procedura di risoluzione poco più di un anno fa in attuazione del principio del *burden sharing* (sulla base delle nuove regole introdotte da BRRD, sia pure non ancora di *bail-in* in senso proprio). E gli esempi potrebbero continuare a lungo.

Del resto, anche mettendo per un attimo da parte la patologia più vibrante per volgere lo sguardo ai dati aggregati sul sistema bancario italiano, la valutazione sull'efficienza della disciplina in materia di conflitti espone un bilancio non certo ottimale. Il giudizio, se di per sé può essere anche formulato in termini generali e così riferito all'applicazione della disciplina in quanto tale, vale in particolar modo con riferimento alla specifica figura di conflitto di interessi espressa dal *self-placement* bancario (cfr., al riguardo, i dati di fonte europea sulla percentuale di titoli di debito senior detenuti da clientela *retail* in Italia e negli altri paesi UE, indicati *infra*, n. 5).

A fronte di un tale *track-record*, occorre allora domandarsi se l'accresciuta tensione verso l'«autocollocamento» derivante dalla disciplina della *Banking Union* non sia tale da comportare – nei fatti – un ulteriore e progressivo arretramento di tutela.

La risposta a un simile interrogativo dipende principalmente, a nostro avviso, dalla effettiva capacità della nuova disciplina in materia di conflitto di interessi portata dalla MiFID II. Dalla sua idoneità, dunque, a costituire un'adeguata risposta normativa (anche, se non soprattutto, alla luce della regolamentazione in materia di *product governance*: v. infatti *infra)*.

Sul punto – che come si vede costituisce, almeno a livello di diritto positivo, il reale punto di caduta del problema che qui si affronta – si tornerà appena *infra* (nel n. 6). Prima di procedere in tal senso, preme ora però sottolineare che la preoccupazione di un vuoto di tutela, appena sollevata, assume importanza solo a condizione che si condivida un postulato di base: quello della pretesa, fondata dal dato positivo, *del medesimo livello di tutela dell'investitore in titoli bancari, rispetto all'investitore in titoli non bancari*.

Diversamente, il ragionamento verrebbe a perdere di pregnanza là dove si fosse orientati a ritenere che, nell'ambito della raccolta bancaria, l'esigenza di rispetto dei requisiti posti da CRD IV/CRR e BRRD potrebbe «legittimare», almeno in una certa misura, un agire in conflitto; o che, comunque, un'attenuazione dei principi di MiFID II potrebbe risultare, in quest'ambito, in qualche modo giustificata. Così ragionando, l'interferenza della disciplina della *Banking Union* sarebbe tale da mutare – non al livello del mero fatto, ma proprio al livello del «dover essere» – il punto di equilibrio normativamente fissato in materia di conflitti di interessi nel collocamento.

Se però l'orientamento del legislatore europeo fosse davvero tale, e a prescindere da ogni rilievo sulla sua effettiva condivisibilità, una simile scelta dovrebbe – ci pare – essere dichiarata in modo espresso.

Quel che è sicuro è che, a livello europeo, ha fatto compiuto difetto, in sede di concepimento dei due poli disciplinari in discorso, ogni reale tentativo di raccordo tra le distinte esigenze a ciascuno di essi sottese.

Sul punto, sembra a noi di poter affermare che, nella sua dimensione di fondo, una simile incoerenza testimonia, *prima di ogni altra cosa*, l'esistenza di carenze di ordine istituzionale (di sfere di attribuzione degli organismi e di procedure, cioè) nella costruzione delle *policy* europee nel settore finanziario. Come se ogni binario (stabilità, da un lato; tutela degli investitori, dall'altro) scorresse senza reciproca considerazione. In altre parole, si tratta di un difetto che si lascia opportunamente ascrivere al macro-tema della *governance* europea della materia finanziaria; e che su quel piano dovrà essere anzitutto affrontato [13].

---

[13] Trascuriamo in questa sede l'ulteriore e distinto profilo, che pure insiste sui temi della *governance* finanziaria europea, costituito dall'interferenza che la funzione di supervisione attribuita alla Banca Centrale Europea dispiega sul suo mandato istituzionale relativo alla politica monetaria e al controllo dell'inflazione. Il problema si trova ora sottoposto alla valutazione del *Bundesverfassungsgericht*, nella prospettiva della legittimità della limitazione di sovranità monetaria in favore di un soggetto che non persegue lo scopo primario di contenimento dell'inflazione: cfr. l'informativa di T. TRÖGER, *Oops! ... We do it again. Attack on the banking union in the German constitutional court and why even ardent Europeans may learn a (limited) lesson from it*, in *Oxford Business Law Blog*, October 1st 2018.

5. *Interventi delle ESAs in materia di* self-placement *e di applicazione del MREL alle situazioni di larga diffusione dei titoli di debito* senior *presso i* retailer. – Sarebbe tuttavia eccessivo accusare il formante europeo di completa trascuratezza e pieno difetto di comprensione del potenziale corto circuito tra il piano della protezione degli investitori e quello della disciplina di stabilità. Se la percezione del problema è assente dal livello delle fonti «primarie» di regolazione (regolamenti e direttive di primo e secondo livello), di esso sembrano invece cominciare ad avvedersi le autorità europee di vigilanza nel settore finanziario (c.d. ESAs).

Di tale progressiva presa di coscienza [14] costituiscono espressione due distinti provvedimenti: il primo, un «*reminder*» del 31 luglio 2014 di emanazione congiunta da parte di ESMA EBA ed EIOPA, in materia di «*placement of financial instruments with depositors, retail investors and policy holders ('Self placement')*»; il secondo, uno «*statement*» adottato da ESMA ed EBA il 30 maggio 2018, che attiene al «*treatment of retail holdings of debt financial instruments subject to the Bank Recovery and Resolution Directive*».

Gli esiti, tuttavia, sembrano a noi non particolarmente significativi, né comunque utili a indirizzare la prassi in modo adeguato ed efficace.

E, infatti, il primo dei documenti indicati, fermato il rilievo dell'esistenza di un conflitto di interessi strutturale nel collocamento dei titoli di propria emissione da parte degli enti creditizi, e rilevato anche l'impatto della disciplina CRD IV/CRR e BRRD in punto di incremento dell'esigenza di approvvigionamento finanziario, si sostanzia in una rassegna dei principali presidi previsti dalla disciplina MiFID in materia di conflitto d'interessi, congiunta al richiamo degli operatori allo scrupoloso rispetto dei medesimi.

Così, il tutto finisce per esaurirsi nel richiamo all'obbligo di istituire presidi organizzativi contro i conflitti, oltre che di *disclosure* degli stessi; al dovere di rispettare la regola di adeguatezza là dove si viene a prestare consulenza al cliente (anche in forme implicite), ovvero quella di appropriatezza dove applicabile; all'obbligo di adeguare le politiche e prassi di remunerazione del personale rilevante. La chiosa del documento contiene un riferimento alla potenziale rilevanza, (anche) in relazione alla dinamica in discorso, della recente disciplina di *product governance* (su cui si tornerà *infra*, n. 6).

Più recente e più specifico rispetto al primo, il secondo atto si concentra sul trattamento della posizione dei *retailer* titolari di strumenti finanziari di debito soggetti alla BRRD (documento del 30 maggio 2018).

---

[14] Per completezza informativa va segnalato che anche la Consob è venuta a occuparsi del *self-placement* dei titoli bancari; ciò in una prospettiva di tratto specifico (per quanto assai importante nel contesto operativo delle piccole e medie banche popolari italiane), come costituito dal c.d. borsino di negoziazione dei titoli, gestito dalla stessa emittente: il riferimento va alla «*Comunicazione n. 0092492 del 18-10-2016. Raccomandazione sulla distribuzione degli strumenti finanziari tramite una sede di negoziazione multilaterale*».

In effetti, il problema del trattamento degli strumenti di debito (*senior*) si trova, nel contesto in esame, a essere più insidioso di quello relativo ai titoli di capitale. Ché, se dal punto di vista della qualificazione formale e della presentazione «commerciale» del prodotto si tratta appunto di obbligazioni ordinarie, nel contesto della BRRD queste passività sono già *ab origine* destinate – per il caso di dissesto dell'ente – ad assorbire le perdite appena dopo i fondi propri (nella misura in cui compongono il cuore delle passività eleggibili), con l'effetto che la loro misura «reale» di rischio è nei fatti ben superiore a quella ragionevolmente attesa dall'investitore. In sé il diritto incorporato nel titolo è antergato a quelli di cui agli strumenti subordinati; e, però, la sua inclusione nel MREL fa sì che di fronte alla crisi dell'ente il creditore sia trattato in via deteriore rispetto ad altri chirografari (quelli esclusi dal MREL).

Dunque, il documento in questione evidenzia anzitutto che, se in media i *retailer* possiedono il 12% dei titoli di debito emessi dalle banche, alcuni paesi mostrano degli acuti molti più elevati: così, l'Estonia ha più del 45%, l'Austria circa il 36%, e così pure l'Italia, che, in termini di valore nominale assoluto, supera, e di molto, tutti gli altri paesi, con 132 miliardi di euro in obbligazioni collocate presso *retailer* (quando la Germania ne ha 50 e la Francia 30).

Senonché, svolta l'analisi, così come nel comunicato del 2015 anche in questo caso le soluzioni proposte si caratterizzano per un notevole grado di prudenza, se non proprio di timidezza. Nella sostanza si chiede di informare i *retailer* – che sono già titolari dei *bond* – dell'esistenza di questo specifico rischio; di trattare, in sede di nuova emissione, queste obbligazioni come prodotti complessi, con attivazione dei relativi presidi aggiuntivi; di applicare i principi di *product governance* al fine di assicurare un collocamento coerente con il *target* (sul punto, come si è detto, si tornerà appena *infra*, n. 6). Nello *statement* si trova altresì un richiamo – un poco generico, a dire il vero – al necessario rafforzamento della cooperazione tra autorità di vigilanza (di mercato) e autorità di risoluzione.

L'aspetto più interessante del documento attiene però all'ulteriore passaggio in cui si evidenzia che, anche dove non si diano situazioni di esteso *misselling*, la chiamata in contribuzione delle perdite dei *retailer* titolari di strumenti di debito costituisce comunque una circostanza tale da ledere la pubblica fiducia nel sistema finanziario (e dunque da evitarsi, per quanto possibile). Sulla base di quest'assunto, ci si spinge a ipotizzare che in una situazione di rilevante diffusione di strumenti di debito *senior* presso la clientela *retail* (leggi: l'Italia) si potrebbe addirittura pensare di escludere quelle posizioni dalle passibilità eleggibili.

Di fronte a un simile scenario, però, è del tutto evidente la necessità, al fine di assicurare la fattibilità di una risoluzione, di integrare i coefficienti richiesti dalla BRRD mediante raccolta di debito aggiuntiva.

6. Product governance *e gestione dei conflitti di interesse nel* self-placement *di titoli bancari.* – Per concludere, occorre ora riprendere brevemente il tema, già emerso nelle pagine che precedono, dello strumento regolatorio della *product governance*[15], in relazione alla sua ipotetica idoneità ad assicurare l'adeguata gestione del problema del conflitto di interessi nel *self-placement* di titoli emessi da banche.

Come si è visto, i documenti delle ESAs considerati nel n. 5 mostrano di fare via via più deciso affidamento su questo presidio. Così, il *reminder* del 2014 si limita a un richiamo a una precedente *opinion* dell'ESMA in materia di «*Structured Retail Products*», che individuava tra le buone pratiche organizzative raccomandate agli intermediari «*arrangements in relation to: general organisation of product governance arrangements; product design; product testing; identification of the target market; distribution strategy; transparency on costs; and exit opportunities*»; lo *statement* del 2018 valorizza, invece, con riferimento all'obbligo del *manufacturer* del prodotto di individuare il *target* di mercato, il passaggio del Considerando 19 di MiFID II, dove si afferma che «*for simpler, more common products, the target market could be identified with less detail while for more complicated products such as bail-inable instruments or less common products, the target market should be identified with more detail*», nonché la previsione contenuta nell'art. 9, § 10 della Direttiva in cui è precisato che «*firms shall assess the financial instrument under negative conditions covering what would happen if, for example: (a) the market environment deteriorated; (b) the manufacturer or a third party involved in manufacturing and or functioning of the financial instrument experiences financial difficulties or other counterparty risk materialises*».

Ora, la giovinezza dell'istituto nel panorama del diritto positivo non consente, allo stato attuale, alcuna meditata valutazione dello stesso in merito alla sua efficacia nella gestione dei conflitti di interessi: e ciò tanto al livello della prestazione di servizi di investimento «mera» (non ulteriormente qualificata), quanto con riguardo alla raccolta bancaria a mezzo strumenti finanziari.

Ciò detto, e restando dunque sul piano delle prime impressioni, si vuole qui segnalare una preoccupazione e una speranza.

La preoccupazione è che l'intero processo di individuazione del *target*, e così quello di costruzione delle politiche di distribuzione coerenti con il medesimo, si trovi, nella sua concreta attuazione, a restare – in specie con riferimento al *self-placement* bancario – un po' nel vago, risolvendosi nella burocratizzazione

---

[15] Su cui v. D. BUSCH, *Product governance and product intervention under MiFID II/MiFIR*, in *Regulation of the EU financial markets. MiFID II and MiFIR*, a cura di Busch e Ferrarini, Oxford, 2017, 123; A. SCIARRONE ALIBRANDI, *Dalla tutela informativa alla* product governance*: nuove strategie regolatorie del rapporto tra clientela e intermediari finanziari*, in *Riv. reg. merc.*, 2016, 1; A. MARCACCI, *European Regulatory Private Law Going Global? The Case of Product Governance*, in *European Business Organizaton Review*, 2017, 305.

di un processo di cui restano taciute le reali dinamiche di funzionamento: in particolare, l'indefettibile esigenza di un robusto collocamento di titoli di propria emissione in funzione di *compliance* con CRD IV/CRR e BRRD.

La speranza, invece, è che lo spostamento del *focus* dall'atto singolo alla generale politica di «autocollocamento» consenta di percepire e correggere condotte disfunzionali non emergenti a livello individuale.

Così, ad esempio, ci si potrebbe domandare (prendendo spunto dai significativi dati statistici diffusi dal documento EBA-ESMA del maggio 2018, riferiti *supra*, n. 5) se la circostanza per cui una percentuale particolarmente elevata (superiore, per dire, alla media europea) dello *stock* di strumenti di debito di un intermediario sia detenuta da determinate categorie di clientela non debba costituire *da sé sola* la prova di un collocamento non coerente col *target* (per quanto non sia provato che la normativa di appropriatezza o adeguatezza sia stata violata in una frazione più o meno ampia dei rapporti). In questa prospettiva, non dovrebbe nemmeno escludersi che le autorità di vigilanza possano – nell'esercizio degli ampi poteri loro conferiti dalla normativa vigente – coadiuvare tale processo, contribuendo a fissare parametri e soglie di riferimento.

IL PROBLEMA DELLA RESPONSABILITÀ FIDUCIARIA DEGLI INTERMEDIARI FINANZIARI

di *Enrico Ginevra*

1. *Il problema.* – Scopo delle note che seguono è il tentativo di operare una verifica circa il significato tecnico da attribuire all'ormai diffusa affermazione del *ruolo fiduciario* degli intermediari finanziari, e al conseguente chiarimento, sul piano dell'inquadramento del rapporto tra investitore e intermediario, della parallela evidenziazione che la moderna disciplina in materia presuppone tale caratterizzazione, avendo di essa il legislatore – sia quello europeo che italiano – tenuto conto nell'elaborazione delle norme che oggi esaminiamo.

Il dato culturale che regge la suddetta segnalazione è noto: esso è rappresentato dalla constatazione della fallacia dell'idea secondo cui lo sviluppo del mercato finanziario – attraverso la realizzazione di meccanismi concorrenziali efficienti – possa basarsi sull'eliminazione della naturale asimmetria informativa sussistente, nei confronti dei prodotti finanziari intermediati, tra emittenti (o distributori) e investitori: e dunque per il mero tramite di una disciplina di trasparenza, improntata all'attribuzione agli intermediari di un pur gravoso incarico informativo, inteso a colmare il *gap* nozionale in questione. Sia l'evoluzione del dibattito nelle scienze economiche sia la realtà storica hanno dimostrato che un tale *gap* non può né deve essere colmato: sia perché un certo tipo di investitori, per quante informazioni possano mai ricevere, non saranno mai in grado di comprendere appieno i prodotti presenti sul mercato; sia perché i medesimi investitori, pure allorché astrattamente competenti, non saranno spesso disponibili a dedicare allo studio dei prodotti in parola le energie e il tempo volta a volta necessari.

Ne segue, appunto, la conclusione che la protezione dell'affidamento del risparmiatore – nell'intermediario, nella ragionevolezza dell'operazione, nel mercato – è un compito del legislatore almeno in parte *ineliminabile*, cioè non senz'altro sostituibile da quello della indotta realizzazione di negoziazioni ad armi pari. In altre parole, poiché il funzionamento e lo sviluppo del mercato finanziario sempre riposano per una certa misura sull'esistenza di un tale affidamento, è compito del legislatore tenere conto del possibile suo verificarsi e dettare previsioni che lo assecondino, seguendone le logiche e impendendone un concreto tradimento. E si tratta, più in dettaglio, di immaginare norme che permettano o perfino incoraggino, da un lato, l'investitore a "riporre fede" nell'intermediario, dall'altro, quest'ultimo a "prendere su di sé" l'altrui fiducia: evitando rischi di fallimento o distruzione del mercato, ossia che il "tradimento" dell'investitore conduca, per un verso, a una deviazione degli investimenti dall'offerta che sarebbe stata loro adeguata, per un altro, a una chiusura totale della disponibilità dei privati all'investimento e dunque all'interruzione della canalizzazione del risparmio verso l'impresa.

Ciò premesso, se sul quadro appena tracciato si può dire tutti convergano, il problema sorge allorché si tratta di capire se la considerazione di una tale dinamica possa incidere sull'inquadramento giuridico del singolo rapporto tra intermediario e cliente e, conseguentemente, sulla disciplina di tale relazione, soprattutto avendo riguardo alla responsabilità del primo verso il secondo o più in generale al tema delle conseguenze civilistiche del tradimento della fiducia. E si tratta di un dubbio – al quale la dottrina non ha fin qui dedicato particolare sforzo – che diviene particolarmente rilevante allorché ci si spinga a domandarsi se il riconoscimento dell'evidenziato ineliminabile ruolo fiduciario degli intermediari non porti con sé la conclusione di doversi addossare a tali soggetti *doveri o obblighi diversi (per contenuto e intensità) da quelli che ordinariamente discenderebbero dall'applicazione delle regole previste in tema di contratto*. Ciò, proprio in vista dell'esigenza di protezione del risparmiatore contro il rischio di un suo tradimento, tanto maggiormente sentita quanto più questi venga invitato ad affidarsi ad altri, e non a trattare in via negoziale le condizioni di accesso ai vantaggi perseguiti.

2. *Il significato della caratterizzazione fiduciaria del rapporto.* – In sé, l'esatto chiarimento del quesito appena posto rappresenta forse una delle principali difficoltà dell'argomento che si sta affrontando, atteso che non può dirsi diffusa la consapevolezza, in ambiente *civil law*, su quale sia – o possa essere – la conseguenza dell'assegnazione a un dato rapporto della caratterizzazione "fiduciaria": su cosa, esattamente, con tale attributo debba giuridicamente intendersi, quali siano le speciali norme la cui applicazione questo richiami. Ciò, almeno là dove si voglia andare oltre l'ipotesi – del tutto inadeguata alla vicenda in esame – in cui con l'assegnazione a un dato rapporto contrattuale della qualifica fiduciaria si voglia semplicemente indicare la circostanza che la stipula del negozio sia intervenuta *intuitu personae*, ossia tenendo in speciale considerazione le qualità personali dell'altro contraente.

Per potere dare conto del diverso, e ben più pregnante significato – rispetto a quello appena ricordato – che il termine fiduciario può sottendere, occorre piuttosto fare riferimento a un insegnamento sviluppatosi negli ordinamenti di *common law* (basato sullo studio di istituti elaborati dalla giurisprudenza di *equity*) e poco conosciuto fuori dai confini di vigenza degli ordinamenti anglosassoni: la c.d. *fiduciary doctrine*. Si tratta di una corrente interpretativa che dalla giurisprudenza formatasi in relazione a istituti come il *trust* e l'*agency* trae una serie di principi, i quali disegnano la relazione fiduciaria, e la responsabilità del soggetto che assume su di sé l'altrui affidamento di beni, in modo del tutto peculiare. In sintesi, al destinatario di un affidamento fiduciario vengono imputati doveri i quali: (*i*) derivano *ex lege* direttamente (e non in virtù di un richiamo contrattuale) dalla *situazione di potere* in cui questi si trova nei confronti *dei beni affidati*; e (*ii*) si distinguono e si affiancano (non venendone assorbiti) agli obblighi contrattuali eventualmente discendenti da negozi, là dove validamente stipulati in occasione o in conseguenza dell'affidamento operato.

Si rende dunque evidente come la situazione di chi sia qualificabile come fiduciario ai sensi dell'orientamento in parola è lontanissima da quella di colui che sia tale in forza di un contratto *intuitu personae*. In primo luogo, infatti, solo il primo è gravato (al contrario del secondo) da obblighi (ordinariamente ricondotti ai due tradizionali doveri di *loyalty* e *care*) che *prescindono del tutto dalla circostanza del valido perfezionamento di un contratto o dall'esistenza di trattative a ciò dirette*: essi sorgono – in un modo che nel nostro ordinamento richiama l'operare delle dinamiche possessorie – per effetto del trovarsi detto soggetto in una situazione *di fatto rilevante ex lege* (in particolare identificata nell'essergli stato conferito un accesso esclusivo o determinante a risorse reali di pertinenza privata). In secondo luogo, l'inosservanza di detti obblighi, in quanto obbedienti a istanze di tutela diverse da quelle contrattuali, è disciplinata da regole non coincidenti con quelle della responsabilità contrattuale. Così: viene tipicamente riconosciuta al *principal* la facoltà – certo stravagante all'ambiente contrattuale – di attivare rimedi restitutori a fronte dell'altrui inadempimento; nonché pure spetta al primo il potere, in determinate ipotesi, di ottenere sanzioni ultra-compensative della perdita subita; inoltre, la responsabilità per danni posta a carico del fiduciario per violazione del dovere di diligenza si configura spesso come una responsabilità "aggravata".

Si tratta di una disciplina il cui esame rivela un'ispirazione differente rispetto a quella tradizionalmente collegata al regime della responsabilità contrattuale. Il fine della *fiduciary law*, secondo quanto sovente sottolineato dai relativi cultori, non è il ristoro del proprietario del bene affidato ma *la deterrenza dell'affidatario dal tradimento della fiducia in lui riposta*: ciò indirettamente comportando, sullo sfondo, una promozione dell'affidamento delle risorse all'altrui gestione specializzata. Cosicché, ove il regime in discussione si ritenesse operante nel contesto di affidamenti operati nel mercato finanziario, fine delle previsioni esaminate potrebbe dirsi essere non la protezione in sé degli investitori individualmente considerati bensì l'evitare i fallimenti del mercato indotti dal tradimento di tali soggetti.

Si delinea, dunque, con maggiore chiarezza, il contenuto della domanda da cui si è partiti, su quale sia il significato della ricorrente evidenziazione del ruolo fiduciario tipicamente assegnato dall'ordinamento agli intermediari finanziari. Letta alla luce della *fiduciary doctrine* la questione diviene di valutare se le norme privatistiche del diritto del mercato finanziario europeo ed italiano *possano appunto leggersi nella riferita prospettiva fiduciaria*. Più precisamente, se possa ritenersi che le c.d. regole di comportamento – nonché le regole organizzative – degli intermediari finanziari previste a proposito dei servizi di investimento a rigore fissino in capo a detti soggetti obblighi scaturenti *ex lege* e indipendenti dal contratto, rivolti – prima ancora che alla realizzazione degli interessi privati alla realizzazione del sinallagma contrattuale – a stimolare e preservare il meccanismo effettivo di affidamento di decisioni di investimento ai suddetti intermediari e suscettibili di comportare, in caso di violazione, rimedi civilistici peculiari differenti da quelli discendenti dalla protezione di detto sinallagma.

3. *I presupposti dell'inquadramento fiduciario della fattispecie normativa indagata.* – Così puntualizzata la questione in esame, ancora *in limine* un cenno va dedicato all'ipotetica obiezione che faccia leva sulla speciale pertinenza della *fiduciary law* agli ordinamenti di *common law* e dunque sull'estraneità della richiamata "regola fiduciaria" al nostro sistema, per eventualmente giungere alla conclusione di doversi negare a monte la configurabilità interna di norme fiduciarie in senso stretto. Pur riconoscendo la complessità dell'argomento, non suscettibile di essere esaustivamente affrontato in poche righe, convince del carattere non decisivo di tale obiezione un duplice rilievo.

Il primo è che, secondo quanto chi scrive ha avuto modo di argomentare diffusamente in altre occasioni, in realtà non può escludersi che l'ordinamento interno *già conosca*, specie nel settore del diritto commerciale, ipotesi di regole che possono definirsi tecnicamente fiduciarie nel senso prima chiarito, sebbene tale significato sia sfuggito all'elaborazione dominante in ragione della scarsa conoscenza dell'esperienza straniera di *fiduciary law* e – soprattutto – a causa della tradizionale enfatizzazione operata dalla civilistica del ruolo da riconoscere sul piano patrimoniale all'istituto contrattuale: la cui ritenuta rilevanza ha finito di fatto con l'assorbire – superando quanto era forse giustificato dai confini strutturali della fattispecie – l'intero ambito del lecito agire volontario del privato in detto settore, così delimitato unicamente dalla responsabilità civile da illecito. Il secondo rilievo è che si sta analizzando una disciplina unionista – o la cui originaria fonte è unionista – che ha pertanto dentro di sé (e lo avrà anche dopo l'uscita della Gran Bretagna, posta la permanenza nell'Unione Europea dell'Irlanda) ispirazioni non strettamente legate al contesto di *civil law*: per cui sarebbe apodittico

– se non perfino singolare, dati i continui richiami alle logiche fiduciarie presenti nella regolamentazione rilevante in materia – ritenere che tra le varie suddette ispirazioni non debba essere inclusa proprio la tradizione anglosassone di *fiduciary law*.

Ciò premesso, volendo procedere quindi nell'analisi, per indicare il percorso che si intende seguire al riguardo è necessario passare a un grado di dettaglio maggiore in relazione alla puntualizzazione dei presupposti in presenza dei quali – alla stregua dell'indagine comparata – può seriamente porsi il quesito della riconducibilità della disciplina europea e italiana dei servizi di investimento all'istituto fiduciario. E questi non possono che consistere nella precisazione, da operare tenendo presenti gli ordinamenti anglosassoni, nei quali l'istituto in questione è sorto ed è stato elaborato: da una parte (*a*), di quando vi sia *in fatto* una relazione fiduciaria, ossia quali siano gli elementi fenomenici che devono ricorrere perché sia integrata la fattispecie di cui si discute; dall'altra (*b*), di quali siano i peculiari interessi privati collegati alla fattispecie in parola che tipicamente si intendono tutelare con le sanzioni fiduciarie, cosicché, ove si accerti l'intento normativo di tutela dei medesimi possa dirsi che le relative previsioni debbano ritenersi appartenenti all'area della *fiduciary law*, piuttosto che della *contractual law*.

Dal primo punto di vista (appena indicato *sub a*), come già si accennava, secondo gli insegnamenti della dottrina specialistica in materia sorge una relazione qualificabile come fiduciaria semplicemente ogni qual volta vi sia – dal lato del *principal* – un affidamento ad altri di poteri su risorse personali proprie, o parallelamente (e soprattutto) – dal lato del fiduciario – allorché si accetti privatamente di assumere la responsabilità di adottare decisioni dispositive su beni altrui. Poco importa se una tale situazione derivi dalla partecipazione a un programma contrattuale o da un'altra vicenda idonea a produrre lo stesso risultato fattuale: poiché è appunto al fatto in sé – dell'affidamento/assunzione altrui fiducia su risorse patrimoniali – e non (solo) all'intento negoziale eventualmente espresso che l'ordinamento ricollega l'attivarsi di certi interessi e un dato tipo di conseguenze giuridiche.

È bene precisare che in coerenza con l'origine della *fiduciary law*, basata sulla sistematizzazione ed estensione di regole inizialmente previste in relazione al solo istituto del *trust* (ma in Germania è fattispecie analoga la vicenda originaria della fiducia germanistica medioevale), la situazione base ordinariamente presa in considerazione dalla *fiduciary doctrine* è quella (appunto presente nel trust) in cui il fiduciario accetti di vedersi riconosciuti – come classicamente accade al *trustee* – poteri dispositivi *esclusivi* sul patrimonio affidato, senza che né il titolare dell'interesse sostanziale sullo stesso né altri terzi possano concorrere nell'assunzione di decisioni rilevanti (se non al limite con un potere di mera autorizzazione). Va detto tuttavia che l'evoluzione della giurisprudenza teorica e pratica è stata nel senso di estendere la caratterizzazione fiduciaria, con l'applicabilità di parte delle relative regole, a relazioni diverse, riconducibili al modello dell'*agency* o ad altre figure tipiche, proprio appartenenti al mondo finanziario (quali l'*advisor* e il *broker*) connotate da una "minore intensità" dell'affidamento operato, ossia dall'attribuzione al fiduciario di un incarico di assumere decisioni per conto altrui ma con permanente controllo da parte del *principal* delle risorse affidate in gestione.

Se questa è – nella sua semplicità – la fattispecie considerata dalla norma fiduciaria il punto diviene selezionare (così passando al profilo prima indicato *sub b*) gli specifici presupposti *funzionali* che giustificano l'attivarsi della sanzione fiduciaria: in presenza dei quali a una tale situazione viene riconosciuta in ambiente di *common law* la speciale rilevanza ultra-contrattuale di cui si sta discutendo. Di talché, là dove si assuma che la norma interna – nel nostro caso, la moderna disciplina delle regole di condotta degli intermediari – sia legata ai medesimi presupposti, divenga giustificato il dubbio se non potersi qualificare allo stesso modo come tecnicamente *fiduciaria* la relazione oggetto di disciplina e ritenerla conseguentemente assoggettata a principi e regole non senz'altro coincidenti a quelli che deriverebbero dal relativo inquadramento in termini contrattuali.

A tale riguardo, va notato che, secondo quanto evidenziato dalla *fiduciary doctrine*, la vigenza della "norma fiduciaria" e l'attivabilità della relativa sanzione sono legate alla circostanza che l'adempimento dell'incarico fiduciario risponde a un interesse non esclusivo delle parti della relazione in parola: più precisamente essendo generalmente percepite nell'ordinamento sia l'esigenza a un utilizzo in qualche modo controllato dei beni, una volta affidati, sia quell'altra a che i privati in sé siano indotti a ricorrere a monte al meccanismo di affidamento delle proprie risorse all'altrui gestione. La norma fiduciaria così tipicamente interviene allorché il comportamento affidato o l'affidamento in sé assumono importanza su di un piano, non più soltanto individuale, bensì *sociale*. Può dirsi anzi che *fiduciary law* segna l'attribuzione di rilevanza giuridica alla suddetta urgenza sociale: è espressione di un disegno di politica economica inteso alla incentivazione della razionale distribuzione privata delle energie lavorative ed intellettuali in vista di un'efficiente gestione di date risorse produttive.

Tale evidenziazione spiega, così, il tradizionale prevalente accostamento di doveri e poteri fiduciari al settore della *proprietary law*. È evidentemente coerente, infatti, con la funzione sociale dell'istituto proprietario, inteso in senso lato (ossia comprensivo di tutte le figure di diritto positivo attributive di diritti privati esclusivi sui beni), l'idea di un indiretto controllo ordinamentale sull'uso individuale delle risorse patrimoniali, affinché si assicuri il rispetto dei limiti derivanti da detta matrice funzionale: nella specie destinato a scattare allorché nei confronti di un tale uso, in ragione del suo affidamento a un soggetto terzo rispetto al titolare del relativo bene, non operi la spontanea "valvola di sicurezza" contro il *moral hazard* data dall'imputazione al proprietario di vantaggi e rischi.

Quest'ultima considerazione segnala poi la naturale "extraterritorialità" della logica fiduciaria, difficilmente segregabile, ove adeguatamente compresa, all'interno dei confini spaziali dell'ordinamento in cui l'istituto è stato elaborato. Ogni qual volta si ritenga conforme ai principi di un ordinamento riconoscere valore sociale all'affidamento ad altri di poteri esclusivi o determinanti su beni, e non si creda che la sanzione corrispondente a detto valore comporti un'inammissibile ferita al principio di autonomia (come da noi gli artt. 41, comma 2, e 42, comma 2, Cost. consentono senz'altro di escludere), non si può non sollevare il dubbio circa esistenza e contenuti di una norma fiduciaria. Per questo, chi scrive ha altrove ritenuto: che esattamente alla logica di cui si sta discutendo (e non al settore della responsabilità da illecito) dovrebbe ricondursi nel nostro sistema il gravoso dovere di diligenza del possessore convenuto in rivendicazione (art. 1148 cod. civ.); e che il medesimo ordine di interessi giustifica il dovere dell'*accipiens* in mala fede di cosa ricevuta indebitamente, allorché questa sia stata alienata a terzi, di restituirla in natura o corrisponderne il valore (v. art. 2038, comma 2, cod. civ.).

Ma al di là del problema di scorgere tracce di rilevanza fiduciaria nel nostro sistema civilistico *generale*, è chiaro l'esito cui conducono le osservazioni svolte: la possibilità di inquadrare la relazione tra intermediario e cliente nella categoria fiduciaria, e di prospettare quindi la concreta applicabilità delle corrispondenti regole, transita dalla verifica dei limiti entro i quali la disciplina italiana ed europea dei servizi di investimento riguardi ipotesi di affidamento a terzi di poteri esclusivi o determinanti su risorse patrimoniali altrui e sia fondata sul riconoscimento di un valore sociale e non meramente individuale, nel senso prima riferito, alla realizzazione del relativo compito.

4.1. *L'emersione della caratterizzazione fiduciaria nell'evoluzione della disciplina dei servizi di investimento. Il modello originario.* – Precisate, nel modo appena indicato, le coordinate di base dell'indagine in corso, la caratterizzazione fiduciaria della relazione cliente-intermediario, come considerata dall'attuale normativa a essa dedicata, non sembra possa essere negata. Una tale conclusione, infatti, si rende evidente essenzialmente dall'analisi dell'evoluzione della moderna disciplina dei servizi di investimento, quale derivante dalla emanazione ed attuazione dei provvedimenti normativi dell'UE in materia.

Si è già ricordato come l'intervento normativo compiutosi in epoca moderna in materia di servizi di investimento sulla spinta del processo di armonizzazione europeo è stato originariamente ispirato da tutt'altro modello rispetto a quello fiduciario, in particolare connotato dal ricorso allo strumento della trasparenza. Più in particolare, nell'idea che per agevolare lo sviluppo del mercato finanziario attraverso la naturale spinta concorrenziale l'investitore debba essere messo in condizioni di giudicare e scegliere i prodotti offerti dalle imprese (così operandone la migliore selezione sulla base dei parametri del prezzo e della qualità), era stata emanata l'iniziale Direttiva sui servizi di investimento (c.d. Direttiva ISD 93/22/CEE), poi fedelmente seguita dai vari provvedimenti attuativi all'interno degli Stati membri (da noi, il richiamo va operato al d.lgs. 23 luglio 1996, n. 415, c.d. decreto Eurosim): la quale appunto, da un lato, gravava gli intermediari di oneri informativi intesi a rendere edotti gli investitori delle caratteristiche dei prodotti offerti, dall'altro, prevedeva ipotesi di esenzione dalla concreta applicabilità di norme di maggior tutela dell'investitore legate alla presenza di dichiarazioni formali da parte di quest'ultimo.

Il modello relazionale che era così sotteso alle norme in questione può definirsi opposto a quello fiduciario. Lungi dall'immaginarsi un investitore chiamato unicamente a delegare ogni scelta a un intermediario, al quale chiedere di farsi carico dell'interesse del primo per realizzarlo al meglio, si profilava un cliente costretto a verificare scrupolosamente gli elementi dell'affare propostogli e invitato a dotarsi di armi idonee alla protezione dei propri interessi anche contro il rischio di altrui tranelli o abusi. In sostanza, all'investitore doveva pervenire il suggerimento esattamente contrario a quello del ricorso a "mani fidate". Piuttosto che "lasciati guidare da chi ha competenza e professionalità per badare ai tuoi interessi", il messaggio era: "non ti fidare mai: verifica cosa ti viene proposto sulla base delle informazioni che l'intermediario deve obbligatoriamente fornirti, valuta tu se corrisponde ai tuoi interessi e solo allora decidi di comprare".

È noto come un tale modello non abbia funzionato. Esso ha palesato una nettissima distanza tra formalizzazione del rapporto e sua reale sostanza. Come da più parti sottolineato, da una parte, gli investitori – soprattutto i risparmiatori – hanno manifestato una naturale inidoneità ad assumere quel ruolo di contraente consapevole e accorto, capace di badare a se stesso, che l'astratto modello appena ricordato loro assegnava; dall'altra, gli intermediari si sono sentiti normativamente autorizzati dal sistema di trasparenza a provare a collocare prodotti non corrispondenti alla reale domanda intercettata o sollecitata. Col risultato che la massa dei risparmiatori ha comunque – trascurando le armi contrattuali che gli venivano conferite – di fatto riposto ugualmente fiducia in banche e sim: una fiducia che è stata puntualmente tradita allorché i vari *bond* e derivati propinati hanno mostrato effettivi contenuti e qualità. Così, la domanda generale di prodotti finanziari ha subìto inevitabilmente un contraccolpo, come pure il processo di corretta canalizzazione delle risorse verso l'impresa: concretizzandosi davvero un clamoroso fallimento di politica legislativa.

Del resto, non poteva essere diversamente. Il modello prefigurato dalla Direttiva ISD trascurava del tutto gli ammonimenti della dottrina americana che aveva in passato avvisato della ontologica diversità tra la relazione contrattuale e quella fiduciaria, non superabile con la sottoposizione al privato di una mera *quaestio voluntatis*, di una scelta volontaria tra le due prospettive. Se il meccanismo fiduciario (e il correlato rischio, da scongiurare, di una fiducia tradita) opera ogni volta in cui qualcuno si trovi *in fatto* nella posizione di scegliere per altri, avendone ricevuto delega (e nei margini della delega ricevuta), per evitare quel meccanismo nel contesto della relazione cliente-intermediario occorre del pari agire *sull'effettività*: rimuovere quest'ultimo dalla posizione di fatto (di depositario dell'altrui affidamento) in cui è naturalmente destinato a trovarsi. A questo fine, non basta certo limitarsi a esigere dichiarazioni *negoziali* dal cliente; né mai può soccorrere la vuota sottoscrizione di moduli carichi di informazioni che non verranno mai lette o comprese: occorrerebbe in effetti creare le condizioni perché l'investitore comprenda e valuti il prodotto che gli viene proposto. Ciò che è però irrealistico accada, specie con la frequenza presupposta da quell'ideale sviluppo concorrenziale del mercato che si intendeva promuovere. Sicché l'unico sistema che consenta di immaginare che il risparmio venga comunque investito in conseguenza di un'adeguata intermediazione è quello di prefissare le condizioni perché si realizzi – non una diretta negoziazione delle operazioni, da parte dei risparmiatori, bensì – una efficiente e corretta delega fiduciaria della definizione o attuazione delle decisioni di investimento.

4.2. *La MiFID e il passaggio dalla trasparenza alla fiducia.* – È considerazione diffusa quella per cui il legislatore della MiFID ha preso dunque atto dell'insuccesso dell'originaria strategia normativa, e ha voluto porvi riparo, radicalmente innovando il precedente modello di intervento: ora presupponendo che il fine fondamentale della tutela dell'investitore può essere perseguito non fornendogli informazioni per un migliore confezionamento dei propri contratti, bensì assecondando il naturale processo di affidamento dell'interesse di investimento nelle mani di soggetti competenti, chiamati a contribuire in modo decisivo alla stessa scelta negoziale del cliente, assumendosene correlativamente la responsabilità. Le nuove norme, centralmente elaborate all'interno della Direttiva MiFID 2004/39/CE e variamente recepite nei singoli ordinamenti, non mirano così più – finalmente, potrebbe dirsi – a cancellare l'affidamento, piuttosto recependone lo svolgersi all'interno della dinamica concorrenziale.

Al riguardo, assume rilevanza centrale l'istituto della *adeguatezza*, come noto previsto in relazione ai servizi della gestione di portafogli e della consulenza (cfr. art 40 Reg. Intermediari; e, ora, art. 54 ss. Regolamento (UE) 2017/565). Con lo stabilire che all'intermediario spetta di comprendere propensione a rischio e obbiettivi dell'investitore si presuppone il più classico schema fiduciario: detto intermediario deve sostituirsi nella scelta al cliente, in coerenza con la circostanza che si tratta di un tipo di rapporto che strutturalmente comporta un totale affidamento da parte del titolare dell'interesse all'investimento e impone che il fiduciario ne faccia proprie le relative scelte.

È coerente tuttavia col modello in osservazione pure la regola di appropriatezza, dettata a proposito dei servizi diversi da quelli appena sopra ricordati. Infatti, anche là dove la struttura del programma negoziale non comprende una delega ad altri a monte in sé delle decisioni di investimento, da parte del cliente, per definizione già operate da quest'ultimo nei servizi in questione (ricezione e trasmissione di ordini di investimento; relativa esecuzione), l'intermediario è chiamato a ricevere una – per quanto certo più contenuta – investitura fiduciaria nella prospettiva della *attuazione* delle medesime scelte. Una tale attuazione, infatti, implica comunque un controllo di conformità dell'operazione all'interesse primario del cliente, di nuovo in fatto legittimamente presupposto dalle norme MiFID, le quali ne fanno coerentemente derivare obblighi di raccolta di informazioni circa la competenza ed esperienza del cliente, rispetto a cui misurare la congruità dell'operazione proposta e con conseguente avviso in caso di esito negativo del controllo operato.

Si riscontrano pienamente, pertanto, nel sistema MiFID, risaltando in modo particolare nel raffronto col diverso impianto previgente, i presupposti della relazione fiduciaria. Le nuove norme lungi dall'indirizzare i risparmiatori verso l'(innaturale) assunzione individuale di decisioni di investimento autonome *sottendono l'affidamento di poteri di scelta decisivi o determinanti agli intermediari*; i quali non possono più rinnegare il proprio ruolo – inducendo come in passato i clienti a dichiararsi operatori qualificati – e anzi, pur di perseguire l'interesse dell'investitore sono tenuti a rifiutare (se inadeguati) o sconsigliare (ove inappropriati) la stipula di contratti reputati non corrispondenti al profilo sostanziale concretamente assistito. Così, il dovere di perseguire rigorosamente l'interesse del cliente, non solo viene formalizzato in termini inequivocabili ma è reso senz'altro effettivo.

Tutte queste regole, inoltre, sono dichiaratamente funzionali a un fine che non è unicamente individuale. Esso non si risolve, sebbene spesso lo sia stato sostenuto, in una eccezionale paternalistica protezione del patrimonio del singolo investitore, accompagnato per la mano nell'esercizio del proprio potere di autonomia: ciò che sarebbe del resto singolare in un contesto esclusivamente governato dal corrispondente principio (art. 41, comma 1, Cost.; art. 1322 cod. civ.). Nel sistema MiFID la tutela degli investitori è dichiaratamente in rilievo come tutela *di un gruppo sociale*, di un insieme di persone portatrici di provvista finanziaria. Soprattutto, l'interesse considerato è la *protezione oggettiva del risparmio*, seppure in vista della sua potenziale canalizzazione verso l'impresa. Emerge chiaro, cioè, come il principio di riferimento, almeno dal lato delle regole base del sistema interno, non è l'art. 41, comma 1 (neppure collegato all'art. 2), bensì semmai l'art. 41, comma 2, o meglio ancora l'art. 47 comma 1, Cost.

4.3. *I riflessi applicativi del nuovo inquadramento.* – Le conseguenze sul piano applicativo dell'inquadramento operato sono potenzialmente straordinarie e di fatto teoricamente in grado di riorientare il dibattito in tema di "risparmio tradito". La loro accettazione presuppone, certo, l'assunzione di una nuova logica, conseguente all'accoglimento di una dogmatica fin qui pressoché sconosciuta e alternativa a quella consueta, basata sul contratto; tuttavia, gli esiti pratici sostanziali conseguenti a una tale operazione appaiono adeguati agli interessi rappresentati (aggirandosi anzi gli ostacoli su cui si sono scontrati dottrina e giurisprudenza tradizionali): sì che, per chi scrive, vale senz'altro la pena di avventurarsi nel nuovo (benché incerto) percorso così ipotizzabile, di cui possono pertanto di seguito abbozzarsi le prime coordinate.

Come evidenziato, la creazione di una relazione fiduciaria è caratterizzata dalla circostanza di dare vita a obbligazioni gravanti *ex lege* sul fiduciario, poste a salvaguardia dell'affidamento. La tradizionale elaborazione di *common law* (sulla scorta dell'antica giurisprudenza di *equity*) identifica al riguardo il fondamentale dovere di *loyalty*, arricchito da quello di *care*.

Si tratta di doveri che, a differenza di quanto accade in ambito contrattuale, sono orientati alla protezione della oggettiva integrità di un *patrimonio* (o di date risorse patrimoniali), là dove debba curarsene una certa destinazione. Così, il dovere di lealtà, ossia di agire nel solo ed esclusivo interesse del *principal*, segnala che il fiduciario, là dove gli sia conferito un potere di disposizione di beni altrui, gode di una legittimazione la quale è rigorosamente vincolata al perseguimento dell'interesse "affidato", come definito e regolato in sede di assunzione formale del relativo potere. Con la conseguenza che la violazione del dovere in parola, con ad es. l'utilizzo delle risorse per scopi non consentiti dall'interesse concretamente configurato, comporta la possibilità per il *principal* di agire per la riduzione in pristino del patrimonio affidato: e ciò con un rimedio che può, a scelta di chi agisce e in dipendenza della situazione di fatto esistente, avere a oggetto o una restituzione o una prestazione compensativa del relativo valore. Allo stesso modo, il dovere di *care*, poiché derivante dalla "presa in carico" da parte del fiduciario di un'istanza sociale verso un'amministrazione adeguata all'interesse oggetto di affidamento, attiene precipuamente alla cura *in sé* del patrimonio affidato, più che alla predisposizione degli strumenti per il conseguimento di un dato intento negoziale.

Ciò detto, non sembra azzardato ritenere che possano adottarsi analoghi parametri nell'ordinamento finanziario interno per valutare il comportamento degli intermediari nei servizi di investimento e sanzionare le eventuali violazioni dai medesimi operate in relazione ai relativi obblighi di condotta. Punto di partenza, al riguardo, facendo riferimento alla normativa italiana, non può che essere l'art. 21 t.u.f., norma che chiaramente identifica la spina dorsale della posizione dell'intermediario, là dove si rende esplicito che ogni obbligo di comportamento è previsto a carico dello stesso "per servire al meglio l'interesse dei clienti e per l'integrità dei mercati". Se ne ricava che l'assunzione dell'altrui interesse è il presupposto fondante il riconoscimento di ogni potere all'ente, da cui in via esecutiva scaturiscono gli obblighi accessori di diligenza trasparenza e correttezza. E ancora ne discende che il rispetto dei principi di adeguatezza e appropriatezza, nei termini descritti dagli artt. 40 ss. Reg. Emittenti, rappresenta la condizione procedurale necessaria affinché possa verificarsi la stessa presa in carico dell'interesse del cliente da parte dell'intermediario e la conseguente legittimazione di questi alla disposizione o amministrazione della provvista predisposta dal cliente per la realizzazione della data operazione di investimento. La mancata osservanza di quella procedura comporta pertanto l'inefficacia dell'attribuzione di quella legittimazione e l'impossibilità di giustificare l'eventuale prestazione di risorse effettuata dal cliente all'intermediario o su indicazione del medesimo quale somministrazione dei mezzi per l'esecuzione del mandato (ai sensi dell'art. 1719 cod. civ.): dovendo invece considerarsi alla stregua di un vero e proprio *indebito*.

Ne segue, evidentemente, che l'assunzione dell'inquadramento fiduciario conduce a ritenere che la violazione dei doveri di adeguatezza e appropriatezza giustifica un'*azione restitutoria* del cliente, tesa a rimediare al problema della concreta assenza dei presupposti alla stregua dei quali avrebbe potuto operarsi *la formazione* del rapporto, con l'immissione dell'intermediario nel possesso (in caso di servizi soggetti ad adeguatezza) o nella detenzione (per gli altri servizi) delle risorse oggetto di affidamento. E una tale azione potrà fondarsi sul piano disposto, a seconda dei casi, degli artt. 2033 o 2038, comma 2: strumenti che davvero poco si distinguono dai *personal remedies* che competerebbero al *principal* dinnanzi alle violazioni del *fiduciary* in ambiente *equity*.

Quanto, poi, al problema dell'*attuazione* del rapporto, e dunque del giudizio sul merito degli investimenti operati per il tramite dell'intermediario, là dove le relative risorse dovessero invece essere state legittimamente affidate (e dunque nel rispetto delle procedure di adeguatezza e appropriatezza), la riconduzione alla legge del titolo degli obblighi di diligenza, trasparenza e correttezza, nonché dello stesso dovere di evitare situazioni di conflitto di interesse, consente di prospettare un seppur parziale allontanamento della disciplina applicabile rispetto a quella che seguirebbe dall'ordinaria caratterizzazione contrattuale. E il tema è evidentemente quello – qui nemmeno lontanamente esplorabile – della delineazione delle peculiarità (certo non esauribili nel pur significativo precetto di cui all'art. 23, comma 6, t.u.f.) che da una tale caratterizzazione legale possano discendere: argomento sul quale spunti fondamentali potrebbero essere tratti, evidentemente, dall'osservazione comparata della giurisprudenza sviluppatasi in tema di *duty of care* e *loyalty* del *trustee*.

5. *La MiFID II e il perfezionamento del modello.* – Come noto, MiFID II (con ciò intendendosi fare riferimento all'intero pacchetto normativo emanato a livello dell'UE nel 2014) rappresenta l'ultima evoluzione dell'intervento normativo promosso dall'UE in vista della creazione di un mercato finanziario efficiente.

Se la Direttiva MiFID era stata pensata per perfezionare il meccanismo di protezione del risparmio coinvolto nella sollecitazione concorrenziale degli investimenti, l'avvento dell'evoluzione tecnologica e della crisi ha poi mostrato come gli accorgimenti del passato erano stati insufficienti a impedire una diffusione incontrollata di prodotti rischiosi e inappropriati: i quali avevano continuato a frenare il processo di piena tutela degli investitori e per questa via di promozione di una canalizzazione dei relativi investimenti realmente adeguata a un mercato competitivo, oltre che mettere a rischio stabilità e integrità del mercato. Mentre la disciplina di *product intervention*, essenzialmente riguardante l'ultimo profilo segnalato, fuoriesce dallo spazio del presente contributo, merita invece attenzione in questa sede la corposa integrazione delle regole di condotta degli intermediari attuata con MiFID II, la quale segna un nuovo passaggio della disciplina esaminata di indubbia importanza sistematica e senz'altro in particolare rilevante in relazione al tema qui indagato.

Sul punto, va osservato anzitutto che MiFID II può dirsi completare la vicenda della riconfigurazione in senso fiduciario della relazione individuale intermediario-cliente, iniziata con la disciplina MiFID. Rilevano al riguardo le nuove previsioni in tema di *inducements*, soggette a una regola di generale divieto (soggetta a limitate eccezioni). Per un verso, è infatti stabilito, nell'art. 52 Reg. Emittenti (ma v. prima ancora la Direttiva), che "gli intermediari non possono, in relazione alla prestazione di un servizio di investimento o accessorio, pagare o percepire compensi o commissioni oppure fornire o ricevere benefici non monetari a o da qualsiasi soggetto diverso dal cliente". Per un altro, è soprattutto da evidenziare come sia positivizzato un obbligo di riversamento agli investitori dei "compensi, le commissioni o i benefici monetari o non monetari percepiti per la prestazione del servizio di investimento o del servizio accessorio": prospettandosi così in capo agli intermediari un dovere che sembra ricalcare il più classico *duty to account* del *trustee*, cui corrisponde appunto il diritto del *beneficiary* di far computare nel patrimonio gestito tutti i guadagni percepiti dal fiduciario nell'amministrazione dei beni affidati (anche in totale assenza di danno per il cliente) e in spregio all'obbligo di agire nel solo interesse del patrimonio affidato.

Ciò detto, va tuttavia ulteriormente evidenziata la speciale rilevanza sistematica delle nuove previsioni in tema di c.d. *product governance*, il cui perno è oggi individuabile nell'art. 21, comma 2-*bis*, t.u.f., ai sensi del quale "quando realizzano strumenti finanziari per la vendita alla clientela, i soggetti abilitati alla prestazione dei servizi e delle attività di investimento fanno sì che tali prodotti siano concepiti per soddisfare le esigenze di un determinato mercato di riferimento di clienti finali individuato all'interno della pertinente categoria di clienti e che la strategia di distribuzione degli strumenti finanziari sia compatibile con i clienti target. I soggetti di cui al presente comma adottano inoltre misure ragionevoli per assicurare che lo strumento finanziario sia distribuito ai clienti all'interno del mercato target".

Con tale disposizione si assiste a un "arretramento topografico" dell'intervento normativo, non più operato solo a livello del *contratto* con l'intermediario, ma relativo ora al *programma* di attività commerciale e le relative regole organizzative: le quali subiscono un'integrazione nell'ottica della cura di una rigorosa coerenza dell'attività svolta col ruolo di razionale collettore degli investimenti affidato agli intermediari nel disegno concorrenziale del mercato finanziario. Vi è quindi, sottesa alle nuove norme, una sorta di istituzionalizzazione della posizione di tali soggetti all'interno della generale dinamica del mercato: ruolo che sembra a sua volta potersi definire come fiduciario, in quanto appunto deputato ad adeguatamente gestire il processo di utilizzo di altrui risorse in ottica produttiva.

La lettura della evoluzione normativa in commento sul piano della sua rispondenza all'impianto costituzionale sembra denunciare un più convinto passaggio, forse sulla spinta della globalizzazione, dalla prospettiva della tutela statica del risparmio nel contesto di mercato, tipicamente riferibile al comma 1 dell'art. 47 Cost, a quella di una sua visione quale fondamentale risorsa energetica del mercato stesso, da proteggere nel momento dinamico della canalizzazione verso l'impresa, allo stesso tempo favorendo il processo in parola ma anche guidandone il percorso in termini efficienti: in un'ottica dunque riconducibile all'art. 47, comma 2, Cost.

Sul piano, invece, della spiegazione delle nuove previsioni al livello sistematico inferiore, col relativo collocamento nell'ambito delle tradizionali categorie della dogmatica civilistica il fenomeno, così evocato, è particolarmente complesso, ed è pertanto possibile qui dedicarvi solo parzialissime notazioni critiche.

Il dato più eclatante pare la definitiva presa d'atto intervenuta a livello normativo della insufficienza della prospettiva contrattuale a pienamente realizzare il modello economico presupposto – e dunque adottato – a livello sia europeo che italiano, per quanto esso sia come visto sempre basato (più che mai) sull'economia di mercato e l'incentivazione del suo sviluppo attraverso il meccanismo concorrenziale. Anzi, all'interno di un tale modello il contratto perde del tutto quella centralità che gli è stata modernamente attribuita nel contesto della impostazione liberale e neo-liberale, per diventare la punta periferica di una determinazione la quale trova riconosciuto invece il suo cuore nella *definizione delle regole organizzative dell'attività*, nelle scelte cioè assunte dall'imprenditore all'interno del programma di combinazione dei fattori produttivi e in coerenza con quello. L'autonomia negoziale, pertanto, non scompare, ma assume il ruolo – davvero ben più ridotto che in passato – di segmento collocato all'interno e ai confini del processo di *realizzazione* dell'attività programmata, di motorino periferico utile (solo) per l'effettiva e concreta attrazione al contesto produttivo di risorse astrattamente prefigurate altrove, ossia in sede di determinazione autoregolamentare.

Vi è in tal modo, se vogliamo, uno sdoppiamento della rilevanza del contratto. Da un lato, a esso è proprio quell'efficacia consueta, atomistica, microeconomica, in cui si svolge l'ordinaria vicenda, in sé completa, di costituzione, modifica o estinzione di una relazione patrimoniale (qui assistita dalla dinamica fiduciaria che si è avuto modo di descrivere in precedenza). È infatti per effetto della determinazione contrattuale che le risorse da investire fuoriescono dalla sfera individuale del cliente per ricevere la nuova destinazione loro impressa: per entrare nella fucina della produzione d'impresa. Dall'altro, i contratti stipulati partecipano della rilevanza dell'attuazione del regolamento d'impresa, vicenda stavolta cellulare e macroeconomica – di cui la porzione data da ciascun singolo negozio compone solo un minuscolo frammento – intesa alla realizzazione del generale processo produttivo di valore: processo che viene *organizzato* all'interno dell'impresa ai fini dell'imputazione del relativo risultato complessivo, e che deve muoversi entro i confini oggi tracciati con rigore dal legislatore perché sia garantito il raggiungimento degli obbiettivi di mercato normativamente perseguiti.

In tale contesto, per quanto qui interessa si segnalano soprattutto due nuovi ordini di problemi.

A) Il primo riguarda il chiarimento del tipo di relazione che debba ritenersi intercorrere tra gli effetti previsti nei due piani, contrattuale e organizzativo, appena indicati. E il punto è in particolare comprendere se ed entro quali limiti possa prospettarsi che una violazione della regola di *product governance* prima riportata, tipicamente organizzativa, possa reagire a livello contrattuale: o escludendo che il negozio posto in essere (ad es. in un mercato da giudicare inadeguato al tipo di prodotto finanziario concretamente intermediato) possa mai superare il controllo di adeguatezza/appropriatezza; o comunque rendendo tale controllo – anche là dove concretamente destinato ad avere esito positivo – di per sé non suscettibile di reggere un valido ed efficace affidamento di risorse all'intermediario.

Il punto è certo collegato a quello del generale chiarimento della disciplina del rapporto tra contratto e organizzazione, in particolare avendo riguardo al problema specifico se i vizi funzionali dell'organizzazione (quali sono ad es. appunto quelli derivanti dall'inosservanza di regole sulla cura degli assetti d'impresa) possano ritenersi produrre conseguenze sul piano "reale" delle relazioni esterne, ossia dei presupposti della legittimazione della società a contrarre con i terzi, potenzialmente comportando un vizio di invalidità dei negozi così eventualmente stipulati. In sé, si tratta di una questione non esclusivamente riferibile al settore qui in osservazione: la novità della MiFID II sta unicamente nell'inserimento (forse non ancora realizzato nel contesto creditizio), tra i parametri dell'adeguatezza degli assetti organizzativi (ai quali fa generale riferimento, come noto, l'art. 2381, comma 3), di quello specifico di cui al citato art. 21, comma 2-*bis*, t.u.f., rivolto a curare la congruità finale tra prodotto e cliente. Sul tema, su cui non constano significativi interventi in letteratura e dunque ancora tutto da indagare, basterà qui segnalare che uno spunto nella direzione dell'indipendenza dei due livelli sembra pervenire dal diritto societario, e in particolare dall'art. 2332, comma 2, cod. civ., ai sensi del quale la violazione della regola organizzativa, anche quando produttiva di nullità, "non pregiudica l'efficacia degli atti compiuti in nome della società dopo l'iscrizione nel registro delle imprese".

B) Alla conclusione appena prospettata è pure legata la seconda questione che viene a delinearsi. Specie ove si neghi, infatti, che la violazione della citata regola di *product governance* possa produrre conseguenze a livello dell'efficacia dei contratti periferici comunque stipulati, sorge il dubbio circa i termini entro i quali la mancata osservanza del precetto di legge in commento non possa allora fondare una qualche responsabilità dell'intermediario o dei suoi amministratori verso la clientela presso cui il dato prodotto è stato collocato, là dove da tale collocamento a questa sia comunque derivato un danno.

Sul punto, l'idea che le nuove norme implichino una responsabilizzazione "di sistema" dell'intermediario, quale affidatario dell'adeguata canalizzazione verso il mercato delle risorse finanziarie diffuse presso la massa dei risparmiatori, pare aprire il campo alla domanda – senz'altro stimolante e di nuovo da potersi approfondire solo in altre sedi – circa la configurabilità di una responsabilità fiduciaria *sociale* di tale soggetto. Per meglio comprendere il rilievo, occorre scomporre l'espressione appena utilizzata (responsabilità fiduciaria sociale) prendendo separatamente in considerazione i due attributi utilizzati.

Il riferimento, così, in primo luogo, al carattere *fiduciario* della responsabilità in questione vale a prospettarne una riconduzione alla violazione di uno specifico dovere legale imposto all'intermediario, e per il suo tramite ai relativi amministratori, di rispetto, nella predisposizione degli assetti d'impresa, della preordinazione dei medesimi all'assunzione del compito di canalizzazione fiduciaria delle risorse dei risparmiatori verso investimenti a esse adeguati. In tale ottica, in altre parole, l'art. 21, comma 2-*bis*, t.u.f. precisa che il perseguimento dello scopo lucrativo per il tramite dell'intermediazione di altrui risorse finanziarie si può muovere solo nel presupposto della corretta intercettazione di tali risorse: il che significa (anche) attraverso una struttura a ciò adeguata. Quale sia, ciò detto, lo sbocco finale di una tale lettura, in termini di concreto rimedio applicabile, non è affatto conclusione immediata. Pare tuttavia che, nell'ipotesi in cui consti l'inadeguatezza del prodotto concretamente collocato presso il cliente, la quale segua alla mancata cura del generale processo di individuazione del mercato di riferimento e/o coerente distribuzione del relativo prodotto imposto dall'art. 21, comma 2-*bis*, una responsabilità dell'intermediario sia in effetti prospettabile, di tipo aquiliano (eventualmente concorrente con quella contrattuale, del solo distributore, conseguente agli inadempimenti accertati degli obblighi connessi al servizio svolto), per il fatto stesso del suddetto collocamento, in misura pari al danno eventualmente subito dal cliente per effetto dell'acquisto operato. E ciò in quanto l'evidenziata *ratio* di istituzionalizzazione del ruolo fiduciario degli intermediari spinge a profilare una loro posizione di salvaguardia nei riguardi di un interesse che può dirsi costituzionalmente protetto ai sensi del ricordato art. 47, comma 2, Cost., integrandosi per tale via il requisito dell'ingiustizia del danno imposto dall'art. 2043 cod. civ. Dal punto di vista degli amministratori (di *manifacturer* e *distributor*), il dubbio è invece se non possa configurarsi un dovere di salvaguardia nei confronti di quei terzi contraenti che abbiano acquistato il dato prodotto "incongruo", con il conseguente attivarsi, piuttosto che alla responsabilità prevista nell'art. 2395 cod. civ. (o in aggiunta rispetto alla stessa), di quella verso i creditori sociali di cui all'art. 2394 cod. civ.

Il rilievo, in secondo luogo, della connotazione *sociale* della responsabilità vale a evidenziare come la titolarità dell'interesse protetto potrebbe non considerarsi esclusivamente riferibile al singolo investitore danneggiato, dato il coinvolgimento della tutela costituzionale del risparmio e della sua efficiente canalizzazione (art. 47, commi 1 e 2, Cost.). Ne segue l'interrogativo di chiusura se non debba ritenersi che il reale soggetto colpito, nei confronti del quale debba dirsi sorgere a rigore la responsabilità, sia una *comunità sociale*, qui da considerare l'insieme degli investitori-consumatori: i quali possano trovare al fine in questione rappresentanza nelle associazioni indicate nell'art. 32-*bis* t.u.f. e in una conseguente *class action* dalle medesime instaurata.

Nota bibliografica

AA.VV., *Itinera fiduciae. Trust and Treuhand in Historical Perspective*, Berlin, 1998.

AA.VV., *La fiducia e i rapporti fiduciari. Tra diritto privato e regole del mercato finanziario*, a cura di Ginevra, Milano, 2012.

Adria F., *Innovazione finanziaria, governance del prodotto e distribuzione*, in *Profili evolutivi della disciplina sulla gestione collettiva del risparmio*, a cura di D'Apice, Bologna, 2016, 641 ss.

Austin R.P., *Moulding the Content of Fiduciary Duties*, in *Trends in Contemporary Trust Law*, Oxford, 1996 (rep. 2005).

Awrey D., *Complexity, innovation and the regulation of modern Financial markets*, in 2 *HBLR*, 2012, 236.

Barcellona M., *Mercato mobiliare e tutela del risparmio*, Milano, 2009.

Bogert G. T., *Trusts*, West Publishing Company, 1987.

Brescia Morra C., *Adeguatezza, appropriatezza e mera esecuzione di ordini*, in *L'attuazione della MiFID in Italia*, a cura di D'Apice, Bologna, 2010, 517.

Brodi E., *Dal dovere di far conoscere al dovere di far "comprendere": l'evoluzione del principio di trasparenza nei rapporti tra impresa e consumatori*, in *Banca borsa tit. cred.*, 2011, I, 246.

Busch D., *MiFID II and MiFIR: stricter rules for the EU financial markets*, in *Law and Financial Markets Review*, 2017, 126.

Capriglione F., *Prime riflessioni sulla MiFID II (tra aspettative degli investitori e realtà normativa)*, in *Riv. trim. dir. ec.*, 2015, 72.

Cera M., *Servizi di investimento e regole di condotta degli intermediari: quale quiete dopo la tempesta?*, in *Il testo unico della finanza. Un bilancio dopo 15 anni*, a cura di Annunziata, Milano, 2015.

Cherednychenko O., *Freedom of Contract in the Post-Crisis Era: Quo Vadis?*, 2015, in *ERCL*, 2014, 390.

CHOI S.J.-PRITCHARD A.C., *Behavioural economics and the SEC*, in 56 *Stan L. Rev.*, 2003, 56.

COSTI R., *Il mercato mobiliare*, Torino, 2016.

DALMARTELLO A., *Prospettive dell'affidamento fiduciario nei servizi di investimento: i rimedi*, in *La fiducia e i rapporti fiduciari*, a cura di Ginevra, Milano, 2012.

DE MARI M., *Product governance e product intervention nella Mifid2: dalle regole di comportamento al controllo sui prodotti finanziari?*, in *Riv. dir. impr.*, 673.

DEMOTT D.A., *Beyond Methaphor: an analysis of fiduciary obligation*, in *Dke L. J.*, 1988, 879.

DEMOTT D.A., *Breach of Fiduciary Duty: On Justifiable Expectations of Loyalty and Their Consequences*, 48 *Ariz. L. Rev.*, 925 (2006).

DEMOTT D.A., *Disloyal Agent*, in *Ala. L. Rev.*, 2007, 1049.

DI NELLA L. *Le regole comportamentali nella distribuzione di prodotti finanziari complessi*, in *La MiFID II*, a cura di Troiano-Motroni, Padova, 2016, 113 ss.

DOLMETTA A.A.-MALVAGNA U., *Vicinanza della prova e prodotti d'impresa nel comparto finanziario*, in *Banca borsa tit. cred.*, 2014, I, 659.

FEIN M.L., *Financial Institutions as fiduciaries: managing conflicts of interest in the wealth services business*, SSRN, 2006.

FERRARINI G.-MOLONEY N., *Reshaping order execution in the EU and the role of interest groups: from MiFID I to MiFID II*, in *EBOLR*, 2012, 557.

FINN P., *The Fiduciary principle*, in *Equity, Fiduciaries and Trusts*, Carswell, 1989.

FLANNIGAN R., *The Economics of Fiduciary accountability*, in 32 *Del. J. Corp. L.*, 393 (2007).

FLANNIGAN R., *The Fiduciary Obligation*, in 9 *O.J.L.S.*, 285 (1989).

FRANKEL T., *Fiduciary Law*, Fathom, 2008.

FRANKEL T., *Fiduciary duties as default rules*, in 74 *Or. L. Rev.*, 1209 (1995).

FRANKEL T., *Fiduciary Law*, in 71 *Cal. L. Rev.*, 795 (1983).

FRATI G., *Conflitto d'interessi. Profili evolutivi*, in *Profili evolutivi della disciplina sulla gestione collettiva del risparmio*, a cura di D'Apice, Bologna, 2016, 493 ss.

GAMBARO A., voce *Trust*, in *Digesto delle Discipline Privatistiche. Sezione Civile*, XIX, Torino, 1999.

GINEVRA E., *Premesse a uno studio sulla rilevanza non contrattuale della società*, in *Società, banche e crisi d'impresa*, in *Liber amicorum Pietro Abbadessa*, Torino, 2014.

GINEVRA E., *La fiducia: il fenomeno e le tipologie. Fiducia romanistica, germanistica, anglosassone*, in AA.VV., *La fiducia e i rapporti fiduciari. Tra diritto privato e regole del mercato finanziario*, Milano, 2012.

GINEVRA E., *La partecipazione fiduciaria in s.p.a.*, Torino, 2012.

GUIDI P., *Le regole di comportamento degli intermediari finanziari e i contratti derivati*, in *La fiducia e i rapporti fiduciari*, a cura di Ginevra, Milano, 2012.

LANGEVOORT D.C., *Brokers as fiduciaries*, in *71 U. Pitt. L. Rev.*, 439, 2011, 739.

LANGEVOORT D.C., *Selling hope, selling risk: some lessons for law from behavioural economics about stockbrokers and sophisticated customers*, 84 *Cal. L. Rev.*, 1996, 627.

LENER R.-LUCANTONI P., *Regole di condotta nella negoziazione degli strumenti finanziari complessi: disclosure in merito agli elementi strutturali o sterilizzazione, sul piano funzionale, del rischio come elemento tipologico e/o normativo?*, in *Banca borsa tit. cred.*, 2012, 369.

LUMINOSO A., *Il conflitto di interessi nel rapporto di gestione*, in *Riv. dir. civ.*, 2007, 758.

LUMINOSO A., *Mandato, commissione, spedizione*, in *Trattato di diritto civile e commerciale*, diretto da Cicu e Messineo e continuato da Mengoni, Milano, 1984.

LUPOI M., *Istituzioni del diritto dei trust e degli affidamenti fiduciari*, Padova, 2010.

MAFFEIS D., *Le stagioni dell'orrore in Europa: da Frankenstein ai derivati*, in *Banca borsa tit. cred.*, I, 2012, 280.

MALVAGNA, *Obblighi di consulenza, assistenza, astensione*, in *La trasparenza bancaria venticinque anni dopo*, a cura di A. Barenghi, Napoli, 2018, 211 ss.

MAUGERI M., *Proxy advisors, esercizio del voto e doveri "fiduciari" del gestore, in Profili evolutivi della disciplina sulla gestione collettiva del risparmio*, a cura di D'Apice, Bologna, 2016, 667 ss.

MEZZANOTTE F., *Regulation of Business-Clients Relationships through 'Organisational Law'*, in *European Review of Contract Law*, 2017, 123.

MINNECI U., *Servizi di investimento e gradazione dei clienti*, Milano, 2013.

MOLONEY N., *Eu Securities and financial markets regulation*, 3rd, Oxford, 2014, 770.

MOLONEY N., *How to protect investors. Lessons from the EC and the UK*, Cambridge, 2010.

MORERA U., *Psicologia dell'investitore retail e disciplina di protezione*, in *Il testo unico della finanza. Un bilancio dopo 15 anni*, a cura di Annunziata, Milano, 2016.

MÜLLER M.W., *Does legal innovation cope with financial innovation? Product intervention powers in the post-crisis Eu financial markets regulation*, in 2 *Edinburgh Student L. Rev.*, 2013-2015.

PALERMO G., *L'autonomia negoziale*, Torino, 2011.

PENNER J., *The Law of Trusts*, Oxford, 2008.

PERRONE A., *Servizi di investimento e regole di comportamento. Dalla trasparenza alla fiducia*, in *Banca borsa tit. cred.*, I, 2015, 31.

PERRONE A., *Mercato all'ingrosso e regole di comportamento*, in *Riv. soc.*, 2010, 525.

PERRONE A.-VALENTE S., *Against all odds: investor protection in Italy and the role of courts*, in *EBOR*, 2012, 42.

PURPURA L., *L'evoluzione fiduciaria dei doveri di comportamento dell'intermediario nella prestazione dei servizi di investimento alla clientele al dettaglio*, in *Banca borsa tit. cred.*, 2013, I, 222.

SACCO GINEVRI A., *Il conflitto di interessi tra intermediari finanziari e clienti nella MiFID II*, in *La MiFID II*, a cura di Troiano-Motroni, Padova, 2016, 471 ss.

SALERNO M.E., *La disciplina in materia di protezione degli investitori nella MiFID II: dalla disclosure alla cura del cliente?*, in *Dir. banca merc. fin.*, I, 2016, 437.

SCOTT A.W., *The Fiduciary principle*, in 37 *Cal. R. Rev.*, 539 (1949).

SCOTT A.W.-FRATCHER W.F.-ASCHER M.L., *Scott and Ascher on Trusts*, Aspen, 2006.

SIMONETTI A., *La giurisprudenza milanese sulle regole di comportamento degli intermediari*, in *La fiducia e i rapporti fiduciari*, a cura di Ginevra, Milano, 2012.

TROIANO V., *La* product governance, in *La MiFID II*, a cura di Troiano-Motroni, Padova, 2016, 213 ss.

TUCCI A., *Servizio e contratto nel rapporto tra intermediario e cliente*, in *I contratti del mercato finanziario*, a cura di Gabrielli-Lener, 1, Torino, 2011.

WATT G., *Trust & Equity*, Oxford, 2016.

WILLEMAERS S., *Product intervention for protection of retail investors: a European perspective*, SSRN, 2013.

WORTHINGTON S., *Fiduciary duties and proprietary remedies: addressing the failure of equitable formulae*, in *Cambridge L. J.*, 2013, 720.

GESTIONE DELL'INVESTIMENTO E RESPONSABILITÀ

di *Giuseppe Ferri* jr

SOMMARIO: 1. Premessa. – 2. Il fondo comune di investimento. – 3. La responsabilità patrimoniale. – 4. La responsabilità per danni. – 5. Conclusioni.

1. *Premessa.* – Negli ultimi tempi è dato registrare in ordine alla figura dei fondi comuni di investimento, alla quale sono circoscritte le presenti riflessioni [1], un rinnovato interesse da parte sia della giurisprudenza, anche di legittimità, sia della dottrina, sollecitata, oltre che dalla prima, dalla continua evoluzione dell'ordinamento [2]: una delle aree problematiche applicativamente più rilevanti, e nel contempo ricostruttivamente più delicate, è quella relativa alla responsabilità, intesa nella duplice accezione di *responsabilità patrimoniale* e di *responsabilità per danni*.

Si allude, in particolare, da un lato all'attuazione della garanzia patrimoniale

---

[1] Che riprendono quelle avanzate nel più ampio lavoro dal titolo *L'incapienza dei fondi comuni di investimento tra responsabilità patrimoniale e responsabilità per danni*, in *Profili evolutivi della disciplina sulla gestione collettiva del risparmio*, a cura di D'Apice, Bologna, 2016, 689 ss. (e in *Riv. dir. comm.*, 2016, I, 383 ss.), ed in parte anticipate in *Soggettività giuridica e autonomia patrimoniale nei fondi comuni di investimento*, nella rivista *Orizzonti del diritto civile e commerciale*, 2015/3, ai quali si rinvia per ogni ulteriore riferimento bibliografico.

[2] E v., in particolare, Cass. 15 luglio 2010, n. 16605, su cui v., per tutti, oltre a P. FERRO-LUZZI, *Un problema di metodo: la "natura giuridica" dei fondi comuni di investimento (a proposito di Cass. 15 luglio 2010, n. 16605)*, in *Riv. soc.*, 2012, 751 ss., F. GENTILONI SILVERI, *Limiti di responsabilità patrimoniale nei fondi di investimento. Novità recenti: tra giurisprudenza e legislazione*, in *Banca, borsa e tit. di cred.*, 2011, II, 423 ss., L. BOGGIO, *Fondi comuni di investimento, separazione patrimoniale, interessi protetti e intestazione di beni*, in *Giur. it.*, 2011, 333 ss., e A.D. SCANO, *Fondi comuni immobiliari e imputazione degli effetti dell'attività di investimento*, in *Giur. comm.*, II, 2011, 1133 ss., Trib. Milano 11 maggio 2015, commentata, tra gli altri, da S. CICCHINELLI, *Danno e patrimonio nel sistema dei fondi comuni di investimento*, in *Corr. giur.*, 2016, 832 ss., da S. CORSO, *Azione di responsabilità per danni al fondo comune di investimento e legittimazione ad agire*, in *Giur. comm.*, 2016, II, 619 ss., e da L. SEMINARA, *Natura dei fondi comuni di investimento e responsabilità della SGR*, *ivi*, 2016, II, 1155 ss., Trib. Milano 10 giugno 2016 e, infine, Trib. Milano 10 novembre 2016, annotata da A. SANTONI, *Crisi del fondo comune di investimento, crisi della SGR e accordo di ristrutturazione dei debiti*, in *Giur. comm.*, 2018, II, 120 ss.

per le obbligazioni "contratte", e più in generale sorte, nel corso della gestione, e che dunque assiste le ragioni dei corrispondenti creditori, e, dall'altro, al risarcimento dei danni sofferti, prima ancora che dai creditori, dai partecipanti al fondo, in conseguenza di una gestione "negligente" o addirittura scorretta.

Di là dalla identità terminologica, come pure dallo stretto rapporto che entrambe tali forme di responsabilità presentano con il tema della gestione, e del relativo potere, non è dubbio che, sul piano concettuale, si tratta di discipline strutturalmente del tutto distinte e inconfondibili, per quanto, in una dimensione invece operativa, funzionalmente complementari, almeno ai fini della tutela dei creditori nell'eventualità di insufficienza del fondo a soddisfare integralmente le loro ragioni: il che pare sufficiente a giustificare la scelta di trattare ambedue i profili, per quanto separatamente l'uno dall'altro.

2. *Il fondo comune di investimento.* – Prima però appare opportuno dedicare qualche breve cenno alla figura dei fondi comuni di investimento, al limitato fine di verificare la possibilità, da un lato, di riconoscere loro una qualche forma di *soggettività giuridica*: vale a dire l'idoneità ad essere titolare di posizioni soggettive attive e, per certi versi soprattutto, passive; e, dall'altro, di qualificare quella di gestione dei medesimi in termini di *attività di impresa* (commerciale): interrogativi, questi, ad entrambi i quali, può qui anticiparsi, appare preferibile offrire una risposta negativa.

Il primo problema si presta ad essere impostato intorno al rapporto tra fondo comune e patrimonio, al fine di verificare se esso si presenti, per dir così, in termini di *identità* o, rispettivamente, di *appartenenza*, se cioè il fondo sia esso stesso un patrimonio, e segnatamente un patrimonio autonomo, allora privo di soggettività giuridica, o se invece il fondo risulti dotato, e proprio in quanto soggetto, di un proprio patrimonio: un'impostazione, questa, che riflette le indicazioni, tra loro discordanti, ricavabili dall'art. 1, comma 1, t.u.f., la circostanza cioè che l'ordinamento, nel definire la "specie", e cioè il fondo comune, mostra di intenderlo come un organismo di investimento collettivo del risparmio (c.d. Oicr) "*costituito in forma di patrimonio autonomo*" (lett. j), con ciò inducendo a negarne la soggettività, salvo poi descrivere il "genere", vale a dire appunto l'Oicr, in termini di organismo "*il cui patrimonio è raccolto tra una pluralità di investitori*" (lett. k), di organismo cioè titolare di un patrimonio, e proprio per ciò dotato di soggettività giuridica.

Meno ambiguo, sotto il profilo in esame, appare l'art. 36 t.u.f., il quale non soltanto, al comma 1, considera il fondo come oggetto, e non come soggetto, del potere di gestione da parte della società, ma, al comma 4, dispone che esso "costituisce" un "patrimonio autonomo" e, soprattutto, si riferisce alle "obbligazioni contratte" non già dal fondo, ma dalla società "per conto" di quest'ultimo, e delle quali essa "risponde esclusivamente con il patrimonio del fondo medesimo": laddove la circostanza che la legge mostra di imputare direttamente alla società, e non al fondo, la stessa titolarità di siffatte obbligazioni, prima ancora della relativa responsabilità, appare in vero decisiva al fine di negare al fondo qualsiasi forma di soggettività giuridica[3], e, conseguentemente, di interpretare l'espressione, in vero ambigua, di "patrimonio del fondo", nel senso appunto di patrimonio nel quale il fondo consiste, e non anche di patrimonio appartenente al fondo, come invece mostra di fare una recente giurisprudenza[4].

Quanto al secondo problema, quello della qualificazione dell'attività di gestione del fondo, appare a tal fine opportuno confrontare quest'ultima con quella di gestione della società, vale a dire del (restante) patrimonio sociale: per quanto di regola affidate entrambe ai medesimi soggetti, cioè agli amministratori della società di gestione, le attività in questione risultano tra loro nettamente distinte.

Per un verso, la prima attività è svolta nell'interesse dei partecipanti ed in esecuzione di un contratto, di gestione, con essi stipulato, e segnatamente in adempimento di un obbligo da esso nascente, quello appunto di investire i valori affidati da costoro alla società: lo svolgimento della seconda attività appare invece volto a realizzare gli interessi dei soci e a dare attuazione al programma societario e all'oggetto sociale, e si risolve nella "produzione", e nell'offerta al mercato, di quel peculiare servizio "*che si realizza attraverso la gestione dell'Oicr e dei relativi rischi*" (art. 1, comma 1, lett. n), t.u.f.), consistente nella gestione "collettiva", cioè "in monte", del risparmio "*raccolto tra una pluralità di investitori*" (art. 1, comma 1, lett. k), t.u.f.).

Per altro verso, solo questa seconda attività presenta tipicamente carattere di impresa, e segnatamente di impresa commerciale, non anche la prima, la quale si presta ad essere definita piuttosto in termini di (attività di) investimento, in quanto produttiva solo di guadagno soggettivo per i partecipanti, e dunque meramente speculativa, ma non di lucro in senso oggettivo, non, cioè, di nuova ricchezza (oggettiva) per il mercato: è infatti proprio alle produzioni di ricchezza che (per quanto, si noti, in concreto non offerta al mercato, nemmeno in via programmatica, ma destinata ad essere "trattenuta" dal produttore, comunque) il mercato riconosce come tale, e cioè come ricchezza di "nuova" produzione, che l'ordinamento circoscrive l'impresa (commerciale), distinguendola al contempo da altre attività, come quelle di (mera) speculazione ovvero di godimento produttivo (del proprio patrimonio), pur indubbiamente economiche (ed in quanto tali idonee ad essere organizzate in forma societaria), ma estranee all'area dell'impresa, o quantomeno di quella commerciale, e, proprio per ciò, sottratte alle discipline, a partire da quelle concorsuali, destinate a trovare applicazione esclusivamente a quest'ultima.

---

[3] In questo senso, v. Cass. 15 luglio 2010, n. 16605.

[4] E v. Trib. Milano 10 giugno 2016 e, seppur in termini meno decisi, Trib. Milano 10 novembre 2016.

3. *La responsabilità patrimoniale.* – Passando al tema della responsabilità patrimoniale, e, più in generale, della garanzia per le obbligazioni sorte nell'ambito dell'attività di gestione del fondo, può notarsi come l'evoluzione della disciplina dei fondi comuni di investimento presenti, sotto il profilo in esame, una nettissima cesura, verificatasi in coincidenza delle modificazioni apportate al citato art. 36 t.u.f. ad opera del d.l. 31 maggio 2010, n. 78, convertito nella legge 30 luglio 2010, n. 122, con le quali si è introdotta, per la prima volta, una espressa disciplina di siffatte obbligazioni, in ordine alle quali tanto il testo previgente di tale articolo, quanto, e prima ancora, quello dell'art. 3 della legge 23 marzo 1983, n. 77, serbavano invece un assoluto silenzio.

Nel sistema originario, e proprio in forza di tale silenzio, il fondo era considerato come un *complesso di soli elementi attivi*, individuati, sul piano della *fattispecie*, dalla circostanza di essere oggetto di una gestione unitaria, ispirata cioè ad un unico interesse, quello dei partecipanti, svolta dalla società, e, su quello della *disciplina*, dalla sua configurazione in termini di "*patrimonio autonomo, distinto a tutti gli effetti dal patrimonio della società di gestione e da quello dei partecipanti*", e proprio per ciò sottratto al potere esecutivo dei creditori tanto della prima quanto dei secondi, e come tale sprovvisto di soggettività, e dunque di un "proprio" passivo; d'altra parte, se la mancanza di soggettività rendeva e, può aggiungersi, continua a rendere logicamente impossibile l'individuazione di una categoria di creditori "del" fondo, trattandosi pur sempre, e soltanto, di creditori sociali, la mancanza di un passivo impediva di distinguere normativamente, all'interno appunto dei creditori sociali, una classe di creditori individuata in ragione del fatto di essere divenuti tali sulla base di atti di gestione del fondo: nel senso, e con l'esito, che costoro risultavano garantiti unicamente dal (restante) patrimonio della società, al pari degli altri creditori sociali e, si noti, in concorso con essi, non anche, dunque, dal fondo, e men che meno dai patrimoni dei partecipanti.

In questo sistema, dunque, tali crediti, e quindi le relative obbligazioni, non assumevano una rilevanza esterna, sul piano, cioè, della garanzia patrimoniale: il che, tuttavia, non impediva di riconoscere loro pur sempre un rilievo, per quanto soltanto interno e contabile, limitato cioè al rapporto di gestione intercorrente tra società e partecipanti. In tale ambito, siffatte posizioni si prestavano infatti ad essere considerate in termini di altrettanti "costi" e "spese" affrontati dalla prima nell'interesse dei secondi, e proprio per ciò destinati a gravare economicamente su questi ultimi, in forza del principio generale, dettato in materia di mandato, ma applicabile ad ogni forma di gestione, di cui all'art. 1720 cod. civ.: esse, cioè, finivano bensì per deprimere il valore delle quote di partecipazione al fondo, delle quali rappresentavano una sorta di voci negative, ma solo entro i limiti dell'ammontare dell'investimento; siffatto ammontare, in vero, valeva a definire, e ad individuare, lo stesso interesse affidato alla società: con la conseguenza, allora, che le spese eccedenti rispetto a tale valore, e proprio in quanto (assunte sulla base di atti) esorbitanti dai limiti del mandato, erano a loro volta destinate, secondo quanto disposto dall'art. 1711, comma 1, cod. civ., a restare, e in via definitiva, a carico della stessa società.

Nel sistema inaugurato dall'introduzione, ad opera del d.l. n. 78/2010, della regola, inserita all'art. 36 t.u.f., secondo la quale "*delle obbligazioni contratte per suo conto, il fondo comune di investimento risponde esclusivamente con il proprio patrimonio*", poi sostituita, a seguito del d.lgs. 4 marzo 2014, n. 44, con quella, attualmente in vigore, che dispone, come già ricordato, che "*delle obbligazioni contratte per conto del fondo, la Sgr risponde esclusivamente con il patrimonio del fondo medesimo*", alle obbligazioni assunte dalla società "per conto" del fondo viene riconosciuta rilevanza anche sul piano, esterno, della garanzia patrimoniale: nel senso, in particolare, che di esse, a differenza delle altre obbligazioni sociali, la società risponde nei limiti del fondo, il quale, a sua volta, finisce per rappresentare l'unica garanzia dei corrispondenti creditori; siffatta innovazione, se da un lato si spiega alla luce della circostanza che la gestione del fondo, mentre originariamente era rappresentata pressoché esclusivamente da una attività, quella di *trading* dei titoli, che, almeno nella sua connotazione più diffusa, non implicava il sorgere di obbligazioni in capo alla società, nel tempo ha assunto forme (e si pensi, di là dalla negoziazione di strumenti finanziari derivati, ai fondi immobiliari, come pure a quelli c.d. di *private equity*) naturalmente idonee a generare debiti, tanto che è la stessa legge a disciplinare, limitandolo, il ricorso alla c.d. leva finanziaria: dall'altro si rivolge ad esclusivo vantaggio degli altri creditori sociali, i quali non si troveranno più a concorrere con i creditori "per conto" del fondo sul patrimonio sociale, come pure, indirettamente, degli stessi soci della società di gestione.

Ne deriva che, attualmente, il fondo comune, da complesso di soli elementi attivi che era, ha finito per assumere la configurazione di *vera e propria massa patrimoniale autonoma*, che, per quanto tuttora sprovvista di soggettività, risulta dotata anche di un passivo, quello appunto risultante dall'insieme delle obbligazioni assunte dalla società per conto del fondo, che, come detto, risultano garantite esclusivamente dal relativo attivo: con la duplice conseguenza che, da un lato, il valore degli elementi attivi che compongono il fondo non è più destinato in via esclusiva ai partecipanti, ma anche, ed in primo luogo, ai titolari dei crediti corrispondenti a siffatte obbligazioni, e solo in via residuale ai primi; e che, dall'altro, si apre la possibilità, nel sistema originario invece logicamente preclusa, di una incapienza del fondo, espressamente regolata al comma 6-*bis* dell'art. 57 t.u.f., introdotto dal d.lgs. 16 aprile 2012, n. 47, e poi integrato ad opera del d.lgs. 16 novembre 2015, n. 181, e cioè della sua insufficienza a garantire integralmente tutte le passività, come accade tutte le volte in cui queste ultime risultino complessivamente superiori alle attività[5]: nel qual caso il passivo in-

[5] Sul punto, v., per tutti, oltre a F. GENTILONI SILVERI, *Gestioni collettive e individuali: respon-*

soddisfatto deve ritenersi destinato a rimanere definitivamente tale, alla luce della limitazione della responsabilità della società di gestione e dell'impossibilità di ipotizzare tanto un superamento della stessa, al fine di coinvolgere l'intero patrimonio sociale, quanto, ed a maggior ragione, un "recupero" della responsabilità dei partecipanti.

Né, del resto, appare possibile ricavare un superamento siffatto, e dunque configurare una responsabilità illimitata della società, muovendo dalla regola, inserita, ad opera del d.lgs. n. 181/2015, al comma 6-*bis* dell'art. 57 t.u.f., nella parte in cui legittima i liquidatori del fondo incapiente, al fine di soddisfare taluni crediti prededucibili, ad utilizzare, ove "*le risorse liquide eventualmente disponibili della liquidazione*" risultassero a tal fine insufficienti, "*le somme messe a disposizione dalla società di gestione del risparmio*", precisando che tali somme "*restano a carico della società*": sembra infatti doversi ritenere, anche alla luce del confronto con la disciplina contestualmente introdotta all'art. 92-*bis* t.u.b., che la legge abbia riguardo a prestazioni spontanee effettuate dalla società (essenzialmente al fine di evitare il danno alla sua reputazione derivante dall'inidoneità della liquidazione del fondo ad assicurare quello che l'ultimo periodo del medesimo comma 6-*bis* indica come l'"*utile realizzo dei beni del fondo*"), e che dunque essa non possa dirsi in alcun caso obbligata ad effettuare, né, parallelamente, i liquidatori del fondo legittimati ad esigere.

Tornando alla disciplina dettata per l'eventualità in cui il fondo comune risulti incapiente, qualora cioè le relative attività non consentano di soddisfare le corrispondenti passività "*e non sussistano ragionevoli prospettive che tale situazione possa essere superata*", appare significativa la scelta del legislatore di riconoscere ai (soli) creditori "per conto" del fondo il potere di chiederne al Tribunale la liquidazione.

Tale disciplina, infatti, da un lato mostra di presupporre l'inapplicabilità, nel caso in esame, delle procedure concorsuali "commerciali", compreso dunque l'accordo di ristrutturazione dei debiti, contrariamente a quanto di recente affermato in giurisprudenza e in dottrina[6]: a conferma, seppure indiretta, che quella

---

sabilità del conferente. Differenze e identità nella gestione del risparmio e nei patrimoni destinati a uno specifico affare, Roma, 2006, S. BONFATTI, *La disciplina particolare della liquidazione coatta amministrativa delle SGR. La liquidazione giudiziale del fondo insolvente*, in *Riv. dir. banc.*, 2013, S. CICCHINELLI, *Debito e responsabilità nella disciplina sui fondi comuni di investimento*, in *Riv. dir. comm.*, 2014, I, 579 ss., V. OCCORSIO, *L'incapienza dei fondi comuni di investimento nella nuova disciplina del t.u.f.*, in *Riv. dir. comm.*, 2014, I, 613 ss., P. CARRIÈRE, *La "crisi" dei fondi comuni di investimento: tra autonomia patrimoniale e soggettività*, in *RDS*, 2014, 256 ss., e ID., *Fondi comuni di investimento tra liquidazione giudiziale e soluzioni negoziali della crisi d'impresa*, in *Il Fall.*, 2014, 617 ss.

[6] E v., in giurisprudenza, Trib. Milano 10 novembre 2016, e, in dottrina, P. CARRIÈRE, *Fondi comuni*, cit., 625 ss., S. BONFATTI, *"Accordo di ristrutturazione" ex art. 182-bis l. fall. e fondi comuni di investimento immobiliari*, in *Riv. dir. banc.*, 2015, e A. SANTONI, *op. cit.*, 122 s., nt. 7, e 130 ss., testo e note 46 e 47, il quale, pur muovendo dalla premessa della natura non imprendito-

di gestione del fondo non si presta ad essere qualificata in termini di attività di impresa (commerciale); è infatti proprio, e solo, a tale circostanza che si deve la sottrazione del fondo alle procedure in esame (ma non, allora, a quelle di sovraindebitamento), non anche al fatto che esso risulti sprovvisto di soggettività giuridica: la mancanza della quale, già in via generale, non impedisce in vero l'operatività almeno della principale di tali procedure, quella cioè di fallimento, che, come è noto, può essere aperta anche a carico di masse patrimoniali autonome e prive di un (attuale) titolare, come dimostrano le ipotesi del fallimento dell'imprenditore defunto e, rispettivamente, di società (di capitali) cancellata. Dall'altro, tuttavia, essa richiede di essere completata almeno sotto il profilo, privo di una espressa regolamentazione, dei criteri per risolvere l'inevitabile conflitto tra creditori e, più in generale, delle regole di ripartizione di un ricavato per definizione insufficiente: aspetti, questi, invece disciplinati, curiosamente, dal comma 3-*bis* del medesimo art. 57 t.u.f. (il quale rinvia, tra gli altri, all'art. 91, comma 1, t.u.b., che richiama l'art. 111 l. fall.), per l'eventualità in cui la liquidazione del fondo, non necessariamente incapiente, consegua alla sottoposizione della società alla procedura di liquidazione coatta amministrativa.

In assenza di una specifica disciplina, non resta che estendere l'analisi all'intero sistema, il quale in vero mostra di regolare la liquidazione dell'eredità giacente (artt. 498 e 499 cod. civ.) e della persona giuridica insolvente (artt. 14 e 16 disp. att. cod. civ.) in termini tra loro pressoché uniformi, prevedendo l'applicazione di un *ordine di graduazione*, nell'ambito del quale i creditori sono collocati secondo i rispettivi diritti di prelazione (art. 499, comma 2, cod. civ. e art. 111 l. fall., al quale rinvia l'art. 212 l. fall., richiamato dall'art. 16, comma 1, disp. att. cod. civ.): ordine che, a sua volta, implica l'operatività, tra i crediti appartenenti al medesimo grado, della *regola proporzionale* (e v. anche l'art. 1982 cod. civ.), la quale, allora, si presta ad essere considerata come un vero e proprio principio generale, applicabile in ogni ipotesi di liquidazione di *patrimoni autonomi*, o di *masse patrimoniali*, *incapienti*, e dunque anche dei fondi comuni di investimento.

Resta in ogni caso fermo che la liquidazione avrà ad oggetto unicamente gli elementi attivi attualmente presenti nel fondo, ed a tutto concedere quelli recuperati all'esito dell'esercizio dell'azione revocatoria ordinaria: risultando invece precluso, alla luce dell'inapplicabilità della disciplina dell'impresa insolvente, il ricorso a strumenti straordinari di integrazione della garanzia patrimoniale.

---

riale dell'attività di gestione del fondo comune di investimento, ammette il ricorso da parte della società di gestione all'accordo di ristrutturazione dei debiti contratti per conto del fondo, seppur limitatamente alle ipotesi in cui tale strumento sia volto a fronteggiare la crisi in cui versa la medesima società di gestione, come pure a partire dalla medesima premessa, L. ARDIZZONE, *L'esercizio dell'attività d'impresa nel* private equity, Milano, 2018, 98 ss., spec. 103 ss., che, con specifico riguardo all'ipotesi di attività di gestione di partecipazioni, sostiene l'applicabilità, in via analogica e residuale, della "*disciplina generale della crisi d'impresa*".

4. *La responsabilità per danni.* – Quest'ultima conclusione, unitamente alla limitazione al fondo della responsabilità della società per le obbligazioni da essa assunte "per conto del fondo", vale a dire nell'interesse del partecipanti, solleva, quanto in particolare ai creditori, l'esigenza di evitare che l'*irresponsabilità* (del restante patrimonio) della società si traduca in una, in vero sistematicamente inammissibile, *immunità* di quest'ultima in relazione alla gestione del fondo: ed è proprio sotto il profilo in esame che, come si anticipava, la responsabilità per danni si rivela funzionalmente complementare rispetto alla responsabilità patrimoniale.

La ricostruzione della disciplina della responsabilità per i danni conseguenti alla gestione dei fondi comuni di investimento [7] si presenta particolarmente complessa sotto il profilo dell'individuazione non soltanto del suo fondamento, ma anche della legittimazione, attiva e passiva, all'esercizio della relativa azione.

Quanto al primo aspetto, si tratta di verificare se la *responsabilità* gestoria, o, comunque, i relativi danni, presentino una configurazione *contrattuale* ovvero *extracontrattuale*: un problema, questo, generale, e che, appunto in generale, appare preferibile risolvere in quest'ultimo senso, anche per quanto riguarda i danni sofferti dai partecipanti, sulla base di considerazioni alle quali, in questa sede, ci si può al più limitare ad accennare, ed a farlo in termini a tal punto concisi da rischiare di risultare addirittura apodittici.

In particolare, sembra preferibile individuare l'unica circostanza a tal fine rilevante non già nella sussistenza di un rapporto contrattuale, o obbligatorio, e più in generale giuridicamente qualificato tra danneggiato e danneggiante, quanto piuttosto, e soltanto, nel tipo di danno del cui risarcimento si tratta, se cioè esso consista nelle conseguenze pregiudizievoli derivanti dalla mancata esecuzione di una prestazione dovuta o, rispettivamente, nella distruzione di un valore: solo nel primo caso il danno potrà dirsi contrattuale e la relativa responsabilità assumerà la connotazione di responsabilità per inadempimento, risultando come tale regolata dall'art. 1218 cod. civ.; nel secondo, invece, si sarà in presenza di un danno di tipo aquiliano, derivante cioè da una interferenza illegittima nella altrui sfera giuridica: un danno, questo, il quale risulterà risarcibile, questa volta ai sensi dell'art. 2043 cod. civ., solo qualora, da un lato, il valore

---

[7] E v., quanto al sistema originario, E. FAZZUTTI, *Profili della responsabilità per la gestione dei fondi comuni di investimento mobiliare*, in *Quadrimestre*, 1984, 475 ss., e E. SABATELLI, *La responsabilità per la gestione di fondi comuni di investimento mobiliare. Contributo allo studio del d.lgs. 25 gennaio 1992, n. 83*, Milano, 1995, e, in ordine a quello attuale, D. MAGNO, *"Mala gestio" e profili di responsabilità del gestore patrimoniale*, in GABRIELLI-LENER (a cura di), in *Trattato dei contratti*, diretto da P. Rescigno-E. Gabrielli, *I contratti del mercato finanziario*, t. I, II ed., Torino, 2011, 917 ss., e, con riguardo anche alle società di investimento, P. SPOLAORE, *Gestione collettiva del risparmio e responsabilità*, in *Riv. soc.*, 2015, 1138 ss.: sul punto, v. altresì, con specifica attenzione alla responsabilità di cui all'art. 2497 cod. civ., S. CORSO, *op. cit.*, 621 ss., e L. ARDIZZONE, *op. cit.*, 156 ss.

distrutto risulti oggetto non necessariamente di un diritto soggettivo, ma di una qualunque forma di appropriazione qualificata, in ciò risolvendosi il requisito della c.d. ingiustizia del danno, e, dall'altro, la distruzione derivi da un altrui comportamento doloso o colposo o comunque negligente.

Al contrario, la responsabilità per inadempimento in vero sussiste, almeno stando alla lettera della legge, anche qualora la mancata prestazione non sia dovuta a dolo, colpa o negligenza del debitore, sempre che la medesima prestazione risulti tuttora possibile: ed è infatti solo nell'eventualità in cui essa sia divenuta impossibile che la non imputabilità, allora intesa in senso oggettivo, allo stesso debitore della causa (non già, si noti, della mancata prestazione in quanto tale, ma) della sua altrettanto oggettiva impossibilità varrà ad escluderne la responsabilità.

In questa prospettiva, appare chiaro che la sussistenza di un rapporto giuridico tra danneggiante e danneggiato appare una circostanza bensì necessaria a qualificare la relativa responsabilità in termini contrattuali, non anche tuttavia a tal fine sufficiente. Per un verso, infatti, la responsabilità per i danni arrecati da chi, non rivestendo la posizione di debitore, non può dirsi obbligato ad eseguire la prestazione, non potrà mai definirsi per inadempimento: e si pensi all'ipotesi, regolata dall'art. 1228 cod. civ., dei danni derivanti da fatti, si noti, dolosi o colposi degli ausiliari del debitore, dei quali costui è bensì responsabile, unitamente ai primi, ma, al pari di costoro, in via appunto extra-contrattuale; per altro verso, il fatto che il danneggiante risulti debitore del creditore danneggiato non esclude che i relativi danni assumano comunque una configurazione extracontrattuale, come accade tutte le volte in cui essi non consistano nelle conseguenze dannose della mancata esecuzione della prestazione dovuta, ma nella distruzione di valori *affidati* dal creditore danneggiato al debitore danneggiante al fine di consentire a quest'ultimo di eseguire la prestazione dovuta, si tratti di una prestazione di gestione ovvero di custodia[8]: ed è significativo osservare come, in entrambi i casi, la legge, diversamente da quanto accade a proposito della responsabilità per inadempimento, e in coerenza con quanto si è detto a proposito di quella aquiliana, richiede, ai fini del sorgere della responsabilità, la negligenza del contraente danneggiante (artt. 1710 e 1768 cod. civ.: e v. altresì, e significativamente, in materia di frutti percipiendi ma non percepiti dal possessore del bene, quanto disposto dall'art. 1148 cod. civ.), spingendosi addirittura, nel caso di custodia, a circoscrivere la responsabilità dell'incapace nei limiti entro cui costui "*può essere tenuto a rispondere per fatti illeciti*" (art. 1796 cod. civ.).

Il discorso che si viene svolgendo, e dunque l'affermazione, in via generale,

---

[8] Profili, questi ultimi, peraltro considerati caratteristici, in sistemi diversi dal nostro, del fenomeno fiduciario: e v., al riguardo, E. GINEVRA, *La partecipazione fiduciaria in s.p.a.*, Torino, 2012, 137 ss., il quale sottolinea la centralità assunta, nell'ambito della "fattispecie fiduciaria", dall'"immissione del fiduciario nella disponibilità del bene" e dall'"affidamento" di quest'ultimo al fiduciario.

della configurazione *extracontrattuale* della *responsabilità gestoria*, e segnatamente dei relativi danni, se da un lato consente di trattare unitariamente i danni sofferti dai partecipanti al fondo e dai creditori "per conto" del medesimo, dall'altro non implica che ad essa trovi applicazione l'intera disciplina della responsabilità extracontrattuale: ma soltanto, per quanto invariabilmente, l'esigenza (come detto estranea alla responsabilità per inadempimento) che da un lato subordina la responsabilità alla sussistenza dell'elemento soggettivo, si tratti di dolo, di colpa o di quella specificazione di quest'ultima rappresentata dalla negligenza, e dall'altro circoscrive il risarcimento ai danni definibili, nel senso sopra indicato, come ingiusti; quanto in particolare ai fondi comuni, per un verso, è la stessa legge a fare espresso riferimento all'elemento soggettivo, richiamando, all'art. 36, comma 3, t.u.f., le regole in materia di obblighi e di responsabilità (allora, in questa prospettiva, extracontrattuale) del mandatario, e dunque anche la rilevanza del canone della diligenza, mentre, per altro verso, il danno derivante da una gestione negligente del fondo si presta senz'altro ad essere definito ingiusto, nel senso sopra precisato, non potendo revocarsi in dubbio che il valore distrutto risulti oggetto di una appropriazione qualificata da parte tanto dei partecipanti quanto dei creditori: quella che prende forma nella titolarità della quota di partecipazione e, rispettivamente, del diritto di credito, o, meglio, e più in generale, nella posizione, da costoro assunta, di (unici) destinatari del(l'intero) valore del fondo, il quale, in vero, spetta in via esclusiva ed integrale a tali classi di soggetti (seppure, come detto, in termini tra loro graduati).

Passando alla disciplina dell'*azione di responsabilità*, può osservarsi come proprio la circostanza che il valore netto del fondo è destinato esclusivamente ai partecipanti, e non anche alla società di gestione, diversamente da quanto è a dirsi a proposito dei patrimoni destinati di cui all'art. 2447-*bis*, comma 1, lett. a), cod. civ., induce a riconoscere la *legittimazione attiva* ai *partecipanti al fondo*, e ai relativi *creditori*, gli unici che una gestione negligente del fondo è in grado di danneggiare, e non anche alla società, la quale si mantiene in vero del tutto indifferente agli esiti di siffatta gestione, allo stesso modo in cui i primi risultano del tutto insensibili rispetto alle vicende del patrimonio sociale: in coerenza, come ha avuto la cortesia di segnalarmi Enrico Ginevra, con quanto disposto, in materia di atti di destinazione, dall'art. 2645-*ter* cod. civ., nella parte in cui riconosce a "*qualunque interessato*" la legittimazione ad agire per la realizzazione degli interessi a cui i beni risultano destinati.

Né, del resto, appare possibile giungere ad una diversa soluzione muovendo dal riconoscimento alla società della proprietà, per quanto solo "formale", del fondo[9]: di là dalle più generali perplessità in ordine alla possibilità, ed a maggior ragione alla necessità, di individuare un proprietario del fondo, o, meglio,

---

[9] Come invece mostra di fare Trib. Milano 11 maggio 2015, criticato, sul punto, da L. SEMINARA, *op. cit.*, 1124 ss., spec. 1127 s., 1137 s. e 1141.

di qualificare gli elementi attivi di quest'ultimo in termini di oggetto di proprietà [10], nonché in ordine alla coerenza di riferire la distinzione tra proprietà "formale" e, rispettivamente, "sostanziale", come è noto sorta nell'ambito dei fenomeni fiduciari (a partire dal *trust*), ad una figura, quella dei fondi comuni di investimento, che rappresenta una forma di gestione collettiva del risparmio dichiaratamente alternativa a quella appunto fiduciaria (art. 1 della Direttiva 2009/65/CE), resta il fatto che, se proprio si dovesse assegnare anche nell'ambito del fondo una qualche rilevanza a siffatta distinzione, sarebbe piuttosto ai proprietari "sostanziali", e cioè ai partecipanti (o ai creditori), che dovrebbe riconoscersi la legittimazione ad agire per ottenere il risarcimento di danni da costoro "sostanzialmente" sofferti, e non anche alla società, tanto più qualora si intenda, come convincentemente sostenuto in dottrina [11], e sempre ponendosi in una prospettiva "sostanziale", quella sociale come una azione diretta a tutelare non già (se non appunto "formalmente") la società, quanto piuttosto i soci ovvero, a seconda della situazione in cui versa il patrimonio sociale, i creditori sociali.

I partecipanti e i creditori sono, come detto, gli unici legittimati a far valere siffatta responsabilità: la circostanza, poi, che costoro non risultano unificati in una collettività organizzata (se non, per quanto riguarda i primi, e limitatamente ai fondi chiusi, nell'ipotesi, alla quale risulta espressamente circoscritta la competenza della relativa assemblea, della sostituzione del gestore: art. 37, comma 3, t.u.f.) vale in particolare a configurare la relativa *azione* come *individuale*, e ciò sotto un duplice punto di vista; l'azione in questione, infatti, non solo può essere esercitata singolarmente da ciascuno di essi [12], e dunque nei limiti del relativo interesse, ma, e sempre in forza della sua connotazione individuale, deve ritenersi volta a reintegrare il rispettivo patrimonio personale, e non anche il fondo comune: il che vale allora ad escludere la possibilità stessa di riconoscere alla società, ovvero agli organi delle procedure alle quali essa risulti sottoposta, nonché ai liquidatori del fondo ai sensi dell'art. 56, comma 3-*bis* o, a seconda dei casi, 6-*bis*, t.u.f., la legittimazione ad agire in responsabilità (allora, e necessariamente, nei confronti dei propri amministratori, non potendo tali organi agire contro la stessa società), bensì in nome proprio, ma nell'interesse del fondo [13], cioè della collettività dei partecipanti al fondo (ed eventualmente dei creditori "per conto" del medesimo). Siffatta conclusione, del resto, oltre a discendere

---

[10] Sul punto, v., per tutti, F. GUERRERA, *Contratto d'investimento e rapporto di gestione (Riflessioni sulla proprietà delegata)*, in *Riv. crit. dir. priv.*, 1988, 685 ss.

[11] Si allude a S. SERAFINI, *Responsabilità degli amministratori e interessi protetti*, Milano, 2013, 70 ss. e 83 ss.

[12] E v. L. SEMINARA, *op. cit.*, 1134 ss.

[13] Come sostenuto, sulla scorta di Trib. Milano 11 maggio 2015, da S. CORSO, *op. cit.*, 631 s.: nella prospettiva del testo, v., invece, L. SEMINARA, *op. cit.*, 1135 ss., spec. 1137 s., testo e note 87 e 88.

pianamente dalla mancanza di qualsiasi forma di collettivizzazione della posizione dei partecipanti al fondo (ed a maggior ragione di quella dei creditori "per conto" del medesimo), finisce, seppure indirettamente, per confermare quanto si è detto in ordine all'impossibilità di qualificare quella di gestione del fondo in termini di attività di impresa (commerciale), ed alla conseguente inapplicabilità delle relative procedure concorsuali: in ordine cioè alla mancata ricorrenza, nell'ambito dei fondi comuni di investimento, di un fenomeno imprenditoriale, l'unico in grado di giustificare non soltanto normativamente, ma anche, e prima ancora, assiologicamente, una qualche forma di "canalizzazione" del risarcimento a vantaggio del fondo comune.

Quanto, invece, alla *legittimazione passiva*, sembra che l'azione, individuale, dei partecipanti (o dei creditori) possa rivolgersi unicamente nei confronti della *società di gestione*, e non anche in quelli dei suoi amministratori [14], al fine di ottenere il risarcimento di danni: dei quali, si noti, la società risponderà, ovviamente, con l'intero suo patrimonio, e non anche nei limiti del fondo, al quale è in vero circoscritta unicamente la responsabilità, patrimoniale, relativa alle obbligazioni "contratte" con i terzi (creditori) nell'interesse dei partecipanti, non anche quella, risarcitoria, derivante dalla violazione di obbligazioni, siano esse da "contratto", o da "atto illecito", allora da essa "assunte" (e non necessariamente "contratte") nei confronti dei partecipanti medesimi.

In una prospettiva, come la nostra, volta a ricostruire in chiave extracontrattuale la responsabilità gestoria della società rispetto non soltanto ai creditori "per conto" del fondo, ma anche ai partecipanti al medesimo, la conclusione che si è anticipata implica, come è chiaro, l'inapplicabilità, nel caso in esame, di una disposizione, quella dell'art. 2395 cod. civ., che consente ai terzi di agire nei confronti degli amministratori della società per azioni (forma, quest'ultima, che la società di gestione del risparmio necessariamente assume: art. 34, comma 1, lett. a), t.u.f.), ma soltanto nell'eventualità in cui costoro siano "*stati direttamente danneggiati da atti colposi o dolosi degli amministratori*": ed è proprio l'interpretazione del termine "direttamente", e dunque dell'espressione di "danno diretto", ad assumere, ai fini in esame, una rilevanza decisiva.

Al fine di configurare il danno come "diretto", infatti, potrebbe ritenersi sufficiente il solo fatto di non risultare "mediato" dal patrimonio sociale, a nulla rilevando, si noti, la circostanza che il danno incida immediatamente sul patrimonio del socio o del terzo ovvero risulti bensì "mediato", ma da un patrimonio diverso, ed autonomo, da quello sociale, quale, in particolare, il fondo comu-

---

[14] Sul punto, v. L. SEMINARA, *op. cit.*, 1138 ss., testo e nt. 96, il quale, dopo aver negato, in una prospettiva "organizzativa", la legittimazione passiva degli amministratori della società di gestione rispetto all'azione dei (singoli) partecipanti al fondo diretta ad ottenere il risarcimento dei danni causati da una "negligente" gestione del medesimo, finisce poi per recuperarla sul piano, invece "contrattuale", degli obblighi di protezione o della responsabilità professionale.

ne[15]: in questa prospettiva, tendente ad esaurire tale connotazione sul piano della "destinazione" del danno, in vero, nulla impedirebbe a chi partecipa al fondo, o ai creditori per conto di quest'ultimo, di far valere la responsabilità gestoria, in applicazione appunto dell'art. 2395 cod. civ., nei confronti degli amministratori della società.

Al medesimo fine, potrebbe invece reputarsi altresì necessario che il danno rappresenti la conseguenza di un atto imputabile direttamente agli amministratori in quanto organi della società, e non a quest'ultima[16], vale a dire di un atto "interno" di amministrazione (e si pensi al bilancio falso, ovvero al rapporto di cambio incongruo): e non anche di un atto "esterno" di gestione, di un atto cioè posto in essere "materialmente" dagli amministratori, ma in veste di rappresentanti legali della società, e dunque in nome di quest'ultima, alla quale allora esso risulterà "giuridicamente" riferibile, come è a dirsi, in particolare, di quelli in cui si risolve l'attività di gestione, oltre che del patrimonio sociale, dello stesso fondo comune, che in vero la legge ricollega espressamente alla società (art. 36, comma 1, t.u.f.); in questo diverso, e preferibile, ordine di idee, volto a dare rilevanza, al fine di connotare un danno come "diretto", (anche) al profilo della sua "provenienza", e, più in generale, ad assegnare all'art. 2395 cod. civ. pure la funzione di estendere all'esterno dell'organizzazione la rilevanza, prima ancora che della violazione delle norme in cui essa si articola[17], della ripartizione di competenze tra le diverse figure di produzione dell'azione, e segnatamente dell'imputazione "giuridica" degli atti dalle stesse posti in essere, l'applicazione dell'art. 2395 cod. civ. alla responsabilità gestoria, anche a quella relativa alla gestione dei fondi comuni, risulta radicalmente preclusa, e con essa la possibilità di farla valere direttamente nei confronti degli amministratori: salvo il ricorso a meccanismi volti a superare il c.d. nesso di immedesimazione organica[18], e

[15] Ma v., aderendo all'impostazione di Trib. Milano 11 maggio 2015, S. CORSO, *op. cit.*, 631 s. e 634 ss., spec. 636 s.: sul punto, v. altresì L. SEMINARA, *op. cit.*, 1141.

[16] In questo senso, v., con specifico riguardo alla materia in esame, seppure in relazione alla disciplina originaria, A. LENER, *sub* art. 3, in *La legge 23 marzo 1983, n. 77. Istituzione e disciplina dei fondi comuni di investimento*, Commentario a cura di Maffei Alberti, in *Le Nuove Leggi Civili Commentate*, 1984, 381 ss., 418, e, più in generale, G. FERRI, *Le società*, in *Trattato di diritto civile italiano* fondato da F. Vassalli, t. III, III ed., Torino, 1987, 726, e ID., *Manuale di diritto commerciale*, XV ed., a cura di Angelici-Ferri, Torino, 2016, 351, seguito da L. SAMBUCCI, in *Società di capitali*, Commentario a cura di Niccolini-Stagno d'Alcontres, vol. II, Artt. 2380-2448, Napoli, 2004, *sub* art. 2395, 715 ss., 718, e ID., *sub* art. 2395, in *Commentario del Codice Civile*, diretto da E. Gabrielli, *Delle società. Dell'azienda. Della concorrenza*, a cura di Santosuosso, t. III, Artt. 2379-2451, Torino, 2015, 453 ss., 454.

[17] E v., ancora, S. SERAFINI, *op. cit.*, 123 ss. e 221 ss., ma già, più in generale, C. ANGELICI, *La società per azioni*, t. I, *Principi e problemi*, in *Trattato di diritto civile e commerciale*, già diretto da Cicu-Messineo-Mengoni, continuato da Schlesinger, Milano, 2012, 427 ss.

[18] In argomento, v., per tutti, F. GUERRERA, *Illecito e responsabilità nelle organizzazioni collettive*, Milano, 1991.

cioè a tecniche in grado di estendere agli autori "materiali" dell'atto dannoso la responsabilità gravante sul soggetto al quale esso "giuridicamente" si imputa (secondo un movimento, per dir così, "discendente", allora del tutto opposto a quello, invece "ascendente", che caratterizza le ben diverse ipotesi di cui agli artt. 1228 e 2049 cod. civ., nelle quali l'ausiliario del debitore o, rispettivamente, il "preposto" rispondono per atti ad essi riferibili anche "giuridicamente", e non solo "materialmente").

5. *Conclusioni.* – In questa prospettiva, insomma, rispetto all'azione di responsabilità volta ad ottenere il risarcimento dei danni derivanti dall'attività di gestione del fondo, la *legittimazione attiva* spetta esclusivamente ai partecipanti a quest'ultimo e ai creditori "per conto" del medesimo, vale a dire agli unici destinatari del suo valore: mentre la posizione di *legittimato passivo* si presta ad essere riferita alla sola *società di gestione*, alla quale siffatta attività risulta "giuridicamente" imputata, e che, proprio per ciò, appare in grado di assumere, in questa vicenda, e dunque in relazione ai relativi danni, unicamente la veste di potenziale danneggiante, nei confronti dei partecipanti al fondo e dei relativi creditori, e non anche quella di danneggiata da parte dei propri amministratori.

In conclusione, deve osservarsi che l'inapplicabilità, nella vicenda in esame, dell'art. 2395 cod. civ. da un lato non indebolisce la posizione dei soggetti potenzialmente danneggiati da una illegittima gestione del fondo: dal momento che, tutto al contrario, sarebbe stata piuttosto l'operatività di tale norma a rendere quanto meno dubbia la possibilità di ipotizzare una responsabilità della società (di regola maggiormente effettiva) concorrente con quella degli amministratori; dall'altro, e contrariamente a quanto osservato dalla giurisprudenza [19], non vale a rendere costoro irresponsabili della gestione del fondo da essi "materialmente" svolta: nei loro confronti, infatti, la società può bensì agire, ma al fine di ottenere il risarcimento del danno arrecato questa volta al patrimonio sociale, e non anche al fondo, consistente nel sorgere, in capo alla medesima società, dell'obbligo di risarcire ai partecipanti al fondo (e ai relativi creditori) i danni derivanti da una negligente o scorretta gestione del fondo, dei quali, come accennato, la società risponderà con l'intero suo patrimonio, e non anche nei limiti del fondo [20].

Più precisamente, un danno al patrimonio sociale, ed una conseguente responsabilità degli amministratori verso la società, potranno essere affermati solo all'esito della condanna a risarcire i danni da essa arrecati ai partecipanti, e cioè del sorgere del relativo debito, se non anche del suo avvenuto adempimento: responsabilità che potrà essere fatta valere, oltre che dalla società e dagli organi

[19] V. Trib. Milano 11 maggio 2015: sul punto, v. altresì L. SEMINARA, *op. cit.*, 1140 s.

[20] Sul punto, v., per tutti, P. SPOLAORE, *op. cit.*, 1147, 1167, 1173 ss. e 1182 ss.

delle procedure alle quali essa risulti sottoposta, anche, in presenza dei presupposti di legge, dai creditori sociali, tra i quali dovranno essere ricompresi gli stessi destinatari del valore del fondo (partecipanti e creditori), beninteso ai sensi dell'art. 2394 cod. civ., e non dell'art. 2395 cod. civ., trattandosi di un danno per definizione "indiretto", in quanto appunto "mediato" dal patrimonio sociale.

I FONDI DI INVESTIMENTO ALTERNATIVI: I MODELLI REGOLATORI, IL MERCATO, L'IMPRESA PARTECIPATA

di *Marco Cian*

SOMMARIO: 1. Premessa. – 2. Il quadro definitorio, in generale. – 3. Fondi generici e fondi speciali. – 4. Il quadro normativo domestico e quello europeo. – 5. Implicazioni sulla dimensione societaria dell'impresa partecipata.

1. *Premessa.* – Attraverso la regolazione dei fondi di investimento alternativi (o per meglio dire: attraverso la disciplina dei loro gestori) [1], il paniere degli organismi di investimento collettivo "tipizzati" si è arricchito di una categoria di prodotti di particolare rilevanza, che si è affiancata agli OICVM disciplinati dalla Direttiva 2009/65/CE, ai fondi europei per il venture capital [Regolamento

---

[1] Per una prima analisi della disciplina, a seguito dell'attuazione in Italia della Direttiva 2011/61/UE (d'ora in avanti anche Direttiva AIFM), v. RENZULLI, *La disciplina sui gestori di fondi di investimento alternativi*, in *Nuove leggi civ.*, 2015, 347 ss. Con riferimento alla Direttiva, ZETZSCHE (ed.), *The Alternative Investment Fund Managers Directive*[2], Alphen aan den Rijn, 2015 (ove tra l'altro numerosi contributi dedicati all'attuazione della Direttiva nei diversi Paesi europei, tra cui l'Italia: LENER-PETRONZIO, *The AIFMD's Transposition in Italy*, 719 ss.); DORNSEIFER-JESCH-KLEBECK-TOLLMANN, *AIFM-Richtlinie – Kommentar*, München, 2013; SPINDLER-TANCREDI, *Die Richtlinie über Alternative Investmentfonds (AIFM-Richtlinie)*, in *WM*, 2011, 1393 ss. e 1441 ss.; KRAMER-RECKNAGEL, *Die AIFM-Richtlinie – Neuer Rechtsrahmen für die Verwaltung alternativer Investmentfonds*, in *DB*, 2011, 2077 ss.; MÖLLERS-HARRER-KRÜGER, *Die Regelung von Hedgefonds und Private Equity durch die neue AIFM-Richtlinie*, in *WM*, 2011, 1537 ss.; LUCIANO, *La direttiva sui gestori di fondi di investimento alternativi*, in *Contr. e impr. Europa*, 2011, 604 ss.; GUFFANTI, *La direttiva sui fondi alternatvi: prime considerazioni*, in *Società*, 2011, 1181 ss.; una sintetica panoramica anche in WEITNAUER, *Die AIFM-Richtlinie und ihre Umsetzung*, in *BKR*, 2011, 143 ss. e FOLLAK, in DAUSES, *Handbuch des EU-Wirtschaftsrechts, Bd.* 1, 39 *EL*, München, 2016 (ma per lo specifico contributo: 30 *EL*, 2012), F.III, *Rn.* 113 ss.; con riguardo alla proposta di Direttiva, KLEBECK, *Neue Richtlinie für Verwalter von alternativen Investmentfonds*, in *DStR*, 2009, 2154 ss., e NIETSCH-GRAEF, *Aufsicht über Hedgefonds nach dem AifM-Richtlinienvorschlag*, in *ZBB*, 2010, 12 ss. Di interesse altresì, anche per la comparazione con l'ordinamento statunitense e la presentazione delle modalità di attuazione della Direttiva in Germania, TANCREDI, *Die Regulierung von Hedge-Fonds und Private Equity in Europa und den USA – Eine rechtsvergleichende Untersuchung der AIFM-Richtlinie und des Dodd-Frank-Act unter ergänzender Einbeziehung des AIFM-Umsetzungsgesetzes und der EuVECA-VO*, Frankfurt am Main, 2016. V. inoltre gli aa. che si citeranno nelle note successive.

(UE) 345/2013] e a quelli per l'imprenditoria sociale [di cui al Regolamento (UE) 346/2013][2], venendo a formare un quadro estremamente composito non solo per tipologie dei prodotti e loro rilevanza, ma anche per le finalità perseguite con la loro armonizzazione e per le modalità attraverso cui la medesima è stata realizzata[3].

Anche dal punto di vista delle fonti il sistema è estremamente articolato, come si sa, rimbalzando tra direttive e regolamenti europei, norme nazionali di recepimento e norme parimenti nazionali per converso prive di radici comunitarie, con qualche probabile disallineamento e qualche deficit di funzionalità nel complessivo tessuto delle disposizioni, che rende opportuna una ricostruzione del quadro definitorio tenendo parallelamente presenti entrambi i livelli, continentale e interno.

L'universo dell'investimento alternativo può d'altra parte essere considerato da molteplici punti di vista: sotto il profilo fenomenico, ponendosi sul piano della fattispecie, oppure esaminando la gestione e il relativo strutturarsi; nella dimensione precettiva, mettendo a fuoco le diverse declinazioni del *corpus* disciplinare dedicato, sul fronte della tutela dei mercati, della protezione degli investitori, della promozione degli investimenti, dei rapporti con le imprese finanziate, fronti non tutti egualmente interessati dalle regole comunitarie e nazionali e variamente implicati dai diversi segmenti che compongono l'universo FIA.

In un quadro anche di analisi potenzialmente tanto complesso, è senz'altro opportuno mettere in rilievo prima di tutto alcuni aspetti relativi all'individuazione della fattispecie e alla sua collocazione all'interno del macrosistema degli organismi di investimento collettivo. Qualche interessante considerazione potrà poi essere dedicata, tralasciando ogni altro profilo, specialmente al modo (più esattamente: ai modi) in cui la disciplina guarda ai rapporti tra il prodotto gestito e le imprese-bersaglio, insomma ai rapporti, se così vuol dirsi, tra questo settore dell'economia finanziaria e l'economia reale. Mi limiterò peraltro a trattare i due profili in modo problematico, senza la pretesa di giungere ad una loro compiuta ricostruzione.

2. *Il quadro definitorio, in generale.* – Il quadro nozionale, tanto europeo quanto domestico, pare costruito su un sistema di insiemi e sottoinsiemi. Il contenitore è rappresentato dalla famiglia degli organismi di investimento collettivo, all'interno del quale, isolati gli OICVM armonizzati, si delinea la sottoclasse dei FIA[4]; a sua volta, questa comprende, accanto ai fondi per così dire gene-

---

[2] Entrambi i regolamenti sono stati successivamente modificati con Regolamento (UE) 1991/2017.

[3] Vi si aggiungono oggi altresì i fondi di investimento europei a lungo termine (ELTIF), previsti dal Regolamento (UE) 2015/760.

[4] Per un raffronto tra le due figure, SPINDLER-TANCREDI (nt. 1), 1396 ss.

rici, le due subcategorie dei fondi per il venture capital e per l'imprenditoria sociale, tra loro distinte.

In realtà lo schema non è così lineare, perché vi sono degli slittamenti tra le formule comunitarie e quelle nazionali e delle opacità nella tracciatura delle partizioni interne alla famiglia.

Prima di scendere nei dettagli giova premettere una considerazione. In termini di funzioni e di obiettivi, sembra che si delineino due diversi modelli regolatori all'interno del sistema: uno, di disciplina del mercato (di un dato segmento di mercato), l'altro, di promozione di un prodotto. Il primo modello, coerentemente con le proprie finalità, definisce la fattispecie attraendovi tutti i prodotti proposti o suscettibili di venire proposti in quel mercato e individuandola conseguentemente per mezzo di caratteristiche comprensive: tutti i prodotti che le presentano dovranno rispettare le regole di conformazione e contenuto fissate precettivamente. Il secondo modello, anch'esso in linea con i propri scopi, rovescia programmaticamente il rapporto tra regole di conformazione e fattispecie: al fine di favorire la diffusione di un prodotto, viene stabilito che solo quello che presenta certe caratteristiche potrà giovarsi di un determinato trattamento. La differenza è sottile (e non necessariamente si manifesta in una maggiore o minore larghezza della fattispecie), ma incide sulla ricostruzione del quadro definitorio; e, per l'appunto, sembra una differenza riscontrabile nel sistema degli organismi di investimento collettivo.

Cominciamo allora dalla partizione maggiore, quella tra organismi armonizzati e organismi alternativi.

Vi sono discrepanze innanzitutto sul piano delle tecniche definitorie, tra *corpus* comunitario e domestico, delle quali va compreso se esauriscano la loro rilevanza a livello della struttura della fattispecie, o se incidano sui relativi confini.

Il t.u.f. (art. 1, comma 1, lett. k), ss.) definisce direttamente l'insieme contenitore (gli OICR), indicandone gli elementi caratterizzanti nella raccolta pluripersonale dei capitali, nella gestione in monte e in autonomia e nella predeterminazione della politica di investimento; mentre i sottoinsiemi di primo livello sono individuati per rinvio, gli OICVM (a loro volta scomposti in OICVM italiani e OICVM UE) essendo quelli soggetti alla Direttiva 2009/65/CE, i FIA (anch'essi ripartiti in FIA italiani, UE e non-UE) quelli soggetti alla Direttiva 2011/61/UE. Gli elementi appartenenti ai sottoinsiemi dunque presentano in comune i caratteri della macrofamiglia e si differenziano in base al diverso ambito di applicazione come delineato dalle norme europee.

In queste ultime, l'insieme contenitore non è invece definito direttamente e rimane semplicemente espresso nel sintagma generico "organismo di investimento collettivo". La pluripersonalità della raccolta del capitale e la predeterminazione della politica di investimento entrano in gioco come caratteri positivi del FIA [5],

---

[5] Alcune puntualizzazioni in merito al significato di questi ed altri concetti sono fornite negli

ulteriormente connotato in negativo per il fatto di non necessitare di autorizzazione ai sensi della Direttiva 2009/65/CE, e dunque per non appartenere al novero degli OICVM armonizzati (art. 4, Direttiva 2011/61/UE)[6].

L'opzione comunitaria delinea conseguentemente un contenitore più ampio, comprensivo di una zona grigia occupata da organismi di investimento collettivo non qualificabili né come OICVM armonizzati, né come FIA (per non presentare i caratteri positivi di questi ultimi) e come tali estranei all'area disciplinata. Il legislatore nazionale procede diversamente: assume tali caratteri positivi ad elementi costitutivi della fattispecie generale OICR, sul presupposto che essi siano comuni anche agli OICVM; fonda a questo punto la partizione di primo livello sul semplice fatto che sono FIA gli OICR che non sono OICVM. Secondo un modello, dunque, di definizione per sottrazione.

Già a proposito di questa assunzione (presentare organismi armonizzati e alternativi le quattro caratteristiche della fattispecie generale), qualche dubbio si profila.

Si può tacere degli elementi della gestione in monte e in autonomia, che forse potrebbero comunque considerarsi immanenti allo stesso concetto (e alla stessa nozione generale comunitaria) di investimento "collettivo". Quanto poi alla raccolta presso una pluralità di investitori, non c'è dubbio che essa sia propria anche degli OICVM, posto che il requisito a sua volta delineato nell'art. 1 della Direttiva 2009/65/CE, la raccolta presso il pubblico, ne resta assorbito. Tutt'altra questione è però la predeterminazione della politica di investimento, di cui nella definizione di OICVM non si fa menzione, salvo che per un riferimento al principio della ripartizione del rischio, che richiama almeno una logica generale di articolazione degli investimenti. Per la verità tale elemento pervade buona parte della disciplina degli OICVM, al punto che se ne devono dare ragguagli nel prospetto di ciascun fondo (art. 68 ss., Direttiva 2009/65/CE). Non è chiaro tuttavia se la sua presenza sia elemento costitutivo della fattispecie o oggetto di un dovere di conformazione: se, cioè, il fondo che in concreto non ne sia caratterizzato costituisca un prodotto estraneo all'area di applicazione della Direttiva (e tra l'altro non qualificabile neppure come FIA), o invece un OICVM illegittimamente conformato in violazione della medesima.

La disciplina italiana prende posizione nel primo senso. L'impianto che ne deriva è forse da un punto di vista funzionale accettabile. Il sistema normativo mira a disciplinare un mercato, quello dei prodotti di investimento collettivo, rispetto al quale ragionevolmente resterebbe estraneo un eventuale prodotto in

---

Orientamenti sui concetti chiave della direttiva GEFIA, rilasciati dall'ESMA il 13 agosto 2013 (ESMA/2013/611).

[6] Sulla nozione comunitaria di FIA v. per tutti ZETZSCHE-PREINER, *Scope of the AIFMD*, in ZETZSCHE (ed.) (nt. 1), 50 ss.; EID., *Was ist ein AIF?*, in *WM*, 2013, 2101 ss.; TOLLMANN, in DORNSEIFER-JESCH-KLEBECK-TOLLMANN (nt. 1), Art. 4, *Rn.* 5 ss.

cui l'investitore affidasse ad un gestore risorse completamente alla cieca, senza alcuna preindividuazione di obiettivi di rendimento, profilo di rischio, settori di destinazione degli investimenti.

In questo quadro, può trovare una sua logica sistemazione la tecnica definitoria dei FIA per sottrazione (OICR – OICVM = FIA)[7]. Ma il dado non è ancora tratto. Perché questa tecnica presuppone che il sottraendo sia ben delineato e la nozione di OICVM resta viceversa, anche sotto altri, più delicati profili, opaca.

L'art. 1 della Direttiva comunitaria (qui l'unico testo rilevante, posto che la nozione italiana vi rimanda puramente e semplicemente: art. 1, comma 1, lett. m) e m-*bis*), t.u.f.) è costruito su alcuni elementi di segno positivo: a parte il carattere aperto del fondo, sugli investimenti ammissibili e sul principio della ripartizione del rischio. Ed è qui che sembra profilarsi il problema di quale sia il modello regolatorio, se di disciplina di un mercato o di promozione di un prodotto, sotteso al testo legislativo; e, quindi, di quale sia l'esatto perimetro del fenomeno contemplato e regolato.

Quanto al primo requisito, la norma definitoria si incrocia con quella (apparentemente) precettiva contenuta nell'art. 50. Questa seconda impone una rigorosa perimetrazione del novero dei beni in cui i capitali possono essere investiti, grosso modo coincidenti con valori mobiliari e strumenti del mercato finanziario quotati (la rosa dei beni-*target* è in realtà molto più variegata, ma ai nostri fini ci si può fermare qui). Si tratta appunto di una disposizione dalla funzione apparentemente delimitativa ed escludente: il testo italiano è, in prima battuta ("*gli investimenti di un OICVM devono comprendere uno o più dei seguenti beni*"), meno felice di altre versioni, per le quali è chiaro che gli investimenti *non possono comprendere che* uno o più di tali beni (nella versione francese "*les placements ... sont constitués uniquement ...*" dai medesimi, in quella inglese "*shall comprise only*" gli stessi), ma il dubbio è fugato dal successivo comma 2, il quale mette fuori gioco, salvo che per il 10% del patrimonio del fondo, ogni altra tipologia di valore mobiliare o bene. Non sono queste tuttavia, proprio per la loro funzione precettiva e non definitoria, le disposizioni che permettono di chiarire se tutti i fondi che intendano programmaticamente acquisire valori mobiliari quotati debbano concentrare (quasi interamente) le proprie risorse su questo genere di investimenti, o se siano leciti fondi i cui capitali vengano destinati solo in parte ad essi. La norma definitoria, peraltro, è perentoria in proposito nel

---

[7] E v., nell'ordinamento tedesco, il § 1, *Abs.* 3, *KAGB*. Per alcune osservazioni generali sull'assetto definitorio così delineato cfr. GOTTSCHLING, in MORITZ-KLEBECH-JESCH, *Frankfurter Kommentar zum Kapitalanlagerecht, Bd.* 1, Frankfurt am Main, 2016, § 1, *Rn.* 10 ss.; JESCH, in BAUR-TAPPEN, *Investmentgesetze, Bd.* 1[3], Berlin, 2015, § 1, *Rn.* 5 ss.; VOLHARD-JANG, in WEITNAUER-BOXBERGER-ANDERS, *KAGB – Kommentar*, München, 2014, § 1, *Rn.* 1 ss.; KLOYER, *Der Anwendungsbereich des KAGB nach § 1 Abs. 1 des Gesetzes in der Beratungspraxis*, in MÖLLERS-KLOYER, *Das neue Kapitalanlagegesetzbuch*, München, 2013, 98 ss.; PATZNER-SCHNEIDER-DETERS, in DÖSER-KEMPF-PATZNER, *Investmentrecht*[2], Baden-Baden, 2015, §, *Rn.* 1 ss., 23 ss.

puntualizzare che la Direttiva concerne gli organismi il cui oggetto "esclusivo" è l'investimento in valori mobiliari quotati: i fondi ibridi dunque rimangono (non irregolari rispetto ad essa, ma semplicemente) fuori dalla sua area di applicazione. Conseguentemente, l'art. 50 non ha carattere preclusivo, ma, contrariamente alle apparenze, concessivo o, se si vuole, interpretativo del concetto di esclusività (per l'apertura permessa dal citato comma 2, rispetto all'esclusività dell'oggetto).

Più complessa la lettura del secondo requisito, quello della ripartizione del rischio.

Oltre il dato generico l'art. 1 non va. Sono invece gli artt. 52 ss. a declinare in termini percentuali tale principio, suscitando peraltro l'interrogativo se essi concorrano all'individuazione della fattispecie o se, definita questa altrove, essi fissino imperativamente la conformazione che ogni fondo deve assumere. La formula verbale impiegata ("*Un OICVM investe ...*": art. 52) non aiuta (del medesimo tenore è pure il testo di lingua tedesca), ma d'altra parte non chiudono la questione neppure le versioni che ricorrono a espressioni impositive ("*shall invest*", "*ne peut investir*"). Nuovamente, si ripropone la questione se un fondo che adotti misure di ripartizione del rischio diverse sia fuori legge o semplicemente fuori dallo spettro degli OICVM armonizzati; se, insomma, basti un qualsiasi intento programmatico di diversificazione degli investimenti per rientrare nell'area di applicazione della Direttiva (con l'obbligo allora di conformarsi ai relativi parametri), o se solo i fondi rispettosi di questi ultimi vi siano riconducibili.

Attorno a questi interrogativi ruota la questione dell'appartenenza del modello regolatorio accolto nella Direttiva all'uno o all'altro tra quelli sopra menzionati. E l'assetto dei confini della classe rappresentata dagli OICVM incide sulla identificazione del fenomeno normativo FIA, per essere questo, come si è detto, individuato per sottrazione.

Non è comunque certo questa la sede per procedere ad una ricostruzione compiuta della fattispecie, così come di quella generale degli OICR [8], a questi ultimi e ai fondi armonizzati essendo stati tra l'altro dedicati già accurati studi. Deve però rimanere chiaro che dall'uno o dall'altro inquadramento dipende la visione dello stesso sistema regolamentare complessivamente considerato e delle sue funzioni. Se il *corpus* normativo sui fondi armonizzati non è una disciplina del mercato (del mercato degli investimenti che tangano il comparto dei va-

---

[8] Si v. da ultimo, in argomento, SANDRELLI, *Raccolta di capitali e attività di investimento. Note sulla nozione di "organismo di investimento collettivo del risparmio" a seguito dell'attuazione della direttiva sui fondi alternativi*, in *Riv. soc.*, 2015, 387 ss.; R. LENER-PETRONZIO, *La gestione collettiva del risparmio a quindici anni dal Tuf*, in *Riv. dir. comm.*, 2014, part. 398 ss. (ove ulteriori riferimenti), nonché CARRIÈRE, *La riformulazione della riserva di attività alla gestione collettiva del risparmio e le Sicaf: luci e ombre*, in *Riv. soc.*, 2014, 449 ss. Nella letteratura tedesca v. il poderoso studio di ZETZSCHE, *Prinzipien der kollektiven Vermögensanlage*, Tübingen, 2015, e ulteriori riferimenti nella nota precedente.

lori mobiliari quotati), ma uno strumento di promozione di un prodotto (perché standardizzato, armonizzato e regolamentato e dunque più spendibile), il recente pacchetto legislativo concernente i FIA assume una posizione di evidente centralità nel sistema; viceversa, se i due testi andassero intesi come regolatori di due segmenti di mercato contigui, le loro posizioni risulterebbero complementari. Su questa linea meriterebbe certamente approfondire la riflessione se l'introduzione della disciplina sugli organismi alternativi abbia mutato lo scenario di riferimento e possa dunque interferire con la stessa opera di ricostruzione della fattispecie OICVM, precedentemente unica regolata (e, va detto, una risposta è fornita nella disciplina regolamentare italiana, presso la quale ad esempio, come si accennerà, gli OICVM e la sottoclasse dei FIA aperti non riservati si distinguono in ragione del diverso dosaggio del rischio, a parità di beni-investimento ammissibili).

3. *Fondi generici e fondi speciali.* – Veniamo alla partizione di secondo livello, quella che, come si è detto, all'interno della classe dei FIA, isola i fondi speciali per il venture capital e quelli per l'imprenditoria sociale, disciplinati dai regolamenti europei sostanzialmente gemelli n. 345 e 346/2013.

Qui l'adozione del modello regolatorio di promozione di un prodotto è conclamata. Le due discipline disegnano un certo tipo di fondo, dettandone la conformazione e il contenuto, nonché le altre condizioni cui ci si dovrà attenere qualora, nel proporre il prodotto sul mercato, si voglia spendere la denominazione EuVECA e EuSEF. Niente impedisce la coesistenza nel medesimo segmento di mercato di fondi d'altro genere (alternativi di secondo grado, li si potrebbe definire, o, più semplicemente, alternativi non qualificati o generici: v. il decimo Considerando del reg. n. 345 e del reg. n. 346). Sicché i regolamenti in esame non realizzano una armonizzazione delle discipline sul venture capital (e sugli investimenti diretti all'imprenditoria sociale), come invece parrebbe qua e là emergere nel pensiero dei legislatori comunitari (si veda ad es. il secondo Considerando del reg. n. 345), ma comportano soltanto un incentivo diretto a convogliare queste forme di investimento nella specie di prodotto tipizzata.

Qualche osservazione mette conto svolgere sulla conformazione di queste due sottoclassi qualificate e specialmente sulla prima.

Gli EuVECA si caratterizzano per il fatto di destinare il capitale in misura consistente, sebbene non esclusiva (per il 70%), all'investimento in strumenti di *equity* o simili emessi da imprese non quotate, di dimensioni inferiori a una certa soglia (o a prestiti a favore di tali imprese, purché già partecipate dal fondo) (art. 3, reg. n. 345). Si caratterizzano poi per essere, in sé, (relativamente) "piccoli"; questa condizione è fissata indirettamente, ossia riservando i prodotti ai gestori che siano GEFIA sottosoglia ai sensi della Direttiva 2011/61/UE (art. 2, reg. n. 345); e poiché la grandezza dei GEFIA è funzione della grandezza dei fondi gestiti, la restrizione sui primi si imprime necessariamente ai secondi. Si potrebbe dire dunque: fondi "piccoli" per finanziare imprese "piccole". La nozione di EuSEF (per meglio ribadire: le condizioni in presenza delle quali un organismo di investimento collettivo può assumere questa denominazione) è definita in termini analoghi.

Se questo approccio minimalista risulti o no efficiente nel perseguimento dell'obiettivo dichiarato, di convogliare investimenti verso le PMI (tredicesimo Considerando del reg. n. 345) e le imprese sociali (sedicesimo Considerando del reg. n. 346), non tocca a me dire. Merita invece tornare sulla struttura dei due *corpora* normativi.

Le fattispecie sono individuate in base agli elementi sopramenzionati, dunque sul piano delle caratteristiche conformative (= di contenuto) del prodotto: esse sono espresse nei sintagmi "fondo per il venture capital qualificato" e "fondo qualificato per l'imprenditoria sociale". La disciplina è congegnata come sistema di prescrizioni apparentemente operanti in presenza di tali fattispecie (secondo la formula del tipo "il gestore del fondo qualificato fa/non fa"). I meccanismi di attivazione delle norme sono in realtà diversi, includendo anche l'ulteriore condizione dell'uso della denominazione riservata; le disposizioni chiave, in proposito, sono rappresentate dall'art. 4 di ciascuno dei due regolamenti: il gestore che osserva queste prescrizioni è autorizzato ad etichettare il prodotto come EuVECA e rispettivamente EuSEF.

Queste figure tipizzate vengono insomma a rappresentare due microinsiemi a denominazione protetta, all'interno di un universo caratterizzato dalla completa atipicità.

4. *Il quadro normativo domestico e quello europeo.* – Isolate le classi degli organismi di investimento collettivo tipizzate, sul primo e sul secondo livello della partizione, lo spazio libero rimane tutto occupato dai FIA generici.

Di essi, come si era avvertito, la legislazione comunitaria non solo non dà alcuna definizione positiva compiuta, ma non prescrive neppure, sotto il profilo disciplinare, alcun contenuto.

La scelta è invero quella di non armonizzare i prodotti, ma i gestori, e di lasciare agli ordinamenti nazionali il compito di dettare eventualmente le regole dei primi (Direttiva 2011/61/UE, 10° Considerando). La parcellizzazione disciplinare, peraltro, non dovrebbe comportare alcuna segmentazione dei mercati geografici, posta la libera circolazione dei prodotti all'interno di tutta l'Unione, così che si realizza tra l'altro un sistema di competizione tra gli ordinamenti nell'attrazione al proprio territorio di questo genere di organismi di investimento.

Com'è noto, i fondi alternativi italiani sono soggetti a regole di conformazione piuttosto capillari, contenute nel Regolamento Banca d'Italia 19 gennaio 2015 [9]. La compresenza di queste regole e della figura di stampo comunitario

---

[9] Il regolamento è stato modificato con provvedimento della Banca d'Italia del 23 dicembre 2016.

suggerisce dunque un immediato confronto, per verificare la misura della reciproca sovrapponibilità e l'eventuale sussistenza di scelte delimitatrici da parte del legislatore domestico.

Qui, va detto, la questione si sposta dalla considerazione della fattispecie a quella della disciplina. I FIA come categoria europea costituiscono, per così dire, un universo aperto, nel senso che la disciplina non pone limiti al contenuto ammissibile; la categoria è perciò aperta all'inclusione di tutti gli organismi di investimento collettivo non OICVM, quali che siano le politiche di gestione e i beni-*target* (sebbene qualche puntualizzazione vada per la verità pure a questo proposito fatta); la disciplina nazionale concerne tra l'altro il contenuto dei prodotti costituiti in Italia, sicché i FIA locali appaiono viceversa costituire una categoria perimetrata.

I limiti interni si collocano su entrambi i piani testé indicati: degli investimenti possibili e della loro articolazione necessaria.

Il Regolamento Banca d'Italia marca una netta differenza tra FIA aperti e chiusi e tra FIA riservati (a investitori professionali) e non riservati, non conosciuta nei medesimi termini dalla legislazione comunitaria.

a) I FIA aperti non riservati presentano, sotto l'uno e l'altro profilo, caratteristiche molto simili agli OICVM (la Sez. III del Tit. V, Capo III del regolamento richiama al riguardo la Sez. II dedicata a questi ultimi): identica è la selezione degli investimenti ammissibili (dunque, principalmente, valori mobiliari quotati e strumenti del mercato monetario quotati), identica la logica di articolazione del rischio, sebbene vengano innalzate le percentuali degli investimenti massimi effettuabili su valori di un medesimo emittente in rapporto alle attività del fondo e alle dimensioni dell'emittente stesso.

b) I FIA chiusi non riservati presentano una maggiore varietà di investimenti ammissibili, ma i limiti non vengono rimossi: si deve trattare di strumenti finanziari (quotati o no), immobili e più genericamente altri beni per i quali esista un mercato e che abbiano un valore determinabile con certezza con periodicità almeno semestrale (Sez. V). L'articolazione del rischio è assicurata stabilendo le percentuali massime di investimenti possibili in strumenti finanziari di un medesimo emittente, rispetto al valore del fondo (§ 3), mentre i limiti in rapporto alle dimensioni dell'emittente operano solo se quest'ultimo è quotato (§ 6).

c) I vincoli sono rimossi invece per i FIA riservati (Sez. VI), fatta salva la necessità di assicurare un qualche frazionamento degli investimenti. Per la verità, a proposito di questa sottoclasse, parrebbe registrabile un difetto di coordinamento tra quanto disposto nel provvedimento in esame e il d.m. 30/2015, attuativo dell'art. 39 t.u.f.: il decreto sembra selezionare i beni-*target* ammissibili, in linea con quanto disposto da Banca d'Italia per i FIA non riservati, con disposizione però di portata generale, valida per tutti gli OICR (art. 4) e non derogata con riguardo ai FIA riservati, né aperti, né chiusi (art. 14).

Al di là di questo, è evidente la diversa estensione della classe generale FIA nelle fonti europee e in quelle domestiche. Il legislatore nazionale ha occupato gli spazi non normati da quello comunitario, parzialmente tipizzando i contenuti dei FIA non riservati (e anche dei riservati, stando al decreto ministeriale).

Quanto ai tipi di investimenti possibili, la delimitazione più forte riguarda i FIA aperti, che si configurano sostanzialmente come OICVM più flessibili nelle politiche di articolazione del rischio. Anche per le altre sottoclassi, nondimeno, la catalogazione dei beni acquisibili e la clausola di chiusura condizionante la loro ammissibilità all'esistenza di un mercato e alla prezzabilità certa e periodica sembra destinata a restringere in modo non insignificante lo spettro dei comparti di investimento accessibili: parrebbero fuori gioco, ad esempio, le quote di società a responsabilità limitata. È per questo allora che, a riguardo degli EuVECA e degli EuSEF (cui le regole contenitive generali del d.m. 30/2015 non dovrebbero estendersi, trattandosi di fondi direttamente disciplinati a livello sovranazionale), il provvedimento Banca d'Italia non richiama il proprio Tit. V, Capo III (v. Tit. VII, Capo I, Sez. V), così che nessun limite è segnato, in linea con la regolazione comunitaria dei due prodotti.

Quanto ai criteri di ripartizione degli investimenti, la nozione comunitaria di FIA non ne fa in realtà parola. Che, peraltro, la politica di investimento necessariamente sottesa al fondo debba essere costruita su metodi di articolazione del rischio è sicuro e sancito sul piano disciplinare [10]: a parte il costante riferimento alla funzione di gestione del rischio stesso nella medesima Direttiva 2011/61/UE (v. art. 15 in special modo), il complementare reg. (UE) n. 231/2013 dispone che il gestore "*stabilisc(a) e attu(i) limiti di rischio quantitativi o qualitativi o entrambi*" per ciascun fondo amministrato (art. 44). La disposizione rimane tuttavia formulata sul piano dei principi, lasciando così libertà ai legislatori domestici o al regolamento del fondo di fissare coordinate, metodi e parametri specifici per la sua declinazione. Il sistema italiano, come si è accennato, mentre rimanda in tutto alle scelte negoziali per quel che concerne i fondi riservati, dispone invece in via generale e precettiva i criteri percentuali cui devono attenersi quelli non riservati.

Nell'insieme, appare chiaro che le figure di FIA italiani non coprono l'intero spettro di ciò che può essere FIA nella dimensione europea. Il che sta, come si è osservato, nella stessa logica seguita dalla Direttiva, di regolare i gestori e non i prodotti, non impedendo comunque ai legislatori nazionali di intervenire sulla conformazione di questi ultimi, pur nel rispetto della libertà di circolazione dei

---

[10] V. però TOLLMANN, in DORNSEIFER-JESCH-KLEBECK-TOLLMANN (nt. 1), Art. 2, *Rn.* 65 s. e Art. 4, *Rn.* 35 s., a proposito dell'assenza di richiami alla diversificazione nella nozione stabilita dalla Direttiva; un accenno anche in KLEBECK, *Interplay between the AIFMD and the UCITSD*, in ZETZSCHE (ed.) (nt. 1), 107. Per un approfondimento del tema dell'articolazione del rischio, anche con riguardo all'ordinamento tedesco, v. ZETZSCHE (nt. 8), 119 ss.

prodotti esterovestiti, per quanto conformati in antinomia rispetto alle disposizioni domestiche.

È appena il caso di precisare che la perimetrazione delle sottoclassi italiane dei FIA non genera alcun vuoto normativo: non implica cioè che possano esistere OICR che, per non essere confezionati né come OICVM, né come FIA tipizzati, rimangano sottratti alle regole di settore pur restando ammissibili; i limiti di contenuto segnalati si pongono invero, come si è detto, sul piano della disciplina e non della fattispecie, sicché ogni OICR non armonizzato (= non OICVM) deve omologarvisi per essere legittimo.

5. *Implicazioni sulla dimensione societaria dell'impresa partecipata.* – I fondi di investimento veicolano risorse economiche verso le imprese. Pur essendo la loro disciplina fondamentalmente coniugata nella dimensione finanziaria, dei mercati e degli investitori, l'intreccio a valle con la dimensione societaria (delle società verso cui le risorse approdano) è spesso di non trascurabile importanza.

Questa seconda dimensione va considerata, ancorché per sommi capi, per le implicazioni che si determinano sia dal punto di vista dell'accesso delle imprese a canali di finanziamento extrabancari, sia sotto il profilo del controllo societario [11]. Le discipline comunitarie e domestiche tengono invero conto, sia pure in varia misura e con vari intendimenti, dell'uno e dell'altro aspetto.

Per quanto riguarda la destinazione dei capitali, si registra ovviamente tra il livello di regolazione europeo e quello italiano un non trascurabile disallineamento: i FIA italiani aperti non riservati sono eminentemente, come già gli OICVM, veicoli di finanziamento degli emittenti quotati; i FIA chiusi non riservati possono indirizzarsi anche verso s.p.a. non quotate, ma, verosimilmente, non verso PMI non azionarie; lo potrebbero i FIA riservati, se si ritenesse non agire per loro la clausola di chiusura dell'art. 4, d.m. n. 30/2015, la cui possibile portata generale si è già segnalata. Lo possono senz'altro, direi, gli EuVECA [che sono fondi riservati, *ex* art. 6, reg. (UE) n. 345/2013, essendone la commercializzazione lecita solo a favore di investitori professionali o "facoltosi"; vedine le motivazioni nel 24° Considerando], per i quali anzi opera la restrizione di segno contrario, di non poter investire in emittenti quotati. A livello europeo, salva questa connotazione per gli EuVECA [che vale anche per gli EuSEF, sia pure con qualche aggiustamento: art. 3, § 1, lett. d), *sub* i, reg. (UE) n. 346/2013], i FIA generici sono tutti potenziali veicoli di risorse liberamente direzionabili.

In questo quadro si comprende anche la diversa prospettiva da cui il legislatore comunitario si accosta al fenomeno e ne disciplina o crea le diverse figure: basta ricordare quanto si è già evidenziato, essere le regole dei fondi qualificati

---

[11] Rinvio anche a CIAN, *Alternative Investment Funds controlling a Company and Company Law*, in *Revista de derecho de sociedades*, 2018 (52), 107 ss.

concepite per promuoverne la diffusione, mentre le disposizioni sui fondi generici rappresentano un complesso di presidi nel mercato dei relativi prodotti. L'interesse primario sotteso ai regolamenti EuSEFA e EuSEF si esprime dunque proprio nella dimensione societaria, come interesse a favorire la crescita delle imprese di minore grandezza (v. nuovamente il 13° Considerando del reg. n. 345 e il 16° del reg. n. 346); l'interesse che ispira la Direttiva AIFM, per contro, è di tutela dell'integrità del mercato finanziario e degli investitori (vedine i principi generali di comportamento nell'art. 12 e il 94° Considerando).

Questa diversa prospettiva impatta anche sulla misura in cui l'interesse della società-*target*, nei rapporti con quelli del FIA e dei suoi investitori, è preso in considerazione.

Merita osservare che i conflitti di interesse che il gestore deve monitorare e gestire concernono, nei fondi generici (art. 14, Direttiva 2011/61/UE; e v. in Italia l'art. 46 reg. Consob – Banca d'Italia 29 ottobre 2007, nella sua versione attuale [12]), il gestore stesso e gli investitori o gli investitori di fondi diversi tra loro, non il fondo o il gestore e la società partecipata, il cui trattamento è così affidato esclusivamente ai principi di diritto societario; anche i canoni generali cui deve essere informata l'azione del GEFIA (art. 12) sono esplicitamente orientati alla tutela dell'integrità del mercato e degli investitori, non delle società bersaglio. Del pari, le strategie di voto che il GEFIA elabora ai sensi dell'art. 37 reg. (UE) 231/2013 (richiamato in sede nazionale dall'art. 34 reg. Consob – Banca d'Italia 29 ottobre 2007 [13]) devono essere indirizzate alla realizzazione esclusiva dell'interesse del fondo; il riferimento alla prevenzione e gestione dei conflitti, contenuto nella medesima norma, sembra rimandare più a quelli extrasocietari testé menzionati, che a quelli endoassembleari.

Nei fondi qualificati, l'interesse delle società entra invece in scena, se non nelle regole di gestione dei conflitti (art. 9 di entrambi i reg. 345 e 346), nei principi che presiedono all'azione operativa dei gestori (art. 7, lett. b), dei medesimi regolamenti).

Vi sono tuttavia, nella disciplina dedicata ai fondi generici, alcune disposizioni di dettaglio che intervengono nella declinazione del rapporto con le società partecipate, in particolare quando questo si configura come rapporto di controllo [14].

---

[12] L'art. 46 cit. ha cessato di essere applicato con l'entrata in vigore del nuovo reg. Consob intermediari 20307/2018.

[13] L'art. 34 cit. ha cessato di essere applicato con l'entrata in vigore del nuovo reg. Consob intermediari 20307/2018.

[14] Cfr. in particolare ZETZSCHE, *Anteils– und Kontrollerwerb an Zielgesellschaften durch Verwalter alternativer Investmentfonds*, in *NZG*, 2012, 1164 ss.; per un commento analitico alle singole disposizioni v. i contributi di BÄRENZ-STEINMÜLLER-BÄRENZ-KÄPPLINGER-BOXBERGER, in DORNSEIFER-JESCH-KLEBECK-TOLLMANN (nt. 1), *Vorbem. zu* Art. 26-30 e Art. 26 ss. Con rife-

Di particolare significato si rivela il divieto di contribuire alla disgregazione del patrimonio dell'impresa nei due anni successivi all'acquisizione del controllo stesso (art. 30, Direttiva 2011/61/UE, cui corrisponde in Italia, per il tramite degli artt. 45 s. t.u.f., l'art. 28-*quaterdecies* reg. Consob 11971/1999, nella sua versione attualizzata [15]): la disposizione introduce un vincolo speciale nell'esercizio dei diritti sociali da parte del fondo, diretto ad evitare azioni liquidatorie funzionali al soddisfacimento degli interessi del fondo nel breve periodo, ma dissolutive della ricchezza imprenditoriale. La pervasività della prescrizione è tale da coprire azioni che, nell'ordinaria disciplina del diritto societario, non risulterebbero sanzionabili, perché non in conflitto con l'interesse della società, né verosimilmente qualificabili come lesive del principio di buona fede e correttezza. Merita però segnalare che il vincolo non risulta operante rispetto alle partecipazioni in piccole e medie imprese [16] ed è per questa ragione che esso non è riprodotto nella disciplina dei fondi qualificati, trattandosi di OICR che investono per definizione in questa tipologia di società (sebbene una certa frizione normativa persista, giacché non è escluso in teoria che un EuVECA, con la quota del 30% del proprio patrimonio che può essere destinata ad investimenti verso imprese diverse, finisca per detenere il controllo di una società maggiore, rispetto alla quale però il vincolo in esame non si attiverebbe, giacché il gestore

---

rimento alla loro attuazione nell'ordinamento tedesco (§ 287 ss. *KAGB*) v. per un primo ragguaglio KOCH, *Das Kapitalanlagegesetzbuch: Neue Rahmenbedingungen für Private-Equity-Fonds – Transparenz, gesellschaftsrechtliche Maßnahmen und Finanzierung*, in *WM*, 2014, 433 ss.; VICIANO-GOFFERJE, *Neue Transparenzanforderungen für Private Equity Fonds nach dem Kapitalanlagegesetzbuch*, in *BB*, 2013, 2506 ss.; SCHRÖDER-RAHN, *Das KAGB und Private-Equity-Transaktionen – Pflichten für Manager von Private-Equity-Fonds und deren Verwahrstellen*, in *GWR*, 2014, 49 ss.; SÖHNER, *Neuer Rechtsrahmen für Private Equity – AIFM-Umsetzungsgesetz, Aktienrechtsnovelle 2014 und weitere Vorschriften*, in *WM*, 2014, 2110 ss.; per maggiori approfondimenti v. i commenti alle singole disposizioni nei commentari già citati.

[15] E nell'ordinamento tedesco v. il § 292 *KAGB*, su cui JESCH-KOHL, in MORITZ-KLEBECH-JESCH (nt. 5), *Bd.* 2, § 292; SWOBODA, in WEITNAUER-BOXBERGER-ANDERS (nt. 7), § 292; BEHME, in BAUR-TAPPEN (nt. 7), *Bd.* 2, § 292; WEITNAUER, *Das Übernahmesonderrecht des KAGB und seine Auswirkungen auf die Private-Equity-Branche*, in *AG*, 2013, 676 ss.

[16] Questa disposizione, come le altre che si menzioneranno di seguito, ad ogni modo opera anche quando la società non sia quotata (salva l'eccezione appena indicata nel testo), il che ha fatto dubitare della ragionevolezza del loro inserimento in una Direttiva votata alla regolazione dei mercati finanziari: cfr. SPINDLER-TANCREDI (nt. 1), 1397 e 1444; critici anche ACHLEITNER, *Folgewirkungen der AIFM-Richtlinie für Private-Equity-Gesellschaften und den Wirtschaftsstandort Europa*, in *DB*, 2010, *Standpunkte*, 83; SPINDLER, *Die europäische Regulierung von "Alternativen Investments" – oder: gezähmte "Heuschrecken"?*, *ivi*, 86; sul tema delle ragioni di tale regolazione cfr. anche BÄRENZ-STEINMÜLLER, in DORNSEIFER-JESCH-KLEBECK-TOLLMANN (nt. 1), *Vorbem. zu* Art. 26-30, *Rn.* 6 ss.; con riguardo anche al retroterra politico della medesima v. CLERC, *The AIFM's Duties upon the Acquisition of Non-listed Firms*, in ZETZSCHE (ed.) (nt. 1), 649 ss. A riguardo dell'inserimento in generale del fenomeno del *private equity* nel sistema del *KAGB* v. pure KOCH, *Die Neuordnung von Private Equity durch das KAGB*, in MÖLLERS-KLOYER (nt. 7), 111 ss.

del fondo è sempre un GEFIA sottosoglia, come tale sottratto all'applicazione della Direttiva AIFM). Ad ogni modo, le corrispondenti disposizioni nazionali parrebbero operare indipendentemente dalla dimensione del gestore e dunque anche nei confronti di quelli sottosoglia [17].

Questo divieto rappresenta senza dubbio la linea del fronte più avanzata della disciplina speciale, quanto ai rapporti con le società partecipate. E poiché esso, per quel che concerne i doveri comportamentali del gestore, ha una declinazione (art. 28-*quaterdecies*, comma 2, citato) dall'un lato assai pervasiva (il GEFIA non deve agevolare, sostenere né istruire le operazioni di disaggregazione e deve anzi adoperarsi per impedirle), dall'altro molto analitica in punto esercizio dei diritti sociali (esso non deve esprimere voto favorevole alle medesime operazioni), sarebbe certamente interessante verificare in che misura il precetto incida sulle regole dell'organizzazione societaria (validità/invalidità delle deliberazioni ecc.) e di responsabilità del gestore/fondo nei confronti della società e dei suoi (altri) soci e *stakeholders* [18].

Accanto a questa disposizione si inseriscono poi obblighi informativi, che si attivano all'acquisizione del controllo, quando la società-*target* è un emittente quotato, ed anche al superamento di soglie progressive di possesso di partecipazioni aventi diritto di voto, quando la società bersaglio non sia quotata. A questo proposito, la disciplina dettata dagli artt. 26 ss. della Direttiva è trasfusa sempre negli artt. 45 e 46 t.u.f. e 28-*decies* ss. reg. Consob 11971/1999, sebbene, con riferimento ai FIA italiani e specie a quelli aperti non riservati, tali disposizioni vadano coordinate con le norme prudenziali contenute nel provvedimento Banca d'Italia più volte citato, che pongono limiti alla percentuale di partecipazioni detenibili dal fondo, in rapporto al totale di quelle emesse dalla società (v. il § 6 della sopra menzionata Sez III e i richiami ad esso nelle Sezioni dedicate ai FIA).

In effetti, l'acquisizione del controllo da parte di un FIA domestico parrebbe più limitata, rispetto a quanto contemplato come possibile dalla legislazione comunitaria, tutto questo, va da sé, sempre in armonia con l'approccio comunita-

---

[17] In più, l'art. 28-*quaterdecies* citato parrebbe operare anche quando la società controllata sia una PMI, se non quotata. L'art. 28-*decies*, infatti, che contiene le disposizioni generali preliminari all'applicazione dell'intera Sezione in cui è codificato anche il divieto di disaggregazione patrimoniale, esclude le PMI dal relativo ambito solo nel definire gli emittenti quotati (comma 3); si tratta peraltro probabilmente e semplicemente di una infelice formulazione e sulla contraddizione che essa determina dovrebbe poter prevalere la nozione contenuta nell'art. 45 t.u.f., il quale, nell'affidare alla Consob il compito di regolare il predetto divieto (comma 5, lett. d), esclude esplicitamente (comma 4) le PMI dall'area di operatività di questo segmento normativo.

[18] Per alcune considerazioni in proposito cfr. ZETZSCHE (nt. 14), 1168 ss.; BEHME, in BAUR-TAPPEN (nt. 7), *Bd.* 2, § 292, *Rn.* 30 s.; WEITNAUER (nt. 15), 677 s. Sulle sanzioni in caso di violazione del divieto v. anche BOXBERGER, in DORNSEIFER-JESCH-KLEBECK-TOLLMANN (nt. 1), Art. 30, *Rn.* 27 ss.

rio teso a non armonizzare i prodotti, bensì i gestori. Nessun limite, in ogni caso, opera nei riguardi dei FIA qualificati, per i quali, come già si è ricordato, le relative disposizioni attuative non richiamano la parte regolamentare dedicata invece a OICVM e FIA generici (v. Tit. VII, Capo I, Sez. V del provvedimento Banca d'Italia 19 gennaio 2015).

Nel quadro di questi obblighi informativi fanno un ingresso parziale anche gli interessi della società, non già come oggetto di specifici doveri comportamentali del gestore nell'esercizio dei diritti sociali (salvo quel che si dirà), bensì come elementi di cui esso deve tenere conto nella comunicazione alla società stessa, ai suoi soci ed ai lavoratori. L'art. 28 della Direttiva (= artt. 28-*undecies* e 28-*terdecies* reg. Consob 11971/1999) dispone infatti che il GEFIA comunichi "*le intenzioni ... in relazione all'attività futura della società*" (se non quotata), nonché la politica di prevenzione e gestione dei conflitti di interesse tra gestore, fondo e società stessa (quotata o no). L'oggetto e i destinatari di queste informazioni sono tali da suscitare qualche non trascurabile quesito nella dimensione prettamente societaria del fenomeno. In ordine al trattamento dei conflitti, la norma impone evidentemente la predeterminazione di un'azione da parte del gestore (se informata ai principi generali di gestione dei conflitti, codificati nell'art. 14 della Direttiva, è un altro discorso), che trascende i doveri consacrati nell'art. 2373 cod. civ. e che parrebbe destinata ad essere declinata non solo in sede di esercizio del diritto di voto: un dovere di azione le cui implicazioni, sul piano principalmente della responsabilità del gestore (e del FIA?) nei confronti della società, meritano certamente un approfondimento. Di pari se non superiore rilievo risulta l'altro contenuto dell'obbligo informativo, potendosi profilare il dubbio se e in che misura le intenzioni manifestate dal gestore in sede di acquisizione del controllo, a riguardo del futuro della società, assurgano ad oggetto di un dovere di conformare al loro perseguimento il successivo operato dello stesso; un interrogativo la cui risposta non appare scontata, sebbene vadano probabilmente evitate conclusioni che, nel fissare vincoli comportamentali estranei al sistema normativo della *corporate governance*, potrebbero finire con il rappresentare ingiustificate fughe in avanti tali da alterare le normali dinamiche dei rapporti endosocietari.

LA NUOVA DISCIPLINA DELLA GESTIONE COLLETTIVA. I SOGGETTI

di *Raffaele Lener*

SOMMARIO: 1. I gestori di patrimoni collettivi dopo la AIFMD. – 2. Fondo come "oggetto" della gestione, non come "titolare" di diritti. – 3. Il partecipante al fondo e la sua limitata *voice*. – 4. Le società di gestione del risparmio. – 5. Le SGR minime. – 6. Le forme societarie. – 7. I gestori esteri "italiani". – NOTA BIBLIOGRAFICA.

1. *I gestori di patrimoni collettivi dopo la AIFMD.* – Il d.lgs. n. 44/2014, attuativo della Direttiva comunitaria del 2011 sui gestori di fondi di investimento alternativi (AIFMD), ha apportato modifiche importanti, anche da un punto di vista sistematico, alle norme del Testo Unico del 1998 in materia di gestione collettiva prevedendo, *inter alia*, un ampliamento dei soggetti abilitati alla gestione collettiva del risparmio e introducendo nuovi, orribili acronimi nella legge italiana, di cui si darà conto nelle pagine che seguono [1].

La Direttiva *Alternative Investment* ha un approccio differente rispetto a tutta la preesistente disciplina comunitaria della gestione collettiva. Essa infatti per la prima volta regola il gestore (cioè il soggetto che esercita l'attività), non il fondo o, se si vuole, l'organismo di investimento collettivo del risparmio, oggetto dell'attività di gestione.

Non solo, ma per la prima volta in qualche misura disaggrega la nozione di gestore, negando, almeno in apparenza, la ricostruibilità in chiave unitaria della figura.

---

[1] In particolare l'acronimo AIFMD si riferisce alla denominazione inglese della Direttiva "*Alternative Investment Fund Manager Directive*". L'intero Titolo III della Parte I del TUF è stato riorganizzato, prevedendo una distinzione, per quanto qui di interesse, tra previsioni in materia di soggetti autorizzati e attività esercitabili (Capo I), disciplina dei soggetti autorizzati (Capo I-*bis*), OICR italiani (Capo II), operatività transfrontaliera dei gestori (Capo II-*bis*). Il recepimento della AIFMD ha rappresentato, al tempo stesso, la causa e l'occasione delle modifiche del TUF: alcune di queste modifiche sono state in effetti determinate dall'obbligo di adeguare la disciplina italiana alla normativa comunitaria (apertura ai gestori di fondi di investimento alternativi autorizzati in Stati dell'Unione Europea diversi dall'Italia), altre sono state adottate indipendentemente da quest'obbligo, in concomitanza con le prime, al principale scopo di tenere conto delle istanze degli operatori (SICAF) e di chiarire specifici aspetti che, nel vigore della precedente disciplina, avevano dato adito a dubbi interpretativi (ampiezza della riserva di attività).

Come noto, nel 1998 il t.u.f. aveva rappresentato un significativo punto di svolta rispetto al precedente regime della gestione professionale di patrimoni, abbandonando l'impostazione che voleva la disciplina frazionata tra fonti normative differenti, ciascuna deputata a regolare congiuntamente un determinato tipo di fondo comune di investimento e la rispettiva società di gestione. Alla società di gestione del risparmio (*SGR*), introdotta nel t.u.f., è riservata, in via generale, la prestazione del servizio di gestione collettiva del risparmio, a prescindere dalle caratteristiche e dalla natura del fondo comune/organismo di investimento oggetto di gestione.

Con il t.u.f., la SGR è diventata l'unico soggetto a poter svolgere il servizio di gestione collettiva. In quanto attività riservata (*rectius*, riservato è il suo "esercizio in via professionale"), la gestione collettiva del risparmio è subordinata all'autorizzazione preventiva della Banca d'Italia. L'autorizzazione è unica e comporta, in potenza, la possibilità per una SGR di gestire qualunque tipo di OICR previsto dall'ordinamento.

La AIFMD invece prevede che le società autorizzate a gestire organismi di investimento collettivo compresi nell'ambito di applicazione della Direttiva UCITS IV debbano chiedere un'ulteriore autorizzazione ai sensi della AIFMD per poter gestire (o continuare a gestire) anche fondi di investimento alternativi (i.e., fondi comuni di investimento, SICAV e SICAF rientranti nell'ambito di applicazione della AIFMD, nell'acronimo inglese, cumulativamente, "*alternative investment funds*", *AIF*).

Ciò in quanto, diversamente dall'approccio unitario esistente nel nostro ordinamento, non sussiste nella normativa comunitaria un'analoga nozione di gestione collettiva, che permetta di subordinare l'esercizio dell'attività di gestione di organismi di investimento collettivo al rilascio di un'unica autorizzazione, a prescindere dal fatto che i fondi gestiti siano conformi alla Direttiva UCITS IV.

Questa circostanza deriva principalmente dal fatto che, mentre la Direttiva originaria del 1985 ha avuto fin dalla sua introduzione e ha ancora oggi il primario scopo di armonizzare le regole sugli organismi di investimento collettivo in valori mobiliari (OICVM) di tipo diverso da quello chiuso, destinati al pubblico indistinto, la AIFMD è incentrata sulla disciplina dei *soggetti* che esercitano l'attività di gestione di fondi alternativi, essendo nata dall'esigenza di disciplinare un fenomeno che, come mostrato dalle difficoltà finanziarie emerse in anni recenti, può contribuire a diffondere o amplificare i rischi sistemici sui mercati, in ragione delle strategie utilizzate nella gestione di fondi liberamente regolamentati a livello nazionale.

Il legislatore comunitario ha perciò disciplinato i *gestori* (in particolare, in punto di autorizzazione, funzionamento e trasparenza) e non (almeno nelle intenzioni) i *fondi*, poiché sarebbe stato impossibile armonizzare tipi di organismi di investimento collettivo estremamente diversi per natura, oggetto dell'investimento e regole di funzionamento.

La descritta dicotomia tra disciplina del prodotto e regolamentazione del gestore ha impedito la formazione di un concetto comunitario di "gestione collettiva trasversale", che comprenda qualunque tipologia di organismo di investimento collettivo. Da qui la doppia autorizzazione richiesta dalla AIFMD.

Il legislatore italiano ha cercato però di mantener fede all'impianto originario del t.u.f. Infatti, l'art. 34, comma 1, prima parte, t.u.f. prevede che la Banca d'Italia, sentita la Consob, autorizzi in generale le SGR "*all'esercizio del servizio di gestione collettiva del risparmio*" (secondo una formulazione analoga a quella previgente), specificando poi che questa attività può avere a oggetto sia OICVM (*i.e.* fondi comuni d'investimento e SICAV armonizzati) sia AIF (*i.e.* fondi comuni d'investimento, SICAV e SICAF alternativi). Sembra quindi che l'autorizzazione sia riferita a un'attività che, seppur espletabile con riferimento a tipi di organismi di investimento collettivo diversi, rimane sempre unica.

Certo è che, per effetto delle modifiche al t.u.f., sono oggi "gestori" non solo le SGR (e le SICAV) ma anche le società di investimento a capitale fisso (SICAF) e i gestori esteri di fondi di investimento alternativi (FIA), che gestiscano, previo esperimento di specifiche procedure di notifica o autorizzazione, FIA italiani, con o senza stabilimento di succursali.

L'art. 32-*quater* del t.u.f. riserva l'esercizio del servizio di gestione collettiva del risparmio a tutti i soggetti sopra indicati. Conseguentemente, possiamo considerare quali *gestori di diritto italiano* i soggetti che – a prescindere dal paese nel quale hanno la propria sede legale e direzione generale o in cui sono autorizzati – sono legittimati a prestare, anche in via transfrontaliera, il servizio di gestione collettiva in relazione a organismi di investimento collettivo del risparmio (di seguito OICR) istituiti in Italia. In altri termini, sono *italiani* anche i gestori esteri che operano in Italia gestendo OICR italiani.

2. *Fondo come "oggetto" della gestione, non come "titolare" di diritti.* – Prima di affrontare una disciplina disegnata intorno al *gestore* può essere utile spendere due parole sull'*oggetto* della gestione e sui *destinatari* della gestione stessa.

Quanto ai *fondi*, sappiamo che la Cassazione (con sentenza n. 16605 del 15 luglio 2010 – ma poi di nuovo n.12187/2013, n.15139/2013) ha affermato che essi (nel caso, un fondo immobiliare chiuso) "*costituiscono patrimoni separati della società di gestione del risparmio che li ha istituiti, con la conseguenza che, in caso di acquisto immobiliare effettuato nell'interesse di un fondo, l'immobile acquistato deve essere intestato alla società di gestione*".

Nelle parole della Cassazione, la società di gestione che ha istituito il fondo ha la "titolarità formale" dei beni di pertinenza del fondo stesso, pur rimanendo i partecipanti al fondo "proprietari sostanziali" dei medesimi beni, secondo una distinzione che richiama quella, caratteristica degli ordinamenti di *common law* ma non agevolmente importabile in ordinamenti di *civil law*, tra *equitable owner* e *legal owner*. Il ragionamento non appare convincente.

L'autonomia patrimoniale, che costituisce la cifra specifica di un fondo e ne definisce l'*essenza*, sembra consentire di considerare i fondi comuni di investimento come centri di imputazione di interessi indipendenti, ma non soggetti di diritto. Il fondo è infatti *oggetto* della gestione, non *titolare* di posizioni giuridiche, attive o passive.

Al di là dei termini utilizzati per "qualificare" l'autonomia patrimoniale che contraddistingue i fondi – come è noto, a espressioni quali "patrimonio autonomo" e "distinto a tutti gli effetti" da altri patrimoni, contenute nell'art. 36 t.u.f., non può riconnettersi un significato univoco – siffatta autonomia è lo strumento attraverso il quale viene assicurata tutela paritaria ad autonomi centri di imputazione di interessi: il fondo, i partecipanti, la SGR. Da qui le norme che sanciscono la reciproca indipendenza delle diverse masse patrimoniali, di pertinenza di ciascuno di questi centri di interessi, e che, coerentemente, ripartiscono i creditori legittimati a rivalersi su ciascuna di esse in base alla fonte dei rispettivi diritti.

Peraltro, il legislatore è intervenuto due volte sul punto:

– già prima della sentenza della Cassazione, nel 2010, introducendo nell'art. 36 t.u.f., al comma 6, l'inciso "*delle obbligazioni contratte per suo conto, il fondo comune di investimento risponde esclusivamente con il proprio patrimonio*";

– dopo la sentenza della Cassazione, nel 2014, spostando l'inciso al comma 4 dello stesso art. 36 e riformulandolo.

Sebbene una precisazione del genere non fosse imposta dal recepimento dell'AIFMD, il legislatore, forse proprio per reagire al nuovo corso giurisprudenziale, è intervenuto ancora sulla medesima norma, che ora recita: "*delle obbligazioni contratte per conto del fondo, la SGR risponde esclusivamente con il patrimonio del fondo medesimo*". Il tenore letterale della norma rende inequivocabile, per un verso, la riferibilità alla SGR – quale unico soggetto di diritto dotato di rilevanza esterna e, quindi, strumento attraverso il quale il fondo può "agire" – delle obbligazioni contratte per conto del fondo e della connessa responsabilità e, per altro verso, l'impossibilità per i creditori del fondo di rivalersi nei confronti della SGR (e del suo patrimonio), a prescindere dalla capienza del fondo.

La destinazione del patrimonio-fondo nasce nel momento della sua istituzione, costituendo il fondo l'oggetto della gestione collettiva del risparmio. Da questo punto di vista, deve ritenersi che *l'attività* di gestione prevalga, dal momento della sottoscrizione delle quote da parte del singolo partecipante e fino alla loro liquidazione, sulla *attribuzione* della titolarità dei beni del fondo. La SGR è l'unico soggetto che possa disporre dei beni del fondo (nell'interesse dei partecipanti), non potendo i quotisti in alcun modo utilizzare siffatti beni né amministrarli (decidendo, ad esempio, di alienarli) né, prima ancora, sceglierli. Ciò evidenzia i limiti di una ricostruzione della fattispecie che cerchi fondamento nelle tipologie di diritti reali previste dall'ordinamento.

In concreto, se la legge identifica la SGR quale soggetto legittimato ad assumere le decisioni di investimento e disinvestimento, individua nel regolamento di gestione lo strumento che regola i rapporti tra fondo, SGR e partecipanti, stabilisce quali siano i soggetti deputati ad adottare decisioni rilevanti nella vita del fondo (ad esempio, la sostituzione del gestore o la liquidazione del fondo), conferisce autonoma rilevanza ai diritti dei partecipanti riuniti in assemblea, là dove le modalità di partecipazione al fondo prevedano questa forma di tutela aggiuntiva, definisce il regime di responsabilità patrimoniale del fondo e della SGR nonché gli obblighi e la responsabilità della SGR nei confronti dei partecipanti, la defatigante discussione sulla "titolarità" del patrimonio del fondo perde gran parte della sua utilità.

3. *Il partecipante al fondo e la sua limitata* voice. – Quanto ai destinatari della gestione, va ricordato che i partecipanti conferiscono liquidità o beni in natura, ove consentito, necessari alla istituzione del fondo. Con la sottoscrizione delle quote sorge in capo agli investitori un diritto di credito nei confronti della società di gestione, vale a dire il diritto al rimborso delle quote (*rectius*, di norma, alla restituzione del controvalore delle stesse, calcolato al momento della richiesta), esercitabile in tempi e secondo modalità differenti a seconda che il fondo abbia forma aperta o chiusa.

A prescindere dal diritto di rimborso, la disciplina generale del rapporto di partecipazione al fondo è rimessa al regolamento di gestione, redatto dalla SGR, sia pur nel rispetto dei criteri generali dettati dalla Banca d'Italia. Per i fondi riservati e per i fondi speculativi, peraltro, non è neppure prevista una verifica preventiva da parte dell'autorità di vigilanza, in ragione della qualificazione professionale degli investitori.

Il regolamento rappresenta, in ogni caso, il contratto tra SGR e partecipanti e disciplina, per ciò, diritti e obblighi in cui si sostanzia il rapporto partecipativo.

Esso è genericamente assimilabile a un contratto per adesione, nella misura in cui gli investitori non possono determinarne il contenuto. L'adesione al contratto, che si realizza mediante la sottoscrizione delle quote del fondo, è individuale e quindi, secondo la dottrina prevalente, non dà luogo a un unico contratto plurilaterale, bensì a un fascio di rapporti tra singoli partecipanti al fondo e SGR.

Né la Direttiva UCITS IV né la AIFMD disciplinano in modo organico il regolamento del fondo, limitandosi a menzionarlo quando necessario (ad esempio, quale documento che deve essere allegato alla domanda di autorizzazione) e ne rimettono quindi ai singoli Stati membri la definizione del valore giuridico e del contenuto.

La nostra legge pone soltanto due limiti all'autoregolamentazione (applicabili anche a fondi riservati e speculativi): (*a*) la SGR assume in ogni caso nei confronti dei partecipanti al fondo gli obblighi e le responsabilità del mandatario (cfr. art. 36, comma 3, t.u.f.); (*b*) i partecipanti ai fondi chiusi devono potersi riunire in assemblea per adottare deliberazioni vincolanti per la SGR con riguardo alla sostituzione del gestore (cfr. art. 37, comma 3, t.u.f.).

Per quanto attiene al riferimento al mandato, sembra si possa sostenere che ciò non impone di ricondurre l'intero rapporto di partecipazione al contratto nominato di cui all'art. 1703 cod. civ., considerate le ben minori possibilità degli investitori di "incidere" sulla SGR rispetto a quelle *ex lege* riconosciute al mandante. Piuttosto, il rapporto di partecipazione configura un rapporto tipico di gestione dotato di disciplina *speciale*. Il richiamo alla responsabilità del mandatario è parte integrante di questa disciplina e ne lascia impregiudicata la specialità.

L'introduzione, con la novella del 2003, dell'assemblea dei partecipanti nell'ambito dei fondi chiusi, inizialmente ignota al legislatore del t.u.f., ha determinato una forte innovazione nel panorama della gestione collettiva, introducendo un'eccezione ai canoni di *eterotutela* ed *eterogestione* che contraddistinguono la gestione collettiva del risparmio. Questa eccezione trova ragione nella ridotta possibilità di liquidazione dell'investimento che caratterizza i fondi appartenenti a questa tipologia, nonché nell'esigenza di costringere entro forme istituzionali e regolamentate gli strumenti di interazione tra gestore e investitori che, nella prassi, già caratterizzavano soprattutto i fondi immobiliari (con l'affiancamento alla SGR di variegati "comitati" composti anche da investitori).

In altri termini, il legislatore ha avvertito la necessità di tipizzare le modalità e i limiti degli interventi dei partecipanti nell'attività di gestione [2].

---

[2] Nello stesso senso si è posto, a seguito dell'emanazione della disciplina in materia di assemblea dei partecipanti, il tentativo della Banca d'Italia di disciplinare i c.d. comitati dei partecipanti. Nel marzo 2010, l'Autorità ha promosso una pubblica consultazione sulla possibile introduzione, nella regolamentazione secondaria, di meccanismi di *governance* dei fondi che consentano di "*evitare che le prerogative gestorie delle SGR possano essere limitate da eccessivi poteri di ingerenza dei partecipanti nella gestione dei fondi*", fermi restando poteri e prerogative dell'assemblea dei partecipanti. In particolare, questa consultazione proponeva la modifica del Regolamento Banca d'Italia allora vigente (del 14 aprile 2005) con l'introduzione di una previsione del seguente tenore: "*Comitati dei partecipanti. Ove il regolamento dei fondi riservati e speculativi preveda la costituzione di Comitati dei partecipanti, ne disciplina le modalità di istituzione e di funzionamento nel rispetto del principio di proporzionalità della partecipazione dei sottoscrittori. La SGR verifica, nell'interesse dei partecipanti e ai fini della buona gestione del patrimonio del fondo, che le deliberazioni dei Comitati siano conformi ai criteri indicati nel regolamento e siano assunte nel rispetto delle procedure ivi previste. I Comitati non devono incidere sull'autonomia di gestione della SGR, che, nel tener conto delle deliberazioni del Comitato, ne assume la definitiva responsabilità. In particolare, ai Comitati dei partecipanti possono essere riconosciuti esclusivamente: (i) poteri informativi circa l'andamento del fondo; (ii) poteri consultivi – da esprimersi con pareri non vincolanti né obbligatori – su determinate scelte della società di gestione, diverse da quelle connesse con singole operazioni di investimento (ad es.: durata del fondo, liquidazione*

Peraltro, non vi è un (netto) contrasto tra assemblea dei partecipanti e principio di "spersonalizzazione" che accompagna la gestione di fondi, restando comunque escluso che l'assemblea possa deliberare in merito alle decisioni di investimento della SGR (e, quindi, incidere direttamente sull'attività di gestione in senso stretto). Siffatta possibilità è preclusa persino nell'ambito dei fondi chiusi riservati a investitori qualificati.

4. *Le società di gestione del risparmio*. – Le SGR costituiscono la figura *paradigmatica* di gestore, essendo autorizzate a gestire OICR di qualunque tipo, indipendentemente dal fatto che questi OICR siano, sotto il profilo strutturale, fondi comuni di investimento, SICAV o SICAF o, dal punto di vista della classificazione, OICVM o FIA.

Viene infatti rilasciata alle SGR in possesso dei requisiti richiesti dalla legge una generale autorizzazione all'esercizio del servizio di gestione collettiva del risparmio, ottenuta la quale non sussistono, in astratto, limitazioni circa le tipologie di prodotti gestibili; la categoria degli OICR è infatti, alla luce delle (nuove) definizioni contenute nel t.u.f., una categoria omnicomprensiva [3].

Non di meno, la maggior parte delle SGR operanti sul mercato circoscrive, di fatto, l'ambito dell'attività esercitata a specifiche tipologie di OICR e formalizza le proprie scelte nel programma di attività da presentare ai fini dell'autorizzazione, mediante l'indicazione della tipologia e delle principali caratteristiche degli OICR che intende gestire [4].

Le indicazioni riportate nel programma di attività possono subire variazioni nel tempo, senza che ciò richieda una nuova autorizzazione.

Il legislatore italiano si è quindi discostato dalla AIFMD che, come detto, non conosce un *concetto trasversale* di "gestione collettiva del risparmio", applicabile sia alla gestione di organismi di investimento collettivo conformi alla Direttiva 2009/65/CE (c.d. Direttiva UCITS) sia alla gestione di FIA. Da qui, nell'ottica della AIFMD, la definizione di un sistema a doppio binario in forza

---

anticipata dello stesso, modifiche regolamentari, sostituzione della SGR, business plan, ecc.); (iii) poteri di formulare pareri vincolanti esclusivamente con riguardo alle operazioni in conflitto di interesse". Questa integrazione non è mai stata effettuata. Ad oggi, è quindi rimessa ai singoli regolamenti di gestione l'individuazione di un corretto contemperamento tra l'interesse dei partecipanti a vedersi riconosciuti specifici poteri di *governance* e il principio di autonomia della gestione della SGR.

[3] Poiché, ai sensi dell'art. 35 t.u.f., l'albo delle SGR tenuto dalla Banca d'Italia è distinto in due sezioni per la gestione di OICVM e di FIA, una SGR può essere iscritta contemporaneamente in entrambe le sezioni ove in effetti decida di gestire sia l'una che l'altra tipologia di OICR.

[4] Si riscontrano sul mercato SGR che gestiscono OICVM italiani e FIA italiani nella forma di fondi comuni d'investimento aperti non armonizzati; SGR che gestiscono fondi c.d. di *private equity* e venture capital, che sono fondi comuni di investimento chiusi mobiliare; SGR che gestiscono fondi immobiliari, *retail* e riservati e SGR che gestiscono solo fondi comuni di investimento riservati.

del quale i gestori sottoposti alla Direttiva UCITS che intendano gestire anche FIA devono chiedere un'ulteriore autorizzazione ai sensi della AIFMD, salve alcune semplificazioni procedurali [5].

Il sistema a doppio binario discende essenzialmente dalla diversa genesi e dai diversi ambiti di applicazione delle due direttive sulla "gestione collettiva": la Direttiva UCITS regolamenta un prodotto finanziario concepito per il pubblico indistinto, del quale disciplina *anche* il gestore; diversamente, la AIFMD è frutto di un compromesso volto a consentire la circolazione di prodotti finanziari diversi dagli OICVM nell'Unione Europea a condizione che i gestori rispettino norme comunitarie armonizzate e si propone, in tal modo, di "controllare" prodotti che, come si è accennato, possono contribuire a diffondere o amplificare rischi sistemici sui mercati.

Per il diritto interno, come si diceva, è sufficiente un'unica autorizzazione affinché una SGR possa gestire qualunque tipologia di OICR. Coerentemente, le disposizioni transitorie sul passaggio alla nuova normativa hanno stabilito che le SGR che, prima del recepimento della AIFMD, già svolgevano l'attività di gestione collettiva del risparmio con riguardo a OICR classificabili come FIA possono continuare a prestare questa attività di gestione e devono essere intese come "autorizzate", senza ulteriori adempimenti abilitativi.

Invero, l'attuale disciplina delle SGR è una sorta di ibrido, che conserva nella massima misura possibile la sua originaria uniformità, essendo stata estesa, nei limiti della compatibilità, ai gestori di OICVM la disciplina comunitaria sui gestori di FIA, compresa quella contenuta nel Regolamento delegato (UE) n. 231/2013 (AIFMR), ma, al tempo stesso, crea ambiti di indispensabile differenziazione tra SGR che gestiscono OICVM e SGR che gestiscono FIA.

Diverse sono, ad esempio, le condizioni per la commercializzazione, le attività esercitabili, l'organizzazione delle SGR e le regole di condotta. Ai soli gestori di FIA (GEFIA) è richiesto di notificare la decisione di commercializzare quote o azioni di FIA in Italia e ciò consente loro di prestare il servizio di ricezione e trasmissione di ordini; solo i GEFIA inoltre devono osservare gli obbli-

---

[5] A ben vedere l'AIFMD segue, anch'essa, un approccio unitario, in quanto l'autorizzazione del gestore ivi prevista è unica, a prescindere dalla specifica tipologia di fondo alternativo gestito ma questo approccio è limitato, appunto, al suo ambito di applicazione, i.e. i fondi alternativi. Ciò che difetta quindi è una disciplina comunitaria del servizio di gestione collettiva, sussistendo ad oggi solo una disciplina incentrata (prevalentemente) sul prodotto, contenuta nella Direttiva UCITS e (sempre prevalentemente) sul gestore, di cui alla AIFMD.

Non è stato possibile infatti, attesa la varietà di prodotti esistenti sul mercato, elaborare regole comuni per la disciplina dei fondi di investimento alternativi (in questo senso, espressamente, il considerando 10 della AIFMD, "*sarebbe eccessivo disciplinare la struttura o la composizione dei portafogli dei FIA gestiti da GEFIA a livello di Unione e sarebbe difficile conseguire un'armonizzazione così vasta a causa della grande varietà di tipi di FIA gestiti dai GEFIA. La presente direttiva non osta pertanto a che gli Stati membri adottino o continuino ad applicare disposizioni nazionali in relazione ai FIA stabiliti nel loro territorio*").

ghi inerenti l'acquisizione di partecipazioni rilevanti e di controllo e devono rispettare specifiche norme in tema di politiche e prassi di remunerazione. I GEFIA possono peraltro riconoscere, a certe condizioni, un trattamento preferenziale ai partecipanti ai FIA riservati. Di converso, solo i gestori di OICVM sono tenuti a rispettare norme di maggior tutela per gli investitori in tema di conflitti di interesse e di registrazione degli ordini di sottoscrizione e rimborso.

Le differenze di disciplina tra gestori di FIA e gestori di OICVM rendono, in alcuni casi, più pesanti gli oneri posti a carico di questi ultimi (si pensi all'obbligo di notifica preventiva in caso di esternalizzazione) ma, in altri, permettono loro di salvaguardare alcune peculiarità (quale, ad esempio, la possibilità di affidare il calcolo del valore delle quote degli OICVM al depositario).

5. *Le SGR minime*. – L'art. 35-*undecies* t.u.f. conferisce alla Banca d'Italia e alla Consob la possibilità di esentare, nell'ambito delle rispettive competenze, i "gestori sotto soglia" dall'applicazione di alcune delle disposizioni attuative della normativa primaria da esse rispettivamente adottate.

Sono *sotto soglia* i gestori che (i) svolgono il servizio di gestione collettiva del risparmio con esclusivo riferimento a FIA riservati e, inoltre, (ii) gestiscono attività che non superano determinate soglie dimensionali. L'ammontare di queste soglie varia in funzione del fatto che le attività gestite siano acquisite con o senza ricorso alla leva finanziaria; in questo secondo caso, devono altresì essere previsti diritti di *lock-up* per i partecipanti ai FIA [6].

Per queste SGR *minime* si prevede un capitale sociale minimo iniziale di gran lunga inferiore a quello ordinario (50mila euro contro 1 milione di euro) nonché una serie di esenzioni, in prevalenza riguardanti le norme sull'organizzazione delle SGR, in forza delle quali non trovano applicazione per questi gestori le disposizioni in tema di politiche e prassi di remunerazione, nonché alcune delle regole concernenti le strategie per l'esercizio dei diritti di voto, i conflitti di interesse, l'esternalizzazione, la valutazione dei beni e il principio di separatezza delle funzioni aziendali di controllo.

Si ha così una sotto-differenziazione tra le SGR che gestiscono FIA. Lo *status* di SGR *sotto soglia* è peraltro opzionale e, in alcuni casi, meramente temporaneo.

Invero, una SGR *minima* può decidere volontariamente di essere autorizzata

---

[6] Conformemente all'art. 3, § 2, della AIFMD, con riferimento alle soglie e alle condizioni rilevanti, una SGR sotto soglia è tale se: (i) gestisce attività, comprese eventuali attività acquisite mediante la leva finanziaria, che non superano in totale la soglia di 100 milioni di euro; oppure (ii) gestisce attività che non superano in totale la soglia di 500 milioni di euro, a condizione che i FIA non ricorrano alla leva finanziaria e prevedano che il diritto dei partecipanti al rimborso delle quote o azioni non sia esercitabile per un periodo di almeno cinque anni a decorrere dalla data di investimento iniziale in ciascun FIA. In entrambi i casi, ai fini del calcolo, si considerano le attività gestite dalla SGR e dagli altri gestori appartenenti al suo gruppo rilevante.

come SGR ordinaria (c.d. diritto di *opt-in*), pur ricorrendo le condizioni che ne legittimerebbero la classificazione come "sotto soglia", e può essere obbligata a effettuare questo passaggio, nel caso in cui essa superi in via non temporanea le soglie rilevanti e non ripristini una situazione tale da consentirle di rientrare nei parametri previsti entro sei mesi dal superamento, pena la liquidazione degli OICR gestiti.

6. *Le forme societarie*. – Le SICAV e le SICAF possono essere, come anticipato, al tempo stesso gestori e OICR.

Più esattamente, le SICAV e le SICAF sono sempre OICR e ricadono anche nella categoria dei gestori (solo) quando gestiscono direttamente i propri patrimoni. In quest'ultimo caso, possono anche essere, ove ricorrano le condizioni di cui all'art. 35-*undecies* t.u.f., gestori *minimi*.

SICAV e SICAF sono invece solo OICR quando sono *eterogestite*, vale a dire quando la gestione del relativo patrimonio è affidata a un gestore esterno.

La SICAV è stata per molti anni, prima del recepimento della AIFMD e indipendentemente da esso, l'unico modello societario fruibile in Italia; essa ha avuto finora scarsissima diffusione, peraltro in controtendenza rispetto ad altri Stati dell'Unione Europea, essendo il modello contrattuale incentrato sul binomio SGR-fondo quello prevalente. Non di meno, il legislatore ha ritenuto, soprattutto sulla spinta delle istanze degli operatori, di introdurre con le SICAF un'ulteriore tipologia di OICR costituito in forma societaria [7].

SICAV e SICAF sono società per azioni aventi per oggetto esclusivo l'investimento collettivo del proprio patrimonio, che può essere raccolto solo mediante l'offerta di azioni, nel caso delle SICAV, e anche di strumenti finanziari partecipativi, nel caso delle SICAF. Le prime sono società a capitale variabile, le seconde a capitale fisso; di conseguenza, le SICAV sono OICR aperti, le SICAF OICR chiusi.

Data la correlazione tra forma (aperta o chiusa) di un OICR e politica di investimento, una SICAV può essere OICVM o FIA aperto; una SICAF è sempre, per definizione, un FIA chiuso e può essere utilizzata per tutte le tipologie di FIA che, in funzione dei beni in cui si può investire, richiedono *ex lege* o prevedono in via di autoregolamentazione la forma chiusa.

Rispetto al modello contrattuale, SICAV e SICAF si caratterizzano per il fatto che l'investitore che partecipa all'OICR riveste anche la posizione di "socio"

---

[7] Si ricorda che l'AIFMD non disciplina le forme che devono assumere gestori e OICR; l'introduzione delle SICAF è quindi avvenuta su impulso del legislatore nazionale.

Le SICAV sono comunque conosciute in Italia e presenti sul mercato come OICVM esteri costituiti in questa forma, autorizzati alla commercializzazione nel nostro paese per effetto della procedura di notifica esperita in conformità della Direttiva UCITS e della correlata normativa nazionale di attuazione.

che, con il suo diritto di voto, può teoricamente incidere sulle strategie d'investimento della società.

La disciplina della SICAV non ha subito, con il recepimento della AIFMD, modifiche rilevanti e costituisce un utile punto di riferimento per l'analisi della nuova disciplina della SICAF, essendo la seconda modellata sulla prima.

Sappiamo che nelle SICAV il capitale è sempre uguale al patrimonio netto; non si applica dunque quasi tutta la disciplina di diritto comune del capitale sociale, e in particolare gli artt. da 2438 a 2447-*decies* cod. civ.

Diversamente, al capitale delle SICAF trovano applicazione le norme codicistiche dettate, in generale, per le società per azioni, con l'unica eccezione delle norme sui patrimoni destinati a uno specifico affare (artt. 2447-*bis* – 2447-*decies*, cod. civ.) e di quelle su sottoscrizioni e versamenti (non si applica, infatti, l'art. 2349 cod. civ., all'interno peraltro di una disciplina dell'aumento di capitale che rimane pienamente applicabile)[8].

Le SICAF non possono emettere obbligazioni; esse sono tuttavia libere di emettere azioni di categorie diverse, fatta eccezione per le azioni correlate, di cui all'art. 2350, commi 2 e 3, cod. civ. (conseguenza della non ammissibilità di patrimoni destinati) e le azioni di godimento, di cui all'art. 2353 cod. civ. Non sussiste, in particolare, il divieto di emettere azioni di risparmio, previsto invece per le SICAV.

Neppure è imposto alle SICAF che le azioni siano interamente liberate al momento dell'emissione, fermo restando che i soci fondatori devono versare interamente il capitale sottoscritto entro trenta giorni dal rilascio dell'autorizzazione.

Se le SICAF non sono FIA riservati, non si applica neppure l'art. 2356 cod. civ. che, come noto, obbliga l'alienante per tre anni, in solido con l'acquirente, a completare il conferimento. Per le sole SICAF riservate lo statuto può prevedere la possibilità di effettuare i versamenti in più soluzioni, a seguito del c.d. richiamo degli impegni da parte della SICAF, in base alle esigenze di investimento.

Le SICAF godono di una disciplina più elastica rispetto alle SICAV, accresciuta anche dall'assenza del divieto di "acquistare o comunque detenere azioni proprie". Le SICAF possono infatti liberamente operare sulle proprie azioni, con i soli limiti generali (notoriamente variabili) posti dal codice civile. Anche le SICAF, infine, possono emettere frazioni di azioni, fermo restando che in tal caso l'esercizio dei diritti sociali è comunque subordinato al possesso di almeno un'azione.

---

[8] Il TUF omette di dichiarare non applicabili gli artt. 2423 ss. cod. civ., sui criteri di redazione del bilancio. È però incontestabile la loro inapplicabilità, in quanto nelle SICAV è l'intero sistema contabile delle società per azioni, diretto a stabilire vincoli di diversa intensità per le diverse porzioni dell'attivo, a non trovare applicazione. Non vi è più spazio, dunque, per riserve e fondi disponibili; più in generale, il bilancio deve essere redatto non già con i criteri fissati dal codice civile, bensì secondo i criteri stabiliti dalla Banca d'Italia.

Le azioni di queste società possono essere nominative o al portatore, secondo la scelta statutaria. Esse si differenziano, oltre che in ragione del regime di circolazione, quanto alle modalità di voto nell'assemblea. Le azioni nominative attribuiscono il voto in ragione della frazione di patrimonio che rappresentano, secondo le regole comuni del diritto azionario, mentre le azioni al portatore attribuiscono un solo voto per ogni socio, indipendentemente dal numero di azioni possedute, in conformità con le regole tipiche del sistema cooperativo.

Azioni nominative e al portatore non costituiscono tecnicamente *categorie* diverse e in ogni momento è possibile chiedere il mutamento della legge di circolazione, come reso chiaro dalla disciplina secondaria pur in assenza di una norma esplicita in tal senso nella disciplina primaria.

A differenza di quanto previsto per le SICAV, per le SICAF non sono state previste norme che agevolino l'esercizio del diritto di voto. In particolare, non sono stati soppressi i *quorum* costitutivi dell'assemblea ordinaria, né di quella straordinaria in seconda convocazione e non sono state individuate regole peculiari per il voto per corrispondenza o per il voto con modalità telematiche; si devono, dunque, ritenere applicabili i principi comuni del diritto societario (artt. 2368 ss. cod. civ.) e l'autonomia statutaria, nei limiti consentiti dalla legge (art. 2370, comma 4, cod. civ.). Evidentemente, si immagina che la forma chiusa delle SICAF comporti che il loro azionariato sia tendenzialmente contenuto rispetto a quello delle SICAV.

7. *I gestori esteri "italiani"*. – Specifica menzione meritano, infine, i gestori esteri ai quali è consentito l'esercizio del servizio di gestione collettiva del risparmio; l'apertura del mercato italiano a questi operatori costituisce una delle (potenzialmente) maggiori innovazioni derivanti dal recepimento dell'AIFMD.

I gestori di fondi d'investimento alternativi autorizzati ai sensi della AIFMD in Stati dell'UE diversi dall'Italia, che esercitano l'attività di gestione di uno o più FIA, possono gestire FIA italiani in via transfrontaliera, in regime di stabilimento o di libera prestazione di servizi.

Ciò in quanto l'AIFMD ha previsto per i gestori di FIA UE un meccanismo di *passaporto*, già noto nel contesto della Direttiva UCITS e valido per le società di gestione comunitarie che gestiscano OICVM italiani. In forza di questo meccanismo, all'esito di una procedura di notifica tra autorità di vigilanza dello Stato di origine del gestore e dello Stato di origine del FIA (*i.e.*, lo Stato ospitante del gestore), il gestore di FIA UE è legittimato a istituire FIA italiani appartenenti a una qualunque delle tipologie ammesse nel nostro ordinamento.

La normativa applicabile in questi casi è, in termini generali, per il gestore, quella del suo Stato membro di origine, per l'OICR, quella italiana; se il gestore stabilisce una succursale in Italia, trovano applicazione a quest'ultima anche le disposizioni, primarie e secondarie, italiane circa regole di condotta e conflitti di interesse.

Non può non notarsi, al riguardo, come la posizione dei gestori di fondi alternativi non comunitari sia del tutto peculiare e certamente distonica rispetto al regime ordinario del *passaporto* comunitario.

Infatti, il nuovo art. 41-*quater* t.u.f., al comma 2, prevede – con stravolgimento dei canoni ordinari – che un GEFIA *non UE*, autorizzato in altro Stato membro (dunque in base a convenzione *ad hoc* fra le autorità di quello Stato e quella dell'*home country*) può gestire un fondo alternativo (FIA) italiano in libera prestazione o con stabilimento.

Dunque si applica ("in quanto compatibile" dice la norma) il regime della mera *informazione* alla Banca d'Italia da parte dell'autorità dello Stato di origine anche per un intermediario non comunitario.

Ciò appare deviante rispetto ai principi comunitari: diventa una sorta di *passaporto comunitario* per le filiali di intermediari non comunitari. Vedremo nel futuro quali conseguenze porterà, ma certo è una (piccola) *crepa* nel sistema.

Nota bibliografica

CARRIERE P., *La riformulazione della riserva di attività alla gestione collettiva del risparmio e le Sicaf: luci e ombre*, in *Riv. soc.*, 2014, 1084.

CAVANNA M., *Fondi comuni di investimento e SICAV*, in *Tratt. Diritto privato. Impresa e lavoro*, Torino, 2005, 46.

D'APICE R. (a cura di), *Profili evolutivi della disciplina sulla gestione collettiva del risparmio*, Bologna, 2016.

D'APICE R., *Commento agli artt. 41 e 41-bis del t.u.f.*, in *Le leggi Commentate. Il Testo Unico della finanza*, Torino, 2012, 632.

DELLA VECCHIA R., *La* "governance" *dei fondi di investimento chiusi*, in *Società*, 2010, 1341.

FERRI G. JR., *Soggettività giuridica e autonomia patrimoniale nei fondi comuni di investimento*, in *ODC*, 2015, n. 3.

GUFFANTI E., *La direttiva sui fondi alternativi: prime considerazioni*, in *Le soc.*, 2011, 1181.

LENER A., *Istituzione e disciplina dei fondi comuni di investimento*, in *Nuove leggi civ. comm.*, 1984, 398.

LENER R.-PETRONZIO C., *La gestione collettiva del risparmio a quindici anni dal t.u.f.*, in *Riv. dir. comm.*, 2014, 383.

LIBONATI B., *Valenza organizzativa del regolamento*, in *Assofondi*, *Quaderni di documentazione e ricerca*, n. 2, Roma, 1987, 101.

LUCIANO A., *La direttiva sui gestori di fondi di investimento alternativi*, in *Contr. Impresa-Europa*, 2011, 612.

MARCHETTI P., *Appunti sulle SICAV*, in *Assogestioni, L'attuazione delle direttive CEE in materia di organismi di investimento collettivo in valori mobiliari*, Roma, 1992, 165.

MIOLA M., BRIOLINI F., *Commento all'art. 36 t.u.f.*, in *Testo Unico della Finanza*, a cura di M. Campobasso, Torino, 2002, 317.

PETRONZIO C., *La nozione di gestione e la separazione patrimoniale*, in R. LENER, *Diritto del mercato finanziario. Saggi*, Torino, 2011, 291.

ZETZSCHE D., *The Alternative Investment Fund Managers Directive. European Regulation of Alternative Investment Funds*, Alphen aan der Rijn, Wolters Kluwer, 2012, 367.

GESTIONE COLLETTIVA DEL RISPARMIO: INQUADRAMENTO SISTEMATICO E CASI DUBBI

di *Eugenio Barcellona*

1. *Introduzione*. – La «gestione collettiva del risparmio» (d'ora innanzi, anche GCR) è attività soggetta a «riserva di legge»: per l'esercizio della stessa è previsto un obbligo di registrazione e di autorizzazione, nonché un *set* di norme imperative (principalmente: requisiti di diversificazione, disciplina del conflitto di interessi, requisiti di professionalità del gestore)[1].

Nel nostro ordinamento, la «riserva di legge» in materia di GCR è stata disciplinata organicamente soltanto con il d.lgs. n. 58 del 24 febbraio 1998 (d'ora innanzi, t.u.f.), sebbene essa fosse (in forma, invero, piuttosto frammentaria) già presente in precedenza (risale al 1983 la legge istitutiva dei «fondi comuni di investimento» cc.dd. aperti).

Con la Direttiva sui Gestori di Fondi di Investimento Alternativi del 2011

---

[1] Nella manualistica, in tema di GCR v., *ex multis*, P. SFAMENI-M. PENNA, *La gestione collettiva del risparmio*, in P. SFAMENI-A. GIANNELLI, *Diritto degli intermediari e dei mercati finanziari*, II ed., Milano, 2015, 199 ss.; v. anche F. ANNUNZIATA, *La disciplina del mercato mobiliare*, VIII ed., Torino, 2015, 189 ss.; F. BILOTTI, *La gestione collettiva*, in *Manuale di diritto del mercato finanziario*, III ed., Milano, 2014, 149 ss.; R. COSTI, *Il mercato mobiliare*, X ed., Torino, 2016, 181 ss. e M. FRATINI, *Diritto dei mercati finanziari*, Bari, 2013, 227 ss.

(d'ora innanzi, Direttiva GEFIA)[2], la predetta «riserva di legge» ha acquisito dignità eurounitaria ed è stata riformulata.

Tuttavia, i problemi interpretativi – segnatamente: problemi di definizione della fattispecie rilevante ai fini dell'applicazione della relativa disciplina e, quindi, di perimetrazione dell'area «riservata» –, che si ponevano sotto il vigore della «riserva di legge» "domestica"[3], si sono riproposti a seguito della riformulazione operata del legislatore eurounitario e agli stessi se ne sono affiancati dei nuovi[4], dovuti al rilevante ampliamento dell'area della GCR imposto dalla Direttiva GEFIA. Se, infatti, fino all'attuazione dell'anzidetta Direttiva era «riservata» l'attività di gestione dei fondi comuni di investimento e delle SICAV («società di investimento a capitale variabile»), in seguito all'attuazione della Direttiva diviene soggetta a «riserva» la gestione di *qualsiasi* organismo di investimento collettivo che raccolga capitali presso una pluralità di investitori, li investa secondo una politica di investimento predeterminata e sia gestito nell'interesse degli investitori (oltre che – come richiesto dal solo legislatore nazionale – in autonomia rispetto a questi ultimi).

L'evidente ampliamento dell'area «riservata» (la cui definizione passa da un insieme di fattispecie pressoché tipizzate ad una fattispecie aperta, costruita su di una clausola generale, i cui elementi costitutivi sono piuttosto generici) è dovuto al dichiarato intento del legislatore eurounitario (sulla scorta dell'esempio statunitense) di voler attrarre alla disciplina in materia di GCR il fenomeno dei fondi di *private equity* e, in particolare, degli *hedge funds*, considerati i principali responsabili della crisi finanziaria del 2008, assoggettandoli così ad una qualche forma di regolamentazione. Invero, l'ingresso dei fondi di *private equity* nell'area della «riserva» da GCR non è, quanto meno nel nostro ordinamento, una novità della Direttiva GEFIA: già il t.u.f. del 1998, nel tentativo di disciplinare organicamente la materia, aveva assoggettato – seppure in termini differenti – tali fondi alla disciplina prevista per la GCR.

---

[2] Si tratta della Direttiva 2011/65/UE avente ad oggetto gli *Alternative Investment Fund Managers* (AIFM). Per un generale inquadramento della Direttiva v. il volume curato da D. ZETSCHE, *The Alternative Investment Fund Managers Directive. European Regulation of Alternative Investment Funds*, Alphen aan der Rijn, 2012. Un articolato commento del t.u.f., così come modificato a seguito della Direttiva GEFIA, è quello di G. SANDRELLI, *Raccolta di capitali e attività di investimento. Note sulla nozione di «organismo di investimento collettivo del risparmio» a seguito dell'attuazione della direttiva sui fondi alternativi*, in *Riv. soc.*, 2015, 388 ss.

[3] Sui quali v., in particolare, P. CARRIÈRE, *L'ambito applicativo della riserva di attività della gestione collettiva del risparmio: ricostruzione critica*, in *Riv. soc.*, 2005, 1115 ss. e ID., *Il problematico inquadramento delle* Investment Companies *nel vigente quadro normativo del mercato finanziario italiano*, in *Riv. soc.*, 2007, 1084 ss.

[4] Sui quali v., in particolare, G. SANDRELLI, *op. cit.*, *passim* e E. SCHIAVELLO, *La riserva relativa al servizio di gestione collettiva del risparmio e le società di investimento*, in *Quaderni sull'investimento nel capitale di rischio*, 2015, 40 ss.

Tuttavia, il mondo del *private equity* risponde a logiche fortemente diverse rispetto a quelle che hanno ispirato l'originaria disciplina della GCR: storicamente, l'assoggettamento a «riserva» della gestione *collettiva* del risparmio rappresenta il naturale *pendant* della riserva di attività istituita per la gestione patrimoniale professionale *individuale* («riservando» la gestione *individuale* non si poteva non «riservare» anche la gestione *collettiva* del risparmio), entrambe ispirate a logiche di diversificazione, secondo i dettami della *portfolio theory*; tali «riserve» avevano (come, tutt'oggi, ancora hanno) il precipuo fine di tutelare i piccoli risparmiatori dal rischio *princeps* connesso all'attività di gestione di denaro altrui: il rischio di conflitto di interessi. I fondi di *private equity*, invece, non si rivolgono (tipicamente) ai piccoli risparmiatori, bensì a investitori sofisticati (investitori istituzionali e banche), i quali hanno, in genere, le competenze e i mezzi per svolgere un'attenta attività di monitoraggio, che permette loro di mettersi al riparo dai rischi cui sono esposti i piccoli risparmiatori (*in primis*, il rischio di conflitto di interessi). Piuttosto, l'investimento in fondi di *private equity* porta con sé un (ben diverso) rischio di destabilizzazione del sistema finanziario – la qual cosa è risultata evidente sul finire del secolo scorso, quando il fenomeno esplose, anche per effetto di prolungate politiche di bassi tassi di interesse, che hanno spinto le banche a investire massicciamente in questi fondi, al fine di innalzare la redditività delle proprie attività finanziarie –: il gestore di un fondo di *private equity* è un investitore *attivo*, che assume partecipazioni significative e, non raramente, di controllo in società suscettibili di valorizzazione a seguito di adeguata "managerializzazione", così da consentire agli investitori un guadagno che proviene non già da una diligente applicazione dei principi della *portfolio theory*, bensì dalla monetizzazione dell'incremento di valore delle società *target* a seguito dell'apporto di capacità imprenditoriali. L'investimento in *private equity* espone, quindi, il risparmiatore non già al *generico rischio di mercato*, bensì allo *specifico rischio di impresa* delle società *target* oggetto di investimento, rischio che viene "amplificato" – e diviene, pertanto, *sistemico* – per effetto del (frequente) ricorso alla leva finanziaria (che è, invece, per definizione, estranea allo "scopo" del servizio di gestione professionalmente diversificata).

Risulta allora evidente, già da questi brevi cenni, come l'estensione della normativa al *private equity* abbia determinato una "mutazione genetica" della GCR, che ha fatto sì che, all'interno della medesima fattispecie, siano ricompresi due fenomeni significativamente eterogenei. L'eterogeneità dei fenomeni regolati da un'*unica* disciplina è alla base dei problemi che affaticano gli interpreti: quali sono, oggi, i confini della "nuova" «riserva di legge», così come riformulata dalla Direttiva GEFIA? Al fine di attribuire coerenza al sistema, la risposta al quesito deve essere ricercata nella divaricazione funzionale delle *rationes* ispiratrici della riforma, conseguenza diretta dell'eterogeneità dei fenomeni regolati: non più singola e unitaria *ratio legis* (la "originaria" tutela dei piccoli risparmiatori), bensì duplici ed eterogenee *rationes legis* (tutela dell'investitore e tutela della stabilità finanziaria). Sarà interpellando di volta in volta l'una e l'altra di tali *rationes* che l'interprete potrà dare ai dubbi interpretativi risposte meno arbitrarie e meno sistematicamente infondate.

Il presente lavoro si articola, *dunque*, come segue: dapprima, ci si soffermerà su di una analitica ricostruzione storica della materia, allo scopo di evidenziare quella "mutazione genetica" che, a nostro avviso, da un lato, spiega le ragioni delle incertezze interpretative, ma, dall'altro lato, immette sulla retta via per la loro risoluzione (§§ 2-10). Quindi, si passerà ad esaminare, *de lege lata*, le più rilevanti fattispecie dubbie, così da poter prospettare, alla luce dei criteri sistematici previamente individuati, i "corretti" contorni della GCR (§§ 11-18).

2. *La società per azioni come "prototipo" di "gestione collettiva del risparmio".* – La ricostruzione storica della disciplina in materia di GCR può incominciare nel lontano 1600, con le Compagnie delle Indie.

Che cosa sono state, infatti, – se non degli organismi di «gestione collettiva del risparmio» – le compagnie olandesi ed inglesi che, agli inizi del XVII secolo, grazie al risparmio raccolto sulle neo-costituite "piazze affari" di Amsterdam e di Londra, hanno intrapreso le prime grandi operazioni di natura capitalistica?

La «società per azioni» nasce, storicamente, come organismo di «gestione collettiva del risparmio» [5].

L'istituzione legale della personalità giuridica (= patrimonio separato rispetto a quello dei soci con la connessa, fondamentale, regola della responsabilità limitata al conferimento) e l'istituzione legale di uno "spazio" deputato al mercato dei capitali (= incorporazione della partecipazione sociale in un titolo cartaceo soggetto alle regole di circolazione dei beni mobili) rappresentano i tratti distintivi della «società per azioni» che hanno consentito il "miracolo" dell'incontro fra, *da un lato*, un ceto "imprenditoriale" di «promotori»/«gestori» e, *dall'altro lato*, il nuovo ceto "borghese" dei titolari di un «risparmio diffuso».

La «società per azioni» delle origini ha, cioè, reso possibile una sorta di «contratto di gestione collettiva» (ovviamente tutto affatto speciale) [6]: un gruppo di promotori imprenditori – dotati di capacità imprenditoriali (= iniziativa economica) e, quindi, di capacità *lato sensu* gestorie (= impiego profittevole del capitale), ma privi di adeguate risorse finanziarie (= capitale da destinarsi al-

---

[5] Nei limiti di questa trattazione, per la vicenda storica che ha condotto all'invenzione della «società per azioni», ci si può limitare a rinviare, nella letteratura domestica, a H. D'AGGUESSAU, *Mémoire sur le commerce des actions de la Companie des Indes*, in *Riv. soc.*, 1960, 155; F. GALGANO, *Storia del diritto commerciale*, Bologna, 1976, 61 ss.

[6] Per una ricostruzione "sostanziale" in questi termini, ci si permette di rinviare a E. BARCELLONA, *Rischio e potere nel diritto societario riformato (fra* golden quota *di s.r.l. e strumenti finanziari di s.p.a.)*, Torino, 2012, *passim*.

l'impresa) – si rivolge ad un gruppo di investitori risparmiatori – dotati, come classe, di adeguate risorse finanziarie (= capitale), ma privi di *know how* imprenditoriale (= capacità di iniziativa economica) –.

L'invenzione del «titolo azionario» scambiabile su un pubblico mercato ha rappresentato lo strumento che ha consentito la contemporanea soddisfazione di due esigenze potenzialmente confliggenti: l'impiego del risparmio in un'ottica di lungo termine (= la grande impresa capitalistica, il grande viaggio verso le Indie Orientali) e l'esigenza dell'investitore di poter fuoriuscire *ad libitum* dall'operazione mediante quell'equipollente del "recesso" che è la monetizzazione in borsa.

Non a caso, nella «società per azioni» delle origini si ponevano esattamente gli stessi "problemi" che si pongono oggi dinanzi al fenomeno della «gestione collettiva del risparmio»: come si assicura che i «gestori» (*agents*) che si trovano per le mani "proprietà" altrui (= il capitale conferito dai *principals*) utilizzino tali risorse "in buona fede", nell'interesse degli «investitori», senza né avventurarsi in iniziative eccessivamente rischiose (= rischio di *mala gestio*), né, soprattutto, distoglierle a proprio personale vantaggio (= rischio di conflitto di interessi, estrazione di *private benefits*)?

E la risposta normativa del legislatore della «società per azioni» delle origini non era differente da quella del legislatore eurounitario e domestico dinanzi al fenomeno della «gestione collettiva del risparmio»: il beneficio della responsabilità limitata era, infatti, oggetto di un provvedimento concessorio rilasciato *ad hoc* dalla pubblica autorità. Si trattava, in altri termini, di una sorta di «riserva di attività», soggetta a disciplina imperativa [7].

La «società per azioni» nasce, pertanto, *costitutivamente* come l'istituto *par excellence* di «gestione collettiva del risparmio», attività, quest'ultima, che ha *sempre* sollecitato una qualche forma di tutela *pubblicistica* del ceto di «investitori»/«risparmiatori» apportatori di capitale.

3. *Le* investment companies *statunitensi degli anni '40 del '900*. – A partire dai primi decenni del XX secolo, lo schema contrattuale «società per azioni» ha incominciato ad essere utilizzato per scopi, sì, pur sempre di «gestione collettiva del risparmio», ma secondo modalità ben più specifiche di quelle astrattamente e genericamente predicabili per qualsivoglia «società per azioni».

La *investment company* dell'esperienza statunitense – fatta oggetto del "terzo" fondamentale pilastro della legislazione rooseveltiana di regolazione del mercato finanziario (lo *Investment Company Act* del 1940, che completa il quadro

---

[7] Per questa vicenda storica – nella quale è anche iscritta la nascita del tipo «società in accomandita per azioni» – ci si permette di rinviare, nei limiti del presente scritto, a E. BARCELLONA-R. COSTI-F. GRANDE STEVENS, *Della società in accomandita per azioni*, in *Commentario del Codice Civile* Scialoja-Branca, Bologna-Roma, 2005, 35 ss.

normativo dopo il *Securities Act* del 1933 e il *Securities Exchange Act* del 1934) – non è una "ordinaria" società per azioni che impieghi il «risparmio collettivo raccolto» per generiche finalità di profitto; essa è, piuttosto, quella "speciale" società per azioni che quello *stesso* «risparmio» utilizza (e tanto fa per le *stesse* finalità di profitto) attraverso tuttavia – ecco l'essenziale elemento scriminante – *non già* la conduzione di un'attività di impresa (nei nostri termini domestici: "*produzione o scambio di beni o servizi*"), *bensì* l'*investimento professionalmente diversificato* in strumenti finanziari [8].

Nel disegno rooseveltiano, la «riserva di legge» istituita per le *investment companies* non era, quindi, altro che il *pendant*, con riguardo alla «gestione *collettiva* professionalmente diversificata», della perfettamente analoga «riserva di legge» istituita per banche e intermediari finanziari, con riguardo alla «gestione *individuale* (parimenti) professionalmente diversificata» [9]. Nell'un caso (gestione individuale) e nell'altro (gestione collettiva), la *ratio* ultima dell'istituzione della riserva è evidentemente identica: si tratta, in primo luogo, di assicurare che le "mani" cui i risparmiatori affidano i propri risparmi siano "affidabili" (= requisiti di onorabilità e professionalità variamente articolati); e si tratta, in secondo luogo, di assicurare che tale attività sia adeguatamente protetta dallo strutturale rischio di conflitto di interessi (segnatamente, il rischio che il «gestore» investa in taluni strumenti finanziari, piuttosto che altri, in ragione di una diretta o indiretta cointeressenza negli emittenti di tali titoli) [10].

Sotto il vigore dello *Investment Company Act*, la «gestione collettiva del risparmio» poteva (e tuttora può) realizzarsi attraverso due schemi giuridici alternativi: quello, c.d. contrattuale, del fondo di investimento dotato di autonomia patrimoniale (nel gergo domestico: un patrimonio separato); e, per l'appunto, quello c.d. societario, della *investment company*.

---

[8] Nel caso di una "ordinaria" società per azioni – titolare di una *profit-driven firm* –, il guadagno è conseguito grazie al profitto realizzato dalla *firm* attraverso le *sales* sul mercato dei beni o servizi che essa produce e/o commercializza (direttamente: grazie ai «dividendi»; indirettamente: grazie al *capital gain* derivante dalla monetizzazione delle azioni); al contrario, nel caso di una "speciale" *investment company* – che, attenzione, *non* è titolare di una *profit-driven firm* –, il guadagno è conseguito *esclusivamente* grazie all'incremento del valore monetario del «patrimonio conferito in monte», che discende dai *capital gains* derivanti dalle operazioni di investimento/disinvestimento del portafoglio titoli «gestito».

[9] Sulla «riserva di legge» in materia di *investment companies* americane istituita con l'*Investment Company Act* del 1940 v., *ex multis*, W.P. NORTH, *A Brief History of Federal Investment Company Legislation*, in *Notre Dame Law Review*, 1969, 677 ss.

[10] Ed è appena il caso di rammentare che la legislazione rooseveltiana ha assolto storicamente al compito di ripristinare le (essenziali) condizioni di fiducia gravemente pregiudicate dalle molteplici frodi che avevano accompagnato la grande depressione del 1929: se si sottoponeva «a riserva» il servizio di *diversificazione professionale* prestato a favore del singolo risparmiatore (gestione *individuale* del risparmio), non si poteva non sottoporre alla medesima riserva quello stesso identico servizio ove prestato su basi collettive (gestione *collettiva* del risparmio). In entrambi i casi, si trattava di "recuperare" la fiducia perduta dei «piccoli risparmiatori».

Naturalmente, perché la *investment company* potesse fungere da schema giuridico idoneo alla prestazione del «servizio della diversificazione professionale del portafoglio», il modello societario tradizionale richiedeva un fondamentale adattamento: poiché, nella gestione individuale, è elemento-chiave che il *principal* (il risparmiatore) possa sempre recedere dal rapporto e recuperare il valore netto del proprio risparmio gestito dall'*agent* (il gestore), un analogo meccanismo non poteva non operare anche con riguardo alla gestione collettiva realizzata tramite la *investment company*. È proprio da qui che nasce il requisito – "rivoluzionario" rispetto all'ordinario regime societario – della regola (per l'appunto: eccezionale) della redimibilità delle azioni della *investment company*: il principio della rimborsabilità del capitale conferito da ciascun investitore costituisce, nel contesto della «gestione collettiva», null'altro che il *pendant* del principio di facoltà di recesso dal contratto di gestione nel contesto della «gestione individuale».

È evidente che il regime di redimibilità del capitale – "*quid*" delle *investment companies* deputate all'attività di «gestione collettiva del risparmio» –, in tanto risultava (e risulta tutt'oggi) tollerabile, in quanto il patrimonio "societario" costituito dai conferimenti di capitale (= capitali raccolti) fosse destinato (come tutt'oggi, in fattispecie equipollenti, è destinato) ad essere investito in un *portafoglio diversificato di titoli*.

Laddove, infatti, lo schema societario sia adottato per una "normale" *profit-driven firm* – per una società che svolge attività di impresa in senso proprio (= produzione o scambio di beni o servizi) mediante una più o meno complessa organizzazione aziendale –, la regola della redimibilità del capitale risulterebbe platealmente contro-funzionale rispetto allo scopo perseguito: la necessità di finanziare la liquidazione di qualsivoglia socio desideroso di *exit* metterebbe, invero, a repentaglio l'unitarietà dell'organizzazione imprenditoriale, finendo per rappresentare una strutturale minaccia di dis-*organizzazione* rispetto all'*organizzato* compendio aziendale.

Se, dunque, quello della "redimibilità" del capitale è requisito radicalmente incompatibile con una "ordinaria" «società per azioni» (cui sia sottesa una "ordinaria" conduzione di una *profit-driven firm*), al contrario, la sua adozione da parte di una "apparente" «società per azioni» costituisce un preciso indice della circostanza che, a dispetto delle "apparenze", quella cui ci si trova dinanzi è in realtà una "specie animale" tutto affatto diversa: se il capitale è liberamente redimibile, ciò vuol necessariamente dire che il modello «società per azioni» viene di fatto utilizzato *non già* per il suo scopo storicamente tipico (quello della limitazione di responsabilità di coloro che investono in una *profit-driven firm*), *bensì* per il ben diverso scopo di "collettivizzare" un servizio di «*gestione professionalmente diversificata*». E si potrebbe allora ben dire che, laddove il capitale di una società per azioni è redimibile, lo schema giuridico della «società per azioni» è usato a mo' di negozio indiretto: non per la causa tipica del contratto di società, bensì per uno scopo tutto affatto diverso.

La differenza funzionale tra «società per azioni» titolare di una *profit-driven firm* e «società per azioni» quale negozio indiretto per il servizio di gestione professionalmente diversificata del risparmio collettivo trova conferma nelle tutele apprestate dall'ordinamento a fronte di tali "impieghi" della struttura societaria.

Allorquando il «risparmio collettivo» confluisce in una *profit-driven firm*, l'investitore è sufficientemente protetto attraverso la mera istituzione di «obblighi di informazione» (*mandatory disclosure*) che gli consentano di apprezzare (direttamente o, più realisticamente, grazie al contributo del "giudizio" della comunità finanziaria) il "rischio di impresa" associato a quella specifica *firm* (da qui, ad esempio, l'obbligo di prospetto informativo a carico di chiunque solleciti il risparmio). Al contrario, istituire una «riserva di legge» per l'attività diretta a raccogliere capitale per l'investimento in una qualsiasi *profit-driven firm* equivarrebbe a porre limiti alla «libertà» *princeps* di qualsivoglia ordinamento che poggi sull'organizzazione capitalistica dell'economia – la libertà di iniziativa economica – proprio nel suo momento *clou*: quello in cui le "idee" sono alla ricerca dei "capitali" che le sostengano.

Allorquando, invece, il «risparmio collettivo» confluisce in una *investment company*, gli obblighi informativi su un rischio di impresa – che non c'è, perché, a monte, non c'è impresa – costituiscono un "rimedio" tutt'altro che funzionale allo scopo. La *investment company* è semplicemente lo strumento attraverso il quale un soggetto fornisce il servizio consistente nella diversificazione professionale. Ma, a differenza del *know how* richiesto per la *leadership* di una *firm* – che, postulando essenzialmente, "creatività" imprenditoriale non esige un sapere di tipo professionale tendenzialmente fungibile, bensì doti direzionali meta-professionali tendenzialmente infungibili –, il *know how* richiesto per la *diversificazione professionale* postula, per l'appunto, qualità tecnico-professionali essenzialmente *standard* (= fungibili). Si comprende, allora, come solo per la «gestione collettiva del risparmio» che viene realizzata attraverso il servizio di *diversificazione professionale*, il legislatore abbia piuttosto avvertito l'esigenza di «riservare» l'attività a soggetti che dessero adeguata garanzia di "professionalità".

4. *Un breve* excursus. *A metà strada tra le società per azioni "ordinarie" e le* investment companies: *le società* holding. – Se, sotto il profilo funzionale, la distinzione fra una "ordinaria" «società per azioni» – cui sia sottesa una *profit-driven firm* – e una "speciale" *investment company* – cui sia piuttosto sotteso il servizio collettivo di diversificazione professionale – può risultare agevole, meno agevole è condurre lo stesso esercizio con riguardo ad un *tertium genus* di organismo societario: le c.d. società *holding*, ovvero società che, pur investendo in strumenti finanziari, tanto fanno *non già* nel quadro di una politica di diversificazione professionale, *bensì* in un'ottica di detenzione a lungo termine che è

(per lo più) funzionale all'esercizio di influenza nella gestione della/e società partecipata/e [11]. Nella misura in cui le società *holding* hanno per oggetto l'investimento in strumenti finanziari (precisamente: partecipazioni sociali) e non già la diretta conduzione di una *profit-driven firm*, esse presentano una certa familiarità con le *investment companies*: le une e le altre acquistano, per mestiere, strumenti finanziari.

V'è però una fondamentale differenza: le *investment companies* acquistano strumenti finanziari per fornire ai risparmiatori il servizio di diversificazione professionale; le *holding* acquistano quegli specifici strumenti finanziari che sono le partecipazioni societarie per detenerle in un'ottica di lungo termine. Possiamo dire: il diversificatore professionale (*investment company*) *buys-to-sell* e non ha alcuna intenzione di influire sulla gestione di uno degli emittenti dei tanti titoli in portafoglio; lo *holder* professionale (*holding company*) *buys-to-hold* e ha l'obiettivo precipuo di contribuire all'orientamento imprenditoriale della società partecipata (= apporto di *entrepreneurship*) e, così facendo, di assicurare la profittevolezza dell'investimento nell'orizzonte temporale (lungo) che gli è proprio.

Alla luce di queste considerazioni (di ricostruzione *funzionale* del fenomeno) ben si comprende come le esigenze di tutela di coloro che fanno confluire il loro «risparmio collettivo» in una *holding* non abbiano nulla in comune con quelle di chi affida i propri capitali ad un diversificatore professionale (= *investment company*). L'investimento in una *holding* sollecita, infatti, un'esigenza di tutela di tipo essenzialmente informativo del tutto simile a quella sollecitata dall'investimento in una "normale" società per azioni cui sia sottesa una *profit-driven firm* [12].

5. *Il quadro normativo prima del t.u.f. La legge sui "fondi comuni di investimento" cc.dd. aperti.* – Esaminate le tre diverse forme che, nella storia del diritto dei mercati finanziari, ha assunto il generale fenomeno della «gestione collettiva del risparmio» – «società per azioni» delle origini, *investment company* e società *holding* – può ora volgersi lo sguardo alla "storia" della «riserva di legge» nel nostro ordinamento. Qui, il quadro normativo antecedente al t.u.f. era

---

[11] Sul tema delle società *holding* è d'obbligo il riferimento a B. LIBONATI, *Holding e investment trust*, Milano, 1960, *passim*.

[12] Chi investe in una *holding* investe, infatti, sia pure indirettamente, nelle "normali" società per azioni che sono dalla prima partecipate (in un'ottica di *buy-to-hold* e non di *buy-to-sell*). Con questa peculiarità: colui che investe direttamente in una "normale" società per azioni si rimette alla scelta del *top management* operata dalla (mutevole) dialettica assembleare; colui che investe in una *holding* investe, sì, sia pure indirettamente, in quelle stesse "normali" società per azioni (partecipate dalla *holding*), ma tanto fa con il supplementare "presidio" che la scelta del relativo *top management* (*i.e.*, il *top management* delle società partecipate) è affidata alle mani "competenti" di chi eroga lo specifico servizio di apporto di *entrepreneurship* (per l'appunto, la *holding*).

piuttosto frammentario, ma sostanzialmente coerente con le premesse storico-istituzionali della «riserva di legge» in materia di GCR di matrice roosveltiana: il «gestore collettivo del risparmio» era (come lo erano gli intermediari finanziari nell'attività di gestione patrimoniale *individuale*) un mero diversificatore professionale, chiamato ad applicare diligentemente i dettami della *portfolio theory*. Nulla più. E infatti, allo stesso erano imposti: (*i*) stringenti requisiti di diversificazione, (*ii*) il divieto di assumere prestiti e (*iii*) il (fondamentale) divieto di effettuare investimenti di natura maggioritaria o, più precisamente, investimenti in partecipazioni di controllo nelle società partecipate.

La disciplina normativa si articolava sostanzialmente nei seguenti tre atti legislativi:

1. la legge istitutiva dei «fondi comuni di investimento» cc.dd. aperti (legge n. 77/1983), prima *milestone*[13];
2. la legge sulle «società di investimento a capitale variabile» (d'ora innanzi, anche SICAV – d.lgs. n. 84/1992, attuativo delle Direttive n. 85/611/CEE e n. 88/220/CEE –), seconda *milestone*;
3. la legge istitutiva dei «fondi comuni di investimento» cc.dd. «chiusi» (legge n. 344/1993), terza *milestone*; ai quali si può aggiungere, per ragioni di completezza del sistema normativo;
4. il testo unico bancario del 1993 (d.lgs. n. 385 del 1° settembre 1993; d'ora innanzi, t.u.b.), istitutivo di una "debole" «riserva di attività» in materia di «assunzione di partecipazioni».

Con la legge sui «fondi comuni di investimento» aperti del 1983[14] (prima *milestone*), il legislatore introduce un vero e proprio regime «riservato» dell'attività: l'istituzione del «fondo comune di investimento collettivo in valori mobiliari» viene infatti consentita alle sole società per azioni aventi per «oggetto

[13] Invero, degno di nota è anche un progetto di riforma, mai divenuto legge. Si tratta del Progetto De Gregorio del 1965, che, nel quadro di una proposta organica di «riforma della disciplina delle società commerciali», ipotizza per la prima volta di assoggettare ad un certo "controllo pubblicistico" le società denominate «società di investimento mobiliare». Ai nostri fini, ciò che qui mette conto rilevare è che il Progetto De Gregorio *non* intendeva "gestire" le esigenze di tutela sollecitate dalla «gestione collettiva del risparmio» (realizzata attraverso l'offerta del servizio di «diversificazione professionale») mediante l'istituzione di una «riserva di legge»: esso muoveva, piuttosto, dalla diversa prospettiva che fosse sufficiente assoggettare le «società di investimento mobiliare» ad una disciplina tendenzialmente analoga a quella delle società quotate (*quand'anche* le prime non fossero quotate), ovvero, per un verso, ad un *set* di obblighi informativi tendenzialmente equivalenti a quelli dettati per le società quotate (disciplina del bilancio e del prospetto di portafoglio) e, per altro verso, allo stesso *set* di disciplina di soggezione a "vigilanza governativa", di nuovo, sostanzialmente equivalente a quello previsto per le società quotate.

[14] In argomento v., *ex multis*, R. COSTI, *Fondi comuni di investimento. Profili organizzativi*, in *Banca borsa*, 1984, I, 279 ss.; nonché F. CESARINI, *I fondi comuni di investimento: aspetti tecnici ed economici*, in *I fondi comuni d'investimento*, a cura di P.G. Jaeger-P. Casella, Milano, 1984, 37 ss.

esclusivo» la gestione di tali fondi e, soprattutto, viene consentita alle sole società che, al ricorrere di certe condizioni (essenzialmente: adeguata capitalizzazione e adeguata professionalità del *management*), siano state appositamente autorizzate dalla pubblica autorità.

La legge impone, quindi, requisiti di diversificazione, che vengono parametrati tanto sull'attivo del fondo di investimento (*fund-centered requirements* – segnatamente: il patrimonio del fondo non può, di regola, essere investito per più del 5% in titoli di uno stesso emittente –), quanto sull'entità dell'investimento rispetto al capitale della *target* (*target centered-requirements* – segnatamente: il fondo non può detenere più del 5% del capitale di una quotata o non più del 10% di una società non quotata –).

A quest'ultima *rule* (*target centered-requirements*), volta evidentemente ad evitare che il mestiere del «gestore collettivo del risparmio» potesse surrettiziamente convertirsi in quello del gestore di un fondo di *private equity*, si affiancava un divieto *expressis verbis* di esercitare una "influenza notevole" in qualsivoglia società partecipata.

Ora, il fondo rappresenta uno schema giuridico puramente contrattuale: titolo del potere "gestorio" non è l'investitura assembleare (= nomina del consiglio di amministrazione da parte della maggioranza capitalistica), bensì la sottoscrizione di una quota di partecipazione al fondo e, quindi, la stipula di un "contratto di gestione patrimoniale" con la società di gestione del fondo, in termini del tutto analoghi al contratto stipulato dal singolo che conferisca ad una banca un incarico di gestione patrimoniale, la sola differenza essendo che, in quest'ultimo caso, si tratta di un rapporto individuale retto dalle regole proprie del rapporto negoziale gestorio (= facoltà di recesso), mentre nel caso del «fondo comune», si tratta piuttosto di un rapporto collettivo standardizzato ove alla facoltà individuale di recesso fa da *pendant* funzionale la facoltà di *exit* rappresentata dalla richiesta di rimborso della "quota di partecipazione".

6. Segue: *la legge sulle «società di investimento a capitale variabile».* – È con la legge sulle SICAV del 1992 [15] (seconda *milestone*) che l'ordinamento italiano mette a disposizione degli operatori anche lo schema giuridico societario per la prestazione del servizio di gestione *collettiva* del risparmio.

Le SICAV altro non sono che «fondi comuni di investimento» organizzati in forma propriamente societaria. Analoghe ai «fondi comuni di investimento» sono, infatti, le norme imperative in materia di *quantum* minimo di diversificazione; analoghe sono le regole in materia di requisiti di professionalità dei «gesto-

---

[15] Sulle SICAV v. R. LENER, voce "Sicav (Società di investimento a capitale variabile)", in *D. disc. priv., sez. comm., Aggiornamento*, Torino, 2000, 637 ss.; ID., *Le società di investimento a capitale variabile*, in *Trattato delle società per azioni*, diretto da G.E. Colombo-G.B. Portale, X, 1, Torino, 1995, 195 ss.

ri». Alla regola della libera rimborsabilità delle quote del partecipante ad un fondo fanno, poi, da *pendant* le regole di libera redimibilità del capitale; derogando al principio-chiave di fissità del capitale di una "ordinaria" società per azioni, il capitale della SICAV è, per l'appunto variabile (come quello di una *investment company* statunitense): ciò che consente l'*exit* del risparmiatore in termini esattamente corrispondenti a quanto avviene – per il tramite della facoltà di rimborso della quota di partecipazione – in un «fondo».

Certo: colui che investe in una SICAV, a differenza di colui che investe in un «fondo», è anche socio e non mero contraente. Tuttavia, le azioni della SICAV (allorquando sono al portatore, che è la forma social-tipica dell'investimento del risparmiatore) conferiscono un solo diritto di voto, quale che sia l'entità della partecipazione. Con la conseguenza che il "dissenso" rispetto alle capacità professionali del gestore non si esprimerà (come nelle "normali" società per azioni), attraverso la rimozione del gestore *incumbent* e la sua sostituzione con un nuovo gestore (= dialettica assembleare plutocratica), bensì "tipicamente" attraverso l'*exit* (= attivazione della facoltà di rimborso connessa al principio di libera redimibilità del capitale).

7. Segue: *la legge sui "fondi comuni di investimento" cc.dd. chiusi.* – Con la legge istitutiva dei «fondi comuni di investimento» mobiliari chiusi del 1993 [16] (terza *milestone*), l'ordinamento consente requisiti di diversificazione meno stringenti (il patrimonio del fondo può essere investito fino al 20% in titoli di uno stesso emittente – *fund centered-requirements* – e il fondo può detenere fino al 30% di una società non quotata – *target centered-requirements* –, fermo restando un generale divieto di acquisizione di posizioni di «controllo») e priva il partecipante al fondo della facoltà di rimborso della quota di partecipazione. Il servizio di «gestione collettiva del risparmio» si arricchisce così di un "prodotto" sostanzialmente riservato agli investitori istituzionali, unici soggetti che sarebbero in grado di sopportare gli specifici rischi di illiquidità dell'investimento connessi alla impossibilità di disinvestire liberamente.

Tuttavia, con i fondi chiusi del 1993 non si ha ancora alcuna "rottura" del sistema: anche il gestore di un fondo chiuso è un diversificatore professionale, al quale sono vietati investimenti di maggioranza nelle partecipate.

8. Segue: *la "riserva di attività" per l'attività di «assunzione di partecipazioni» nel t.u.b.* – Il t.u.b. del 1993 affianca, alla «riserva di legge» in materia di GCR, una «riserva» "debole" per la «assunzione di partecipazioni» (sia che tale attività venga svolta "*nei confronti del pubblico*", sia che venga svolta "*non nei*

---

[16] Su cui v., *ex multis*, P. CASELLA, *Fondi «chiusi»: la responsabilità del gestore ... e le responsabilità del legislatore?*, in *Giur. comm.*, 1994, I, 570 ss.; nonché il volume a cura di A. GERVASONI-F. PERRINI, *I fondi di investimento mobiliare chiusi*, Milano, 1994.

confronti del pubblico"): debole, in quanto vengono introdotti soltanto (*i*) obblighi di registrazione, (*ii*) requisiti di professionalità e onorabilità degli esponenti aziendali e (*iii*) una disciplina di trasparenza informativa sugli assetti proprietari [17].

La due «riserve» (quella "debole" in materia di «assunzione di partecipazioni» e quella "più forte" in materia di GCR) non si sovrappongono l'una all'altra. Infatti, se è vero che, sotto il profilo dello scopo, non vi è alcuna differenza fra l'attività della «*holding*» che detiene partecipazioni nelle controllate e quella del «gestore collettivo del risparmio» che investe nelle *targets* (l'una e l'altro investono, infatti, in partecipazioni con l'analogo obiettivo di accrescere il *proprio* patrimonio), è altrettanto vero che, se ci si concentra sul profilo delle "modalità" per raggiungere tale scopo, il tratto discretivo emerge in tutta la sua evidenza: il «gestore collettivo del risparmio» persegue quello "sviluppo" mediante una mera attività di *trading* (investimento/disinvestimento) secondo un modello di puro "*buy-to-sell*"; la *holding*, invece, persegue quello stesso obiettivo attraverso la titolarità di partecipazioni qualificate dalla loro idoneità a creare – nel lessico del t.u.b. – una peculiare «*situazione di legame*» con la partecipata. Situazione di legame che, a sua volta, è evidentemente evocatrice di una capacità di influenzare la gestione della partecipata attraverso l'esercizio dei diritti sociali (modello *buy-to-hold*).

In altri termini, il sistema normativo, quale formatosi nell'ultimo decennio del secolo scorso, consentiva di distinguere chiaramente:

– il «gestore collettivo del risparmio», che era, per un verso, un *diversificatore professionale* e, per altro verso, un investitore strutturalmente *passivo*, soggetto alla riserva di attività in materia di GCR; e

– il soggetto esercente l'attività di «assunzione di partecipazioni» (la *holding*), che era, invece, per un verso, un soggetto del tutto *svincolato* da requisiti imperativi di diversificazione e, per altro verso, un investitore strutturalmente *attivo* (= titolare di una partecipazione idonea a creare una «*situazione di legame*» e, quindi, a consentire una certa influenza nella gestione), soggetto alla riserva di attività in materia di «assunzione di partecipazioni» [18].

9. *La "riserva di legge" della GCR nel t.u.f. e nella disciplina secondaria: la "mutazione genetica" connessa alla prima emersione del mondo del* private

---

[17] Invero, fu la legge n. 216/1974 (c.d. mini-riforma del diritto societario) a prevedere una prima forma "debole" di riserva di attività, assoggettando società finanziarie e *holdings* ai poteri di vigilanza dell'allora neonata Consob e agli obblighi informativi previsti per le società quotate. Sulle problematiche poste da tale legge, relativamente ai nostri fini, v. G. MUCCIARELLI, *«Holdings», società finanziarie e articolo 19 della legge 7 giugno 1974, n. 216*, in *Riv. soc.*, 1985, 895 ss.

[18] Dopo alcune modifiche apportate nel 2009, il regime di «riserva di attività» "debole" per le società *holding* è stato abrogato nel 2010.

equity. – Con il t.u.f. del 1998, il legislatore domestico, nel tentativo di dare ordinata sistemazione ai rapsodici interventi legislativi dei decenni precedenti, detta per la prima volta una disciplina organica della «riserva di legge» per la «gestione collettiva del risparmio».

Precisamente: dopo aver fornito una definizione della fattispecie «*gestione collettiva del risparmio*» come quel «*servizio*» realizzato vuoi attraverso (*i*) la promozione, istituzione e organizzazione di «fondi comuni di investimento», vuoi attraverso (*ii*) la gestione del patrimonio di OICR (organismi di investimento collettivo del risparmio) (art. 1, comma 1, lett. n), t.u.f. – questi ultimi, a loro volta, definiti come i «fondi comuni di investimento» o le SICAV –, il legislatore del 1998 istituisce finalmente il principio di ordine generale in forza del quale l'anzidetto servizio di GCR è "*riservato*" (segnatamente: alle società di gestione del risparmio e alle SICAV).

La dottrina ha (correttamente) messo in evidenza l'infelice formulazione della legge, viziata da circolarità tautologica [19]: quale portata prescrittiva può imputarsi ad una norma che stabilisce che è riservata alla SICAV l'attività consistente ... nella gestione di una SICAV?

In realtà, il problema sta altrove. Infatti, il silenzio tautologico della norma istitutrice della «riserva di legge» ben può essere superato dalla lettura congiunta delle norme del t.u.f. con le norme secondarie di regolazione (di Banca d'Italia e del Ministro dell'economia e delle finanze) che definiscono i criteri di gestione, rispettivamente, dei «fondi comuni di investimento» e delle SICAV. Ed è proprio tale lettura congiunta che rivela un dato certamente "rivoluzionario" nella storia della disciplina della «gestione collettiva del risparmio».

Se, infatti, fino all'entrata in vigore del t.u.f., come si è sopra rilevato, la GCR consisteva sempre nella prestazione di un servizio di *diversificazione professionale*, con il t.u.f.– e, precisamente, con la connessa regolamentazione secondaria [20] – si assiste ad una radicale rottura di quella consolidata tradizione normativa: fra gli OICR la cui gestione è «riservata» in quanto rientrante nell'area della «gestione collettiva del risparmio» vi sono infatti pure i fondi «chiusi» cui – ecco il dato rivoluzionario – è concesso acquisire anche *partecipazioni di controllo* (in società non quotate).

Beninteso, anche i fondi chiusi *de quibus* sono soggetti ad un *quantum* minimo di diversificazione (non più del 20% del patrimonio del fondo in titoli di una medesima società) [21], ma – questa la fondamentale novità – viene meno il tradizionale divieto di conseguire partecipazioni significative idonee ad esercitare

---

[19] P. Carrière, *L'ambito applicativo della riserva di attività della gestione collettiva del risparmio*, cit., 115 ss.

[20] Provvedimento Banca d'Italia del 20 settembre 1999, "Regolamento recante disposizioni per le società di gestione del risparmio", capitolo II (consultabile anche in *Riv. soc.*, 2000, 404 ss.).

[21] Art. 3, Sezione III del Provvedimento Banca d'Italia del 20 settembre 1999, cit.

influenza notevole nella gestione (segnatamente: nessun limite in caso di società non quotate). Nel nostro gergo: vengono meno i *target-centered requirements*, che erano specificamente volti ad evitare che il mestiere del «gestore collettivo del risparmio» potesse surrettiziamente convertirsi in quello del fondo di *private equity*.

La novità è enorme: se, infatti, fino al t.u.f., la GCR era sempre stata costantemente intesa come un servizio, variamente articolato, di *gestione professionalmente diversificata*, con il combinato disposto di t.u.f. e connessa regolamentazione secondaria, l'area della GCR viene ad essere estesa anche ad un'attività che appare piuttosto riconducibile a quella consistente nell'*apporto di entrepreneurship* alle società partecipate (= influenza nella gestione mediante l'esercizio delle prerogative tipiche del controllante: (*i*) nomina del *top management* e (*ii*) contributo all'elaborazione delle strategie imprenditoriali); ad un tipo di attività, insomma, ben più simile a quella della società *holding* (che detiene posizioni di influenza notevole così da poter influire sulla scelta del *management* e sulle strategie imprenditoriali che vengono ad esse affidate) che non a quella di chi svolge il "tradizionale" servizio di diversificazione mediante investimenti di portafoglio.

Si ha, così, una vera e propria "mutazione genetica" della GCR: l'ordinamento fa rientrare nell'ambito dell'«area riservata» un "tipo di mestiere" (= apportatore di *entrepreneurship* mediante influenza qualificata sulla gestione) che, fino ad allora, le era stato del tutto estraneo e che, anzi, contribuiva, per differenza, a definirne tipologicamente i «confini».

Dietro a questa "mutazione genetica" è iscritta una profonda modificazione del mercato dei capitali negli ultimi decenni del secolo scorso: segnatamente, l'esplosione del mercato del *private equity* con la comparsa, sulla scena, della "nuova" figura dei *private equity funds* (*hedge funds, venture capital*, fondi speculativi di vario genere)[22].

I fondi di *private equity* sono fondi ove il patrimonio conferito dagli investitori è per lo più investito in società private (*i.e.*, non quotate) che, grazie all'apporto di capitale di rischio e, soprattutto, grazie all'apporto di *entrepreneurial skills* (= influenza nella gestione), si prestano ad essere valorizzate, così da consentire agli investitori un guadagno che proviene, non tanto dalla *diversificazione professionale*, bensì dal virtuoso incontro fra le specifiche *entrepreneurial skills* (e, se del caso, i capitali) dei gestori del fondo e realtà imprenditoriali esistenti con significative prospettive di crescita (tipicamente: vuoi perché trattasi di società in settori maturi ma bisognose di *turnaround* manageriale – ad esempio, la società familiare bisognosa di una gestione imprenditoriale maggiormente managerializzata –; vuoi perché trattasi di una società di recente isti-

---

[22] Sul fenomeno del *private equity* può rinviarsi a *The Oxford Handbook of Private Equity*, Oxford-New York, 2012.

tuzione, una c.d. *start up*, bisognosa tanto di capitali, quanto di una più ampia visione imprenditoriale).

Tuttavia, il "mestiere" del *private equity fund* è ben più simile a quello di una *holding company* che non a quello del tradizionale «gestore collettivo di risparmio»: il suo *know how* specifico non sta tanto nella *diversificazione professionale* secondo logiche di portafoglio, quanto piuttosto nella individuazione delle opportunità di investimento in società che, ove adeguatamente managerializzate, possono esprimere un potenziale di crescita fino ad allora inespresso. Così come per lo *holder* professionale, il *know how* del gestore di un fondo di *private equity* consiste: (*i*) nella adeguata selezione del *top management* della società *target* e (*ii*) nel contributo alla elaborazione di strategie imprenditoriali che, ove adottate con successo dalla società *target*, possono contribuire alla valorizzazione dell'investimento. A differenza, però, dello *holder* professionale (di tipo "statico", ovvero – essenzialmente – la *holding* capogruppo), la prospettiva del gestore di un fondo di *private equity* non è quella di detenere *sine die* la partecipazione acquisita, bensì quella di conseguire un profitto monetario dal disinvestimento della partecipazione (di controllo) conseguita, una volta che l'apporto di *entrepreneurial skills* abbia sortito gli effetti sperati (= valorizzazione della società *target* a seguito di sua adeguata "managerializzazione", con orizzonte temporale di medio-breve o medio-lungo termine – per lo più cinque anni –). Per lo *holder* professionale (di tipo "statico") vale ancora il modello *buy-to-hold*, mentre per il fondo di *private equity*, che pure effettua investimenti di maggioranza, vale l'opposto modello *buy-to-sell* – o, più correttamente, *buy-to-hold-to-sell*.

L'espansione della GCR che è stata inaugurata dal t.u.f. (e dalla connessa regolamentazione secondaria) – con il conseguente appannamento della linea discretiva di ciò che, fino ad allora, sembrava connotare tipologicamente l'area della «riserva di legge» (= *diversificazione professionale*) – ha aperto il campo a dubbi interpretativi che, fino ad allora, non avevano ragione di esistere.

Cosa vi è di *strutturalmente* diverso – che possa, quindi, giustificare una diversità di disciplina – fra una società *holding* "dinamica" (che acquista partecipazioni di controllo in vista di una loro successiva alienazione) ed un «fondo chiuso» cui è ora consentito effettuare investimenti maggioritari o di controllo in società non quotate? Poteva, in allora, una «società» *holding* svolgere la stessa attività di un «fondo chiuso» (= *apporto di entrepreneurship* mediante investimenti di maggioranza) al di fuori della «riserva» istituita per la GCR? Perché mai l'istituzione di un «fondo chiuso» costituito per investimenti di controllo (= postulanti non solo, o non tanto, *diversificazione professionale*, quanto piuttosto *apporto di entrepreneurship*) è assoggettata alla «riserva di legge» "forte" per GCR, mentre la costituzione di una normale «società» che volesse fare esattamente lo stesso mestiere dovrebbe ritenersi soggetta alla ben diversa «riserva di attività» "debole" prevista dal t.u.b. per le *holding*?

Il problema sembrava essere sfuggito alla prassi (erano, infatti, note "normali" società per azioni di diritto comune che operavano al di fuori della «riserva» per GCR, senza, per quanto ci consti, mai incorrere in provvedimenti sanzionatori); non è, tuttavia, sfuggito a una attenta dottrina [23], la quale si chiedeva come potesse conciliarsi sistematicamente il principio di «riserva di legge» per GCR applicabile ai «fondi chiusi» (e precisamente a quelli – come i fondi di *private equity* – che fanno investimenti di maggioranza) e l'apparente principio di esenzione per organismi tutto affatto analoghi ai «fondi chiusi» salvo che per la forma "*societaria*" e non "*contrattuale*" del modello adottato: le «società di investimento» di diritto comune (ovvero: a capitale sociale fisso).

La dottrina in questione proponeva la seguente soluzione, al fine di riportare in ordine il sistema: argomentando dal requisito della necessaria «sollecitazione dell'investimento» proprio della forma "*societaria*" della GCR (la SICAV – si rammenti: perché la costituzione di una SICAV facesse scattare la «riserva» per GCR era, in allora, richiesto che le relative azioni fossero offerte "al pubblico" –), si riteneva che si rientrasse nell'area *speciale* della «gestione collettiva del risparmio» prevista dal t.u.f., laddove la società di investimento (di diritto comune) avesse raccolto i capitali *nei confronti del pubblico*, mentre se ne restasse "fuori", laddove la società di investimento non facesse siffatto appello al pubblico risparmio (pur, beninteso, persistendo la «riserva di attività» prevista dal t.u.b. per la «assunzione di partecipazioni»).

Tuttavia, il criterio non convinceva. Se fosse stato davvero il requisito di "apertura" al pubblico dei risparmiatori (piccoli risparmiatori o investitori *retail*) a fungere da linea discretiva fra «ciò che è» gestione collettiva del risparmio e «ciò che non lo è», ad essere coerenti si sarebbe dovuta denunciare la scarsa intellegibilità della scelta normativa di far rientrare nella prima (GCR) un tipo di investimento – quello nel «fondo chiuso» – che strutturalmente è destinato ad investitori sofisticati e le cui quote di partecipazione ben potevano (e tutt'ora possono) essere offerte con modalità "non-sollecitative".

Per di più, il criterio della "apertura" al pubblico risultava espressamente contraddetto dalla regolamentazione di Borsa Italiana (per quanto questa sia fonte regolamentare privatistica). Borsa Italiana, a partire dal 2005, ha, infatti, reso possibile la quotazione – che è sollecitazione dell'investimento *par excellence* – anche a «società di investimento» o *investment companies* definite come "*quelle società il cui oggetto sociale esclusivo prevede l'investimento in partecipazioni di maggioranza o di minoranza di società quotate e non quotate ovvero in strumenti finanziari, nonché le attività strumentali che hanno le caratteristiche sta-*

[23] P. CARRIÈRE, *Il problematico inquadramento delle Investment Companies nel vigente quadro normativo del mercato finanziario*, cit., 1095 ss.; ID. *L'ambito applicativo della riserva di attività alla gestione collettiva del risparmio: ricostruzione critica*, cit., 1138 ss.

bilite nel Regolamento"[24]. Ebbene, il regolamento di Borsa prevedeva, sì, che tali società dovessero risultare legittimate all'esercizio dell'attività di «assunzione di partecipazioni nei confronti del pubblico» ai sensi del t.u.b.; ma non prevedeva affatto che esse dovessero essere legittimate all'esercizio di «gestione collettiva del risparmio» ai sensi del t.u.f.[25].

A partire dal 2010, poi, Borsa Italiana ha consentito la quotazione in borsa anche dei cc.dd. *special investment vehicles* (SIV) ovvero di quelle "*società la cui politica di investimento non prevede un livello sufficiente di diversificazione e il cui oggetto sociale esclusivo prevede l'investimento in via prevalente in una società o attività*"[26]. Al *genus* degli *special investment vehicles* appartiene, in particolare, la figura delle *special purpose acquisition companies* (d'ora innanzi, anche SPAC), la quale, per quel che in questa sede rileva, è una "normale" società per azioni di diritto comune, costituita *ad hoc* e destinata alla quotazione, mediante la quale i promotori dell'iniziativa *si rivolgono al mercato* in vista di un investimento mirato in una società *target* non ancora individuata al momento della raccolta.

Il sistema normativo in materia di GCR appariva, quindi, alle soglie della Direttiva GEFIA del 2011, contraddittorio (i fondi chiusi che effettuavano investimenti di maggioranza erano soggetti a «riserva» ai sensi del t.u.f., mentre "normali" società di investimento che svolgessero la medesima attività ne erano esenti); la prassi sembrava non curarsi del problema; e i pochi interpreti che vi si erano dedicati faticavano a ricondurre il sistema all'ordine, non essendosi adeguatamente avveduti di quella "mutazione genetica" derivante dall'apertura della disciplina della GCR a fondi chiusi che potessero effettuare acquisizioni di maggioranza.

10. *Dalla crisi finanziaria del 2008 alla regolamentazione degli* hedge funds *nel diritto statunitense: il* Dodd-Frank Act *del 2010.* – Se, nel nostro ordinamento, il fenomeno dei fondi di *private equity* è affiorato, sebbene quasi *en passant*, nella disciplina che ha fatto rientrare nell'area della «gestione collettiva del risparmio» anche l'attività dei fondi chiusi deputati all'acquisto di posizioni maggioritarie (così realizzandosi quella "mutazione genetica" di cui s'è sopra detto), lo stesso fenomeno è stato invece oggetto di attenzione frontale da parte dell'ordinamento statunitense chiamato a rispondere alla grande crisi finanziaria esplosa nel 2008.

---

[24] Così il Regolamento dei Mercati Organizzati e Gestiti da Borsa Italiana, nella versione in vigore al 1° marzo 2006.

[25] V. l'art. 2.2.33, comma 10 del Regolamento Mercati di Borsa Italiana, nella versione in vigore al 1° marzo 2006 e oggi abrogato: "*Le società italiane che intendono richiedere l'ammissione alla quotazione come Investment Companies ai sensi del presente Regolamento devono essere iscritte a uno degli elenchi di cui agli articoli 106, 107 oppure 113 del Testo Unico Bancario*".

[26] Così il Regolamento Mercati di Borsa Italiana, nella versione in vigore al 24 maggio 2010.

Nell'epicentro della crisi è, infatti, maturato il *consensus* circa il ruolo decisivo giocato dai fondi di *private equity* e, su tutti, dagli *hedge funds* quale fattore determinante dei molteplici fallimenti bancari che hanno sancito l'avvio di una crisi poi propagatasi su scala globale[27]. Negli ambienti nordamericani è, in particolare, maturata la convinzione che, soprattutto a seguito del superamento del regime di netta separazione fra le attività di banca commerciale (assunzione di depositi dal pubblico e concessione di prestiti alle imprese) e quelle di *merchant banking* (assunzione di partecipazioni anche di controllo e successiva loro valorizzazione) – separazione istituita dal ben noto *Glass-Steagall Act* coevo alla grande legislazione rooseveltiana dei mercati finanziari (la legge è infatti del 1933) –, i fondi di *private equity* abbiano significativamente contribuito all'esacerbazione del c.d. rischio sistemico.

Due, essenzialmente, le ragioni.

La prima: in un'era nella quale prolungate stagioni di politica di bassi tassi di interesse hanno reso via via meno profittevole la tradizionale attività di banca commerciale, queste ultime – non più soggette al divieto di svolgere anche attività di *merchant banking* (per il superamento del principio originariamente dettato dal *Glass-Steagall Act*) – hanno individuato proprio nell'investimento in fondi speculativi la strada per innalzare la redditività delle loro attività finanziarie. Basti solo osservare un dato eclatante: se nel 1997 l'ammontare complessivo degli investimenti in *hedge funds* risultava *grosso modo* pari a circa 118 miliardi di dollari, nel 2014 (a meno di vent'anni di distanza) esso ha raggiunto la somma di 2,7 trilioni di dollari superando, addirittura, l'ammontare dei depositi bancari[28]. La relazione simbiotica fra sistema bancario, da una parte, e un mondo di *hedge funds* non regolati (segnatamente, suscettibili di operare con spaventose leve finanziarie), dall'altra, ha così generato una nuova fonte, sia pure indiretta, di c.d. rischio sistemico (il rischio, cioè, che il fallimento di una banca determini a catena la "corsa agli sportelli" con conseguente trascinamento dell'intero sistema bancario: donde, per l'appunto, la qualifica di "sistemico" di un tale rischio): (*i*) il fallimento di un *hedge fund* che sia stato significativamente finanziato da una grande banca, sia sotto forma di *equity* (sottoscrizione delle quote), sia sotto forma di *debt* ("classico" finanziamento creditizio), espone al rischio di *default* anche la grande banca investitrice (proprio in ragione del legame siamese fra il primo e la seconda); (*ii*) il fallimento della grande banca determina, poi, l'insorgenza del "classico" rischio sistemico ("corsa agli sportelli") che espone al rischio di crollo l'intero sistema finanziario.

La seconda: le dimensioni gigantesche assunte da taluni *hedge funds* sono fonte, non più indirettamente, ma in tal caso direttamente, di rischi sistemici. La

---

[27] In argomento v., *ex multis*, W. KAAL-T. KRAUSE, *Hedge Funds and Systemic Risk*, in *Hedge Funds. Structure, Strategies, and Performance*, Oxford-New York, 2017.

[28] I dati sono tratti da W. KAAL-T. KRAUSE, *op. cit.*

prima vicenda che rese evidente il rischio sistemico *direttamente* associato agli *hedge funds* è quella, che fece molto clamore, del fondo *Long-Term Capital Management* (LTCM). Istituito nel 1994, tale fondo gestiva investimenti di circa cinque miliardi di dollari e, soprattutto, operava con una leva finanziaria pari a venticinque. La imprevista svalutazione della valuta russa determinò la perdita di circa la metà del valore fondo, immettendo nel sistema finanziario una forte instabilità, che costrinse le principali istituzioni finanziarie statunitensi ad orchestrare un salvataggio *in extremis* del fondo secondo logiche assolutamente comparabili a quelle del salvataggio di una banca *too-big-to-fail*. La vicenda dell'*hedge fund* LTCM non restò, peraltro, un fatto isolato; ad essa seguirono ulteriori spettacolari crolli di analoghi fondi (ad es., Marin Capital, Tiger Capital, Amaranth Advisors), che confermarono la portata potenzialmente sistemica – ovvero, potremmo dire, simil-bancaria – delle crisi di simili fondi di *private equity*: giganteschi, sotto un profilo; e operanti con gigantesca, non regolata, leva finanziaria, sotto altro profilo [29].

La crisi del 2008 – nel corso della quale si assistette al crollo di una delle grandi istituzioni finanziarie americane, la banca *Bear Stearns*, generata per l'appunto, anche dai suoi legami siamesi con due *hedge funds* operanti nel settore dei mutui *subprime* – asseverò ciò che ormai andava emergendo da tempo: il mondo del *private equity* e, al suo interno, quello degli *hedge funds* contribuiva ad immettere nel sistema ingenti rischi di destabilizzazione, tanto in ragione del legame simbiotico banche/fondi – con l'acquisizione, da parte degli *hedge funds*, delle vesti di una sorta di sistema bancario "ombra" (rischio sistemico c.d. indiretto) –, quanto in ragione delle spettacolari dimensioni degli investimenti da loro gestiti e della leva con cui, in assenza di regolamentazione, essi venivano lasciati operare.

Su queste basi, intervenne il *Dodd-Frank Act* del 2010, con un duplice obiettivo: da una parte, tutelare i risparmiatori dal rischio di frodi e, dall'altra parte (e soprattutto), preservare l'integrità del sistema finanziario. Mentre l'obiettivo di tutela degli investitori non è altro che la ri-edizione del tradizionale obiettivo di tutela della «gestione collettiva del risparmio» – quella cui corrisponde il "mestiere" tradizionale del *diversificatore professionale* –, l'obiettivo di preservazione dell'integrità del sistema finanziario costituisce piuttosto la "novità" regolamentare associata allo specifico fenomeno del *private equity* – cui corrisponde il "mestiere" nuovo, e profondamente eterogeneo, dell'*apportatore di entrepreneurial skills* (= esercizio delle prerogative tipiche dell'investitore *attivo* titolare di partecipazioni maggioritarie) in società suscettibili di valorizzazione a seguito di adeguata managerializzazione.

---

[29] Con specifico riferimento alla vicenda del fondo LTCM v. F.R. EDWARDS, *Hedge Funds and the Collapse of Long-Term Capital Management*, in *Journal of Economic Perspectives*, 1999, 189 ss.; più in generale v. M. KING-P. MAIER, *Hedge Funds and Financial Stability: Regulating Prime Brokers Will Mitigate Systemic Risks*, in *Journal of Financial Stability*, 2009, 283 ss.

Infatti, la "tradizionale" «gestione collettiva del risparmio», condotta secondo le logiche della *portfolio theory*, non avrebbe giammai potuto attentare alla stabilità del sistema finanziario: l'attività di investimento secondo pure logiche di portafoglio (= divieto di acquisizione di partecipazioni maggioritarie), connotato – si badi bene – dal fondamentale divieto di assunzione di prestiti (per definizione: estranei allo "scopo" del servizio di gestione professionalmente diversificata), è strutturalmente incapace di immettere instabilità nel sistema. Del tutto al contrario, il "nuovo" canale dei fondi di *private equity*, che (*i*) effettuano investimenti maggioritari e, dunque, immobilizzati e che (*ii*) tanto fanno, potendo contare su una leva finanziaria potenzialmente illimitata, immette, esso sì, quegli specifici rischi sistemici (diretti e indiretti) che invocano adeguata risposta normativa.

Orbene, fintantoché attraverso la disciplina della «gestione collettiva del risparmio» si è intesa regolare l'attività di *gestione professionalmente diversificata*, l'esigenza di tutela gestita dall'ordinamento è stata, essenzialmente, soltanto quella della tutela dell'investitore *retail*, il «piccolo risparmiatore». Il senso ultimo della «riserva di legge» prescritta per la GCR è stato, infatti, quello di assicurare che il «gestore» cui il risparmiatore non sofisticato affida i propri risparmi per poter godere dei benefici di una gestione collettiva (i vantaggi, in termini di economia di scala, di una gestione in monte) fosse (*i*) un soggetto affidabile (= requisiti di professionalità tecnica), (*ii*) tenuto alla rigorosa applicazione di una politica di portafoglio (= *fund-centered requirements* e *target-centered requirements*).

Allorquando, invece, la disciplina della «gestione collettiva del risparmio» si estende fino a ricomprendere in sé anche l'attività di apporto di *entrepreneurial skills* ("mestiere" del *private equity*), l'esigenza di tutela gestita dall'ordinamento diventa radicalmente differente: non già quella di tutelare l'investitore dai rischi tipici di cattiva gestione o di conflitto di interessi (nel caso dei fondi di *private equity* o degli *hedge funds*, l'investitore è per lo più "sofisticato" e dispone di mezzi per tutelarsi da sé), bensì quella di preservare l'integrità del sistema finanziario che è messa a repentaglio dalla comparsa di nuovi *players* particolarmente temibili [30].

L'una e l'altra attività (gestione professionalmente diversificata e apporto di *entrepreneurial skills*) sono "pericolose" e sollecitano una risposta normativa; ma del tutto diversi sono i "pericoli" che essi generano e, quindi, profondamente diversa è la *ratio* ispiratrice della risposta normativa. Nell'un caso (gestione professionalmente diversificata), l'attività è «pericolosa» "a monte" nel segmento «risparmiatori-gestore» – e la «riserva di legge» serve essenzialmente a preservare le condizioni della fiducia degli investitori *retail* nel mercato delle

---

[30] In tema v., *ex multis*, A. RIVIERE, *The Future of Hedge Fund Regulation: A Comparative Approach*, in *The Journal of Regulation*, 2010, 209 ss.

gestioni diversificate (che sono loro essenzialmente dirette); nell'altro caso (apporto di *entrepreneurial skills*), l'attività è «pericolosa» "a valle" nel segmento «fondi-sistema finanziario» e la risposta normativa serve piuttosto a gestire i rischi sistemici, diretti e indiretti, associati alla comparsa, nell'arena dei mercati finanziari, di questi nuovi *players*.

Non, dunque, semplice "mutazione genetica" dell'attività di «gestione collettiva del risparmio», bensì articolazione profondamente eterogenea delle *rationes* ispiratrici della riforma normativa.

11. *La Direttiva GEFIA e la definizione di «fondo di investimento alternativo» (FIA)*. – La Direttiva GEFIA ha preso le mosse da considerazioni assai simili rispetto a quelle che hanno ispirato il legislatore statunitense del *Dodd-Frank Act*[31]: il *focus* della Direttiva è stato non tanto o non solo quello connesso all'esigenza di tutela dell'investitore (secondo la tradizionale prospettiva sollecitata dal mestiere di *diversificatore professionale*), ma anche o soprattutto quello di preservare l'integrità del sistema finanziario (connessa alla comparsa nell'arena dei mercati finanziari dei fondi di *private equity* e, fra questi, soprattutto degli *hedge funds*)[32].

Coerentemente con questo obiettivo, il legislatore eurounitario detta criteri di identificazione della fattispecie rilevante – fondo alternativo di investimento (FIA) – ai fini dell'applicazione della relativa disciplina («riserva di legge» e connesse norme imperative) che sono volutamente amplissimi.

FIA – la gestione del quale viene assoggettata a «riserva» – è definito come *qualsivoglia* organismo di investimento collettivo, diverso dai "fondi armonizzati", che presenti i seguenti quattro tratti tipologici: (*i*) «raccolta del capitale»; (*ii*) «pluralità di investitori»; (*iii*) investimento in forza di una «politica di investimento predeterminata»; e (*iv*) gestione nell'«interesse degli investitori».

Ora, tali criteri sono talmente generici da risultare suscettibili di indurre a considerare FIA *addirittura* qualsivoglia «società». E, segnatamente, non soltanto le società c.d. di capitali, ma persino le società c.d. di persone. Non è forse vero che qualsivoglia organismo societario – appunto: anche quello che adotti la struttura statutaria di una società c.d. di persone – operi «raccolta di capitali»? Non è forse vero che qualsivoglia organismo societario tanto faccia, per definizione, nei confronti di una «pluralità di investitori»? Non è forse vero, ancora,

---

[31] Come espressamente statuito nei "considerando" iniziali (nn. 1-3).

[32] Sulle esigenze di regolazione dei fondi di investimento del mondo del *private equity* v., *ex multis*, D. AWREY, *The Limits of Hedge Fund Regulation*, in *Law and Financial Markets Review*, 2011, 119 ss.; J. PAYNE, *Private equity and its Regulation in Europe*, in *European Business Organization Law Review*, 2012, 559 ss.; J.A. MCCAHERY-E. VERMEULEN, *Recasting Private Equity Funds after the Financial Crisis: the End of the "Two and Twenty" and the Emergence of Co-Investment and Separate Account Arrangements*, ECGI Working Paper, 2013, consultabile sul sito *www.ecgi.org*.

che qualsivoglia organismo societario destina il «risparmio raccolto da una pluralità di investitori» ad un investimento che debba essere coerente con quella «politica» che, in modo «predeterminato», è scolpita nell'oggetto sociale? E non è forse vero che la «gestione del risparmio raccolto» debba rispondere all'interesse della società che – almeno secondo l'interpretazione "contrattualistica" dominante [33] – non è altro che (quanto meno anche) l'interesse degli *shareholders* intesi come classe?

"Ovviamente", l'obiettivo di regolazione non era certo quello di assoggettare a «riserva» qualsiasi organismo societario (la qual cosa comporterebbe inaccettabili e anacronistici limiti alla «libertà» *princeps* di qualsivoglia ordinamento che poggi sull'organizzazione capitalistica dell'economia: la libertà di iniziativa economica). Piuttosto, la Direttiva GEFIA ha inteso ricomprendere nell'area «riservata» *non già* quella «gestione collettiva del risparmio» che è iscritta nel codice genetico di ogni *corporation, bensì* quelle specifiche forme di investimento in strumenti finanziari, *con acquisizione* (dato decisivo) *anche di partecipazioni di maggioranza*, che, *ove operanti senza limiti di leva finanziaria*, possono esporre il sistema finanziario a specifici rischi di strutturale destabilizzazione.

Si tratta, a questo punto, di vedere se questa considerazione "ovvia" sia o meno supportata da specifici dati testuali.

Al riguardo, la *European Securities and Markets Authority* (d'ora innanzi, anche ESMA), i cui orientamenti – come noto – sono dotati *ex lege* di, *pour ainsi dire*, «efficacia ermeneutica vincolante», afferma che ricorre un «organismo di investimento collettivo» soggetto alla Direttiva, allorquando esso (*i*) non persegua uno "scopo generale commerciale o industriale" (*general commercial or industrial purpose*) – per tale dovendosi intendere lo scopo di realizzare strategie aziendali attraverso la conduzione di un'attività commerciale che comporti l'acquisto, la vendita e/o lo scambio di beni o la fornitura di servizi non-finanziari – e (*ii*) aggreghi ("*pools*") il capitale conferito dagli investitori allo scopo di generare un rendimento aggregato ("*pooled return*") [34].

Se, dunque, non è la Direttiva ad escludere *expressis verbis* che la «gestione collettiva del risparmio» sia anche quella realizzata da una qualsivoglia "norma-

---

[33] Esula dai confini del presente scritto il delicato tema della contrapposizione tra la concezione "istituzionalistica" e la concezione "contrattualistica" della società per azioni, sul quale ci si può limitare a rinviare a P.G. JAEGER, *L'interesse sociale*, Milano, 1964, *passim*; più recentemente, v. anche C. ANGELICI, *La società per azioni. Principi e problemi*, in *Trattato di diritto civile e commerciale*, diretto da A. CICU-F. MESSINEO-L. MENGONI e continuato da P. SCHLESINGER, Milano, 2012, 90 ss., ove ulteriori riferimenti.

[34] ESMA, *Orientamenti sui concetti chiave della direttiva GEFIA*, doc. ESMA/2013/611 del 13 agosto 2013. Tali orientamenti sono stati definiti a seguito di due processi di consultazione: cfr. *Discussion paper – Key concepts of the Alternative Investment Fund Managers Directive and types of AIFs*, doc. ESMA/2012/117 del 23 febbraio 2012 e *Consultation paper – Guidelines on key concepts of the AIFMD*, doc. ESMA/2012/845 del 19 dicembre 2012.

le" società per azioni, ad un simile conclusione consente pacificamente di pervenire la *guideline* dettata dall'ESMA: il *business scope* di un GEFIA, la gestione del quale fa scattare la «riserva», *non* è integrato quando lo scopo sociale è quello del generale perseguimento del profitto attraverso una "normale" attività commerciale o industriale. Il requisito corrisponde sostanzialmente a quello che, per diritto italiano (art. 2082 cod. civ.), costituisce elemento integrativo di una attività di «impresa»: la conduzione di un'attività economica professionalmente organizzata al fine della produzione o lo scambio di bene o servizio. Non ci si trova, insomma, dinanzi ad un FIA allorquando alla struttura societaria adottata sia sottesa una *profit-driven firm.* Ci si trova, piuttosto, dinanzi ad un FIA allorquando, quale che sia la forma (societaria o contrattuale), l'entità in questione impieghi i capitali raccolti esclusivamente per l'acquisto di strumenti finanziari e il perseguimento del profitto tragga origine esclusivamente dalla "gestione" di un *pool* di investimenti finanziari.

12. *La nuova definizione di «gestione collettiva del risparmio» nel t.u.f.* – L'attuazione della Direttiva GEFIA ha determinato una profonda riscrittura della «riserva di legge» nell'ordinamento domestico.

Il nuovo art. 32-*quater* t.u.f. «riserva» lo "*esercizio in via professionale del servizio di gestione collettiva del risparmio*" alle SGR, alle SICAV, alle SICAF (società di investimento a capitale fisso), nonché alle società di gestione UE che gestiscono fondi di investimento mobiliare non armonizzati (OICVM italiani), ai GEFIA UE e ai GEFIA non UE che gestiscono FIA italiani.

L'art. 1, comma 1, t.u.f., rispettivamente *sub* lett. n) e m), definisce (*i*) quale «gestione collettiva del risparmio» il "*servizio che si realizza attraverso la gestione di OICR e dei relativi rischi*" e definisce poi (*ii*) quale «OICR» l'organismo di investimento "*il cui patrimonio è raccolto tra una pluralità di investitori mediante l'emissione e l'offerta di quote o azioni, gestito in monte nell'interesse degli investitori e in autonomia dai medesimi, nonché investito in strumenti finanziari …*".

Sono tali due disposizioni che, congiuntamente, definiscono il "nuovo" perimetro della GCR[35]. Dall'esame delle stesse emerge che, ai quattro tratti tipologici individuati dal legislatore eurounitario ((*i*) «raccolta del capitale»; (*ii*) «pluralità di investitori»; (*iii*) investimento in forza di una «politica di investimento predeterminata»; (*iv*) gestione nell'«interesse degli investitori»), il t.u.f. ne aggiunge un quinto: (*v*) la «autonomia» del gestore *vis-à-vis* l'investitore[36].

---

[35] Per una ricognizione delle varie tipologie di OICR attraverso cui si può manifestare il fenomeno della «gestione collettiva del risparmio», si rinvia a F. ANNUNZIATA, *Gli OICR di diritto italiano fra vecchie e nuove categorie*, in R. D'APICE (a cura di), *Profili evolutivi della disciplina sulla gestione collettiva del risparmio*, Bologna, 2016, 337 ss.

[36] Anche in questo caso, però, il criterio non appare determinante: non è forse vero che –

13. *Le principali fattispecie dubbie.* – Ricostruito nei termini che precedono il quadro normativo rilevante, si può rilevare come l'attenzione degli interpreti – non solo del diritto domestico, ma anche del diritto di altre giurisdizioni dell'Unione Europea – si sia concentrata, in particolare, sulle seguenti cinque fattispecie: (*1*) le società di investimento di diritto comune; (*2*) i cc.dd. *family offices*; (*3*) i cc.dd. *club deals*; (*4*) le SPAC; e (*5*) le *holding companies*. Tali fattispecie rientrano o non rientrano nell'area della «riserva di legge» prevista in materia di GCR?

Vediamo, brevemente, le singole fattispecie.

Una società di investimento (prima fattispecie dubbia) è – come si è già avuto modo di vedere – una "normale" società per azioni con la peculiarità, tuttavia, che essa, almeno *prima facie*, non sembra condurre una "propria" attività di impresa (nella nostra accezione domestica: un'attività diretta al fine "*della produzione o dello scambio di beni o servizi*"), limitandosi ad impiegare il risparmio raccolto nell'investimento e disinvestimento di strumenti finanziari (per lo più: partecipazioni sociali) sulla base di una politica che, in un modo o nell'altro, è fondata sulla diversificazione del rischio (*portfolio investments*). Poiché, oggi, fra i modelli giuridici adottabili da un FIA v'è anche la società di investimento a capitale fisso, ci si deve chiedere a quali condizioni una simile società costituisca un FIA e sia, pertanto, soggetta a «riserva».

I *family offices* (seconda fattispecie dubbia) sono società costituite da famiglie che, grazie a storie imprenditoriali di successo, sono riuscite ad accumulare ingenti risorse finanziarie che esse decidono di affidare alla gestione non già di un intermediario finanziario operante nel *business* dell'intermediazione finanziaria, bensì di professionisti per così dire "fatti in casa"[37]. Famiglie di questo genere ritengono, evidentemente, di poter meglio curare i propri investimenti non già rivolgendosi "all'esterno" al mercato della gestione (*i.e.*, agli intermediari finanziari operanti nell'industria della «gestione»), bensì costituendosi "all'interno" la "propria" squadra di «gestori». Poiché poi taluni di questi *family offices* conseguono significativi successi (*i.e.*, conduzione assai profittevole della «gestione»), capita non di rado che essi, pur (di regola) originariamente costituiti per la «gestione» del risparmio di una singola famiglia, inizino ad "aprirsi" anche alla gestione di altre famiglie: potendosi, così, distinguere, in seno all'ampia

quanto meno nel caso delle società c.d. di capitali (cfr. art. 2380-*bis*, cod. civ.) – la "classe" dei *managers* dell'organismo societario disponga, *ex lege*, di una rigorosa «autonomia» nei confronti della "classe" degli *owners* (*i.e.*, i soci)?

[37] Molto spesso, si tratta di soggetti che ne hanno conseguito l'investimento fiduciario per aver prestato i loro "servizi" quali *managers* del gruppo industriale che ha alimentato la formazione del risparmio familiare quali, ad esempio, gli ex-*chief financial officers* del gruppo; ovvero soggetti che, incontrati nel corso dell'attività imprenditoriale "principale", hanno dimostrato adeguati *skills* gestori, quali ad es., ex-*partners* di banche d'affari o altre figure consulenziali.

categoria dei *family offices*, fra i *single-family offices* (SFO) e i *multi-family offices* (MFO)[38].

I *club deals* (più raramente denominati anche *club investments*) – terza fattispecie dubbia – sono società costituite dai membri di un *club* – *i.e.*, soggetti legati da una esperienza condivisa nel mondo degli affari, ciascuno titolare di una adeguata quantità di «risparmio» – per il compimento di una o più operazioni di investimento in società (uno o più *deals*) – investimenti maggioritari o minoritari; in società quotate o non quotate – con l'obiettivo di conseguire un guadagno finanziario dal disinvestimento entro un orizzonte temporale medio-lungo.

Fattispecie, sotto alcuni profili, simile a quella dei *club deals* ed anch'essa generatrice di qualche (forse più modesto) dubbio interpretativo è quella delle SPAC – quarta fattispecie –. Una SPAC – come già rilevato – è quella società costituita grazie alla raccolta di risparmio che i promotori dell'iniziativa intendono convogliare nell'investimento di uno specifico *target* (per l'appunto, *special purpose*) – normalmente società non quotata – con l'obiettivo di conseguirne il controllo, così da poter poi concambiare i titoli della SPAC con i titoli della *target* (normalmente, post-fusione fra SPAC e *target*).

Dubbi interpretativi pone, infine, la figura ben nota della *holding* di partecipazioni – quinta e ultima fattispecie –. Come già si è avuto modo di vedere, la società il cui oggetto sociale preveda la detenzione (*holding*) di partecipazioni finanziarie con ottica di lungo periodo – si tratti poi di partecipazioni diversificate ovvero di una o più partecipazioni determinate – risulta, almeno *prima facie*, una società che raccoglie il «risparmio» per condurne una «gestione» profittevole nell'interesse degli investitori.

Queste, dunque, le fattispecie dubbie.

Anticipando gli esiti dell'indagine che segue, sembra possibile affermare che, a determinate condizioni, tutte queste fattispecie non rientrino nell'area della «riserva di legge» in materia di GCR per le seguenti ragioni:

(*i*) perché ci sia «gestione collettiva del risparmio» è requisito imprescindibile la pre-esistenza, rispetto alla raccolta di capitali, di un gestore che rivolgendosi al mercato proceda alla «raccolta di capitali» nel quadro di un'*attività commerciale professionalmente esercitata*, giacché solo una raccolta *professionale* dei capitali sollecita un'esigenza di tutela degli investitori ed è verosimilmente in grado di attentare alla stabilità dei mercati finanziari. Conseguentemente:

---

[38] Il fenomeno dei *family offices* non ha, sinora, riscontrato grande attenzione in dottrina. Nella letteratura americana v. R. AMIT *ET. AL.*, *Single-family Offices: Private Wealth Management in the Family Context*, Philadelphia, 2009, ove ulteriori riferimenti; nella letteratura tedesca v. C. SEIBT-H. JANDER-MCALISTER, *Club Deals mit Family Offices nach der AIFM-Regulierung (Teil 1)*, in *Der Betrieb*, 2013, 2374.

a. non rientrano nell'alveo dell'«area riservata» quelle società di investimento nate su iniziativa spontanea di una platea di investitori che decidano di costituire *ex novo* il proprio «gestore»;

b. non rientrano nell'alveo dell'«area riservata» i *family offices* costituiti per l'iniziativa spontanea di un gruppo di familiari ove, di nuovo, si assiste alla auto-costituzione *ex novo* di un proprio gestore (fattispecie che costituisce, a ben vedere, null'altro che un "caso particolare" rispetto a quella *sub* a., sicché risulta irrilevante che i promotori dell'iniziativa che conduce alla auto-costituzione del gestore siano familiari o meno);

(*ii*) perché ci sia «gestione collettiva del risparmio» è requisito imprescindibile che il «gestore» abbia il potere di disporre discrezionalmente del patrimonio apportato dagli investitori, dovendosi escludere che possa essere qualificata come tale l'attività di qualsivoglia società che abbia per oggetto il compimento di un investimento mirato; simili investimenti, invero, non sollecitano né l'esigenza di tutela dell'investitore, né l'esigenza di salvaguardia della stabilità finanziaria. Conseguentemente:

a. non rientrano nell'alveo dell'«area riservata» i *club deals*, in quanto società costituite per il compimento di un *singolo* investimento (sebbene l'investimento non avvenga in un'ottica detentiva, quanto piuttosto in vista di una successiva valorizzazione);

b. né vi rientrano le SPAC, in quanto società costituite per il compimento di un *singolo* investimento (e per di più con ottica di detenzione a lungo termine);

(*iii*) perché ci sia «gestione collettiva del risparmio» è requisito imprescindibile che il patrimonio, sebbene ammissibilmente investito anche in un'ottica di investimento maggioritario attivo di lungo termine (*long term active shareholding*), sia comunque gestito secondo una, più o meno rigorosa, politica di *diversificazione*. Conseguentemente: non rientrano nell'alveo dell'«attività riservata» le società *holding* «capogruppo» che siano titolari di un unico *asset* societario, le quali, invero, non pongono né un problema di tutela del risparmiatore, né un problema di attentato alla stabilità finanziaria;

(*iv*) perché ci sia «gestione collettiva del risparmio» è requisito imprescindibile che – sebbene al tradizionale mestiere di *diversificatore professionale* possa oggi accompagnarsi anche quello di *apportatore professionale* di *entrepreneurial skills* (= esercizio di prerogative di investitore *attivo* che influenza la gestione delle partecipate) – l'apporto di *entrepreneurial skills* costituisca pur sempre un «mezzo» (= prevalenza dell'ottica dispositiva) e giammai un «fine» (= prevalenza dell'ottica detentiva). Conseguentemente: non rientrano nell'alveo dell'«attività riservata» le *holding* diversificate di partecipazioni – tanto quotate, quanto non quotate (irrilevante essendo, di per sé, il requisito della quotazione) – che in misura prevalente abbiano un'ottica *detentiva* o se si vuole industriale (= *prevalenza dell'apporto di* entrepreneurship) e non invece un'ottica dispositiva o se si vuole finanziaria (= prevalenza del *servizio di diversificazione* con ottica rivolta alla *monetizzazione*/al *disinvestimento*); così come le *holding* capogruppo, neanche le *holding* diversificate "statiche" (= ottica detentiva) sollecitano l'esigenza di «tutela dell'investitore» ovvero l'esigenza di «salvaguardia della stabilità finanziaria».

Possiamo, quindi, passare all'esame di ciascuna delle cinque fattispecie dubbie e dei principali argomenti che ci hanno condotto alle anzidette conclusioni.

14. Segue: *le società di investimento di diritto comune.* – Che le società di investimento c.d. di diritto comune – società a capitale fisso che per oggetto sociale investano in strumenti finanziari – siano oggi, di regola, attratte dalla "nuova" «riserva di legge» è conclusione che appare sostanzialmente certa [39].

Una simile conclusione è sostenuta non solo e non tanto dalla circostanza che il legislatore (eurounitario e domestico) consideri ormai anche la SICAF (società di investimento a capitale fisso: dunque, società di diritto comune) nel novero dei soggetti «riservatari», ma anche e soprattutto dalla considerazione che la società di investimento soddisfa normalmente tutti i requisiti della «gestione collettiva del risparmio»: segnatamente, (*i*) sia quelli dettati dalla Direttiva GEFIA: raccolta del capitale; investimento in strumenti finanziari; gestione nell'interesse degli investitori; politica di investimento predeterminata; (*ii*) sia quello supplementare dettato dal t.u.f.: autonomia della gestione rispetto agli investitori.

In realtà, l'unico persistente dubbio interpretativo può porsi con riguardo al primo dei suindicati requisiti della fattispecie, quello della «raccolta del capitale».

Tanto l'ESMA, quanto la Banca d'Italia richiedono che la «raccolta del capitale» occorra in forza di una «attività *commerciale*» diretta al reperimento dei capitali nei confronti di soggetti *estranei* ad un «gruppo preesistente» (*guideline* ESMA) e che essa sia esercitata in modo «sistematico» e «non-occasionale» nei confronti di una «platea indeterminata di soggetti» (Regolamento GCR Banca d'Italia) [40].

Quid iuris, pertanto, rispetto ad una società di investimento che sia costituita

---

[39] P. CARRIÈRE, *La riformulazione della riserva di attività alla gestione collettiva del risparmio e le Sicaf: luci e ombre*, in *Riv. soc.*, 2014, 462 ss. e 468; G. SANDRELLI, *op. cit.*, 443 ss.

[40] R. LENER-C. PETRONZIO, *La gestione collettiva del risparmio a quindici anni dal TUF*, cit., 386, nt. 13, osservavano (anteriormente al recepimento della Direttiva GEFIA nell'ordinamento domestico): "*questa scelta* [NdR: quella di «riservare» l'esercizio professionale dell'attività] *(se sarà confermata in via definitiva all'atto dell'emanazione delle modifiche al TUF conseguenti al recepimento dell'AIFM* [NdR: Direttiva GEFIA] *è probabilmente giustificata dalla volontà del legislatore di* escludere dalla riserva di attività l'esercizio occasionale o sporadico dell'attività di gestione collettiva, *questo essendo il significato che di regola si accompagna ad una specificazione del genere* [...]. *La* professionalità *dell'esercizio si riscontra quando l'attività è svolta in modo* stabile, abituale e sistematico" (corsivi aggiunti).

sulla base di una raccolta del capitale che *non* sia condotta in modo professionale? Si pensi, ad esempio, ad una società di investimento costituita sulla base di trattative private e individuali che i promotori dell'iniziativa abbiano svolto *una tantum* e non, per l'appunto, in via sistematica e professionale [41].

A fronte di una simile fattispecie, ci sembra di poter affermare che l'attività di "sollecitazione" – cioè la proposta di partecipazione all'iniziativa di investimento – non è certamente svolta nel quadro di un'attività *commerciale*. Perché si possa ritenere che l'attività di raccolta del capitale sia oggetto di una attività *commerciale* parrebbe, infatti, giocoforza assumere che essa sia svolta non già "una volta soltanto" ma su base sistematica e, dunque, non già rispetto ad una singola determinata iniziativa su base "occasionale" ma su base, per così dire, ripetitiva e abituale.

Una simile conclusione – senza dubbio supportata dai criteri interpretativi dettati dall'ESMA e da Banca d'Italia – risulta perfettamente coerente rispetto ad una «riserva di legge» della «gestione collettiva del risparmio» che sia ispirata dalla logica "tradizionale" della «tutela dell'investitore», ma molto meno rispetto ad una «riserva di legge» che sia piuttosto ispirata, *altresì*, dalla logica di «tutela della stabilità del sistema finanziario» [42].

In linea di principio, infatti, anche una società di investimento di diritto comune costituita senza una raccolta *commerciale* dei capitali potrebbe pur sempre aggregare un volume importante di capitali; ed una siffatta società di investimento, pur dotata di capitali non *professionalmente* raccolti, ben potrebbe operare senza limiti di leva finanziaria con conseguente moltiplicazione dei potenziali rischi di destabilizzazione dei mercati finanziari.

Tuttavia, al fine di ricondurre ad una logica sensata il sistema, si potrebbe, *in primis*, considerare che, almeno "normalmente", una società di investimento di diritto comune costituita senza un'attività *commerciale* di raccolta del capitale è verosimilmente una società inidonea a raccogliere capitali in misura così significativa da esporre il sistema ad un rischio di destabilizzazione. E si potrebbe, *in secundis*, ritenere che, quand'anche l'ammontare di capitale *privatamente* raccolto fosse dimensionalmente importante, si tratterebbe pur sempre di un fenomeno per definizione isolato e, dunque, non tale da esporre il sistema ad un rischio significativo di destabilizzazione.

---

[41] Si badi bene. Il problema della natura "*commerciale*" o "*professionale*" della raccolta dei capitali – che attiene al carattere «sistematico» e «non-occasionale» della raccolta – nulla ha a che vedere con il diverso profilo afferente alla ricorrenza o meno di una "sollecitazione" rivolta al pubblico. Nel t.u.f. previgente, infatti, la destinazione al pubblico era, sì, richiesta perché scattasse la riserva d'attività con riguardo alle SICAV, ma non era, invece, richiesta con riguardo ai «fondi» contrattuali.

[42] Sulla base di un analogo rilievo, G. SANDRELLI, *Raccolta di capitali e attività di investimento*, cit. 399-400, risolve in senso negativo il problema – assonante, ma diverso – se la «gestione collettiva del risparmio» postuli o meno una destinazione al pubblico.

Altrimenti detto: allorquando un certo FIA sia il risultato di una raccolta *non-professionale* del capitale, in primo luogo, è probabile (ancorché non strettamente necessario) che le dimensioni del portafoglio siano tendenzialmente modeste e, in secondo luogo, quand'anche le dimensioni non fossero modeste, sarebbe comunque ragionevole assumere che esso costituisca un fenomeno "isolato" e, per l'appunto, occasionale, e non già "seriale".

15. Segue: *i cc.dd.* family offices. – Problemi interpretativi non molto dissimili da quelli posti dalla società di investimento di diritto comune sono quelli sollecitati dalla figura dei cc.dd. *family offices*.

La fattispecie è espressamente citata nel considerando n. 7 della Direttiva GEFIA, ove si afferma che, di regola, essi non dovrebbero ritenersi soggetti alla «riserva» per il difetto del requisito della raccolta di capitale "esterno" [43].

Coerentemente con il considerando n. 7, gli orientamenti ESMA escludono che ricorra il requisito della "raccolta del capitale" allorquando il veicolo di investimento sia stato "*esclusivamente istituito*" per la gestione di capitale proveniente da un "*gruppo preesistente*", a sua volta, definito come il gruppo dei membri di una famiglia entro un certo grado di parentela.

Anche Banca d'Italia, nel suo Regolamento sulla Gestione Collettiva del Risparmio, in termini sostanzialmente analoghi ha precisato che "*non rientra nella nozione di raccolta del patrimonio l'adesione da parte di un familiare a un veicolo di investimento costituito e partecipato dagli appartenenti a un medesimo nucleo familiare e che ha come oggetto esclusivo la gestione del patrimonio familiare. A tal fine, vengono in considerazione i parenti fino al quarto grado, il coniuge, il convivente* more uxorio *e i figli di quest'ultimo, gli affini, nonché in generale i familiari fiscalmente a carico*" [44].

Sulla base di queste coordinate, la dottrina italiana che si è occupata del tema [45] è pervenuta alla conclusione che, mentre gli SFO (*single-family offices*) dovrebbero di regola ritenersi estranei all'area della «riserva di legge» – per la

---

[43] Al di fuori di questo riferimento, la fattispecie dei *family offices* non è espressamente disciplinata nel diritto eurounitario, né nel diritto domestico. Nel diritto statunitense, invece, è disposta una esplicita esenzione (dalla disciplina dettata dall'*Investment Advisers Act* del 1940) per i *family offices* – ovvero: le società "familiari" che gestiscono investimenti e prestano consulenza in materia di investimenti – alla condizione che essi assolvano a due requisiti essenziali: (*i*) devono essere interamente posseduti da "clienti familiari" ed esclusivamente controllati (direttamente o indirettamente) da "membri familiari" o "entità familiari"; e (*ii*) devono prestare i loro servizi esclusivamente a beneficio di "clienti familiari" (*i.e.*, essenzialmente, i discendenti fino alla decima generazione di un unico antenato e i cc.dd. *key employees*).

[44] Così il Regolamento sulla gestione collettiva del risparmio di Banca d'Italia del 19 gennaio 2015, I.2.3, nt. 5.

[45] P. CARRIÈRE, *La riformulazione della riserva di attività della gestione collettiva del risparmio e le Sicaf*, cit., 468-469; G. SANDRELLI, *Raccolta di capitali e attività di investimento*, cit., 401.

non "esteriorità" del capitale raccolto rispetto all'ambito familiare (come definito), gli MFO (*multi family office*) dovrebbero al contrario rientrarvi – per l'opposta ragione consistente nella raccolta di capitale "estraneo" all'ambito di una singola famiglia –.

La soluzione suscita tuttavia perplessità; e le suscita essenzialmente per una ragione per così dire "di metodo": essa fa dipendere la conclusione – negativa o positiva, a seconda del caso – da un dato puramente letterale e non invece dalla considerazione della *ratio* (o, più correttamente, delle *rationes*) della Direttiva GEFIA.

Ora, se si muove dalla logica "tradizionale" della «riserva di legge» per la GCR – quella della tutela dell'investitore –, allora, occorrerebbe escludere che in essa rientrino tutte le fattispecie ove manchi, strutturalmente, un "gestore" preesistente che offra al pubblico il servizio di gestione del risparmio; altrimenti detto: occorrerebbe escludere che ci si trovi dinanzi ad una fattispecie di «gestione collettiva del risparmio» tutte le volte in cui il "gestore" sia costituito *ad hoc* dagli stessi partecipanti all'iniziativa, e ciò del tutto a prescindere dalla sussistenza o meno di una relazione di parentela fra loro.

Per rendersene conto, si consideri il piano, parallelo, della gestione *individuale* del risparmio: l'attività di gestione individuale è, sì, «riservata», esattamente come lo è quella di gestione collettiva; ma lo è, si badi bene, solo allorquando essa sia esercitata *nei confronti del pubblico* (art. 18 t.u.f.). È, infatti, indubbio che nulla impedisce ad un certo soggetto X di accettare la proposta fattagli *sponte sua* da un certo soggetto Y di affidargli in gestione i propri risparmi. In tal caso, X non esercita affatto un'attività di gestione *nei confronti del pubblico*; e dunque il principio di autonomia privata e di libertà di iniziativa economica non subisce alcuna deroga.

Il legislatore, invero, non vieta affatto *tout court* che un privato cittadino possa stipulare con un altro privato cittadino un contratto mediante il quale il primo affida al secondo la gestione dei propri investimenti; esso si preoccupa, piuttosto, di impedire che un soggetto non-autorizzato possa offrire i propri *servizi al pubblico*, giacché è soltanto l'offerta ad una platea indifferenziata di soggetti a far scattare l'esigenza di tutela che presiede alla «riserva di legge».

Precisamente: fintantoché la stipula del contratto di gestione sia riconducibile ad una iniziativa del risparmiatore e fintantoché il gestore non si presenti ai suoi occhi come un gestore *professionale* (= che offre i suoi servizi al pubblico dei risparmiatori), opera l'ordinario principio privatistico di auto-responsabilità; se un privato cittadino *sponte sua* ripone fiducia in un altro privato cittadino che gli si presenti in tali precise vesti, allora, *imputet sibi*. Se, invece, un operatore privato offre i suoi servizi nei confronti del pubblico – ecco l'essenziale discrimine che giustifica la reazione normativa –, egli genera una specifica fiducia sulle sue qualità professionali: donde, l'imposizione del vincolo pubblicistico della «riserva di legge».

Ora, se si muove da una analoga prospettiva di «tutela dell'investitore», non si vede perché le cose debbano funzionare diversamente quando la gestione, piuttosto che *individuale*, sia invece *collettiva*. Così come il soggetto X è certamente libero di rivolgersi *sponte sua* ad un soggetto Y per affidargli in gestione i propri risparmi (senza che scatti alcuna «riserva»), la stessa "libertà" non sembra dover essere negata alla collettività dei soggetti X, Y e Z che, di nuovo, *sponte sua* si rivolgano allo stesso soggetto Y: se il principio *imputet sibi* vale in un caso, esso dovrebbe valere anche nell'altro caso. Ovvero: così come l'ordinamento non avverte un'esigenza di tutela dell'investitore quando è questi che si rivolge ad un soggetto (che non svolge attività nei confronti del pubblico), analogamente dovrebbe essere esclusa una simile esigenza quando a rivolgersi ad un soggetto (che non svolge attività nei confronti del pubblico) sia più di un singolo soggetto.

Ed effettivamente, tutte le volte in cui l'iniziativa sia assunta non *dal gestore*, ma *dai partecipanti*, sembra potersi escludere, per definizione, che ci si trovi innanzi ad una "raccolta del capitale" che sia riconducibile ad una «*attività commerciale*» (così come richiesto dall'ESMA). In simili casi, invero, manca del tutto un gestore che "raccolga i capitali" da una platea di investitori; sono piuttosto gli investitori ... che "costituiscono" il proprio gestore!

Ovviamente, muovendo da questa prospettiva, la circostanza che gli investitori siano o meno legati da più o meno strette relazioni di parentela dovrebbe risultare del tutto irrilevante.

Segnatamente: muovendo da questa prospettiva ben potrebbe ritenersi estranea alla «riserva di legge» *non solo* la fattispecie degli SFO, *ma anche* quella dei MFO. Poco importa, infatti, che il capitale raccolto appartenga ad una *singola* famiglia o a *più* famiglie: nella misura in cui siano stati gli investitori a "costituire" il proprio gestore – e non invece il "gestore" a raccogliere il capitale dei primi – mancherebbe, per definizione, a monte, quell'attività *commerciale* di raccolta del risparmio che costituisce «elemento» della fattispecie e che trova la sua ragion d'essere nella stessa logica che ha indotto il legislatore a istituire la «riserva di attività» per la gestione individuale *non già* sempre e comunque, *ma soltanto* allorquando il gestore *si rivolga al pubblico* (così ingenerando fiducia sulle sue qualità professionali).

Questa conclusione sarebbe senz'altro soddisfacente – e sistematicamente coerente – se non si rammentasse che la Direttiva GEFIA non risponde ad un'unica ed unitaria *ratio*, bensì a due *rationes* sostanzialmente eterogenee: non solo (i) «tutela dell'investitore», ma anche, se non soprattutto, (ii) «salvaguardia della stabilità del sistema finanziario».

Si ripresentano, allora, le stesse difficoltà sopra prospettate con riguardo alle società di investimento di diritto comune: la mancanza di una raccolta *commerciale* dei capitali (= attività di raccolta svolta professionalmente da un gestore che si rivolga al mercato su base sistematica) può, sì, rilevare per escludere l'esigenza di tutela dell'investitore; ma potrebbe risultare del tutto irrilevante ai fini dell'esigenza di salvaguardia della stabilità del sistema finanziario.

L'unica strada per preservare una certa unitarietà al sistema potrebbe essere esattamente la stessa di quella indicata con riguardo alle società di investimento di diritto comune: si potrebbe, cioè, ritenere che il legislatore abbia ritenuto che, laddove manchi una attività *commerciale* di raccolta del capitale (= un'attività esercitata in modo sistematico e non occasionale), l'organismo di investimento costituito sia comunque, social-tipicamente, organismo tendenzialmente inidoneo ad immettere nei mercati finanziari un rischio sistemico. Conseguentemente, difetterebbe non solo – per le ragioni appena esposte – l'esigenza di tutela dell'investitore (logica "tradizionale" sottesa alla riserva di legge per la GCR), ma anche l'esigenza di salvaguardia della stabilità del sistema finanziario nel suo complesso.

16. Segue: *i cc.dd.* club deals.– Se, con riguardo ai *family offices*, la Direttiva GEFIA offre all'interprete almeno qualche "indizio" – sebbene piuttosto esile – per la risoluzione della questione della loro soggezione o meno all'area della «riserva», nulla essa dice, invece, circa i cc.dd. *club deals*.

L'espressione trae le sue origini dal mondo del *private equity* statunitense ove, con essa, ci si riferisce alle operazioni di investimento in società non quotate effettuate non già da una singola *private equity firm* ma da un *pool* di fondi che, per l'appunto, si costituisce in *club* [46].

Le ragioni che inducono più operatori di *private equity* ad effettuare investimenti congiunti sono, almeno dichiaratamente, legate alle dimensioni dell'investimento: poiché i fondi di *private equity* si ispirano a politiche di diversificazione del rischio, laddove la società *target* sia una società di grandi dimensioni, l'investimento da parte di un singolo fondo rischierebbe di risultare inidoneo a far conseguire ad esso quella posizione di influenza nella gestione che costituisce *condicio sine qua non* per l'esercizio del "mestiere" di *apportatore di entrepreneurship* (= esercizio delle prerogative tipiche dell'investitore *attivo* titolare di partecipazioni maggioritarie); di contro, attraverso la compartecipazione alla stessa operazione da parte di più operatori (*i.e.*, più fondi di *private equity*), ciascun partecipante riesce a conciliare l'esigenza di diversificazione con l'esigenza di poter esercitare – sebbene in "condivisione" con gli altri "soci del *club*" – le funzioni di "azionista attivo".

Tipicamente, per ciascun *deal* viene costituito un apposito "veicolo di investimento" (società per azioni o società a responsabilità limitata); ed è poi il veicolo di volta in volta costituito, che aggrega il capitale raccolto dai vari

---

[46] Sulle origini statunitensi del fenomeno del *club deal* v. F. BARRACHDI, *A Competition Law Analysis of Private Equity 'Club Deals'*, in *The Oxford Handbook of Private Equity*, Oxford-New York, 2012, 243 ss.

membri del *club*, ad effettuare l'investimento (di minoranza attiva) nel *target* individuato.

Orbene, la questione della applicabilità della Direttiva GEFIA si è posta proprio con riguardo ai "veicoli di investimento" che i membri del *club* costituiscono per l'effettuazione dell'investimento.

La soluzione negativa – non-applicabilità della Direttiva e dunque piena legittimità di un *club deal* che operi *iure communi* al di fuori della «riserva» – è stata per lo più sostenuta facendo leva – anche qui, non molto diversamente da quanto sostenuto con riguardo ai *family office* – sulla "preesistenza del gruppo"[47].

Altra parte della dottrina giunge alla medesima conclusione argomentando dalla assenza del requisito della «autonomia» gestionale previsto dal t.u.f.[48]: (*i*) laddove un *club deal* fosse strutturato con un veicolo societario che *non* deviasse dall'ordinario regime di proporzionalità fra capitale investito e potere gestorio e non prevedesse alcun meccanismo di remunerazione *ad hoc* dell'attività gestoria, non si darebbe «FIA» – e, dunque, soggezione alla «riserva di attività» per la «gestione collettiva del risparmio» –, non potendosi riscontrare una differenza funzionale fra «gestori» e «risparmiatori»; (*ii*) laddove, al contrario, il veicolo societario – vuoi per la stipula di patti parasociali, vuoi per le peculiarità del modello societario prescelto – consentisse di identificare un «autonomo potere gestorio», ci si troverebbe dinnanzi ad un fenomeno di «gestione collettiva del risparmio» con conseguente soggezione al regime «riservato».

Ebbene: nessuno dei due criteri prospettati per discriminare i casi in cui i *club deals* integrino «gestione collettiva del risparmio» e siano, pertanto, soggetti a «riserva di legge» paiono convincenti. Non convince quello che fa leva sulla ricorrenza di un "gruppo preesistente", né quello che fa leva sulla "autonomia della gestione"; e non convincono, innanzitutto, per una ragione a monte:

---

[47] SANDRELLI, *Raccolta di capitali e attività di investimento*, cit., 405-408. Per sostenere una simile tesi è però necessario un passaggio: le *guidelines* interpretative dell'ESMA (e, coerentemente, i criteri dettati da Banca d'Italia) utilizzano l'espressione «gruppo preesistente» non già a mo' di clausola generale o *standard*, bensì quale precisa definizione (di valore stipulativo-convenzionale) del «gruppo familiare» (*rectius*: dei membri di una famiglia legati da relazioni di parentela entro il quarto grado).Conseguentemente, per poter sostenere che un *club deal* possa godere dell'esenzione dall'applicazione della Direttiva, è necessario sostenere, non senza una qualche forzatura, che, nelle intenzioni dell'ESMA, il gruppo familiare sia non già "*il*" gruppo preesistente così come nominativamente definito, bensì "*un*" esempio, fra i tanti possibili, di qualsivoglia "gruppo preesistente" la ricorrenza del quale escluderebbe *sempre e comunque* la ricorrenza del requisito della «raccolta di capitale» intesa come raccolta rivolta *all'esterno*. Alternativamente, è necessario sostenere che, sebbene effettivamente la locuzione «gruppo preesistente» sia utilizzata come sinonimo di «gruppo familiare» (dato, per vero, difficilmente contestabile), l'identificazione di una *eadem ratio* debba comunque indurre ad escludere «raccolta di capitale» non solo con riguardo al gruppo familiare, ma anche ad ogni altro *analogo* gruppo connotato dalla preesistenza di un qualche vincolo ancorché non necessariamente familiare.

[48] E. SCHIAVELLO, *La riserva relativa al servizio di gestione collettiva e la società di investimento*, cit., 43.

l'uno e l'altro fanno dipendere la risoluzione della questione interpretativa da un pre-giudizio circa l'essenzialità di un certo requisito della fattispecie (a seconda del caso, "pre-esistenza del gruppo" o "autonomia della gestione") senza prestare alcuna attenzione circa la *ratio* della «riserva di legge» istituita dalla Direttiva GEFIA.

Riguardo al primo criterio (gruppo preesistente), può rilevarsi come la preesistenza di una relazione fra «gestore» e «risparmiatore» sia del tutto irrilevante rispetto alla «riserva di attività» della gestione *individuale* – indubitabilmente ispirata da una logica di tutela dell'investitore –: e allora non si vede proprio per quale ragione essa debba diventare rilevante rispetto alla parallela fattispecie di gestione *collettiva* – che, in ipotesi, sia intesa ispirata dalla stessa identica logica – . Inoltre, rispetto alla potenzialità di rischi sistemici originati da un qualsivoglia fondo di investimento – ivi incluso quello costituito secondo lo schema del *club deal* – l'origine, interna o esterna, del capitale raccolto risulta del tutto irrilevante: ciò che conta, sotto questo profilo, è piuttosto il *quantum* del capitale (comunque) raccolto e il *quantum* di leva finanziaria con cui esso decida di operare. Se poi si considera che, nell'esperienza statunitense, i *club deal* sono quelli costituiti non già da persone fisiche legate da relazioni preesistenti, bensì da *private equity firms* che agiscono di concerto, è persino scontato constatare che un *club deal* – proprio perché coagula una "potenza di fuoco" (risorse disponibili per investimenti) di cui ciascun partecipante non disporrebbe *uti singulus* – genera semmai *maggiori* e non *minori* rischi sistemici.

Riguardo al secondo criterio (autonomia della gestione), oltre alla considerazione che il requisito della «autonomia» gestionale è solo domestico – con la conseguenza (invero preoccupante) che potrebbe essere considerata attività «non-riservata», nel nostro ordinamento, quella stessa attività che, in altro ordinamento dell'Unione che non abbia enucleato questo elemento della fattispecie, sarebbe invece senz'altro «riservata» –, l'assunto che la «autonomia della gestione» postuli una strutturale differenziazione *funzionale* fra la figura del «promotore/gestore» e la figura del «risparmiatore/investitore» – e che, pertanto, non si darebbe «gestione collettiva del risparmio» quando il potere gestorio trovi il suo "titolo" nella titolarità della maggioranza del capitale investito –, è smentito dal nostro diritto nazionale.

Per effetto di una novella del 2003, l'art. 37, comma 3, t.u.f. dispone oggi che – nei fondi mobiliari chiusi (che certamente sono attratti dalla «riserva di legge») – la maggioranza dei partecipanti (determinata in funzione del valore complessivo delle quote sottoscritte) ha il potere di rimuovere il gestore. Ciò dimostra in modo inequivocabile come si dia perfetta compatibilità fra «gestione collettiva del risparmio» e correlazione fra potere gestorio e entità del capitale investito. E se, nel caso di un fondo contrattuale, ciò dipende dall'anzidetta norma "interna" di legge, nel caso di un fondo costituito in forma societaria – società di investimento a capitale variabile o società di investimento a capitale fisso – lo stesso identico regime (di correlazione fra «potere gestorio» e «capitale investito») discende *de iure* dal regime societario adottato: poiché è pacifico che la Direttiva GEFIA consideri «FIA» tanto le SICAV, quanto le SICAF, non può seriamente dubitarsi che il fenomeno della «gestione collettiva del risparmio» sia perfettamente compatibile con un regime gestorio che faccia dipendere l'*appointment* del gestore dalle "ordinarie" regole assembleari.

Ciò che, invero, consente di escludere che un *club deal* integri la fattispecie di «gestione collettiva del risparmio» non è né l'appartenenza dei partecipanti ad un "gruppo preesistente", né l'attribuzione al gestore di "autonomia gestionale". Piuttosto, l'elemento della fattispecie «gestione collettiva del risparmio» che fa difetto nel caso di un *club deal* è, ben più a monte, proprio quello della «gestione».

Nella sua conformazione social-tipica (cioè quella ricorrente nella prassi), con un'operazione di *club deal* i partecipanti/investitori non conferiscono affatto al promotore/gestore il proprio capitale affinché quest'ultimo lo *gestisca*, affinché, cioè, si assuma il compito professionale di *adottare discrezionalmente scelte di investimento e disinvestimento* nell'interesse dei risparmiatori. Ben diversamente: il promotore si limita a proporre ai partecipanti una certa *determinata* opportunità di investimento rispetto ad un certo *determinato target*, ma è il destinatario della proposta che, se accetta di partecipare al *club*, compie la scelta di investimento. Ora, è fin troppo evidente che laddove la scelta di investimento sia assunta dall'investitore *nomine proprio*, assumere che ci si trovi dinanzi ad una *gestione del risparmio altrui* diventa assolutamente impossibile.

In altri termini, nelle operazioni di *club deal*, per come note alla prassi, l'individuazione del *target* da parte del promotore avviene a monte: sicché ciò che viene proposto ai partecipanti non è di conferire il patrimonio alla *gestione discrezionale* di chi assume l'iniziativa, bensì di partecipare ad un'operazione, per l'appunto, "sindacata" o "concertata", di co-investimento mirato.

Ma se il promotore non ha affatto alcun potere discrezionale circa l'impiego del capitale raccolto, può, sì, venire in considerazione un profilo di tutela *informativa* dell'investitore (che, ricorrendone i presupposti, è coperto dalla disciplina della sollecitazione dell'investimento), ma non certo un profilo di tutela del risparmiatore che conferisce il proprio patrimonio in "gestione". Si rammenti: il *quid* storicamente originario dell'istituzione della riserva rispetto all'attività di gestione professionale del risparmio è quello della tutela rispetto al rischio di conflitto di interesse: ma in tanto può sorgere un problema di conflitto di interesse, in quanto il gestore abbia un margine di discrezionalità. Se il margine di discrezionalità manca, non c'è alcun rischio di conflitto di interesse; non c'è – all'evidenza – alcun "gestore".

Né poi a conclusione diversa si può giungere rilevando come il *quid* dell'istituzione della riserva di cui alla Direttiva GEFIA non è solo quello della tutela dell'investitore (= rischio di conflitto di interessi), ma anche quello della salvaguardia della stabilità del sistema finanziario.

Una società-veicolo costituita per un investimento mirato – qual è social-tipicamente la società-veicolo costituita per una operazione di *club deal* – non determina l'insorgenza di alcun rischio di destabilizzare il mercato atteso che, poiché si tratta di un investimento mirato rispetto ad una specifica società *target*, non c'è affatto il rischio che la società-veicolo possa assumere condotte di "disinvestimento disordinato" sul mercato del capitale (pubblico o privato, a seconda dello *status* – società quotata o società non-quotata – della società *target*). La società-veicolo costituita per un'operazione di *club deal* non è una società che "negozia" in titoli, bensì una società che acquista una certa partecipazione che detiene fino al completamento dell'operazione.

In ultima analisi, ciò che induce a risolutamente ritenere non rientrante nell'area dell'attività riservata le società-veicolo che compiono operazioni di *club deal* è l'assoluto difetto di qualsivoglia elemento "gestorio". E, se manca tale elemento, mancano ad un tempo sia le esigenze di tutela del risparmiatore rispetto al conflitto di interesse, sia le esigenza di salvaguardia del mercato dal rischio di destabilizzazione (= rischio sistemico).

17. Segue: *le SPAC*. – Se si tiene conto delle considerazioni appena svolte con riguardo alle società-veicolo costituite per operazioni di club deal, diventa abbastanza agevole la trattazione di un ulteriore problema interpretativo: se rientrino o meno nell'area della «riserva» le SPAC [49].

Come si è già anticipato, sono «SPAC» le società che – mediante offerta pubblica e connessa IPO – raccolgono capitali in vista di un investimento mirato e di controllo in una singola società. Il capitale è raccolto anteriormente all'operazione di investimento, la quale – a sua volta – è compiuta soltanto in caso di autorizzazione da parte degli azionisti della SPAC (salvo il recesso per il socio dissenziente). L'operazione di investimento da parte della SPAC deve essere compiuta entro un certo periodo di tempo dall'avvio dell'operazione.

Le SPAC sono oggi espressamente disciplinate dal Regolamento Mercati di Borsa Italiana, che, per quel che ci riguarda, prevede (*i*) che l'operazione di investimento debba avvenire entro tre anni e (*ii*) che il capitale raccolto debba essere impiegato nell'operazione rilevante secondo certe proporzioni.

Orbene, circa la riconducibilità o meno delle SPAC all'ambito coperto dalla «riserva» per «gestione collettiva del risparmio», Banca d'Italia si è espressa nel corso del processo di consultazione che ha condotto all'approvazione del correlativo regolamento; e si è espressa in modo piuttosto anodino: non è «FIA» – ha detto la nostra *authority* – la SPAC che rientri nell'esenzione prevista per le

---

[49] Sulle SPAC, v. C. CHIOMENTI-L. GRAFFI, *La 'Special Purpose Acquisition Company*", in *Giur. Comm.*, 2010, I, 445 (ove riferimenti all'esperienza statunitense); M. FUMAGALLI, *Lo sviluppo della SPAC in Italia. Un nuovo modo di fare private equity e di quotare le imprese in Borsa*, Milano 2014, 11 ss.

«società di partecipazione finanziaria» e cioè per le società *holding* che – come vedremo analiticamente in seguito – sono esentate dalla soggezione alla Direttiva GEFIA nella misura in cui, *inter alia*, (*i*) perseguano l'obiettivo di realizzare strategie imprenditoriali per contribuire all'aumento di valore nel lungo termine e (*ii*) non abbiano come scopo quello del disinvestimento della società controllata o partecipata.

Che le SPAC non siano «FIA» e non siano, pertanto, soggette alla «riserva di legge» per GCR è, in realtà, evidente; ma, a nostro avviso, si tratta di una conclusione che prescinde *in toto* dalla ricorrenza o meno della specifica esenzione disposta per le *holding*.

E infatti:

1) una società-veicolo costituita per un investimento mirato non ha, per definizione, come oggetto quello della «gestione» del capitale raccolto: il potere decisionale circa l'effettuazione dell'investimento non è *mai* rimesso nelle mani dei promotori dell'iniziativa, ma rimane saldamente nelle mani degli investitori. Si rammenti: gli acquirenti delle azioni della SPAC hanno sempre il potere di approvare o meno l'operazione di investimento – che è soggetta, infatti, alla loro approvazione assembleare – e, dato assai significativo, possono sempre recedere qualora dissenzienti. Nessun mandato *gestorio*, dunque [50];

2) una società-veicolo costituita per un'acquisizione rilevante non persegue alcun obiettivo di remunerazione degli investitori con "*rendimento finanziario aggregato*" ("pooled return", come richiesto dall'ESMA): il "mandato" che – sotto un profilo sostanziale – i sottoscrittori delle azioni della SPAC conferiscono ai promotori dell'iniziativa non è affatto quello di compiere autonome operazioni di investimento dirette ad una gestione *professionalmente diversificata*, bensì quello di condurre un'attività di *scouting* di un'operazione di investimento destinata ad assorbire la totalità o quasi-totalità della "cassa di liquidità" originariamente conferita [51];

3) l'investitore in una SPAC non è affatto soggetto al rischio di una cattiva «gestione del risparmio» (gestione negligente/gestione in conflitto d'interesse), ma – come in ogni investimento in una *profit-driven firm* – al "rischio di impresa" proprio della società *target*.

Insomma, la fattispecie socialmente tipica della SPAC non presenta alcuno

---

[50] Aderisce a questa tesi, richiamandosi espressamente all'argomento di cui al testo, P. DE BIASI, *La SPAC, uno speciale veicolo di investimento e quotazione*, in *Riv. soc.*, 2018, 729 ss.

[51] Così G. SANDRELLI, *Raccolta di capitali e attività di investimento*, cit., 446, il quale – in termini condivisibili – esclude che le SPAC costituiscano FIA anche rilevando come manchino, nella SPAC, i seguenti elementi tipici dei FIA: (i) la prospettiva di disinvestimento, (ii) la gestione dei rischi diretta a procurare un *pooled return*, e (iii) il difetto di autonomia dei gestori rispetto agli investitori (che hanno un – social-tipico – "*say*" sulla decisione di investimento).

degli elementi cui il legislatore eurounitario e nazionale affidano la definizione di «gestione collettiva del risparmio». E sembra, pertanto, fuori discussione la sua estraneità all'area della «riserva di legge».

Né, per dubitare di una simile conclusione, potrebbe mai ritenersi, alla luce delle considerazioni poc'anzi svolte, che una SPAC solleciti comunque quell'esigenza di «tutela degli investitori» o quella della «salvaguardia della stabilità finanziaria» che abbiamo visto costituire le due *rationes* ispiratrici della Direttiva GEFIA. La mancanza di un incarico "gestorio" esclude, in radice, esigenze di «tutela degli investitori». Riguardo all'esigenza di «salvaguardia della stabilità finanziaria», basti rilevare che una SPAC acquista per detenere a lungo termine la *target*, sicché essa è insuscettibile di immettere nel mercato alcun rischio sistemico di instabilità.

18. Segue: *le* holding companies. – Fintantoché il servizio di «gestione collettiva del risparmio» era soltanto quello consistente nell'esercizio del mestiere di diversificatore professionale – ciò che, nel nostro ordinamento, è stato vero fino a quando gli strumenti disponibili allo scopo erano soltanto (*i*) il «fondo di investimento mobiliare aperto» di cui alla legge del 1983, (*ii*) la SICAV di cui alla legge del 1992 o (*iii*) il «fondo di investimento mobiliare chiuso» di cui alla legge del 1993 – i due "mondi", rispettivamente, degli organismi deputati al servizio di «gestione collettiva del risparmio», da un lato, e delle *holding companies*, dall'altro lato, restavano insuscettibili di qualsivoglia sovrapposizione funzionale: a fronte di un sistema normativo che, costantemente e coerentemente, imponeva ai primi (organismi di gestione collettiva del risparmio) l'assoluto divieto di acquisire partecipazioni sociali idonee a conferire una posizione di influenza notevole nella gestione, ben si comprende come solo le seconde (le *holding companies*) potessero legittimamente svolgere quel mestiere di apportatore di *entrepreneurial skills* (= esercizio delle prerogative tipiche dell'investitore attivo titolare di partecipazioni maggioritarie) del tutto precluso ai primi.

Dacché tuttavia – prima per effetto del t.u.f. e della regolamentazione secondaria; ora per effetto della Direttiva GEFIA con le conseguenti modifiche al t.u.f. – la «gestione collettiva del risparmio» si è espansa fino a ricomprendere il nuovo fenomeno dei fondi di *private equity* (e, segnatamente, di quelli che effettuano acquisizioni di maggioranza) – le linee discretive si sono inevitabilmente confuse.

Questa è dunque la questione: che cosa distingue un fondo di *private equity* che consegua il controllo di una società in vista di una sua successiva valorizzazione rispetto ad una società *holding*? Posto che l'uno e l'altra – attraverso il controllo o comunque l'esercizio di influenza notevole – perseguono lo scopo di apportare *entrepreneurial skills* alla società partecipata (= influenzarne le strategie imprenditoriali attraverso l'esercizio delle prerogative dell'investitore *attivo*), qual è, se c'è, il tratto discretivo che, anche con riferimento all'intendimento delle *rationes* ispiratrici della nuova estensione della GCR, possa giustificare una eventuale diversità di trattamento sotto il profilo della Direttiva GEFIA (soggezione, nel primo caso; e, in ipotesi, non-soggezione, nel secondo caso)?

Il compito dell'interprete dovrebbe in realtà essere reso più agevole da una apposita norma – eurounitaria e domestica – che dispone *expressis verbis* la non-applicabilità della disciplina della «gestione collettiva del risparmio» alle «società di partecipazione finanziaria».

L'art. 32-*quater*, comma 2, lett. d), t.u.f. (che riprende gli artt. 2, comma 3 e 4, comma 1, lett. o), Direttiva GEFIA) definisce tale fattispecie come quelle "*società che detengono partecipazioni in una o più imprese, con lo scopo di realizzare strategie imprenditoriali per contribuire all'aumento di valore nel lungo termine delle stesse, attraverso l'esercizio del controllo, dell'influenza notevole o dei diritti derivanti dalle partecipazioni*" e rispetto alle quali sia alternativamente assolta l'una o l'altra delle due seguenti condizioni:

(*i*) che esse "*oper*[i]*no per conto proprio e le cui azioni s*[ia]*no ammesse alla negoziazione in un mercato regolamentato dell'Unione Europea*";
(*ii*) che esse "*non s*[ia]*no costituite con lo scopo principale di generare utili per i propri investitori tramite disinvestimenti delle partecipazioni*".

Ora, lo scopo consistente nel "*realizzare una strategia o delle strategie imprenditoriali attraverso le ... imprese figlie, società associate o partecipate al fine di contribuire al loro valore a lungo termine*" è, evidentemente, del tutto comune tanto ad una *holding company* quanto ad un fondo di *private equity* che effettui investimenti di maggioranza o comunque significativi; si tratta, all'evidenza, esattamente di ciò che, nel nostro gergo, abbiamo definito come orientamento all'«apporto di *entrepreneurship*». Sotto questo profilo, insomma, non è dato riscontrare alcuna diversità funzionale fra gli uni (fondi di *private equity*) e le altre (*holding companies*).

Il legislatore affida, piuttosto, il compito di distinguere fra gli uni e le altre a due elementi-chiave: (*i*) la ricorrenza o meno del duplice requisito consistente nell'«operare per conto proprio» e nel possedere lo *status* di società quotata ovvero (*ii*) la ricorrenza o meno del requisito consistente nello «scopo prevalente di generare utili per i propri investitori tramite il *disinvestimento* delle partecipazioni».

A fronte di questa precisa indicazione normativa, il primo problema che si pone all'interprete è il seguente: il senso della disposizione è quello di "esentare" dall'applicazione della Direttiva GEFIA fattispecie che, in sua assenza, vi sarebbero rientrate (= funzione propriamente "*costitutiva*" della norma)? Ovvero il suo senso è quello di meramente chiarire che le fattispecie rientranti nell'anzidetta definizione normativa di «società di partecipazione finanziaria» sono in sé e per sé estranee all'area della «riserva» (= funzione meramente "*dichiarativa*" della norma)?

Per orientarci in modo adeguato rispetto a tale bivio ermeneutico possono essere utili le seguenti considerazioni.

Sebbene – proprio al fine di ricomprendere in essa il nuovo fenomeno dei fondi di *private equity* che fanno acquisti di maggioranza – la «gestione collettiva del risparmio» ben possa oggi comportare l'esercizio (tradizionalmente proprio delle *holding*) del mestiere di apportatore di *entrepreneurial skills* (= esercizio delle prerogative tipiche dell'*investitore* attivo titolare di partecipazioni maggioritarie), resta, tuttavia, ancor oggi vero che un simile mestiere debba *sempre e necessariamente* accompagnarsi a quello di *diversificatore professionale del rischio.*

Tutto questo era, innanzitutto, certamente vero nel regime normativo che è valso fino al recepimento della Direttiva GEFIA: per effetto del t.u.f. del 1998 e della regolamentazione secondaria del 1999, è stato, sì, consentito ai fondi chiusi di acquisire il controllo (anche totalitario) di *profit-driven firms*, ma pur sempre entro il limite di quel *fund-based requirement* che prescriveva che la percentuale massima del capitale investibile in un singolo emittente non potesse superare il 20% del patrimonio complessivo del fondo. Il patrimonio di un fondo chiuso mobiliare doveva, quindi, *comunque* rispettare un certo grado di diversificazione.

Ma il principio risulta, a ben vedere, confermato anche nel quadro del regime normativo inaugurato dalla Direttiva GEFIA e dalla corrispondente legislazione domestica.

Sebbene la Direttiva GEFIA non detti, invero, precise regole di diversificazione applicabili ai FIA, gli orientamenti dell'ESMA hanno cura di precisare che ricorre un «organismo di investimento collettivo» soggetto alla Direttiva, allorquando esso aggreghi il capitale conferito dagli investitori allo scopo di "*generare un rendimento aggregato* [nella versione inglese: *pooled return*] *per gli investitori*". E il rendimento aggregato si dà allorquando esso è generato dall'investimento in un *pool* di *securities.*

Coerentemente con la disciplina eurounitaria, il Regolamento sulla Gestione Collettiva del Risparmio emanato da Banca d'Italia precisa che la "*politica di investimento*" di un qualsivoglia FIA debba basarsi sul "*principio del frazionamento del rischio*" e debba, *inter alia*, identificare i "*criteri di diversificazione dei rischi*". Vero è che il citato Regolamento impone dei precisi requisiti minimi di diversificazione del rischio per i FIA aperti, per i FIA chiusi «non riservati» (a investitori professionali), *ma non* per i FIA «riservati» (a investitori professionali). Vero è, però, che pure i FIA «riservati» – quelli per i quali il *quantum* di disciplina normativa si riduce al minimo – devono "*invest*[ire] *il proprio patrimonio ... nel rispetto dell'esigenza di assicurare un frazionamento degli investimenti con gli obiettivi di ottimizzazione del portafoglio*".

A fronte di questi dati desumibili dal complessivo quadro normativo (eurounitario e domestico), può quindi trarsi la conferma che un certo *quantum* di diversificazione è, a ben guardare, elemento-tipico imprescindibile della fattispecie «FIA».

Da ciò consegue che tali certamente *non* sono quelle società *holding* che abbiano come scopo sociale quello della detenzione di un'*unica* partecipazione sociale [52]. Precisamente: tutte le *holding* poste a capo di un gruppo industriale cui è *strutturalmente* estranea qualsivoglia *politica di diversificazione del portafoglio* non sono qualificabili come FIA e sono, quindi, estranee all'area «riservata» in via di *regola*, e non già in via di *eccezione*.

Quid iuris, invece, nel caso di *holdings* di partecipazioni che adottino (vuoi di fatto, vuoi per disposizione statutaria) una certa politica di diversificazione? In questo caso, la linea discretiva fra *holding companies* (diversificate) e fondi di *private equity* torna nuovamente a confondersi.

Un importante indizio per discerne fra le une (*holding companies*) e gli altri (fondi di *private equity*) può essere tratto dalla seconda delle «condizioni» dalla ricorrenza della quale il legislatore fa dipendere la non-applicabilità della Direttiva GEFIA: ovvero, la prevalenza dello scopo "detentivo" rispetto allo scopo "dispositivo". Perché una *holding* non ricada nell'alveo dell'«attività riservata» è necessario che essa *non* sia costituita con "*lo scopo principale di generare utili per i propri investitori mediante disinvestimenti delle partecipazioni*" [53].

La finalità tipica dei fondi di *private equity* che effettuano investimenti maggioritari è, invero, pur sempre diretta, sia pure entro un'ottica di lungo termine, alla *valorizzazione in ultima istanza* della partecipazione oggetto di investimento: la partecipazione maggioritaria o comunque significativa è, innanzitutto, acquisita – primo *step* –; grazie all'apporto di *entrepreneurial skills* (= esercizio delle prerogative tipiche dell'investitore *attivo* titolare di partecipazioni maggioritarie), essa è, quindi, resa più profittevole – secondo *step* –; ma, una volta adeguatamente realizzato il progetto di managerializzazione, la partecipazione è infine monetizzata – terzo *step* –. L'ottica di un fondo di *private equity* è, insomma, pur sempre quella diretta alla dismissione della *target* secondo il modello *buy-to-hold-to-sell*.

Diversa è, invece, l'ottica di fondo di una *holding* che pure adotti una politica di diversificazione: qui, infatti, il modello adottato non è funzionale ad una valorizzazione di ultima istanza: al *buy-to-hold*, iniziale, segue un *hold-to-hold* finale.

Con riferimento alle *holding* diversificate, quindi, l'elemento discretivo è dato dalla prevalenza o meno dell'ottica «detentiva» (*hold*) finale:

---

[52] In questa direzione pare orientato G. SANDRELLI, *Raccolta di capitali e attività di investimento*, cit., 432 ss.

[53] Tanto la Direttiva GEFIA, quanto, coerentemente, il t.u.f. (art. 32-*quater*) richiedono che l'ottica *dispositiva* sia attestata da elementi risultanti dal bilancio o da altri documenti societari della società *de qua*. Sulla rilevanza e la portata di tale "prova", v. G. SANDRELLI, *Raccolta di capitali e attività di investimento*, cit., 438.

– ci si trova dinanzi ad un FIA, allorquando l'ottica detentiva (*hold*) – e il conseguente apporto di *entrepreneurship* – è un semplice «mezzo» rispetto al «fine», che resta comunque (almeno in prevalenza) «dispositivo» o «finanziario» in quanto orientato, *in ultima istanza,* alla monetizzazione dell'investimento maggioritario (modello *buy-to-hold-to-sell*);

– ci si trova dinanzi ad un non-FIA, allorquando, al contrario, l'ottica detentiva (*hold*) – e il conseguente apporto di *entrepreneurship* –, costituisce piuttosto (almeno in prevalenza) il «fine ultimo» dello *holder* (modello *buy-to-hold tout court*).

Tali conclusioni sono, peraltro, avvalorate dalla considerazione delle *rationes* "guida" della Direttiva GEFIA:

– tanto le *holding* «capogruppo», quanto le *holding* diversificate senza "orizzonte" finanziario (= monetizzazione degli investimenti) sono strutturalmente inidonee ad evocare il rischio di contagio sistemico (le une e le altre sono, per definizione, *players* stabili e, come tali, tendenzialmente insensibili all'imprevedibile andamento dei mercati finanziari);

– tanto le une quanto le altre non espongono l'investitore (che acquisti partecipazioni nelle une o nelle altre) ad alcun rischio di "gestione patrimoniale", atteso che l'elemento "*detenzione*" è – per definizione – prevalente sull'elemento "*trading*" (l'investitore in una *holding*, anche se diversificata, si espone al rischio di impresa delle società partecipate e non al rischio di gestione del suo patrimonio).

Ciò posto, occorre dar conto dell'altra condizione al ricorrere della quale una «società di partecipazione finanziaria» è dichiarata non-soggetta alla Direttiva GEFIA: lo *status* di società «quotata» che agisce «per proprio conto». Tale condizione – si badi bene – è testualmente *alternativa* e non *cumulativa* rispetto a quella consistente nella prevalenza dell'ottica *detentiva* rispetto a quella *dispositiva.* Parrebbe, quindi, che il legislatore abbia inteso "esentare" dall'area «riservata» anche *holding companies* che condividano con i fondi di *private equity* una finalità di valorizzazione di ultima istanza delle partecipazioni acquisite (*i.e.*, l'adozione di un modello *buy-to-hold-to-sell*), alla sola condizione che siano società «quotate» che «agiscono per conto proprio» [54].

Almeno due sono le domande sollecitate da questa norma: per quale ragione lo *status* di quotata che agisce per conto proprio determina la non-soggezione alla Direttiva di una *holding* che pure si "comporta" esattamente come un fondo di *private equity*? E come può conciliarsi la regola della non-soggezione alla Direttiva GEFIA dei *long-term active shareholders* che siano "quotati" e che "agi-

[54] Il tema è ampiamente trattato da G. SANDRELLI, *Raccolta di capitali e attività di investimento*, cit., 439 ss.

scono per conto proprio" rispetto a quanto enunciato in uno dei "considerando" (il n. 8) della medesima Direttiva ove si afferma che i fondi di *private equity* devono ritenersi tendenzialmente «soggetti» quand'anche siano quotati?

Chiarimenti, al riguardo, sono stati chiesti sia alla Commissione Europea, sia alla *Financial Conduct Authority* (FCA) britannica, le cui posizioni possono essere così riassunte: per l'una e per l'altra, lo *status* di soggetto quotato è, in sé e per sé, irrilevante ai fini della "esenzione" dalla Direttiva GEFIA; per discernere fra entità «soggette» ed entità «non-soggette» alla Direttiva occorre aver riguardo ad elementi del tutto indipendenti dalla quotazione. Per la Commissione, l'elemento-chiave è quello della presenza o meno di un "*intent to dispose*" rispetto alle partecipazioni sociali acquisite; per la FCA, occorre aver riguardo ad una serie di elementi atti a distinguere il soggetto che "*clearly acts as a fund*" e il soggetto che svolge le ordinarie funzioni di una *holding*. Uno di questi elementi è, però, di nuovo, la ricorrenza di un'ottica dispositiva entro un certo orizzonte temporale, sicché, per l'appunto, i due orientamenti finiscono per affidare la linea discretiva fra «ciò che è FIA» e «ciò che è non-FIA» alla ricorrenza o meno di una finalità di *monetizzazione di ultima istanza*. Con conseguente *interpretatio abrogans* della "condizione" consistente nello «*status* di soggetto quotato che agisce per conto proprio», che, sebbene sotto il profilo testuale sia presentata come alternativa a quella consistente nella «prevalenza di un'ottica detentiva rispetto ad un'ottica dispositiva», finisce per coincidervi.

In ultima analisi: tutte le società *holding* – siano esse diversificate (o finanziarie) o capogruppo (o industriali) – sono sempre «non-FIA» allorquando, a prescindere dallo *status* di società quotata o non quotata, l'elemento «*apporto professionale di entrepreneurship*» (nella precisa dizione della Direttiva GEFIA: "*realizzare strategie imprenditoriali presso le partecipate al fine di contribuire al loro valore a lungo termine*") costituisce l'unico obiettivo o comunque l'obiettivo prevalente della società; sono invece, FIA (non esenti), quand'anche quotate, ove esse presentino le caratteristiche tipiche di un "fondo" fra le quali assoluta preminenza è data alla prevalenza dell'ottica *dispositiva* rispetto all'ottica *detentiva*.

La regola della «non-soggezione» alla Direttiva GEFIA delle «società di partecipazione finanziaria» risulta allora – possiamo ora dirlo con sufficiente confidenza – non tanto diretta a dettare una speciale «esenzione» per una peculiare figura di FIA, quanto piuttosto a istituire la linea di demarcazione fra «ciò che è FIA» e «ciò che è non-FIA»: laddove una «società di partecipazione» faccia (*i*) investimenti di controllo o comunque idonei a conferire posizione di influenza nella gestione e (*ii*) tanto faccia non solo rispetto ad una singola partecipazione (*holding* capogruppo), ma anche rispetto ad un *pool* di partecipazioni (*holding* diversificata), essa continuerà legittimamente ad operare al di fuori della «riserva di attività» allorquando essa adotti non già il modello *buy-to-hold-to-sell*, bensì il modello *buy-to-hold tout court*.

Allorquando, invero, l'ottica dell'investimento non sia quella della valorizzazione di ultima istanza ma sia piuttosto quella della detenzione a lungo termine, può per definizione escludersi che un simile *player* possa immettere nel mercato quei rischi sistemici che possono attentare alla stabilità finanziaria dei mercati. Ed inoltre, allorquando la *holding*, pur diversificata, sia (nel senso appena precisato) *statica* e non *dinamica*, può ben dirsi che il risparmiatore che ne acquisti le azioni stia *non tanto* conferendo all'organo di amministrazione un "mandato" di gestione discrezionale del suo capitale, *bensì* investendo, sia pur direttamente, in quelle partecipazioni "stabilmente" detenute dalla *holding* e tanto faccia *non già* perché ripone fiducia sulle capacità di investimento/disinvestimento (cioè "gestorie") della *holding*, *bensì* perché ripone fiducia essenzialmente sulle sue capacità di apporto di *entrepreneurial skills* (= selezione del *top management* delle società partecipate; contributo all'elaborazione delle relative strategie imprenditoriali).

Possiamo, allora, concludere in questi termini: l'estensione dell'area della «gestione collettiva del risparmio» al "nuovo" mondo dei fondi di *private equity* (che fanno acquisti di maggioranza) ha senz'altro determinato una "modificazione genetica" di ciò che tradizionalmente si intendeva per tale; un «gestore collettivo del risparmio» non è, più, oggi soltanto colui che svolge il mestiere di *diversificatore professionale del rischio*, ma anche colui che, a tale mestiere, associa quello di *apportatore professionale di entrepreneurial skills* (= esercizio delle prerogative tipiche dell'investitore *attivo* titolare di partecipazioni maggioritarie; ovvero, nei termini della Direttiva GEFIA, realizzazione di strategie imprenditoriali finalizzate alla crescita di lungo termine delle partecipate) che, tradizionalmente, era prerogativa delle *holding companies*. V'è, però, una fondamentale differenza fra gli uni e le altre: per le "vere" *holding companies*, l'apporto di *entrepreneurial skills* è «fine» e giammai «mezzo»; per i «gestori collettivi di risparmio» (segnatamente, i fondi di *private equity* che fanno acquisti di maggioranza) esso è piuttosto sempre e soltanto «mezzo» e giammai «fine». Conseguentemente, laddove il risparmiatore persegua il fine di profitto essenzialmente tramite il flusso di dividendi (o l'acquisizione di maggior valore) delle partecipazioni indirettamente acquistate (= acquistate tramite l'acquisto della società che le detiene), ci si trova al di fuori del fenomeno della «gestione collettiva del risparmio»; laddove, invece, egli persegua lo stesso fine di profitto essenzialmente tramite i *capital gains* derivanti dalla monetizzazione in ultima istanza delle *target*, ci si trova all'interno dell'«area riservata».

LA GESTIONE DI PORTAFOGLI E IL *BAIL-IN* DEI DEPOSITI BANCARI

di *Vincenzo De Stasio*

SOMMARIO: 1. Il deposito di denaro a servizio della gestione di portafogli e le crisi bancarie tra tutela delle funzioni essenziali e aiuti di Stato. – 2. Risanamento e risoluzione mediante *bail-in*. – 3. Principi di ordine costituzionale e *bail-in*. – 4. Passività escluse dal *bail-in* e gestione di portafoglio.

1. *Il deposito di denaro a servizio della gestione di portafogli e le crisi bancarie tra tutela delle funzioni essenziali e aiuti di Stato.* – Lo spettro del *bail-in* dei depositi bancari, che si aggira da qualche tempo per l'Europa[1], potrebbe avere un peculiare riflesso anche sulla prestazione di un tradizionale servizio di investimento, che pure ha per oggetto strumenti finanziari e non denaro, ma che del denaro si avvale, come ogni servizio, in termini di liquidità necessaria per lo svolgimento delle operazioni di gestione. Ecco che la relazione tra il servizio di gestione di portafogli e il *bail-in* potrebbe essere esaminata sotto il profilo del dovere dell'intermediario di tutelare il cliente rispetto al nuovo rischio, cui sono assoggettati gli strumenti finanziari oggetto della gestione patrimoniale – incluse dunque eventuali azioni od obbligazioni bancarie oggetto della gestione[2]: al riguardo, la Consob nella Comunicazione del 24 novembre 2015 n. 0090430 ha precisato che «Per quanto concerne il servizio di gestione di portafogli, i clienti potranno essere opportunamente informati, secondo le modalità ritenute più efficienti, dell'eventuale investimento in titoli assoggettabili a riduzione o conversione degli strumenti di capitale e/o, successivamente al 1° gennaio 2016, a *bail-in*"[3].

[1] B. INZITARI, *BRRD, Bail in, risoluzione della banca in dissesto, condivisione concorsuale delle perdite (d.lgs. 180/2015)*, in *Riv. dir. banc.*, n. 5/2016, 1.

[2] Riferisce V. SANTORO, *Crisi bancarie, ruolo dell'informazione e protezione del cliente*, 227, in *Crisi dell'impresa e ruolo dell'informazione*, Atti VIII Incontro italo-spagnolo di diritto commerciale (Napoli, 25 settembre 2015), a cura di Paciello e Guizzi, Milano, 2016, 215-230, che, «secondo i dati di Banca d'Italia, la consistenza di obbligazioni bancarie italiane, detenute dalle famiglie, è pari – per il 2014 – a oltre 237 miliardi di euro, più della ricchezza investita in debito pubblico italiano (pari a oltre 173 miliardi), e rappresenta il 6% dell'attivo totale delle famiglie».

[3] Cfr. G.L. GRECO, *La tutela del risparmiatore alla luce della nuova disciplina di «risoluzione» delle banche*, cit., 97, nt. 75.

La problematica dell'investimento in titoli soggetti al *bail-in* (azioni od obbligazioni bancarie, subordinate o no) può essere trattata, secondo le indicazioni della Consob stessa, mediante l'informativa sull'investimento in titoli della specie tramite la rendicontazione periodica e non sembra porre questioni particolarmente complesse, se non di dettaglio esecutivo.

Di maggiore interesse pratico [4] e teorico è invece la questione più generale dell'ammissibilità (o assoggettabilità) al *bail-in* dei depositi bancari intrattenuti presso una banca, nell'ambito di una gestione di portafogli svolta dall'impresa di investimento o dalla società di gestione del risparmio. Data la novità del problema, si farà riferimento alla nozione di passività escluse e ammesse al *bail-in* (artt. 49 e 50, d.lgs. 16 novembre 2015, n. 180)cercando di inquadrare la normativa nel passaggio di paradigma della gestione delle crisi bancarie e delle imprese di investimento [5].

Le regole e le modalità del procedimento di risoluzione delle crisi bancarie pongono sempre di più l'accento sulla preferibilità, al fine di assicurare la "continuità delle funzioni essenziali" della banca stessa, del "*bail-in*" come alternativa al salvataggio mediante aiuti di Stato, in quanto asseritamente più compatibile con i principi dell'economia di mercato. La nuova disciplina [6] pone l'accen-

---

[4] Cfr. ASSOSIM, lettera Circolare 2 febbraio 2016, n. 03/16, con oggetto "BRRD: *Bail-in* – Disponibilità detenute nella prestazione di servizi e attività di investimento e accessori"; ASSOGESTIONI, lettera 23 marzo 2016, Prot. n. 126/16, e in particolare pag. 6, n. 3, "*Sull'inapplicabilità della disciplina del bail-in alle disponibilità liquide consegnate dalla clientela ad una SGR nell'ambito della prestazione del servizio di gestioni di portafogli e da questa depositate presso una banca in risoluzione*". La risposta della Banca d'Italia, resa in data 19 gennaio 2017, interpreta restrittivamente l'art. 22 t.u.f., includendo nel *bail-in* le somme depositate presso una banca nell'ambito di una gestione di portafoglio.

[5] J. ARMOUR, *Making Bank Resolution Credible*, in *The Oxford Handbook of Financial Regulation*, in *The Oxford Handbook of Financial Regulation*, Oxford, 2015, 453-486.; su cui v. anche, in lingua italiana, V. DE STASIO, *A proposito di uno scritto in materia di ristrutturazioni bancarie*, in *Banca, borsa, tit. cred.*, 2017, I, 164-181.

[6] La bibliografia sulle crisi bancarie prodotta dopo il 2008 richiederebbe una sistemazione organizzata, tenuto conto dei molteplici aspetti e della trattazione del problema pressoché in tutti i Paesi. Per un'introduzione, v., in lingua italiana, i contributi raccolti nel fascicolo monografico n. 2/2016 di *An. giur. ec.*, "Banche in crisi. *Chi salverà i depositanti?*" (a cura di Lener-Morera-Vella), e in particolare sui profili introduttivi C. BRESCIA MORRA, *Nuove regole per la gestione delle crisi bancarie: risparmiatori vs. contribuenti*, ivi, 279-296; A. DE ALDISIO, *Le nuove regole europee sulla risoluzione – L'intervento pubblico tra Scilla e Cariddi*, ivi, 333-367; v. anche i contributi raccolti in M.P. CHITI-V. SANTORO (a cura di), *L'unione bancaria europea*, Pisa, 2016, e in particolare, sempre sui profili introduttivi, S. DEL GATTO, *Il* Single Resolution Mechanism. *Quadro d'insieme*, ivi, 267-289; M. PERRINO, *Il diritto societario della crisi delle imprese bancarie nella prospettiva europea: un quadro d'insieme*, ivi, 357-384; A. MAGLIARI, *L'attuazione della direttiva sul risanamento e la risoluzione degli enti creditizi nell'ordinamento italiano*, ivi, 385-406; L. SCIPIONE, *La pianificazione del risanamento e della risoluzione*, ivi, 419-444; cui *adde*, di recente, E. RULLI, *Contributo allo studio della risoluzione bancaria*, Torino, 2017. In lingua inglese v. anche i contributi raccolti in D. BUSCH-G. FERRARINI (ed.), *European Banking Union*,

to sulla necessità di "direttive ex-ante" (c.d. "misure preparatorie": Titolo III del d.lgs. n. 180/2015) per consentire, in caso di necessità, l'afflusso alle banche in crisi dei mezzi finanziari necessari a preservarne le "funzioni essenziali", cioè "*attività, servizi, o operazioni la cui interruzione potrebbe compromettere la prestazione in uno o più Stati membri di servizi essenziali per il sistema economico o la stabilità finanziaria, in ragione della dimensione, della quota di mercato, delle interconnessioni esterne o interne, della complessità o dell'operatività transfrontaliera di una banca o di un gruppo, con particolare riguardo alla sostituibilità dell'attività, dei servizi o delle operazioni*" [art. 1, lett. *bb*), d.lgs. n. 180/2015] [7].

Unanimemente condivisa è la considerazione che più una banca è interconnessa, maggiore è la distruzione di valore che consegue alla sua liquidazione. Da ciò consegue che sia le misure preventive, sia quelle di risoluzione sia l'esclusione, in quest'ultimo caso, di alcune passività dal *bail-in* [8] (o dal "salvataggio interno", senza aiuti di Stato) sono funzionali a rendere possibile la prosecuzione di tali funzioni essenziali a "*non compromettere servizi essenziali per il sistema economico o la stabilità finanziaria*" [9]. Fin qui, *nihil sub sole novi*.

Negli anni '80, un ex-Governatore della Banca d'Italia così si esprimeva: «... la mia opinione è sempre stata ed è che gli strumenti di gestione delle crisi bancarie devono consentire di conciliare due diverse esigenze: la prima è di garantire che, qualunque cosa accada, i depositanti, creditori di buona fede che si siano rivolti alle istituzioni del sistema bancario, non subiranno perdite per effetto delle più disparate circostanze che non necessariamente sono errori. Vi possono essere anche delle situazioni congiunturali che investono gli Istituti di credito indipendentemente dall'errore o dal dolo degli amministratori. – D'altronde [...] è necessario isolare le responsabilità, perseguirle come se vi fosse stato il fallimento. Il nostro sistema era un sistema che presupponeva che la san-

---

Oxford, 2015; i contributi in M. HAENTJENS-B. WESSELS (ed.), *Research Handbook on Crisis Management in the Banking Sector*, Cheltenham – Northampton, 2015; in lingua tedesca, U. JAHN, CH. SCHMITT. B. GEIER (Hrsg.), *Handbuch Bankensanierung und –abwicklung*, München, 2016,

[7] Sulla necessità di adottare il punto di vista del coinvolgimento di parti terze, per identificare le *critical functions*, v. EBA, *Technical advice on the delegated acts on critical functions and core business lines*, 6 marzo 2015, 8 ss.

[8] Art. 49, d.lgs. n. 180/2015. Per quanto concerne il termine "*bail-in*", si tratta di un neologismo promanante dall'inglese *bail-out* = salvataggio: per sottolineare che il salvataggio non avviene dall'esterno ma dall'interno (con risorse già acquisite dalla banca e oggetto di conversione forzosa in capitale o di definitiva riduzione nominale), la particella "in" si sostituisce a "out" (cfr. J. ARMOUR, *Making Bank Resolution Credible*, cit., 471). L'espressione è ripresa nel testo di legge italiano senza traduzione, con scelta linguistica che non sfugge alla critica di provincialismo (v. G.B. PORTALE, *Dalla «pietra del vituperio» al «bail-in»*, in *Riv. dir. comm.*, 2017, I, 28 s.).

[9] Cfr. A. CAPIZZI-S. CAPPIELLO, *Prime considerazioni sullo strumento del bail-in: la conversione forzosa di debito in capitale,* 5 ss. del dattiloscritto, in Atti del V convegno annuale di *Orizzonti del diritto commerciale* (Roma, 21-22 febbraio 2014), in: *http://www.orizzontideldirittocommerciale.it/media/24571/cappiello_s._capizzi_a._def._30.01.14.pdf.*

zione scattasse in seguito al fallimento; noi dobbiamo, secondo la mia opinione, costruire e affinare un sistema che consenta di applicare agli amministratori responsabili dei dissesti quelle stesse sanzioni che si applicherebbero se vi fosse stato il fallimento» [10].

Sarebbe ingiusto considerare *naïves* le considerazioni che legano la tutela dei depositanti alla responsabilità degli amministratori: gli anni trascorsi non sembra che abbiano dato luogo all'auspicato affinamento del sistema delle responsabilità. Anzi, discorrendosi sempre più spesso di crisi di sistema, le responsabilità giuridiche e morali delle decisioni dei singoli passano inevitabilmente in secondo piano. Oggi si tende maggiormente a riconoscere che la tutela dei depositi va sempre più vista come tutela del sistema dei pagamenti, e si tende a ricondurre la tutela del depositante-risparmiatore alla generale vigilanza bancaria [11].

Il rilievo, sottolineato in passato da Guido Carli, dell'«isolamento delle responsabilità» è questione etica, prima ancora che giuridica. La fuga dalle responsabilità individuali rischia di compromettere il dato fondamentale su cui poggia l'esistenza dei mercati finanziari, e cioè la fiducia [12], che intanto può sostenersi in un sistema, in quanto questo sia formato in maggioranza da persone che, sul piano individuale, meritano la fiducia delle altre [13]. Il vero passaggio di prospettiva è dato dalla diversa fiducia negli accertamenti individuali e dalla mutata prospettiva che consegue alla diffusa internazionalizzazione e globalizzazione di tutto il settore bancario e finanziario.

Senz'altro, nel mondo di aziende di credito e istituti bancari specializzati di limitate dimensioni, oggetto delle considerazioni di trent'anni fa, la questione dell'accertamento delle singole responsabilità poteva trovare possibilità di verifica (e certezze pratiche, anche per l'eventuale sanzione) di maggiore rilievo. È più facile verificare, accertare e perseguire le responsabilità individuali in un contesto circoscritto, che non in una SIFI ("*Systemically Important Financial Institution*") che estende le sue operazioni in diversi Paesi, con una struttura ar-

---

[10] G. CARLI, *Tipicità dei dissesti bancari*, 8, in AA.VV., *Banche in crisi. 1960-1985*, a cura di Belli-Minervini-Patroni Griffi, M. Porzio, Laterza, Bari, 1987, 3-9.

[11] M. CERA, *Il depositante bancario tra processo economico e mercati*, in *An. giur. ec.*, 2016, 276.

[12] Secondo F. PARTNOY, *Financial Systems, Crisis, and Regulation*, in *The Oxford Handbook of Financial Regulation*, cit., 80 s., lo scopo della regolazione finanziaria è di promuovere la fiducia ("trust") e, in ragione dell'inerente instabilità dei sistemi finanziari dovuta al disallineamento delle scadenze tra depositi a breve termine e impieghi a lungo termine, «trust is important to the resolution of this instability. Trust encourages individuals to deposit money with financial institution … The trust paradox is that although financial regulation is less necessary when trust prevails, an important role of financial regulation is to preserve trust».

[13] Sulla necessità di reagire alla diffusa tendenza a svalutare il ruolo della persona, v. F.D. BUSNELLI, *La persona nell'interazione tra norme di diritto internazionale e princìpi di diritto privato «costituzionalizzato»*, 46, in SOCIETÀ ITALIANA DEGLI STUDIOSI DEL DIRITTO CIVILE, *L'incidenza del diritto internazionale sul diritto civile*, Atti del 5° Convegno Nazionale (25-26-27 marzo 2010 – Capri), Edizioni Scientifiche Italiane, Napoli, 2011, 43-55.

ticolata [14]. Proprio le crisi più recenti delle istituzioni con operatività transfrontaliera hanno reso evidente l'insufficienza del precedente quadro di riferimento, anche per la necessità di trovare un coordinamento urgente tra Autorità di Paesi diversi [15]. Si può supporre che la debolezza dell'*enforcement* delle responsabilità [16] che ha fatto seguito alla globalizzazione finanziaria sia, di fatto, una concausa nella modifica di approccio giuridico alle crisi bancarie e delle società di investimento; si può anche aggiungere che è ormai fatto notorio che le azioni di responsabilità contro le persone fisiche consentono un recupero assai limitato del danno [17]. Se l'*enforcement* delle responsabilità è incerto, il rischio di *moral hazard* diviene concreto.

---

[14] Il *Financial Stability Board*, in un documento del 4 novembre 2011 (*Policy measures to address systemically important financial institutions*) definisce le SIFIs come «financial institutions whose distress or disorderly failure, because of their size, complexity and systemic interconnectedness, would cause significant disruption to the wider financial system and economic activity». V. anche L. AMMANNATI, *Restructuring global governance of the financial system: a framework for preventing systemic risk*, 285 ss., in *Riv. trim. dir. econom.*, 2015, 283-309.

[15] L. STANGHELLINI, *La disciplina delle crisi bancarie: la prospettiva europea*, 150, in *Dal Testo unico bancario all'Unione bancaria*, Atti del convegno (Roma, 16 settembre 2013), Banca d'Italia – Quaderni di ricerca giuridica, n. 75 – marzo 2014, 147-176.

[16] Cfr. G. PRESTI, *Il* Bail-in, 340, in *Banca, impr., soc.*, 2015, 339-361: «non può certo negarsi che amministratori e *managers* responsabili del dissesto debbano essere sanzionati per la loro *mala gestio*: tuttavia, non appartiene al mondo reale l'ipotesi che i rimedi sanzionatori e risarcitori nei loro confronti possano essere sufficienti per ricapitalizzare l'ente (o quanto meno consentirne un'ordinata liquidazione) mentre la repressione dei comportamenti illegittimi non è comunque impedita dal *bail-in* né da altri interventi risanatori»; A.A. DOLMETTA, *Le tutele mancanti. Scritto per il Convegno «Salvataggio bancario e tutela del risparmio»*, in *Riv. dir. banc.*, dirittobancario.it, 3, 2016, 7, con riferimento alla questione delle azioni di responsabilità contro gli amministratori delle quattro banche (Banca Popolare dell'Etruria e del Lazio; Banca delle Marche; Cassa di Risparmio di Chieti; Cassa di Risparmio di Ferrara: per sintetici cenni alla vicenda v. anche B. INZITARI, *BRRD, bail in, risoluzione della banca in dissesto, condivisione concorsuale delle perdite (d.lgs. n. 180/2015)*, cit., 2 s.) poste in risoluzione da Banca d'Italia nel novembre 2015, osserva: «Non si deve trascurare, però, che questo strumento di responsabilità ha dato, nei tanti e tanti episodi che sono capitati, risultati davvero modesti: appunto perché esso interviene quando i buoi sono ormai in irraggiungibili paradisi *off-shore*. – Sembra il caso, oggi, di pensare a qualcosa di diverso e di nuovo».

[17] Sono ben noti dati di esperienza, consolidati a livello internazionale [cfr. R. ROMANO, *The Shareholder Suit: Litigation without Foundation?*, 59 ss., in *JLEO, – The Journal of Law, Economics and Organization*, 1991, 55-87; F. BONELLI, *L'art. 129 legge Draghi: l'azione sociale di responsabilità esercitata dalla minoranza dei soci, e l'assicurazione contro i rischi incorsi nella gestione*, 167 s., in BONELLI-BUONOCORE-CORSI-COSTI-FERRO-LUZZI-GAMBINO-JAEGER-PATRONI GRIFFI (a cura di), *La riforma delle società quotate*, (Atti del Convegno di Studio – S. Margherita Ligure, 13-14 giugno 1998), Milano, 1998, 151-195; H. MERKT, *US-Amerikanisches Gesellschaftsrecht*[3], in *Deutscher Fachverlag GmbH – Fachmedien Recht und Wirtschaft*, Frankfurt am Main, 2013, 650 s., Rnn. 1244-1246]: (*a*) che la maggior parte delle azioni di responsabilità si conclude con una transazione; (*b*) che gli importi concordati spesso non comportano un significativo ristoro del danno; (*c*) che di frequente l'esborso più rilevante non è a carico dei responsabili, ma di altri soggetti, in forza di assicurazioni D&O o di altri patti; (*d*) che una quota significativa dell'importo recuperato è assorbita dalle spese legali.

Sul piano pratico, l'affidamento degli amministratori che "qualunque cosa accada" i depositanti saranno salvi, di per sé costituisce un formidabile incentivo all'assunzione di rischi eccessivi [18], che cresce di pari passo con la dimensione dell'istituzione finanziaria e la conseguente inevitabilità del salvataggio con risorse pubbliche. Nelle ricostruzioni dei principi generali per la soluzione delle crisi bancarie, si è imposto all'uso l'acronimo anglosassone "TBTF" (*too big to fail*) [19].

Il tema è perciò venuto a intrecciarsi con una questione ben diversa, e cioè con la universalmente esecrata espansione dei bilanci e dei debiti pubblici, che nel quadro dell'Unione monetaria europea ha fatto conoscere l'esplosione del debito pubblico sovrano proprio in connessione con alcuni salvataggi bancari [20] avvenuti fuori dell'Italia [21].

---

[18] O. ISSING, *"Too big to fail" – Fremdkörper in einer Marktordnung*, 75 ss. [13 gennaio 2009]; ID., *Some Lessons from the Financial Market Crisis*, 84 s. [2009]; ID., *Too Big to Fail Undermines Free Market Faith*, 179 s. [19 gennaio 2012], articoli e saggio ora in CENTER FOR FINANCIAL STUDIES (hrsg.), *Der Euro in stürmischen Zeiten. Beiträge von Otmar Issing zur Wirtschafts– und Währungspolitik am Center for Financial Studies 2006-2015*, Vahlen, München, 2016 (da cui si cita).

[19] FINANCIAL STABILITY BOARD, *Progress and Next Steps Towards Ending "Too-Big-To-Fail" (TBTF)*, 2 settembre 2013, 2: "The "too-big-to-fail" (TBTF) problem arises when the threatened failure of a SIFI leaves public authorities with no option but to bail it out using public funds to avoid financial instability and economic damage. The knowledge that this can happen encourages SIFIs to take excessive risks and represents a large implicit public subsidy of private enterprise»; altre indicazioni bibliografiche in G.L. GRECO, *La tutela del risparmiatore alla luce della nuova disciplina di «risoluzione» delle banche*, 109, nt. 122, in *Banca, impr., soc.*, 2016, 77-110. Per un approccio critico più generale, v. ora L. SCIPIONE, *Strumenti e politiche di salvataggio nella crisi dei debiti sovrani (Gli interventi della BCE e dei Fondi salva-Stati nello spazio giuridico europeo)*, Edizioni Scientifiche Italiane, Napoli, 2016, 179 ss.

[20] Sull'insostenibilità di tale approccio e la Comunicazione della Commissione Europea del 30 luglio 2013 ("Comunicazione sul settore bancario" 2013/C 216/01), v. B. INZITARI, *BRRD, bail in*, cit., 4 ss.; sulla qualificazione dell'intervento del Fondo Interbancario di Tutela dei Depositi come aiuto di Stato, v. ora Decisione (UE) 2016/1808 della Commissione del 23 dicembre 2015 (Banca Tercas), In GUCE, 28 luglio 2016, e in particolare nn. 137 e 138: «poiché sia l'adesione al FITD sia i contributi agli interventi di sostegno decisi dal FITD sono obbligatori, la Commissione conclude che in Italia, per le banche che non siano banche di credito cooperativo è obbligatorio, ai sensi della normativa italiana, contribuire ai costi degli interventi di sostegno del FITD. Le risorse impiegate per finanziare tali interventi di sostegno sono chiaramente prescritte, gestite e ripartite in conformità con la legge o altre norme pubbliche e hanno quindi carattere pubblico. – La Commissione conclude quindi che nel caso di specie, sia in linea di principio sia in pratica, le autorità italiane esercitano un controllo costante sulla rispondenza dell'uso delle risorse del FITD agli obiettivi di interesse pubblico e influiscono sull'uso di tali risorse da parte del FITD».

[21] Per la Spagna, v. ad es. la ricostruzione del passaggio dall'esaurimento delle risorse finanziarie interne alla richiesta di aiuto nel giugno 2012 all'*European Financial Stabilisation Mechanism*, in F. LEÓN SANZ, *The Restructuring of Cajas de Ahorros in the Crisis of the Spanish Financial System*, 136 ss., in *Crisi finanziaria e risposte normative: verso un nuovo diritto dell'economia?*, Atti del Convegno (Università Europea di Roma – Università degli Studi Roma Tre, 16-17

Un secondo elemento sottolineato di recente, all'origine delle nuove scelte di policy nella gestione delle crisi, è che l'esperienza dell'inevitabilità dell'utilizzo del denaro pubblico per risolvere le crisi delle più importanti istituzioni finanziarie [22] avrebbe determinato, secondo una tesi diffusa volta a giustificare le scelte del Meccanismo Unico di Risoluzione europeo, «il legame negativo tra Stato e banche, che ha provocato o ha intensificato la crisi del debito sovrano», quale «ulteriore conseguenza non voluta dei finanziamenti pubblici agli istituti di credito» [23].

---

dicembre 2011), a cura di Guaccero-Maugeri, Milano, 2014, 117-145; J. URBANEJA CHILLÁN, *La reestructuración del sistema financiero español. El proceso de reforma tras la asistencia financiera a la banca española*, in *Revista jurídica de Castilla y León*, n. 32/2014. Cfr. anche S. MACCARONE, *La crisi delle banche dal testo unico bancario alle nuove regole europee*, 119, nt. 13, in *Riflessioni su banche e attività bancaria. Immaginando il "futuribile"*, Atti del Convegno (Siena, 19-20 settembre 2014), a cura di Brozzetti, Milano, 2016, 111-124, secondo il quale in occasione del salvataggio della banca cipriota Laiki Bank, mediante incorporazione da parte della Bank of Cyprus, la conversione dei depositi della Laiki Bank in azioni di quest'ultima banca, nella misura del 47,5%, ha comportato «l'effetto finale, e certo non voluto, di far acquisire complessivamente a questi soggetti, divenuti soci loro malgrado, una partecipazione di controllo nella più grande, vecchia e sistemica banca del Paese»; sul *bail-in* a Cipro, v. ampiamente C. DUVE *u.* PH. WIMALASENA, *Retten Schiedsrichter den Euro oder Ihre Einlagen? – Das Bail-in-Modell und seine Risiken für Unternehmen*, 2758 ss., in *BB – Betriebs-Berater*, 2014, 2755-2762, per altri casi di salvataggi precedenti alla BRRD, v. anche E. RULLI, *Contributo allo studio*, cit., 45 ss.

[22] Nel caso della crisi islandese dell'autunno 2008, le tre banche private del Paese avevano raggiunto una dimensione di molto superiore a quelle dell'economia interna del Paese, con la conseguenza che la Banca centrale islandese non aveva le risorse per esercitare il suo ruolo di prestatore di ultima istanza. Il mancato coordinamento con le Autorità del Regno unito (cfr. C. CHESSA, DE GIOIA-CARABELLESE, *Il cosiddetto sistema paneuropeo di protezione dei depositanti: un ulteriore euro autogol? Un'analisi critica della Direttiva 2014/49*, 345 s., in *Banca, borsa, tit. cred.*, 2016, I, 332-352; sul conseguente giudizio della Corte EFTA, 28 giugno 2013, E-16/11 *Efta Surveillance Authority v. Iceland*, v. anche N. KLEFTOURI, *Deposit Protection and Bank Resolution*, OUP, Oxford, 2015, *paras* 5.01 e da 5.04 a 5.20, 106 ss.), in relazione alle misure da prendere rispetto agli attivi in quest'ultimo Paese, determinò il collasso sia delle banche sia dell'economia del Paese atlantico. Sul forte sostegno pubblico al sistema bancario e l'interventismo degli Stati e delle diverse istituzioni economico monetarie e internazionali nel cercare, da un lato di contenere gli effetti della Crisi e, dall'altro, di risolverla, v. G. PERONI, *La Crisi dell'Euro: limiti e rimedi dell'Unione Economica e Monetaria*, Milano, 2012, 11 ss., e nt. 24 per riferimenti bibliografici; per un riepilogo, v. C. BRESCIA MORRA, *Il diritto delle banche*², Bologna, 2016, 102 ss.; sull'entità di tali interventi, riferisce J. ARMOUR, *Making Bank Resolution Credible*, 454, in *The Oxford Handbook of Financial Regulation*, cit., 453-486, che gli impegni pubblici in Europa per i salvataggi bancari hanno quasi raggiunto il 40% del Prodotto interno lordo nel 2009, negli USA più del 40% nel 2008 e nel Regno Unito oltre il 70% nel 2009. Nel periodo 2008-2014, con riferimento all'area dell'euro, l'assistenza finanziaria degli Stati è stata pari a circa l'8% del PIL dell'area, anche se in Italia l'intervento pubblico è stato molto limitato (così C. BRESCIA MORRA, *op. cit.*, 104 e 103).

[23] Le frasi nel testo che precede tra virgolette sono tratte da A. GARDELLA, *Il* bail-in, cit., 588; v. anche P. ROSSI, *Gli aiuti di Stato al tempo della crisi*, 62 s., in *Unione europea: concorrenza tra imprese e concorrenza tra Stati*, Convegno di studio Fondazione Centro Nazionale di Prevenzione e Difesa Sociale – Fondazione Courmayeur, a cura di Montalenti, Milano, 2016, 57-66.

Il pendolo regolatorio degli obiettivi di *policy*, presto sintetizzato nella prima posizione descritta da Guido Carli, sembra nel frattempo avere raggiunto l'altro estremo della considerazione primaria del rilievo della spesa pubblica, che Gustavo Minervini rimproverava essere assente nelle operazioni di ricapitalizzazione "vecchio stile", attuate in Italia con il c.d. "decreto Sindona", adottato dal Ministro del Tesoro il 24 settembre 1974 [24].

Di conseguenza, per evitare il salvataggio delle banche a detrimento della finanza pubblica e le conseguenti crisi dei debiti sovrani, si è proposta la posposizione della tutela dei creditori privati al livello minimale del risultato utile di una liquidazione coatta amministrativa: il c.d. "NCWO" (*no creditor worse off than in liquidation*) [25].

Con tale acronimo si intende che il principio di fondo della nuova "risoluzione" bancaria è di simulare il trattamento che ai creditori spetterebbe se si applicasse la procedura concorsuale [26]: nessuno dei creditori deve essere trattato economicamente in modo deteriore, rispetto all'eventualità che in luogo di salvare la banca, quest'ultima venisse immediatamente liquidata. Qui va precisato che la sorte cui sono esposti soci, portatori di strumenti finanziari e creditori

---

[24] Cfr. G. MINERVINI, *Note sull'assicurazione dei depositi bancari*, ne*Il Sole-24Ore*, 28 gennaio 1984, 10 (e ripubblicato in AA.VV., *Banche in crisi. 1960-1985*, cit., 181-184, da cui si cita); ID., *Il «ristoro»* ex *d.m. 27 settembre 1974 e il fondo interbancario di tutela dei depositi*, 9, in *Giur. comm.*, 1990, I, 5-18; sottolinea la contrapposizione tra le valutazioni di Carli e Minervini anche G.B. PORTALE, *Dalla «pietra del vituperio» al «bail-in»*, cit., 28. Sul decreto Sindona e le crisi bancarie risolte in Italia, v. anche C. BRESCIA MORRA, *Il diritto delle banche*[2], cit., 270 s.

[25] Cfr. A. GARDELLA, *Il* bail-in *e il finanziamento delle risoluzioni bancarie nel contesto del Meccanismo di Risoluzione Unico*, 593, in *Banca, borsa, tit. cred.*, 2015, I, 587-630: nella risoluzione della crisi bancaria vige il principio che «nessun creditore debba sostenere perdite più ingenti di quelle che avrebbe sostenuto se l'ente fosse stato liquidato con procedura normale di insolvenza»; v. ora art. 22, comma 1, lett. *c*), d.lgs. 16 novembre 2015, n. 180: «La risoluzione si conforma ai seguenti principi: ... *c*) nessun azionista e creditore subisce perdite maggiori di quelle che subirebbe se l'ente sottoposto a risoluzione fosse liquidato, secondo la liquidazione coatta amministrativa disciplinata dal t.u. bancario o altra analoga procedura concorsuale applicabile», e ciò sulla base delle previsioni operate nella valutazione di cui agli artt. 23 ss., d.lgs. n. 180/2015; art. 52, comma 2, lett. *b*), d.lgs. n. 180/2015, e, con specifico riferimento al *bail-in*, art. 87, comma 1, del medesimo decreto: «In caso di applicazione del *bail-in*, gli azionisti e creditori i cui crediti sono stati ridotti o convertiti in azioni non possono subire perdite maggiori di quelle che avrebbero subito se l'ente sottoposto a risoluzione fosse stato liquidato secondo la liquidazione coatta amministrativa disciplinata dal t.u. bancario o altra procedura applicabile nel momento in cui è stata accertata la sussistenza dei presupposti per l'avvio della risoluzione». Secondo B. INZITARI, *BRRD, bail in*, cit., 11, la procedura di risoluzione dà luogo «a una liquidazione non delle attività ma delle passività e si realizza attraverso una distribuzione delle perdite, c.d. *burden sharing*, secondo un criterio strettamente concorsuale».

[26] Cfr. B. INZITARI, *BRRD, bail in*, cit., 21, con richiamo (in nt. 29) a S. FORTUNATO, *Misure di risoluzione e liquidazione*, relazione al Seminario "La gestione delle crisi bancarie e l'assicurazione dei depositi nel quadro dell'Unione Bancaria Europea" (Roma, 22 gennaio 2016).

della banca in crisi, è assai diversificata: se i primi possono vedere cancellata la loro situazione giuridica attiva, i secondi e i terzi possono vederla convertita in capitale, o ridotta nel valore nominale o azzerata [27].

2. *Risanamento e risoluzione mediante* bail-in. Oggi, al fine di prevenire le crisi bancarie, è necessario, ai sensi dell'art. 69-*quater* t.u.b., che le banche si dotino di un piano di risanamento individuale «che preveda l'adozione di misure volte al riequilibrio della situazione patrimoniale e finanziaria in caso di suo significativo deterioramento» (comma 1), che «non presuppone né contempla l'accesso a un sostegno finanziario pubblico straordinario» (comma 4), è approvato dall'organo amministrativo e sottoposto alla Banca d'Italia per le valutazioni di cui all'art. 69-*sexies* t.u.b. ed è riesaminato e, se necessario, aggiornato almeno annualmente.

Si tratta di un'opera di medicina preventiva, coerente con il principio – ricordato a un convegno sul ruolo dell'informazione nella crisi dell'impresa – che «*toute entreprise en bonne santé est une entreprise en difficulté qui s'ignore*» [28] e che serve a imporre al paziente di fornire al medico – cioè alla Banca d'Italia, che nella sua veste di Autorità di risoluzione, in caso estremo è incaricata di intervenire d'urgenza, tutte le indicazioni concrete per approntare il più rapida-

---

[27] Secondo R. LENER, Bail-in *bancario e depositi bancari fra procedure concorsuali e regole di collocamento degli strumenti finanziari*, 289, in *Banca, borsa, tit. cred.*, 2016, I, 287-302: «Il nostro diritto fallimentare conosce da tempo l'istituto della conversione, ma in questo caso la conversione opera in modo affatto anomalo. – Nelle ipotesi già note al nostro ordinamento, la conversione si effettua, infatti, sempre in base a un accordo fra creditori e debitori. Accordo che può essere raggiunto *ex ante* (ad es. accordi di ristrutturazione del debito) o *ex post* (ad es. concordato preventivo, amministrazione straordinaria); accordo che, beninteso, può essere raggiunto anche contro la volontà di alcuni creditori, ove questi aderiscano a maggioranza. Ma la conversione attraverso *bail-in* è tutt'altro: non c'è alcun accordo. Essa è imposta dall'autorità anche contro la volontà dell'intero ceto creditorio». V. anche G. PRESTI, *Il* Bail-in, cit., 347 s., il quale sostiene che il *bail-in* integra una particolare ipotesi di *concordato preventivo coatto con continuità aziendale*; L. STANGHELLINI, *La disciplina delle crisi bancarie*, cit., 175 (concordato forzoso istantaneo con sopravvivenza dell'intermediario). Con riferimento all'omologa legge tedesca di attuazione della Direttiva, W. PHILIPP, *Systemänderung: Amputiertes Aktienrecht für Banken. Das Sanierungs– und Abwicklungsgesetz (SAG)*, 77, in *AG*, 2015, 77-81, reputa che la sostanziale abrogazione di una parte del diritto societario e dell'insolvenza per le banche costituisce «eine[n] der schwersten Eingriffe in das deutsche Wirtschaftsleben und Wirtschaftsrecht seit Kriegsende mit unabsehbaren Folgen»; analoghe preoccupazioni sono espresse da F. CAPRIGLIONE, *Conclusioni a margine del Convegno annuale dell'Associazione dei Docenti di Diritto dell'Economia (ADDE) su "Quali regole per quali mercati?" (11-12 dicembre 2015)*, in *Riv. trim. dir. econom.*, 215, 2015, I, 311-318 («il *bail-in* avrà, con tutta probabilità, come ricaduta una *perdita di fiducia* nei confronti delle banche»); meno allarmate le considerazioni di F. PACILEO, *Doveri informativi e libertà di impresa nella gestione di una s.p.a. in "fase crepuscolare"*, 111 ss., in *Riv. dir. comm.*, 2016, I, 69-115.

[28] A. NIGRO, *Crisi dell'impresa e ruolo dell'informazione*, 5, in *Crisi dell'impresa e ruolo dell'informazione*, Atti VIII Incontro italo-spagnolo di diritto commerciale (Napoli, 25 settembre 2015), a cura di Paciello e Guizzi, Milano, 2016, 3-20.

mente possibile il piano di risoluzione ed eseguirlo senza (o risolvendo rapidamente eventuali) impedimenti.

Il *Financial Stability Board* (FSB) e i *policymaker* europei distinguono tra "*Recovery plans*" e "*Resolution plans*": i primi sono volti a prevenire un potenziale fallimento dell'impresa e comprendono strategie per assicurare la continuità delle operazioni dell'impresa in circostanze di *stress* estremo, sono redatti dalle imprese finanziarie stesse e valutati dalle autorità di vigilanza; i secondi, al contrario, hanno lo scopo di minimizzare l'impatto del fallimento dell'impresa sul resto del sistema finanziario, facilitando l'effettiva "risoluzione" da parte delle Autorità dell'impresa fallita, e sono redatti dalle Autorità di risoluzione, sulla base delle informazioni richieste e che devono essere fornite dalle istituzioni finanziarie [29].

I veri e propri poteri di risoluzione sono regolati nel già menzionato d.lgs. n. 180/2015, attuativo della Direttiva 2014/59/UE (c.d. Direttiva BRRD) [30], che affidano all'Autorità di Risoluzione (nell'ordinamento nazionale ancora la Banca d'Italia, nella sua funzione *ex* art. 3, d.lgs. n. 180/2015) poteri e funzioni equiparabili a quelli del chirurgo che opera d'urgenza in situazione di pericolo di compromissione per le "funzioni essenziali" del paziente. Qui le esigenze di efficacia dell'intervento si ammantano di tutte le caratteristiche autoritative (segretezza delle informazioni e unilateralità dell'esercizio del potere) che servono ad assicurare la tempestività dell'azione [31].

È importante notare che l'unico soggetto competente a redigere un piano di risoluzione (artt. 7 e 8, d.lgs. n. 180/2015) è proprio l'Autorità di risoluzione, e che di tale piano il soggetto interessato viene a conoscere preventivamente solo "una sintesi degli elementi fondamentali" (art. 10, comma 5, d.lgs. n. 180/2015). Come osservato da uno scrittore inglese [32], i meccanismi di risoluzione di seconda generazione (per tali intendendosi quelli non fondati sull'assicurazione

---

[29] Cfr. J. ARMOUR, *Making Bank Resolution Credible*, cit., 467.

[30] Le necessità di coordinamento tra le Autorità di risoluzione nazionale e quella europea hanno comportato una sostanziale duplicazione dei testi normativi, in coerenza con il sistema delle fonti europee: a un Regolamento, che è fonte direttamente produttiva di effetti sia per l'Autorità di Risoluzione unica europea che per gli Stati nazionali e le relative Autorità di risoluzione – il Regolamento (UE) 806/2014 (cfr. G. PRESTI, *Il* Bail-in, cit., 341; sui problemi di base normativa europea del Regolamento e del Meccanismo di risoluzione unico, in relazione alla c.d. dottrina "Meroni", v. C. BRESCIA MORRA, *Il diritto delle banche*^{2}, cit., 276 s.) – si accompagna la Direttiva 2014/59/UE, che impegna gli Stati all'attuazione delle medesime norme nei loro ordinamenti nazionali: attuazione avvenuta in Italia con il citato d.lgs. n. 180/2015 e con la novellazione del t.u.b. a opera del d.lgs. n. 181/2015.

[31] Cfr. V. SANTORO, *Crisi bancarie, ruolo dell'informazione e protezione del cliente*, cit., 221, il quale sottolinea che le azioni di salvataggio delle banche saranno efficaci «solo a condizione che gli investitori non conoscano a priori la strategia che le autorità preposte giocheranno a ogni partita che si presenterà».

[32] J. ARMOUR, *Making Bank Resolution Credible*, cit., 467.

dei depositi sul modello americano della FDIC, destinati a istituzioni che operano in più Paesi e che includono il *bail-in* tra i loro strumenti di risoluzione[33]) si fondano sulla pianificazione anticipata e sulla preparazione di dettagliati "piani di risoluzione" – colloquialmente denominati "living wills". L'idea è che, se dovesse mai iniziare un processo di risoluzione, gli incaricati di condurlo avrebbero una mappa delle azioni necessarie, così da poterle eseguire in un breve lasso di tempo.

Lo scopo di disincentivare il *moral hazard* degli amministratori si ottiene, in questa prospettiva, escludendo dai piani di risanamento – cioè dalla medicina preventiva – la previsione del ricorso ad aiuti pubblici.

Il fine delle misure preparatorie è quello di individuare, secondo la metafora di un ex-componente del comitato esecutivo della BCE, le modalità per le trasfusioni di sangue necessarie alla sopravvivenza del paziente in situazione di emergenza[34], e in definitiva quanti mezzi si avranno in ogni momento a disposizione, vuoi per trasformare il "*Fremdkapital*" in "*Eigenkapital*", vuoi anche per ridurre il valore nominale delle passività, nel caso che sia applicata la misu-

---

[33] Cfr. J. ARMOUR, *Making Bank Resolution Credible*, cit., 460 ss. e 467 ss.: A. distingue strumenti di risoluzione di prima generazione, per i quali prende a modello il sistema (FDIC) federale di assicurazione dei depositi degli USA. Secondo tale modello, gli attivi "buoni" e i depositi sono trasferiti, letteralmente "in una notte" (*overnight*), a un acquirente, mentre gli attivi "cattivi" che rimangono nell'entità debitrice vengono liquidati lentamente, in modo che non si produca uno "shock". Sistemi di risoluzione di questo tipo sono stati introdotti, prima ancora della emanazione della Direttiva europea 2014/59/UE nel Regno Unito (*Banking Act* 2009), in Germania e in altre nazioni. Nel sistema americano "di prima generazione" (FDIC) gli strumenti sono: *a*) l'assicurazione dei depositi (il fondo assicurativo paga i clienti e può prendere gli attivi della banca e liquidarli); *b*) trasferimento a un'acquirente sotto la supervisione della FDIC; *c*) banca-ponte, gestita dalla FDIC stessa. I meccanismi di risoluzione di prima generazione appaiono però inadatti alle istituzioni finanziarie gigantesche, cioè "importanti dal punto di vista sistemico". Vi sono tre problemi: 1) trovare un compratore può divenire una vera sfida, specialmente se i concorrenti soffrono anch'essi di problemi di liquidità; 2) è necessario trovare una qualche forma di sostegno finanziario esterno per garantire la continuità delle operazioni, senza però fare ricorso a fondi pubblici; 3) il terzo problema è l'internazionalità delle grandi operazioni bancarie e l'impossibilità di fare valere extraterritorialmente le regole in materia di cessazione della titolarità: ciò determina dei rischi di non coordinamento tra le giurisdizioni. La seconda generazione dei meccanismi di risoluzione si fonda: *aa*) sulla consapevolezza che è la determinazione *ex ante* delle misure che le rende più credibili; *bb*) sulla maggiore attenzione alla necessità di coordinamento, sia nell'Unione europea sia nel G20; *cc*) sul *bail-in*, cioè ci si focalizza sul cambiamento della struttura dei contratti finanziari della istituzione in crisi, invece che sulla titolarità dei suoi attivi: sulla riorganizzazione, invece che sulla liquidazione. Con quest'ultimo punto si elimina il problema della ricerca dell'acquirente e, nella misura in cui il capitale provenga dai creditori già esistenti, non si deve fare ricorso a fondi pubblici. Questi tre punti aumentano la credibilità di un regime di risoluzione, ma occorre ancora trovare un regolatore che faccia da guida, così che la struttura del capitale dell'istituzione finanziaria in discorso sia tutta soggetta alla legge del medesimo Stato, in modo da semplificare l'esecuzione di una ristrutturazione tramite il *bail-in*.

[34] La metafora del "finanzieller Blustrom" è proposta da Otmar Issing, in *"Too big to fail" – Fremdkörper in einer Marktordnung*, cit., 77.

ra di risoluzione della cessione di beni e rapporti giuridici a terzi [art. 48, comma 1, lett. *b*), d.lgs. n. 180/2015].

I criteri di condotta dell'Autorità risultano dall'art. 21, d.lgs. n. 180/2015 [35] e i suoi poteri dall'art. 60 del medesimo decreto. Di quest'ultimo articolo è sistematicamente importante il comma 2, che dispone che «Salvo quando diversamente previsto dal presente decreto, nell'esercizio dei poteri di risoluzione, la Banca d'Italia non è tenuta a: *a*) ottenere il consenso da parte di qualsiasi soggetto pubblico o privato, inclusi azionisti o creditori dell'ente sottoposto a risoluzione; *b*) fornire comunicazioni, prima dell'esercizio di un potere di risoluzione di cui al presente Capo, inclusa la pubblicazione obbligatoria di eventuali avvisi o prospetti, né a depositare o registrare documenti presso altre autorità».

Vale a dire, tutti coloro che hanno fornito "*Fremdkapital*" al paziente possono essere chiamati a subire la misura del *bail-in* dei loro strumenti finanziari o crediti, per garantire la "continuità delle funzioni essenziali" della banca, senza che l'Autorità sia tenuta a ottenere il consenso al prelievo.

Per quanto restino necessariamente centrali la fiducia dei depositanti nelle "istituzioni del sistema bancario" e la responsabilità che è il termine di riferimento di tale fiducia, oggi al primo posto non è la tutela dei depositanti in termini assoluti, ma soltanto entro i limiti dei 100.000 Euro oggetto di garanzia mediante il Fondo di tutela dei depositi [36]; in luogo del perseguimento delle responsabilità (come necessario freno al "*moral hazard*") [37], al secondo posto oggi troviamo la questione dell'individuazione preventiva dei soggetti su cui deve gravare il costo della eventuale crisi bancaria (c.d. "*burden-sharing*").

---

[35] «1. La Banca d'Italia esercita i poteri ad essa attribuiti dal presente decreto avendo riguardo alla continuità delle funzioni essenziali dei soggetti di cui all'art. 2, alla stabilità finanziaria, al contenimento degli oneri a carico delle finanze pubbliche, alla tutela dei depositanti e degli investitori protetti da sistemi di garanzia o di indennizzo, nonché dei fondi e delle altre attività a della clientela. – 2. Nel perseguire gli obiettivi di cui al comma 1, si tiene conto dell'esigenza di minimizzare i costi della risoluzione e di evitare, per quanto possibile, distruzione di valore».

[36] Secondo la terminologia del d.lgs. 16 novembre 2015, n. 180 [art. 1, comma 1, lett. *r*) e lett. *s*)], si tratta dei "depositi protetti", cioè di quei "depositi ammissibili al rimborso" che, ai sensi dell'art. 96-*bis*.1, commi 1 e 2, del t.u. bancario, sono astrattamente idonei a essere rimborsati da un sistema di garanzia dei depositanti e che non superano il limite di rimborso da parte del sistema, previsto dall'art. 96-*bis*.1, commi 3, 4 e 5, del t.u.; sull'evoluzione del sistema della protezione dei depositi verso una tutela comune europea in base alla Direttiva 2014/49/UE, ancora lontana nel tempo per l'inesistenza di un'armonizzazione massima, v. C. CHESSA, DE GIOIA-CARABELLESE, *Il cosiddetto sistema paneuropeo di protezione dei depositanti*, cit., 332 ss.

[37] Va precisato che, in base all'art. 36, d.lgs. n. 180/2015, «se l'ente sottoposto a risoluzione si trova in stato di insolvenza alla data di adozione del provvedimento di avvio della risoluzione», il tribunale «accerta lo stato di insolvenza dell'ente avendo riguardo alla situazione esistente *al momento dell'avvio* della risoluzione». L'auspicio della punibilità penale degli amministratori in caso di risoluzione, in assenza di fallimento, trova riscontro nell'applicabilità delle disposizioni del Titolo VI della legge fallimentare «anche quando lo stato di insolvenza è superato per effetto della risoluzione» (art. 36, comma 2, secondo periodo); cfr. B. INZITARI, *BRRD, bail in*, cit., 12 s.

È questo il tema di massima delicatezza al centro del dibattito. Per tornare alla metafora "trasfusionale", si tratterebbe di prendere atto che la liquidità già conferita è stata ormai perduta, perché defluita in grande quantità dalle casse della banca [38]. Le nuove "infusioni di liquidità" devono avvenire mediante nuova finanza: cancellare, in tutto o in parte, dallo stato passivo del debitore la finanza già consumata ("*gone capital*"), è un modo per impedire che la continuazione dell'"emorragia" renda priva di significato la nuova infusione di liquidità prevista dal programma di risoluzione. Fuor di metafora, escludere, in tutto o in parte, la restituzione dei debiti in situazioni di patrimonio netto negativo altro non significa che dichiarare estinta una posizione giuridica attiva che, non essendo più recuperabile, ormai ha interamente perduto il suo valore economico [39].

La dottrina "NCWO" sostanzialmente considera la posizione dei terzi sufficientemente tutelata dalla circostanza che, nella misura in cui viene attuata la riduzione del passivo, si tratta semplicemente di prendere atto sul piano del valore nominale di una perdita di valore effettivo già verificatasi: non vi sarebbe rapporto di causalità tra la risoluzione della banca e il danno economico dei creditori. È tuttavia difficile sottrarsi all'osservazione che il principio NCWO è di difficile applicazione pratica [40], perché al momento della risoluzione non è possibile determinare che cosa i creditori potrebbero ricavare dall'eventuale procedura di insolvenza (e verificare che in effetti non ricevono dal *bail-in* un trattamento deteriore), salvo nel caso di piccole banche.

La difficoltà fondamentale è che la valutazione anticipata della perdita e dei tassi di conversione si svolge in tempi rapidi e su base meramente ipotetica, con «anticipazione degli effetti dell'incapienza dell'attivo, sulla base di una valutazione prospettica di quelli che sarebbero gli esiti per i creditori e per gli azionisti di una liquidazione del patrimonio attraverso le classiche procedure concor-

[38] Osserva correttamente C. BRESCIA MORRA, *Il diritto delle banche*², cit., 293, che il *bail-in* non genera liquidità e che, se vi è una esigenza di questo tipo, occorre pur sempre fare ricorso a strumenti improntati al tradizionale prestito di ultima istanza (*lending of last resort*), quali l'ELA (*Emergency Liquidity Assistance*), in Italia regolato dal d.l. 9 ottobre 2008, n. 155, conv. con legge 4 dicembre 2008, n. 190 (su cui v. C. BRESCIA MORRA, *Il diritto delle banche*², cit., 273 ss.).

[39] G. GUIZZI, *Il* Bail-in *nel nuovo sistema di risoluzione delle crisi bancarie. Quale lezione da Vienna?*, 1492, in *Corr. giur.*, 2015, 1485-1494.

[40] V. DE SERIÈRE, *Recovery and Resolution Plans of Banks in the Context of the BRRD and the SRM: Some Fundamental Issues*, 363 s., *paras* 10.64-10.66, in AA.VV., *European Banking Union*, Oxford, 2015, 336-372, il quale prende in considerazione (*a*) l'ipotesi di creditori garantiti con una copertura insufficiente, il cui valore dipende dal momento della vendita esecutiva, che dipende da circostanze di mercato che si verificano ipoteticamente a distanza di anni dal momento del fallimento; (*b*) la pretesa dei creditori controparti in derivati, che dipende dal momento della chiusura del derivato e dal valore del *collateral*, con la difficoltà di stabilire il momento da prendere in considerazione per il calcolo; (*c*) più in generale, gli esiti della liquidazione dell'attivo fallimentare, che può richiedere anni per essere completata.

suali»[41]. La disciplina si affida a valutazione di esperti, che rispondono solo in caso di dolo o colpa grave (nell'ordinamento tedesco: solo in caso di dolo), e alla successiva possibilità di indennizzo[42], a carico del fondo di risoluzione (art. 89, comma 2, d.lgs. n. 180/2015), per quegli azionisti e creditori che avessero subito perdite maggiori di quelle che avrebbero sopportato in caso di liquidazione coatta amministrativa: ciò avviene in base a una valutazione successiva più completa, che tuttavia può essere condotta dal medesimo esperto indipendente[43] della precedente, con le stesse limitazioni legali di responsabilità. Va notato che, mentre nell'attuazione italiana della Direttiva 2014/59/UE la nomina è di competenza della Banca d'Italia, che può affidare l'incarico anche al commissario straordinario nominato ai sensi dell'art. 71 t.u.b. (art. 23, comma 2, d.lgs. n. 180/2015), nell'ordinamento tedesco[44] la nomina è di competenza del Tribunale della sede dell'autorità di risoluzione, con possibilità di reclamo alla Corte d'Appello nei cinque giorni successivi (§ 70 *Abs.* 2 *SAG – Sanierungs– und Abwicklungsgesetz*).

Per rendere il processo in questione almeno in parte prevedibile ex ante nei suoi effetti e nella sua "calcolabilità giuridica"[45], è però prescritto che una certa

---

[41] Così B. INZITARI, *BRRD, bail in*, cit., da cui sono tratte le parole che nel testo precedono tra virgolette.

[42] Secondo B. INZITARI, *BRRD, bail in*, cit., 23, tale diritto è correttamente definito nell'art. 89, d.lgs. n. 180/2015 con riferimento alla figura dell'indennizzo e non del risarcimento del danno, «in quanto non ha la funzione di reintegrare un danno contrattuale o extracontrattuale, né di porre rimedio alla violazione di un diritto assoluto o relativo, né tantomeno di rimediare ad una fattispecie di indebito bensì piuttosto ha la funzione di riconoscere una somma a titolo di rettifica dei conteggi di stima precedentemente applicati e successivamente aggiornati. – Il principio di diritto dal quale muove la previsione dell'art. 89, d.lgs. n. 180/2015, è nella sostanza il medesimo che regola la rettifica del contratto di cui all'art. 1430 c.c.».

[43] Sull'indipendenza degli esperti, in attuazione del compito attribuito dall'art. 36, § 14, Direttiva 2014/59/UE, l'Autorità Bancaria Europea ha indetto la consultazione EBA/CP/2014/18 – *Draft regulatory technical standards on independent valuers*, con indicazione di principi generali e l'individuazione di alcuni casi che senz'altro escludono l'indipendenza. In risposta alla consultazione, il *Banking Stakeholder Group* presso l'Autorità ha, fra l'altro, indicato come sempre inopportuna la nomina dell'amministratore provvisorio dell'ente come valutatore (*General Comments and Replies to Questions*, 9 ottobre 2014, 4 s.).

[44] S. ENGELBACH *und* T. FRIEDRICH, *Die Umsetzung der BRRD in Deutschland*, 668, in *WM – WertpapierMitteilungen*, 2015, 662-671.

[45] Il problema più significativo del nuovo istituto sembra essere, secondo G. PRESTI, *Il* Bail-in, cit., 361, quello della "calcolabilità giuridica" dei suoi effetti, con riferimento alle pagine di Max Weber sulla necessità di prevedibilità degli effetti della norma quale requisito indispensabile allo sviluppo capitalistico, ricordate da N. IRTI, *Calcolabilità weberiana e crisi della fattispecie*, in *Riv. dir. civ.*, 2014, 987-991; ID., *Capitalismo e calcolabilità giuridica (letture e riflessioni)*, in *Riv. soc.*, 2015, 801-814 (al tema della *Calcolabilità giuridica* è stato dedicato il Convegno dell'Accademia Nazionale dei Lincei, Roma – 23 giugno 2016). Se il capitalismo ha bisogno di "un diritto che si possa calcolare in modo simile a una macchina" (M. WEBER, *Storia economica. Linee di una storia universale dell'economia e della società*, 1919-1922, trad. it., Roma, 298),

quantità di passività ammissibili (assoggettabili) al *bail-in* (*bailin-able*) vada a costituire il MREL (*Minimum Requirement of own fund and Eligible Liabilities*), cioè che vi siano delle passività che per previsione contrattuale in caso di risoluzione vengono sicuramente assoggettate a conversione o riduzione. Tali passività costituiscono un investimento con un grado di rischio ben definito, che viene corrispondentemente remunerato dalla banca in misura maggiore rispetto alle passività per le quali il *bail-in* costituisce una eventualità più remota. Nell'applicazione del *bail-in*, l'Autorità deve seguire un ordine progressivo, inverso rispetto alle regole di priorità stabilite per la distribuzione dell'attivo dal diritto nazionale[46], come indicato dall'art. 52, d.lgs. n. 180/2015, in base al diverso grado di rischiosità della posizione creditoria[47]. Significativamente, proprio per ridurre l'incertezza in discorso, dal *bail-in* sono escluse tutte le passività garantite [art. 49, comma 1, lett. *b*), d.lgs. n. 180/2015], mentre regole speciali sono disposte per i contratti derivati [art. 54, d.lgs. n. 180/2015]. Prima di tutto devono essere eliminate le perdite mediante la riduzione di valore che segue l'ordine delle cinque categorie indicate nell'art. 52, comma 1, lett. *a*), e poi, "una volta assorbite le perdite, o in assenza di perdite", viene ricostituito il patrimonio necessario per il mantenimento dell'operatività, con la conversione in azioni "computabili nel capitale primario di classe 1"[48], degli strumenti di capitale aggiuntivo[49] di

---

secondo N. IRTI, *Un diritto incalcolabile*, Torino, 2016, 15 ss. (da cui sono tratte le citazioni che seguono tra virgolette), «la perdita della calcolabilità impedisce al capitalista di far conto su ciò che verrà, ossia di considerare il futuro giuridico fra le ragioni delle proprie scelte». Secondo I. la molteplicità di letture di tale fenomeno lascia segnalare «la *scissione fra razionalità tecno-economica e razionalità giuridica*, nel senso che, mentre l'una rimane calcolabile (o addirittura cresce in grado di calcolabilità), l'altra perde il dominio del futuro, e scade a irrazionale e imprevedibile. Soggettivismo, intuizionismo, vitalismo penetrano nel diritto, e precludono all'imprenditore di contare sul futuro giuridico. [...] E allora il capitalismo è costretto a cercare *altrove* questa garanzia di calcolabilità [...]»; la conseguenza di questo stato di cose è di porre in difficoltà "il capitalismo moderno industriale su basi razionali" – che non può fare a meno di un "diritto di cui si possa fare calcolo e di una amministrazione secondo regole formali" e di lasciare spazio a un capitalismo d'avventure e speculativo e a ogni sorta di capitalismo politico.

[46] Cfr. G. PRESTI, *Il* Bail-in, cit., 351.

[47] Cfr. B. INZITARI, *BRRD, bail in*, cit., 18.

[48] Gli strumenti di "capitale primario di classe 1" (su cui v. F. ACCETTELLA, *L'Accordo di Basilea III: contenuti e processo di recepimento all'interno del diritto dell'UE*, 501 ss., in *Banca, borsa, tit. cred.*, 2013, I, 462-503) devono avere le specifiche caratteristiche dettate nell'art. 28, § 1, Regolamento (UE) n. 575/2013; in argomento C. FRIGENI, *Le s.p.a. bancarie dopo Basilea III*, cit., 102 ss., sottolinea che «la funzione di assorbimento delle perdite in condizione di continuità aziendale rappresenta il fulcro dell'intera disciplina: ... è previsto che questi strumenti, rispetto a tutti gli altri strumenti di raccolta di "fondi propri", sopportino la prima e (proporzionalmente) maggiore quota delle perdite *man mano che queste si verificano* nel corso dell'attività» (p. 111; corsivo nell'originale).

[49] Sull'uso degli strumenti finanziari codicistici come strumenti di raccolta dei "fondi propri" delle banche, v. M. MIOLA, *I conferimenti in natura*, 262 ss., in *Trattato delle s.p.a.*, diretto da

classe 1[50] [art. 52, comma 1, lett. *b*)], poi di classe 2[51] [art. 52, comma 1, lett. *c*)], poi dei debiti subordinati[52] ulteriori [art. 52, comma 1, lett. *d*)], infine delle restanti "passività ammissibili" [art. 52, comma 1, lett. *e*)][53]. La conversione

---

G.E. Colombo e G.B. Portale, vol. 1***, Torino, 2004, 1-568; C. FRIGENI, *Le s.p.a. bancarie dopo Basilea III*, cit., 188 ss.; A. GIANNELLI, *Le obbligazioni ibride tra obbligo di rimborso e partecipazione sociale*, Egea, Milano, 2013, 17 ss.; per la distinzione delle tesi che ravvisano per tali titoli un fondamento causale di credito (o "monistico": cfr. B. LIBONATI, *I "nuovi" strumenti finanziari partecipativi*, in *Riv. dir. comm.*, 2007, I, 1-28; G. FERRI *jr.*, *Fattispecie societaria e strumenti finanziari*, in *Riv. dir. comm.*, 2003, I, 805-828), neutro (o "anticausalista": cfr. M. NOTARI, *Azioni e strumenti finanziari: confini della fattispecie e profili di disciplina*, in *Banca, borsa, tit. cred.*, 2003, I, 542-558; M. NOTARI-A. GIANNELLI, *Commento all'art. 2346, comma 6*, in *Commentario alla riforma delle società*, diretto da P. MARCHETTI-L.A. BIANCHI-F. GHEZZI-M. NOTARI, vol. *Azioni*, a cura di Notari, Milano, 2008, 52-144) o a titolo di rischio, v. anche A. VALZER, *Gli strumenti finanziari partecipativi e non partecipativi nelle società per azioni*, Torino, 2012, 97 ss. (e, nell'argomentare quest'ultima tesi, con netta distinzione causale tra strumenti partecipativi *ex* art. 2346, ult. comma, cod. civ., 257 ss., e strumenti finanziari non partecipativi *ex* art. 2411, comma 3, cod. civ., 353 ss.); ID., *Gli obbligazionisti e i titolari di strumenti finanziari non partecipativi nelle procedure concordatarie*, 70 ss., in *Riv. soc.*, 2014, 47-92.; ID., *Commento all'art. 2346, co. 6*, 487 ss., in AA.VV., *Le società per azioni*, diretto da P. Abbadessa e G.B. Portale, Milano, 2016, t. I., 483-508; sui problemi di classificazione degli strumenti in questione, v. anche M. CIAN, *Strumenti finanziari partecipativi e poteri di* voice, Milano, 2006, 27 ss.; A. BARTOLACELLI, *La partecipazione non azionaria nella s.p.a. Gli strumenti finanziari partecipativi*, Milano, 2012, 141 ss.; E. BARCELLONA, *Rischio e potere nel diritto societario riformato – fra* golden quota *di s.r.l. e strumenti finanziari di s.p.a.*, Torino, 2012, 69 ss.

[50] Le caratteristiche degli strumenti di "capitale aggiuntivo di classe 1" sono fissate negli artt. 52-54 del Regolamento (UE) n. 575/2013: si tratta di strumenti "perpetui" (cioè privi di una scadenza predeterminata), la cui remunerazione può avere natura di "dividendi" o di "interessi": cfr. C. FRIGENI, *Le s.p.a. bancarie dopo Basilea III*, cit., 113 ss.

[51] Sugli strumenti e contratti di prestito di "capitale di classe 2" [art. 63 Regolamento (UE) n. 575/2013], v. C. FRIGENI, *Le s.p.a. bancarie dopo Basilea III*, cit., 119 ss.

[52] Sul rilievo della subordinazione volontaria ai fini dell'apporto di capitale di rischio, v. G.B. PORTALE, *«Prestiti subordinati» e «prestiti irredimibili» (appunti)*, in *Banca, borsa, tit. cred.*, 1996, I, 1-20; S. VANONI, *I crediti subordinati*, Torino, 2000; D. VATTERMOLI, *Crediti subordinati e concorso tra creditori*, Milano, 2012, 213 ss.; N. CIOCCA, *Gli strumenti finanziari obbligazionari*, Milano, 2012, 275 ss.; A. GIANNELLI, *Le obbligazioni ibride*, cit., 44 ss.; S. BOATTO, *Brevi note in materia di subordinazione volontaria dei crediti e crisi dell'impresa*, in *La ristrutturazione dei debiti civili e commerciali*, Atti del Convegno di Lanciano, 26 e 27 novembre 2010, a cura di Bonfatti e Falcone, Milano, 2011, 211-243, alla cui nt. 1 si fa rinvio per ulteriori indicazioni bibliografiche. V. anche A. CAHN *and* P. KENADJIAN, *Contingent Convertible Securities: From Theory to CRD IV*, in *European Banking Union*, cit., 217-278, sulla eventualità del ricorso delle società bancarie a strumenti più complessi di capitalizzazione, denominati *Contingent Convertible Securities* e aventi per caratteristica l'automatismo della conversione in azioni al ricorrere del PONV (*Point of non viability*: situazione di crisi); sui problemi di *governance* e di compatibilità con la struttura finanziaria delle società di capitali europee, quale risultante dalla Seconda Direttiva societaria e dalle regole della Seconda Direttiva societaria (art. 33, Direttiva 2012/30/UE) sul diritto di opzione dei soci, v. in particolare 246 ss.; B.P.M. JOOSEN, *Regulatory Capital Requirements and Bail in Mechanisms*, Working Paper, 28 marzo 2015, n. 7, 34 ss.

[53] Osservano correttamente S. ENGELBACH *und* T. FRIEDRICH, *Die Umsetzung der BRRD in Deutschland*, cit., 666, che in caso di patrimonio netto positivo l'unica possibilità a disposizione

avviene a un tasso che «compensa adeguatamente il creditore per le perdite subite a seguito della riduzione o della conversione» e «se la conversione è disposta quando il patrimonio del soggetto al quale è applicato il *bail-in* ha valore positivo, il tasso di conversione è definito in modo da diluire in maniera significativa l'incidenza delle azioni e delle partecipazioni esistenti» (art. 55, comma 1, d.lgs. n. 180/2015)[54].

Un aspetto sottolineato in un documento presentato dalla delegazione italiana prima dell'adozione della Direttiva BRRD[55], era stata la preferenza per la certezza preventiva della linea di demarcazione su ciò che è *bailinable* e ciò che non lo è. La scelta di strumenti finanziari di rafforzamento del patrimonio netto, le cui clausole prevedano l'esposizione al *bail-in* anche prima dell'*equity*, è una scelta di mercato che, a parte problemi di compatibilità con la Direttiva 2012/30/UE[56], evita rischi legali o di contagio, in caso di applicazione delle disposizioni sul *bail-in*[57]. Ogni altra soluzione, diversa dalla formulazione di un volontario meccanismo di conversione, di natura contrattuale o statutaria[58], apre spazi immensi di discrezionalità nell'apprezzamento del *timing*, della quantità e dei valori, che vanno scrutinati alla luce della ponderazione dell'interesse pubblico contrapposto al diritto costituzionalmente tutelato del singolo[59].

---

dell'Autorità di risoluzione è la conversione, per ristabilire il patrimonio minimo di vigilanza ("capitale primario di classe 1") e che questa soluzione costituisce per i creditori, almeno sul piano teorico, un miglioramento della loro posizione, per la possibilità di partecipare ai futuri risultati positivi dell'impresa.

[54] In presenza di «categorie di passività aventi posizione diversa nell'ordine di priorità applicabile in sede concorsuale», la Banca d'Italia può applicare *tassi di conversione diversi* (art. 55, comma 2, d.lgs. n. 180/2015). Sui problemi posti dal concetto di "significativa diluizione", v. G. PRESTI, *Il* Bail-in, cit., 352, testo e nt. 29; L. STANGHELLINI, *La disciplina delle crisi bancarie*, cit., 172.

[55] *Italy non-paper on bail-in*, Working document, 12 marzo 2013.

[56] Cfr. A. CAHN *and* P. KENADJIAN, *Contingent Convertible Securities*, cit., *paras*. da 8.63 a 8.107, 246-269; I. DONATI, *Il* bail-in *bancario: spunti per il nuovo diritto societario della crisi*, VII Convegno Annuale dell'Associazione Italiana dei Professori Universitari di Diritto Commerciale "Orizzonti del Diritto Commerciale" – "L'influenza del diritto europeo sul diritto commerciale italiano: valori, principi, interessi" (Roma, 26-27 febbraio 2016), n. 7, 32 ss. del dattiloscritto.

[57] C. BRESCIA MORRA, *Il diritto delle banche*^{2}, cit., 293; B. RUDOLPH *u.* S. ZECH, *Einsatzmöglichkeit und Verlustabsorptionsfähigkeit von CoCos*, in *Zeitschrift für das gesamte Kreditwesen*, 2015, 584-588.

[58] Sul tema, v. J. ARMOUR, *Making Bank Resolution Credible*, cit., 472 ss.; G.B. JOOSEN, *Bail in Mechanisms in the Bank Recovery and Resolution Directive*, Working Paper, Netherlands Association for Comparative and International Insolvency Law, (Annual Conference – 6 novembre 2014), 8 ss.; A. CAHN *and* P. KENADJIAN, *Contingent Convertible Securities*, cit., *paras*. da 8.117 a 8.123, 273-276.

[59] Cfr. CGUE, 19 luglio 2016, *Kotnik e altri*, Causa C-526/14 e Conclusioni dell'Avvocato Generale N. Wahl presentate il 18 febbraio 2016, sulla verifica di legittimità della Comunicazione sul settore bancario emanata dalla Commissione europea nel 2013, in seguito a una questione pre-

3. *Principi di ordine costituzionale e* bail-in. – La notevole litigiosità che ha fatto seguito, in tutto il mondo, all'applicazione del nuovo istituto del *bail-in*, ha determinato alcune pronunce giurisdizionali che hanno posto al centro della loro attenzione la compatibilità del nuovo istituto con principi di ordine costituzionale[60]. In particolare, la tutela della proprietà, del risparmio, dell'attività di impresa, il principio di ragionevolezza, il diritto a tutela giurisdizionale sono gli isti-

---

giudiziale sollevata dalla Corte costituzionale slovena. Nelle Conclusioni dell'Avvocato Generale, al paragrafo 87 si osserva che «l'articolo 17 della Carta stabilisce che il diritto di proprietà non si configura come prerogativa assoluta, ma deve essere preso in considerazione in relazione alla sua funzione nella società. Conseguentemente, possono essere apportate restrizioni all'esercizio del diritto di proprietà, a condizione che rispondano effettivamente ad obiettivi di interesse generale perseguiti dall'Unione e non costituiscano, rispetto allo scopo perseguito, un intervento sproporzionato e inaccettabile, tale da ledere la sostanza stessa dei diritti garantiti».

[60] Con riferimento alla nazionalizzazione della banca inglese *Northern Rock*, avvenuta in forza del *Banking (Special Provisions) Act* 2008 senza indennizzo per gli azionisti, si è pronunciata, negando la violazione dell'art. 1 del Primo Protocollo addizionale CEDU, la Corte europea dei diritti dell'uomo, 10 luglio 2012, in *Riv. dir. comm.*, 2014, II, 493, con nota di MARINI, *Il caso Northern Rock: il consolidarsi del nuovo paradigma proprietario nel diritto privato europeo*; e in *Riv. dir. soc.*, 2013, 715-721, con nota di T. ARIANI-L. GIANI, *La tutela degli azionisti nelle crisi bancarie*, *ibidem*, 721-731. La Corte europea ha confermato che il sacrificio della proprietà per causa di pubblica utilità richiede di effettuare un equo bilanciamento tra l'interesse generale e i diritti fondamentali e che le misure in questi casi devono rispettare il principio di proporzionalità tra mezzi impiegati e scopi perseguiti. Ne consegue che le espropriazioni senza indennizzo possono essere giustificate solo in circostanze eccezionali. In concreto, la Corte non riteneva di potere estendere il proprio sindacato all'ampio margine di discrezionalità che è opportuno concedere alle autorità nazionali in presenza di circostanze eccezionali sul mercato finanziario e osservava che la mancata concessione di un indennizzo rispondeva all'esigenza di evitare situazioni di "azzardo morale" e una distorsione degli incentivi in capo agli azionisti e amministratori di altre banche. In particolare, la Corte ha ritenuto corretto sottrarre dalla stima del valore residuo delle azioni l'importo degli aiuti pubblici di cui la banca aveva fruito al momento della nazionalizzazione, non potendosi interpretare l'art. 1 del Protocollo addizionale CEDU come fondativo di un eventuale dovere dello Stato di pagare i debiti di soggetti privati. Altri casi rilevanti si sono verificati tra Belgio e Olanda (cfr. V. DE SERIÈRE, *Recovery and Resolution Plans of Banks in the Context of the BRRD and the SRM*, cit., 340 ss.), Cipro (v., ad es., le Conclusioni dell'Avvocato Generale M. Wathelet presentate il 21 aprile 2016 nelle Cause riunite da C-105/15 P a C-109/15 P), Portogallo [in relazione alla risoluzione del Banco Espírito Santo, attuata il 3 agosto 2014, e al contenzioso pendente innanzi al Tribunal Administrativo de Círculo de Lisboa, contro il Banco de Portugal: il salvataggio del Banco Espírito Santo (BES) è descritto in A. RIBEIRO MENDES, *A resolução e os outros mecanismos de intervenção em instituições de crédito à luz da Constuição*, 39 ss., in AA.VV., *III Congresso de Direito da Insolvência*, coord. C. Serra, Almedina, Coimbra, 2015, 23-60; l'intervento del Banco de Portugal è avvenuto sulla base del Diploma del 2012 sull'intervento precoce nelle istituzioni di credito (*Decreto-Lei* n.° 31-A/2012, del 10 febbraio), che prevede tre fasi: *a*) Intervento correttivo; *b*) Amministrazione provvisoria; *c*) Risoluzione; il 3 agosto del 2014 il Banco de Portugal ha comunicato che avveniva la trasmissione in forma immediata e definitiva della generalità delle attività e del patrimonio del BES, al Nuovo Banco, debitamente capitalizzato e purgato degli attivi problematici. Venivano preservati i depositi e le obbligazioni non subordinate; in conformità alla Direttiva BRRD, la capitalizzazione del Nuovo Banco era assicurata dal Fondo di risoluzione, supportato dal settore finanziario, e le perdite determinate dagli attivi problematici venivano sopportate dagli azionisti e creditori subordinati del BES, senza spese

tuti che, nelle diverse giurisdizioni, sono stati indicati come parametro di valutazione per giudicare della legittimità del *bail-in* o di suoi singoli aspetti, in relazione alla specifica legge o provvedimento applicativo attuato nello Stato nazionale in cui si è verificato il salvataggio bancario.

Con un'impostazione molto equilibrata, si è registrato che «la disciplina del *bail-in*, la cui ultima (e forse altrimenti incerta) giustificazione, risiede nell'esigenza di minimizzare il rischio di contagio anche transnazionale tra le banche in crisi, è condivisa dai principali ordinamenti occidentali ed appare una scelta, allo stato attuale delle cose, così diffusa da apparire irreversibile, ancorché non unanimemente condivisa né sul piano teorico né su quello pratico» [61]. È il bilanciamento con i prevalenti interessi pubblici al salvataggio delle banche – secondo la sentenza della Corte di Giustizia 19 luglio 2016 – a giustificare la compressione del diritto di proprietà attuata con il *bail-in*: che si tratti di un'espropriazione [62] o, come dovrebbe più correttamente dirsi con la Corte costituzionale austriaca [63], di una particolare conformazione del diritto di proprietà all'interes-

---

dell'erario pubblico. La situazione del BES era di insolvenza, perché: il *tier* 1 era al 5%, tre punti al di sotto del minimo; il BES era stato sospeso dalla partecipazione al sistema dei pagamenti dell'Eurosistema; c'era una crescente pressione sulla tesoreria del BES e un'aggravata percezione pubblica del BES, con discesa dei titoli in borsa, e rischio per i depositi oltre che di contagio al sistema. Il 7 agosto del 2014 il fondo di risoluzione, avendo fondi propri soltanto per 377 Milioni, ha preso a prestito dallo Stato 3,9 Miliardi di Euro e 700 Milioni dalla Banca del Portogallo, per potere dotare di 4,9 Miliardi di capitale il nuovo Banco. La delibera del Banco di Portogallo fu impugnata dai soggetti pregiudicati in sede amministrativa], Austria e Slovenia (su cui *infra* nel testo).

[61] G. SANTONI, *Il commiato delle grandi popolari dal modello cooperativo*, 1110, in *Scritti in onore di Ermanno Bocchini*, Wolters Kluwer-Cedam, Padova, 2016, t. II, 1109-1112, da cui sono tratte le parole che nel testo precedono tra virgolette.

[62] Cfr. R. LENER, Bail-in *bancario e depositi bancari*, cit., 293, testo e nt. 17, ove si esprime la preferenza per il concetto di "compressione" del diritto di proprietà, non trattandosi tecnicamente di una "espropriazione". Secondo D. ROSSANO, *Il salvataggio della BPEL e l'accertamento dello stato di insolvenza alla luce della nuova normativa in materia di crisi bancarie* (Saving BPEL and ruling of insolvency in light of new legislation on failing credit institutions), nota a sentenza del Trib. Arezzo n. 12, 8-11 febbraio 2016 e della Corte di appello di Firenze, n. 911, 6 maggio 2016), 86 s., in *Riv. trim. dir. econom.*, 2016, II, 70-93, considerato il tenore dell'art. 52, comma 5, secondo periodo, d.lgs. n. 180/2015 ("*Gli azionisti e i creditori perdono ogni diritto, fatta eccezione per quelli già maturati e per l'eventuale diritto al risarcimento del danno in caso di esercizio illegittimo dei poteri di risoluzione*"), si è in presenza «di uno strumento avente caratteri peculiari che non consentono di inquadrarlo pienamente in schemi già conosciuti; congegno che presenta ... connotati *paraespropriativi* in quanto idoneo a limitare (fino, altresì, a svuotarne di contenuto) il diritto di proprietà degli azionisti e dei creditori degli istituti creditizi (attraverso modalità operative da determinare di volta in volta)».

[63] *Verfassungsgerichthof*, 3 luglio 2015, G 239/2014-27, G 98/2015-27, commentata da G. GUIZZI, *Il* Bail-in *nel nuovo sistema di risoluzione delle crisi bancarie. Quale lezione da Vienna?*, cit., 1485 ss.; L. DI BRINA, *"Risoluzione" delle banche e "bail-in", alla luce dei principi della Carta dei diritti fondamentali dell'UE e della Costituzione nazionale* (nota a Corte costituzionale austriaca *Verfassungsgerichtshof (VFGH)* Sentenza 3 – 28 luglio 2015 (G 239/2014-27, G 98/2015-27) (*Banking resolution and bail in: the directions of Charter of Fundamental Rights*), in

se pubblico [64], è questione che non tocca direttamente l'oggetto di queste riflessioni [65], se ci si attiene al criterio – di carattere strettamente formale – che il

Riv. trim. dir. econom., 2015, II, 184-229; H. HÖRTENHUBER *u.* S. DÖRNHÖFER, *Hypo-Alpe-Adria-Sanierungsgesetz verfassungswidrig*, in *ÖJZ – Österreichische Juristenzeitung*, 2015, 1128-1131; C. WUTSCHER, *Hypo Reorganization Act Violates Right to Property*, in *Vienna Journal on International and Constitutional Law*, 2015, 586-593; da B. RASCHAUER, *Lehren aus dem Heta-Erkenntnis*, in *ecolex*, 2015, 928 ss.; K. RETTER, *Anordnung des Erlöschens von Verbindlichkeiten und Haftungen im Hypo-Sanierungsgesetz unverhältnismäßig*, in *wbl-Wirtschafltiche Blätter*, 2015, 605-607. Nel § 275 della sentenza si osserva che, mentre nell'espropriazione in senso stretto l'interesse pubblico riguarda la cosa, ma non il suo valore, nel caso sottoposto all'attenzione della Corte costituzionale austriaca si prevede l'estinzione del valore della passività subordinata, non in termini di "cosa", bensì di "valore". Tenuto conto che la necessità della nuova struttura prevista dalla legge costituisce un interesse pubblico di peso notevole, la Corte riconosce che la scelta tra le diverse soluzioni, in presenza di una pluralità di strumenti adeguati, rientra nello spazio discrezionale del legislatore e, in definitiva, ammette la soluzione di ridurre l'entità dei crediti.

[64] L'art. 52, comma 5, d.lgs. n. 180/2015, prevede che «la riduzione di cui al comma 1, lett. *a*), ha effetto definitivo e ha luogo senza che sia dovuto alcun indennizzo, fatto salvo quanto stabilito dagli artt. 51, comma 2, e 89, comma 1», cioè la valutazione definitiva da cui risulti un importo del *bail-in* inferiore a quello attuato in via provvisoria con il provvedimento di avvio della risoluzione: in quest'ultima ipotesi l'art. 51, comma 2, d.lgs. n. 180/2015 ammette che «il valore dei crediti, delle azioni, delle altre partecipazioni e degli strumenti di capitale *può* essere ripristinato per la differenza», mentre l'art. 89, comma 1, d.lgs. n. 180/2015, stabilisce che «ciascun azionista o creditore, incluso il sistema di garanzia dei depositanti, che sulla base della valutazione di cui all'art. 88 risulti aver subito perdite maggiori di quelle che avrebbe subito in una liquidazione coatta amministrativa o altra analoga procedura concorsuale applicabile, *ha diritto a ricevere, a titolo di indennizzo, esclusivamente una somma equivalente alla differenza determinata ai sensi dell'art. 88*». La differenza di dettato tra le due norme, apparentemente contraddittorie, pare potersi sciogliere in via interpretativa sottolineando due profili che ne differenzierebbero tanto la fattispecie quanto la disciplina e ne permetterebbero il coordinamento: *a*) l'ipotesi considerata nella prima norma potrebbe verificarsi soltanto prima che siano state attuate misure di risoluzione con il coinvolgimento di terzi, il cui acquisto deve essere fatto salvo; *b*) la prima norma attribuisce all'Autorità un potere di ripristino parziale della situazione di titolarità degli strumenti di capitale in capo ai precedenti titolari, ma non una situazione di diritto soggettivo al ripristino a favore di questi ultimi, la cui pretesa, in base alla seconda norma, è in ultima analisi esclusivamente indennitaria e da liquidare per equivalente.

[65] M. MAUGERI, *Banche popolari, diritto di recesso e tutela costituzionale della proprietà azionaria*, in *Riv. soc.*, 2016, 1091-1025, a 1003 ss. ascrive il *bail-in* (e, più in generale, gli altri istituti limitativi dei diritti sulla partecipazione sociale, quali il limite al rimborso del socio receduto da banca popolare) al comma 2, anziché al 3, dell'art. 42 Cost. (ivi anche il richiamo, in nt. 43, a S. RODOTÀ, *Commento all'art. 42*, in *Commentario alla Costituzione*, a cura di Branca, Bologna-Roma, 1982, 183). Sul c.d. rompicapo del "regulatory taking" (= la distinzione tra le ipotesi di conformazione dell'uso delle proprietà che sono ammissibili senza indennizzo e quelle in cui le restrizioni imposte a singoli per la promozione di interessi generali sono talmente incisive da richiedere invece la corresponsione di un indennizzo che riporti il soggetto inciso in posizione di parità rispetto ad altri soggetti a lui consimili, v. anche A. GAMBARO, *Le fonti, la proprietà, il modello costituzionale e l'Europa*, 44 s., in E. NAVARRETTA (a cura di), *La metafora delle fonti e il diritto privato europeo. Giornate di studio per Umberto Breccia*, Torino, 2015, 31-51; per il richiamo alla giurisprudenza della Corte costituzionale italiana, v. N. PAOLANTONIO, *I beni soggetti a vincolo*, 675 s., in AA.VV., *Diritto amministrativo*, a cura di F.G. Scoca, Torino, 2008, 665-683.

bail-in non viola il diritto di proprietà, in quanto, sul piano logico, non avrebbe senso indennizzare ciò che ormai ha perso ogni valore [66].

L'applicazione del nuovo istituto deve avvenire secondo criteri di ragionevolezza [67], come ricorda il precedente della Corte costituzionale austriaca che, quanto all'individuazione delle passività escluse e incluse, ha fulminato di irragionevolezza la legge speciale sul risanamento di Hypo Alpe Adria, che poneva un discrimine meramente temporale per distinguere tra i definitivamente pregiudicati e gli esenti, in ragione della data di scadenza delle obbligazioni [68].

Tenuto conto del carattere quasi dittatoriale dei poteri delle Autorità di risoluzione [69], l'uso delle categorie costituzionali [70] (e in special modo degli artt. 3, 24, 41, 42, 47 Cost.; degli artt. 16 [71] e 17 della Carta di Nizza; art. 1 del Primo Protocollo addizionale CEDU) costituisce il parametro di fondo per valutare, secondo un'impostazione interpretativa di bilanciamento degli interessi, gli aspetti particolari dell'articolata disciplina del *bail-in* [72]. La moderna risoluzione bancaria potrà così condurre a una rinnovata stagione di applicazione dei principi costituzionali al diritto commerciale e bancario [73]. Oltre ai profili di diritto

---

[66] Questa l'osservazione di Guizzi.

[67] Cfr. O. CAPOLINO, *Risanamento e risoluzione delle banche: riparto delle funzioni, compiti e responsabilità*, in M. MANCINI, A. PACIELLO, V. SANTORO, VALENSISE (a cura di), *Regole e mercato*, t. 1, Torino, 2016, 662, ove si precisa che «il ricorso alle misure previste dalla BRRD, e in particolare al *bail-in*, presuppone la sussistenza di un interesse pubblico qualificato, nonché il rispetto del principio di proporzionalità e la verifica che non sia ragionevolmente prospettabile una soluzione alternativa».

[68] La sentenza austriaca offre uno spunto anche per la verifica della legittimità costituzionale delle disposizioni in favore degli obbligazionisti bancari delle c.d. "quattro banche", per i quali gli artt. 7 e 8, d.l. 3 maggio 2016, n. 59, conv. con legge 30 giugno 2016, n. 119, dettano una disciplina di tutela differenziata in ragione, fra l'altro, della data di acquisto delle obbligazioni (su tale previsione legislativa speciale, v. B. INZITARI, *BRRD, bail in,* cit., 3, nt. 6).

[69] Cfr. G. PRESTI, *Il* Bail-in, cit., 348, testo e nt. 20.

[70] Cfr. W. SERVATIUS, *Enteignung von Bankaktionären – Der Fall Hypo Real Estate*, 253 ss., in H. ROTH (*hrsg.*), *Europäisierung des Rechts*, Ringvorlesung der juristischen Fakultät der Universität Regensburg 2009/2010, Mohr Siebeck, Tübingen, 2010, 243-260; B. WOLFERS *u.* VOLAND, *Sanierung und Insolvenz von Banken unter besonderer Berücksichtigung der Vorgaben des Verfassungs– und Europarechts*, 342 ss., in K.J. HOPT *u.* G. WOHLMANNSTETTER, *Handbuch Corporate Governance von Banken*, Vahlen – Beck, München, 2011, 315-367.

[71] Sull'art. 16 e la protezione della libertà d'impresa, come norma ispirata dall'art. 41 Cost. italiana: J. GUNDEL, *Der Schutz der unternehmerischen Freiheit durch die EU-Grundrechtecharta*, 326, nt., 17, in *ZHR-Zeitschrift für Handelsrecht*, 2016, 323-357.

[72] Per un primo approccio, v. M. LAMANDINI-D. RAMOS MUÑOZ-J. SOLANA ÁLVAREZ, *Depicting the limits to the SSM's supervisory powers: The Role of Constitutional Mandates and of Fundamental Rights'Protection*, in *Banca d'Italia – Quaderni di ricerca giuridica*, n. 79 – ottobre 2015, 47 ss., 55 ss. e 72 ss.

[73] In data 22 aprile 2016, a Roma presso l'Università Roma Tre, si è tenuto il Convegno "I diritti fondamentali in Europa e il diritto privato", con una relazione di M. GARGANTINI, *Procedure*

sostanziale, l'approfondimento costituzionale dovrebbe volgersi anche al sistema di tutela della posizione dei soggetti pregiudicati direttamente pregiudicati dalla risoluzione anche quanto alla tutela dei loro diritti soggettivi, alla luce dei principi di cui all'art. 24 Cost.[74].

Non può nemmeno escludersi, nel solco della Corte costituzionale tedesca e della sua nota giurisprudenza Lissabon[75], che si possa giungere, su specifici

---

di risoluzione bancarie: tutela della proprietà e dell'equo processo, nella quale si è dato atto, tra l'altro, di un'esplicita scelta della Commissione europea per la formulazione di una disciplina delle esclusioni dal *bail-in* che, evitando di fornire anticipate sicurezze agli investitori, non ne provocasse la "fuga" dagli investimenti potenzialmente inclusi nel *bail-in*. In generale sul ruolo dei diritti fondamentali nel diritto europeo, v. P. GIANNITI, *Le prospettive di integrazione tra ordinamento UE ed ordinamento CEDU*, 523 ss., in *Convenzione europea per la salvaguardia dei diritti dell'uomo e delle libertà fondamentali*, a cura di Gianniti, Bologna, 2015; G.B. PORTALE, *La* corporate governance *delle società bancarie*, 60, in *Riv. soc.*, 2016, 48-63. Per un'applicazione interpretativa dei principi costituzionali in materia di tutela del diritto di proprietà al diritto societario, v. G.B. PORTALE, *Note in tema di liquidazione della quota ex art. 2490 cod. civ.*, in *Processi civili*, 1972, 1-20; G.B. PORTALE, *Capitale sociale e società per azioni sottocapitalizzata*, 100 s., in *Trattato delle s.p.a.*, diretto da G.E. Colombo-G.B. Portale, vol. 1**, Torino, 2004, 1-166 (sul rapporto tra tutela dei creditori e art. 41, comma 2, Cost.); G.B. PORTALE-A. DACCÒ, *Il recesso del socio nella società a responsabilità limitata: un caso clinico*, 676 s., testo e nt. 13, in *Studi in onore di Umberto Belviso*, vol. I, Bari, 2011, 671-683 (con richiamo a Trib. Milano 31 marzo 2008, in *Società*, 2008, 373); P.O. MÜLBERT, *Grundsatz- und Praxisprobleme der Einwirkungen des art. 14 GG auf das Aktienrecht*, in *Festschrift für Klaus J. Hopt*, Berlin-New York, 2010, 1039-1078; G. CARRARO, *Società di capitali e diritti dell'uomo*, 209 s., in *Riv. dir. civ.*, 2012, I, 205-241; M. MAUGERI-H. FLEISCHER, *Problemi giuridici in tema di valutazione delle azioni del socio recedente: un confronto tra diritto tedesco e diritto italiano*, 93 s., 108 s. e 111 s., in *Riv. soc.*, 2013, 78-117; CH. THOMALE, *Minderheitenschutz gegen Delisting – die MACROTRON-Rechtsprechung zwischen Eigentumsgewähr und richterlicher Rechtsfortbildung*, in *ZGR – Zeitschrift für Gesellschaftsrecht*, 2013, 686-723; M. MAUGERI, *Banche popolari, diritto di recesso e tutela costituzionale della proprietà azionaria*, cit., 1010 ss. e 1016 ss.; v. anche M. TRIMARCHI, *Proprietà e impresa*, 433, in SOCIETÀ ITALIANA DEGLI STUDIOSI DEL DIRITTO CIVILE, *Diritto comunitario e sistemi nazionali: pluralità delle fonti e unitarietà degli ordinamenti*, Atti del 4° Convegno Nazionale (16-17-18 aprile 2009 – Capri), Edizioni Scientifiche Italiane, Napoli, 2010, 417-433, il quale, a fronte della constatazione che «in relazione ad un dato bene o ad una data attività vengono ordinariamente in rilievo una pluralità di interessi, non sempre concordanti, del singolo, di comunità o categorie o dell'intera collettività, tutti in ipotesi giuridicamente rilevanti e astrattamente riconducibili a principi e valori apicali dell'ordinamento», giunge alla conclusione che compito, prima del legislatore e poi dell'interprete, è quello di «trovare una composizione equilibrata di tali interessi, e quindi una soluzione dell'eventuale conflitto che eviti gli abusi e le disarmonie e dia, per quanto è possibile, al tempo stesso ragione alla proprietà e all'impresa della loro esistenza e tutela delle esigenze sociali».

[74] Secondo R. LENER, Bail-in *bancario e depositi bancari*, cit., 274, testo e nt. 20, la nuova disciplina limita fortemente la possibilità di agire in giudizio, «introducendo addirittura una singolare "presunzione di contrarietà al pubblico interesse" (cfr. art. 95, d.lgs. n.180/2015)», con riferimento alla sospensiva del provvedimento di risoluzione; sui limiti alla tutela giurisdizionale v. anche A. MAGLIARI, *L'attuazione della direttiva sul risanamento e la risoluzione degli enti creditizi nell'ordinamento italiano: profili pubblicistici*, in M.P. CHITI-V. SANTORO (a cura di), *L'unione bancaria europea*, cit., 397 ss.; E. RULLI, *Contributo allo studio*, cit., 68 ss.

[75] *Bundesverfassungsgericht*, 30 giugno 2009, *Lissabon*, in *BVerfGE*, 123, 267 ss.; la Corte

profili e aspetti di disciplina, a valutazioni divergenti tra le Corti costituzionali nazionali e la Corte di Giustizia dell'Unione, dandosi così valore non meramen-

---

costituzionale tedesca ha per prima fatto applicazione della teoria dei "controlimiti" alle limitazioni di sovranità derivanti dall'appartenenza della Repubblica federale all'Unione europea, facendo valere la questione del deficit democratico di quest'ultima e il principio nazionale di democrazia rappresentativa. Con riguardo alla teoria dei "controlimiti", precisa F. GALLO, *La concorrenza fra il diritto nazionale e il diritto europeo (UE e CEDU) nella giurisprudenza costituzionale italiana*, 215, in *Unione europea: concorrenza tra imprese e concorrenza tra Stati*, cit., 211-222 (da cui si cita; pubblicato anche in *Giur. comm.*, 2015, I, 255-265), che «il fatto che il primato del diritto dell'Unione sul diritto interno sia stato riconosciuto, *ex* artt. 11 e 117, dalla Corte italiana anche rispetto a norme formalmente costituzionali e non soltanto rispetto a meri atti legislativi non vuol dire che la Corte costituzionale abbia inteso rendere l'ordinamento italiano sempre "soccombente" – e, quindi, non concorrente – rispetto a quello dell'Unione. Al contrario, fin dalla sentenza n. 183/1973, la Corte italiana, prima fra i giudici costituzionali europei, ha con vigore sostenuto che la linea di separazione fra l'ordinamento interno e quello dell'Unione è presidiata da princìpi fondamentali dell'ordinamento costituzionale. Le limitazioni di sovranità consentite dall'art. 11 della Costituzione – si disse allora – non possono in alcun modo comportare per gli organi comunitari di violare "i principi fondamentali dell'assetto costituzionale dello Stato", ovvero i diritti inalienabili della persona umana. Verificandosi questi casi, non può escludersi il potere della Corte di assicurare, attraverso il proprio sindacato giurisdizionale, il controllo di compatibilità del Trattato e delle norme di diritto derivato con i principi fondamentali costituzionali (sentenza n. 232/1989). Ne deriva che, nel caso in cui tali principi confliggano con la norma comunitaria, essi devono considerarsi "controlimiti" – cioè limiti alle "limitazioni di sovranità" di cui all'art. 11 Cost. – legittimamente opponibili all'applicazione della norma stessa. In tali casi, pertanto, i due ordinamenti tornano a competere tra di loro». Aggiunge ancora F. GALLO (p. 215 s.) che la Corte costituzionale non ha mai opposto i "controlimiti" e che è improbabile che li opponga in futuro, in quanto tali contrasti vengono normalmente risolti in sede politica. Conclude F. GALLO (p. 216) che, sebbene una consistente parte della dottrina tenda a fare coincidere i controlimiti «solo con quei principi supremi dell'ordinamento costituzionale che la sentenza n. 1146/1988 ha ritenuto sottratti anche al potere di revisione della Costituzione … nessuna norma costituzionale vieta che possano essere opposti come controlimiti anche quegli elementi della nostra civiltà giuridica che, pur essendo suscettibili di revisione costituzionale, caratterizzano tuttavia indefettibilmente la comunità politica italiana e contrassegnano, perciò, la nostra identità costituzionale». Sul differente modo di intendere le identità costituzionali da salvaguardare e la loro funzione dialettica rispetto all'ordinamento europeo, v. ampiamente F. VECCHIO, *Primazia del diritto europeo e salvaguardia delle identità costituzionali. Effetti asimmetrici dell'europeizzazione dei controlimiti*, Torino, 2012, ove l'esame della posizione monista della Corte di Giustizia europea (p. 3 ss. e 207 ss.), di quello dualista della Corte costituzionale italiana (p. 20 ss.) e di quella tedesca (p. 33 ss.) e di alcuni casi di applicazione "sostanziale" del controlimite identitario (p. 145 ss.: mandato di arresto europeo; 156 ss.: quote zucchero; 162 ss.: conservazione dei dati personali). Evidenzia, nel contesto della teoria dei controlimiti, l'emersione dei principi costituzionali comuni dalla giurisprudenza della Corte di Giustizia: F. SORRENTINO, *Principi costituzionali e complessità delle fonti*, 8 s., in E. NAVARRETTA (a cura di), *La metafora delle fonti e il diritto privato europeo*, cit., 3-18; sulla problematicità di tale dialogo, v. anche G. MARTINICO, *La complessità costituzionale dell'ordinamento europeo*, in *Scritti in onore di Gaetano Silvestri*, t. II, Torino, 2016, 1364-1380; V. ONIDA, *A cinquant'anni dalla sentenza "Costa-Enel": riflettendo sui rapporti fra ordinamento interno e ordinamento comunitario alla luce della giurisprudenza*, ibidem, 1575-1591.

te teorico alla dottrina costituzionale dei controlimiti [76] del diritto costituzionale nazionale rispetto al diritto dell'Unione [77].

Se il *bail-in* costituisce un intervento conformativo della proprietà privata (art. 42 Cost.; art. 1, Prot. 1 CEDU [78]; art. 17 Carta dei diritti fondamentali UE) volto a ripristinare la fiducia del pubblico nel sistema finanziario, gli interventi dell'Autorità dovranno essere necessariamente limitati a tale scopo [79]. Le ecce-

---

[76] Cfr. Corte cost., 22 ottobre 2014, n. 238 (diritto al giudice a tutela di situazioni inviolabili, sancito dalla combinazione degli artt. 2 e 24 Cost.); G. SAPUTELLI, *Stato, Unione Europea e* lex mercatoria, Milano, 2015, 79 ss.; M. LUCIANI, *I controlimiti e l'eterogenesi dei fini (a proposito della sent., Corte cost. n. 238/2014)*, in *Scritti in onore di Gaetano Silvestri*, t. II, cit., 1261-1273; un'implicita applicazione della teoria dei controlimiti sembrerebbe essere stata compiuta da Trib. Napoli (ord.) 24 marzo 2016, in *Banca, borsa, tit. cred.*, 2017, II, 173, che ha disapplicato le Istruzioni di vigilanza della Banca d'Italia, in punto di limitazione del recesso da banca popolare, assumendone, da un lato, la conformità alla disciplina europea, ma, dall'altro, disapplicandole per contrasto con gli artt. 42 e 47 Cost.; in critica a questo modo di procedere, e in favore di una rimessione della questione alla Corte costituzionale (poi attuata da Trib. Napoli, ord. 1 agosto 2016, *ibidem*, 172), v. M. MAUGERI, *Banche popolari, diritto di recesso e tutela costituzionale della proprietà azionaria*, cit., 994, nt. 7; per le ulteriori pronunce sulla questione, strettamente attinente alla trasformazione delle banche popolari, v. anche Corte cost., 21 dicembre 2016, n. 287, Cons. Stato, 15 dicembre 2016, n. 5277 (ord.), pubblicate insieme alle precedenti, in *Banca, borsa, tit. cred.*, 2017, II, 167 ss., con nota di G. ROMANO, *Trasformazione di banca popolare, recesso e limiti al rimborso delle azioni: il d.l. n. 3/2015 di fronte alla giustizia civile, amministrativa e costituzionale*.

[77] Secondo G. TEUBNER, *Le due forme del pluralismo giuridico: conflitti normativi nella doppia frammentazione della società mondiale*, 35, in SOCIETÀ ITALIANA DEGLI STUDIOSI DEL DIRITTO CIVILE, *Diritto comunitario e sistemi nazionali: pluralità delle fonti e unitarietà degli ordinamenti*, cit., 13-48,«da un punto di vista sociologico i diritti fondamentali non sono, come i giuristi per lo più affermavano, diritti individuali contro il potere statale muniti di protezione giudiziaria, ma controistituzioni sociali all'interno di singoli sottosistemi, l'espansione dei quali è limitata internamente. Dal punto di vista della teoria dei sistemi il ruolo dei diritti fondamentali non si esaurisce nella protezione di posizioni giuridiche individuali, ma consiste nell'assicurare l'autonomia delle sfere sociali contro ogni tendenza alla prevaricazione»; sui rapporti tra diritto privato e diritti fondamentali, nel contesto del pluralismo dei punti di vista che caratterizza l'Unione europea, con un forte richiamo alla distinzione tra i diritti dell'Uomo di cui gode ogni persona in virtù della sua umanità, e le semplici libertà e principi strumentali, che non dovrebbero invece avere una tutela altrettanto forte a detrimento delle regole del diritto privato, v. M.W. HESSELINK, *The Justice Dimensions of the Relationship between Fundamental Rights and Private Law*, in *European Review of Private Law*, 2016, 425-456.

[78] Su cui v., in ultimo, S. CARABETTA, *La tutela della proprietà e del credito nella giurisprudenza della Corte EDU. Problemi di inquadramento giuridico*, in *Scritti in onore di Gaetano Silvestri*, cit., 431-445.

[79] Il nuovo istituto del *bail-in* appare talmente poco definito, nei suoi contorni di fattispecie, che nella motivazione di alcune recenti sentenze rese in materia di limiti al recesso nelle banche popolari si arriva a confondere il *bail-in* con il patrimonio di vigilanza: cfr. T.A.R. Lazio, Sez. III, 7 giugno 2016, *Lonardi e altri c. Banca d'Italia*, § 7.1.5; con il patrimonio dei soci e il recesso: T.A.R. Lazio, Sez. III, 7 giugno 2016, *Vitale e altri c. Banca d'Italia*, § 4.2.4: «Occorre ricordare nuovamente che limitazione del rimborso di capitale in caso di recesso rappresenta un requisito prudenziale per fronteggiare eventuali perdite della azienda di credito, e risponde al principio se-

zioni al *bail-in* devono tutte seguire questo principio: per quanto concerne l'individuazione delle ipotesi di esclusione dal *bail-in*, deve trattarsi di passività la cui riduzione o conversione può pregiudicare la fiducia del pubblico [80], sicché la liquidazione della passività produca un effetto contrario a quello del ripristino della fiducia. Pare dunque opportuno affrontare il tema delle passività escluse o incluse nel *bail-in*, nel contesto di una gestione di portafoglio, richiamando i principi costituzionali da applicare per risolvere i casi dubbi. In particolare, sono i principi (art. 5, comma 1, secondo periodo, TUE) di sussidiarietà e proporzionalità, quest'ultimo sotteso anche all'art. 3 Cost., che vengono soprattutto in rilievo, tanto più in un contesto che si inscrive nella cornice costituzionale della tutela del risparmio, che richiede un coinvolgimento nazionale, diretto o indiretto, in ogni atto autoritativo riferito alla tutela del risparmio (art. 47 Cost.) [81].

Sulla disciplina delle esclusioni dal *bail-in* pesa oggi una involuzione nel modo di considerare le clausole generali. Un tempo esse erano considerate le "valvole di sicurezza" del sistema, che consentono di adattare il testo della leg-

---

condo il quale la stabilità di una banca, in caso di crisi, va preservata innanzitutto attraverso un salvataggio interno, ossia mediante le risorse patrimoniali della banca medesima; e dunque, indirettamente, mediante l'apporto del patrimonio dei soci (c.d principio del *bail-in*)». Più in generale, nelle anzidette sentenze (su cui v. M. MAUGERI, *Banche popolari, diritto di recesso e tutela costituzionale della proprietà azionaria*, cit., 1007) si afferma che non trovi applicazione alla partecipazione azionaria l'art. 42, comma 3, Cost., di cui viene esclusa l'applicabilità ai rapporti tra privati e a entità diverse dai beni.

[80] Cfr. il documento EBA, *Technical advice on the delegated acts on critical functions and core business lines*, 6 marzo 2015, 9: «Loss of market confidence is highly probable in the case of functions that are more 'visible' or publicly known to counterparties, customers and the public (e.g. retail payment services), and is amplified when institutions are interconnected. It can therefore be assumed that this would affect not only retail customers but also wholesale customers or counterparties».

[81] Sull'interpretazione multilivello dell'art. 47 Cost., v. sinteticamente A. PISANESCHI, *La regolazione bancaria multilivello e l'art. 47 della Cost.*, in M.P. CHITI-V. SANTORO (a cura di), *L'unione bancaria europea*, cit., 153-171, con un particolare richiamo, a 168, ai problemi procedimentali posti dalle norme di *soft law* delle Autorità europee, nella cui emanazione le Autorità nazionali non sono coinvolte. In termini sostanziali, l'interpretazione dell'art. 47 Cost. tende a porre in luce che tutte le forme di risparmio devono tradursi in una utilizzazione economica del *surplus* monetario individuale: «Non è infatti il risparmio come tale, come valore in sé, che viene incentivato e tutelato, ma il risparmio come componente del processo economico. – Il puro e semplice accantonamento di moneta non rientra dunque nel risparmio disciplinato dall'articolo in oggetto» (F. MERUSI, *Commento all'art. 47*, 184, in A. NIGRO-G. GHEZZI-F. MERUSI, *Rapporti economici*, t. III, in *Commentario della Costituzione*, a cura di Branca, Bologna-Roma, 1980, 153-187, da cui è tratta la citazione che precede tra virgolette). Il rilievo specifico del principio della tutela del risparmio per rispondere al quesito sulla legittimità del *bail-in* è escluso da D. ROSSANO, *Il salvataggio della BPEL*, cit., 91, in ragione dell'asserito carattere programmatico dell'art. 47; per un'argomentazione più articolata v. ora L. STANGHELLINI-A. ZORZI, *Perché il bail-in è costituzionale*, 06 settembre 2016, in *http://www.lavoce.info/archives/42682/perche-il-bail-in-e-costituzionale/*.

ge ai casi nuovi: pensate per consentire al giudice di trattare sulla base di principi e di valori quei casi che il legislatore non aveva potuto considerare, nel definire il perimetro (o gabbia concettuale) della fattispecie al momento storico della emanazione della legge, esse dovevano assicurare l'adeguazione dell'ordinamento giuridico ai nuovi casi che l'evoluzione storica della società e dell'economia pone imprevedibilmente dinanzi all'interprete. Oggi, in una fase storica diversa, si vuole consentire al decisore di non essere costretto entro le maglie di fattispecie predisposte, e di decidere guidato solo dai principi [82], che egli deve bilanciare in un giudizio la cui garanzia, per i consociati, è quella procedurale data dalla terzietà di chi decide [83]. In una fase storica in cui le disuguaglianze sono cresciute, il rischio che il decisore sia "catturato" è maggiore, proprio se si rinuncia a ogni vincolo di precisione della fattispecie.

4. *Passività escluse dal* bail-in *e gestione di portafoglio.* – L'elenco delle passività escluse comprende ipotesi eterogenee: i depositi protetti; le passività garantite [84]; quelle nei confronti dei dipendenti [85], dei fornitori di beni o servizi necessari per il normale funzionamento dell'ente sottoposto a risoluzione [art. 49, comma 1, lett. *g*), *ii*), d.lgs. n. 180/2015], o dei sistemi di garanzia dei depositanti [86]; le passività con durata originaria inferiore a sette giorni nei confronti di banche o SIM non facenti parte del gruppo dell'ente sottoposto a risoluzione [art. 49, comma 1, lett. *e*)]; le passività con durata residua inferiore a sette giorni nei confronti di un sistema di pagamento o di regolamento titoli o di una con-

---

[82] Sui problemi di ordine teorico posti dal giudizio per principi, v. C. LUZZATI, *Prìncipi e princìpi. La genericità nel diritto*, Torino, 2012, *passim* e in part. 167 ss.; ID., *Del giurista interprete. Linguaggio, tecniche, dottrine*, Torino, 2016, 332 ss.; G. TERRANOVA, *Elogio dell'approssimazione. Il diritto come esperienza comunicativa*, Pisa, 2015, 167 ss.

[83] Sul problema della terzietà del giudice, nel delicato caso della necessità di bilanciamento fra principi costituzionali, v. ora P. FALZEA, *Riflessioni minime sul valore dell'imparzialità del giudice alla luce dei mutamenti ordinamentali*, in *Scritti in onore di Gaetano Silvestri*, t. II, cit., 933-948.

[84] Art. 49, comma 1, lett. *b*), d.lgs. n. 180/2015: «le passività garantite, incluse le obbligazioni bancarie garantite, le passività derivanti da contratti derivati di copertura dei rischi dei crediti e dei titoli ceduti a garanzia delle obbligazioni, nel limite del valore delle attività poste a garanzia delle stesse, nonché le passività nei confronti dell'amministrazione tributaria ed enti previdenziali, se i relativi crediti sono assistiti da privilegio o da cause legittime di prelazione».

[85] Art. 49, comma 1, lett. *g*), *i*), d.lgs. n. 180/2015: «passività nei confronti dei [...] dipendenti, limitatamente alle passività riguardanti la retribuzione fissa, i benefici pensionistici o altra componente fissa della remunerazione. Il *bail-in* è applicato alla componente variabile della remunerazione, salvo che essa sia stabilita da contratti collettivi. In ogni caso, esso è applicato alla componente variabile della remunerazione del personale più rilevante, identificato ai sensi del reg. (UE) n. 604/2014».

[86] Art. 49, comma 1, lett. *g*), *iii*), d.lgs. n. 180/2015: «... limitatamente ai contributi dovuti dall'ente sottoposto a risoluzione per l'adesione ai sistemi».

troparte centrale, nonché dei suoi gestori o partecipanti [87]. Tali passività rientrano nell'ambito di quelle il cui mantenimento risulta necessario od opportuno per il corretto svolgimento in continuità delle funzioni essenziali dell'ente, e che di per sé, sul piano soggettivo [88], non configurano una partecipazione del creditore all'investimento nell'attività dell'ente.

Va ricordato che il limite dei 100.000 euro alla esclusione dal *bail-in*, non si applica, per nove mesi dall'accredito, ai depositi delle persone fisiche che derivino da operazioni immobiliari sull'abitazione [art. 96-*bis*.1, comma 4, lett. *a*), t.u.b.], da divorzio, pensionamento, scioglimento del rapporto di lavoro, invalidità o morte [art. 96-*bis*.1, comma 4, lett. *b*), t.u.b.], pagamento di prestazioni assicurative, risarcimenti o indennizzi a seguito di reati contro la persona o di ingiusta detenzione [art. 96-*bis*.1, comma 4, lett. *c*), t.u.b.] [89]. In tutti questi casi, la legge stessa attribuisce legale rilievo alla funzione di supporto monetario del deposito bancario, con una valutazione *iuris et de iure* di meritevolezza, non essendovi per il depositante normalmente altra scelta per la custodia del proprio denaro (fino al reimpiego in un nuovo investimento).

Anche il nuovo art. 91, comma 1-*bis*, lett. *a*), n. 1), e lett. *c*), t.u.b. [90], attribuisce nella liquidazione coatta amministrativa una posizione di preferenza dei depositanti rispetto agli altri creditori chirografari, e in particolare dei depositanti protetti che siano microimprese, piccole e medie imprese per la parte superiore ai 100.000 euro che non trova tutela da parte del sistema di garanzia dei depositanti (artt. 96 e 96-*bis*.1, commi 2, e 3, t.u.b.), con ciò graduando in funzione della qualifica soggettiva il sacrificio richiesto ai soggetti più deboli (per i quali, appunto, il deposito bancario è scelta inevitabile di custodia della liquidità).

Vi sono poi le passività escluse che sono correlate alla «detenzione di disponibilità dei clienti», inclusa quella detenuta «nella prestazione di servizi e attività di investimento e accessori ovvero da o per conto di organismi d'investimento collettivo o fondi di investimento alternativi» [art. 49, comma 1, lett. *c*)] e l'obbligo sorto per effetto di un rapporto fiduciario «tra l'ente sottoposto a risoluzione e un terzo, in qualità di beneficiario» [art. 49, comma 1, lett. *d*)]: in entrambe le ipotesi l'eccezione al *bail-in* si configura a condizione che i clienti siano protetti nelle procedure concorsuali applicabili. Si tratterebbe, in queste

---

87 Art. 49, comma 1, lett. *f*), d.lgs. n. 180/2015: «... purché le passività derivino dalla partecipazione dell'ente sottoposto a risoluzione ai sistemi».

88 L'approccio di carattere soggettivo alle esenzioni suscita dubbi in merito alla mancata previsione tra i crediti non *bail-inable* di quelli extracontrattuali, in quanto «al creditore da fatto illecito non può certo imputarsi un qualche investimento o comunque fiducia nei confronti dell'ente» (G. PRESTI, *Il* Bail-in, cit., 353, da cui è tratta la citazione che precede tra virgolette).

89 Si tratta dei c.d. "depositi protetti speciali": cfr. S. BONFATTI, *La disciplina della* depositor preference *e il ruolo dei sistemi di garanzia dei depositanti*, 10, in *Riv. dir. banc.*, n. 6/2016.

90 Comma inserito dall'art. 1, comma 33, lett. *b*), d.lgs. 16 novembre 2015, n. 181.

due ipotesi naturalmente configurabili nel caso della gestione di portafogli, di prendere atto (o di verificare) la sussistenza della separazione tra il patrimonio dell'intermediario (o del fiduciario) e i patrimoni di pertinenza dei clienti, in base al principio cardine dell'art. 22 t.u.f.[91]: verifica il cui esito in ordine al nuovo problema conduce, se condotta sulla fattispecie astratta, ad affermare sempre la sussistenza dell'eccezione, in ragione della normale presenza, nella procedura concorsuale applicabile, di un'azione di "rivendicazione", in luogo di un'azione di restituzione soggetta al concorso, in capo al cliente (beneficiario), purché la preesistenza del rapporto di investimento risulti da atto avente data certa e sia rispettato il principio della doppia separazione patrimoniale (del patrimonio dell'intermediario da quello dei clienti e, tra loro, dei patrimoni dei clienti)[92].

Ove invece si dovesse condurre una verifica in concreto, caso per caso sul rispetto delle regole poste a carico dell'intermediario per assicurare la separazione, sorgerebbero difficoltà notevoli, che mal si conciliano con la rapidità nella determinazione dell'importo del *bail-in*, presupposto dell'efficacia nel ripristino della fiducia sui mercati. Inoltre, non sembra peregrina l'osservazione che includere nelle passività *bailinable* quelle che siano tali per effetto di negligenza

[91] Sull'art. 22 t.u.f., v. ampiamente il *Commento* di F. Briolini, in *Testo unico della finanza. Commentario* diretto da G.F. Campobasso, t. 1, Torino, 2002, 183-198; M. Maggiolo, *Servizi ed attività di investimento*, in *Tratt. dir. civ. e comm.*, già diretto da A. Cicu-F. Messineo-L. Mengoni, continuato da P. Schlesinger, Milano, 2012, 455: «per separazione patrimoniale deve intendersi il fatto che nella prestazione dei servizi di investimento e accessori gli strumenti finanziari e le somme di denaro dei singoli clienti, a qualunque titolo detenuti dall'impresa di investimento, dalla Sgr, dalla società di gestione armonizzata o dagli intermediari finanziari iscritti nell'elenco previsto dall'art. 107 t.u.b., nonché gli strumenti finanziari dei singoli clienti a qualsiasi titolo detenuti dalla banca, costituiscono patrimonio distinto da quello dell'intermediario e da quello degli altri clienti (art. 22, comma 1, t.u.f.)».

[92] Cfr. L. Salamone, *Gestione e separazione patrimoniale*, Cedam, Padova, 2001, 168 ss., in merito alla domanda *ex* art. 103 l. fall.; sulla normale improponibilità della domanda *ex* art. 103 in relazione a beni fungibili, v., per tutti, G. Fauceglia, *L'accertamento del passivo*, 1693 s., in AA.VV., *Crisi d'impresa e procedure concorsuali*, diretto da O. Cagnasso e L. Panzani, Torino, 2016, t. II, 1593-1708; L. D'Orazio, *Commento all'art. 103*, 910, in *Commentario alla legge fallimentare*, diretto da C. Cavallini, Milano, 2010, Artt. 64-123, 909-914; sui problemi posti dall'interpretazione "fallimentaristica" del principio di separazione patrimoniale, v. anche E. Cardinale, *Separazione patrimoniale e crisi degli intermediari finanziari*, Milano, 2012, 137 ss.; sull'evoluzione della giurisprudenza in merito alla rilevanza del principio di separazione patrimoniale nel caso di sottoposizione dell'intermediario a liquidazione coatta amministrativa, v. P. Lucantoni, *Commento all'art. 22*, 398 ss., in AA.VV., *Il testo unico della finanza*, a cura di Fratini-Gasparri, Torino, 2012, t. I, 394-400 (ove il richiamo, in nt. 11, a Cass. 14 ottobre 1997, n. 10031; Cass. 21 maggio 1999, n. 4943; App. Bologna, 14 gennaio 2002, in *Banca, borsa, tit. cred.*, 2003, II, 243); M. Cossu, *Contratto di gestione di portafogli*, 781 ss. in AA.VV., *I Contratti del mercato finanziario*[2], a cura di Gabrielli-Lener, in *Trattato dei contratti*, diretto da P. Rescigno ed E. Gabrielli, Torino, 2011, t. I, 697-787; P. Gaggero, *L'inefficienza della regola sulla separazione dei patrimoni dei clienti nella disciplina relativa ai servizi di investimento*, 435 s., in AA.VV., *Analisi economica del diritto privato*, a cura di Alpa-Chiassoni-Pericu-Pulitini-Rodotà-Romani, Milano, 1998, 427-450.

del gestore costituirebbe una distorsione dell'incentivo alla regolare osservanza delle regole di separazione contabile [93].

Ferma dunque la separazione e l'eccezione dal *bail-in* per quanto concerne gli strumenti finanziari rientranti nel servizio di investimento di gestione di portafogli, resta da considerare la sorte delle disponibilità costituite da denaro, di pertinenza dei clienti dell'impresa di investimento (o dell'OICM o del FIA: fondo di investimento alternativo [94]) e che siano stati, nell'adempimento del mandato gestorio, depositate presso la banca in risoluzione. Sembra da scartare una soluzione basata sul criterio soggettivo dell'affidamento del cliente, che porterebbe a discriminare tra i casi in cui la banca depositaria è nota al cliente (che allora sarebbe "investitore" non meritevole di tutela) da quelli in cui essa è ignota al medesimo. Anche nel caso della gestione di portafogli, infatti, il prestatore del servizio di investimento che rispetti le regole di adeguata organizzazione deve svolgere una *due-diligence* interna, per scegliere il depositario: il conferimento dell'incarico a quest'ultimo – attesa la sua delicatezza per assicurare la tutela della clientela – dovrebbe basarsi sulla preventiva definizione, da parte degli intermediari, di precisi criteri per la selezione dei depositari, approvati dall'organo di gestione, cui va rimessa la scelta di tali soggetti (il piano di *audit* deve ricomprendere anche la verifica dell'efficienza e dell'affidabilità dei depositari e sub-depositari) [95]. Il cliente dell'impresa di investimento verrebbe a subire in ogni caso le conseguenze di un'inefficienza (o inadempimento) del proprio intermediario, senza possibilità di un razionale discrimine tra le ipotesi in cui la scelta gli sia nota o meno.

Potrà forse immaginarsi una discriminazione causale da adottarsi caso per caso, facendo ricorso ai poteri discrezionali di esclusione dal *bail-in* che il se-

---

[93] Sembra che si possa estendere all'esclusione dal *bail-in* l'argomentazione formulata da M. COSSU, *Contratto di gestione di portafogli*, cit., 876 s., la quale osserva che la sottrazione dei valori in gestione al concorso si produce «non solo quando la documentazione contabile è regolare, ma anche quando detta documentazione manchi o sia venuta meno per effetto di errori, omissioni o anche totale mancanza di documentazione. Né potrebbe essere altrimenti, se si considera che condizionare la rivendica o la separazione, *ex* art. 103 l. fall., alla regolare tenuta della contabilità significherebbe fare dipendere l'esercizio delle azioni dalla diligenza del gestore, cioè dello stesso soggetto che è destinatario dell'obbligo di rispettare un'ordinata contabilità».

[94] La nuova disciplina dei fondi di investimento alternativi prevede anche la possibilità di istituire OICR di credito [art. 46-*bis* T.u.i.f., introdotto dall'art. 17, comma 1, lett. *b*), d.l. 14 febbraio 2016, n. 18, conv. con legge 8 aprile 2016, n. 49]: ovviamente, non rientrando tali attività nella categoria dei depositi di danaro a prevalente funzione di custodia, bensì nell'esercizio del credito, quando il beneficiario sia in crisi e soggetto a *bail-in*, anche tali crediti seguiranno la sorte generale (non diversamente dagli strumenti finanziari compresi in una gestione di portafogli o nel fondo di investimento nel caso di *bail-in* dell'emittente lo specifico strumento finanziario).

[95] A. STANZIALE, *Modalità di deposito e sub-deposito delle disponibilità liquide e degli strumenti finanziari della clientela*, 432 s., in *L'attuazione della MiFID in Italia*, a cura di D'Apice, Bologna, 2010, 421-435.

condo comma dell'art. 49, d.lgs. n. 180/2015 attribuisce all'Autorità di risoluzione, pur entro limiti stringenti: potrebbe, ad esempio e in generale, tenersi conto del fatto che il tasso di interesse è "zero" o "negativo", per escludere in concreto la causa creditizia del deposito[96]; potrebbe la prassi iniziare a distinguere un vero e proprio conto di pagamento, anche in ambito di attività bancaria, per evidenziare la causa di "custodia" e di esclusivo "servizio di cassa" del deposito bancario. Quale che sia la più corretta soluzione in generale, è chiaro che, nella gestione di portafogli, le somme depositate dal gestore nell'interesse dei clienti non sono somme "investite", ma sono somme in attesa di essere investite negli strumenti finanziari oggetto della gestione. La loro giacenza sul conto non rappresenta un investimento (necessariamente connotato da una significativa "durata" temporale), ma un transitorio stazionamento della somma con finalità di reimpiego (questo, sì, duraturo nel tempo). In questo caso, omettere di discriminare tra le passività delle banche quelle che si riferiscono a un'obbligazione di custodia riferita a una gestione di portafogli, e travolgere anche quest'ultime insieme alle passività che rappresentano "investimenti" nella banca (strumenti finanziari, depositi vincolati, ecc.), sembra operazione interpretativa ingiustificatamente restrittiva dell'eccezione di cui all'art. 49, comma 1, lett. *c*), inidonea a superare il vaglio del principio costituzionale di ragionevolezza, in sé e in relazione ai suoi esiti applicativi, in quanto può provocare maggiore instabilità di quella cui dovrebbe porre rimedio.

Ecco perché il tradizionale argomento dell'applicazione dell'art. 1834 cod. civ., che escluderebbe i depositi bancari dall'applicazione della separazione patrimoniale *ex* art. 22 t.u.f.[97], e conseguentemente farebbe rientrare nel *bail-in*

---

[96] Sul rischio di incentivare, mediante la salvezza in ogni caso dei depositi, il *moral hazard* dei clienti della banca, v. R. CERCONE, *L'importanza della prospettiva comparatistica nello studio della gestione dell'insolvenza: il caso delle crisi bancarie in Europa*, 259, in *La legislazione concorsuale in Europa. Esperienze a confronto*, Atti del Convegno (Lanciano, 23-24 gennaio 2004), a cura di Bonfatti-Falcone, Milano, 2004, 249-277: «rischio di una totale deresponsabilizzazione dei depositanti, che possono essere indotti a massimizzare il proprio utile, tralasciando di considerare ogni segnale inerente la tenuta della banca, anche quelli più facilmente intellegibili e meritevoli di approfondimento (come, per esempio, l'offerta di elevate remunerazioni del risparmio del tutto disallineate rispetto alle condizioni generalmente praticate dagli altri intermediari)».

[97] Sulla separazione patrimoniale di strumenti finanziari nella gestione di portafoglio e il problema della loro individuabilità nel patrimonio dell'intermediario insolvente, v. M. COSSU, *La "gestione di portafogli di investimento" tra diritto dei contratti e diritto dei mercati finanziari*, Milano, 2002, 42 ss.; EAD., *Principio di separatezza nella gestione di portafogli di investimento e insolvenza della s.i.m.*, 612 ss., in *Banca, borsa, tit. cred.*, 2002, I, 606-658; EAD., *Gestione di portafogli*, 215, in *L'attuazione della MiFID in Italia*, a cura di D'Apice, Bologna, 2010, 197-217; sia per quanto concerne il denaro che per gli strumenti finanziari, nel servizio di investimento di gestione di portafogli (diverso il caso della gestione in monte, dove l'obbligo di avvalersi di una banca terza depositaria era stabilito dall'art. 36, ora 47 t.u.f.) il legislatore non ha imposto il ricorso a un depositario terzo per la custodia degli strumenti finanziari e del denaro (cfr. R. COSTI-L. ENRIQUES, *Il mercato mobiliare*, in *Tratt. dir. comm.* diretto da G. Cottino, VIII, Cedam, Pado-

anche le passività che l'impresa di investimento depositi, nell'ambito di una gestione di portafoglio, nell'interesse dei clienti, non può considerarsi decisivo né appagante: esso si fonda su una interpretazione dell'esenzione in meccanica trasposizione del principio "*no creditor worse off*"; è appena il caso di aggiungere che, nella più moderna disciplina del *Sondervermögen* dettata oggi in Germania dai §§ 92 ss. *KAGB* (in vigore dal 22 luglio 2013), la separazione patrimoniale del patrimonio del cliente da quello dell'impresa di investimento si attua anche nel caso in cui la *Kapitalverwaltungsgesellschaft* (KVG), in base alle condizioni del contratto di investimento, sia titolare dell'*Eigentum* (§ 92, *Abs.* 1, *KAGB*) sul patrimonio oggetto di amministrazione (*Vermögensgegenstände*)[98]. La prestazione di custodia che sta a fondamento delle esenzioni di cui alle lett. *c*)[99] e *d*)[100] del comma 1 dell'art. 49, d.lgs. n. 180/2015 è la medesima che la banca depositaria presta allorché siano depositate somme, anziché strumenti finanziari. Tali passività non dovrebbero essere assoggettabili al *bail-in*.

---

va, 2004, 355; R. LENER, *Conflitti di interesse fra intermediario e cliente*, 335 s., in AA.VV., *I Contratti del mercato finanziario*², a cura di Gabrielli-Lener, cit., t. I, 311-336). Osserva A. STANZIALE, *Modalità di deposito e sub-deposito delle disponibilità liquide e degli strumenti finanziari della clientela*, 423, in *L'attuazione della MiFID in Italia*, cit., 421-435, che «l'unica eccezione al principio della separatezza riguarda il denaro affidato alle banche, tenuto conto che in tal caso trova applicazione la disciplina del deposito bancario (art. 1834, cod. civ.), secondo cui la banca acquista la proprietà del denaro depositato dalla clientela, con obbligo di restituzione del *tantundem*»; aderisce a questa impostazione E. CARDINALE, *Separazione patrimoniale e crisi degli intermediari finanziari*, cit., 161 s.; in Germania v. M. BURKERT *u.* F.L. CARNSHAW,"*Bail-in"–Gläubigerbeteiligung in einer Bankenkrise und die Behandlung von Treuhandverhältnissen*, 452 ss., in *DZWIR*, 2015, 443-463.

[98] Sulla disciplina del § 92 *KAGB*, v. D.A. ZETZSCHE, *Prinzipien der kollektiven Vermögensanlage*, Mohr Siebeck, Tübingen, 2015, 576 ss., il quale ne sottolinea la novità sistematica, precisando (p. 580) che le nuove regole «verteilen das Eigentum in eigener Weise auf zwei Rechtsträger, die den sachenrechtlichen Numerus Clausus um eine Variante erweitern» e che le distinzioni formulate prima dell'entrata in vigore della nuova disciplina, tra diritti obbligatori e reali, sono divenute non necessarie (*entbehrlich*). In particolare sottolinea (p. 577) che gli investitori sono "liberati dagli esiti imponderabili della dogmatica della fiducia" dalla disciplina del § 93, *Abs.* 2, *KAGB*, che non fa rispondere il *Sondervermögen* per le obbligazioni della *KVG*; in argomento, v. anche N. JAKOVOU, *Investmentgeschäft*, 2514 s., Rnn. 134-137, in K. LANGENBUCHER-D.H. BLIESENER-G. SPINDLER, *Bankrechts-Kommentar*², Beck, München, 2016, 39. *Kapitel*; sul rapporto tra separazione patrimoniale e *numerus clausus*, v. anche P. IAMICELI, *Unità e separazione dei patrimoni*, Cedam, Padova, 2003, 51 ss.; G. ROJAS ELGUETA, *Autonomia privata e responsabilità patrimoniale del debitore*, Milano, 2012, 43 ss. e 123 ss.

[99] Art. 49, comma 1, lett. *c*), d.lgs. n. 180/2015: «qualsiasi obbligo derivante dalla detenzione da parte dell'ente sottoposto a risoluzione di disponibilità dei clienti, inclusa la disponibilità detenuta nella prestazione di servizi e attività di investimento e accessori ovvero da o per conto di organismi d'investimento collettivo o fondi di investimento alternativi, a condizione che questi clienti siano protetti nelle procedure concorsuali applicabili».

[100] Art. 49, comma 1, lett. *d*), d.lgs. n. 180/2015: «qualsiasi obbligo sorto per effetto di un rapporto fiduciario tra l'ente sottoposto a risoluzione e un terzo, in qualità di beneficiario, a condizione che quest'ultimo sia protetto nelle procedure concorsuali applicabili».

L'esito che distinguesse in relazione alla transitoria composizione del portafoglio, escludendo dal *bail-in* gli strumenti finanziari e invece includendovi quella parte di portafoglio temporaneamente costituita da denaro non è né lineare né appagante. Occorre invece distinguere, nell'ambito delle passività residuali soggette a *bail-in*, quelle che attengono a rapporti di "credito" in senso stretto (per le quali sussiste la *ratio*, anche soggettiva, del *bail-in*) e quelle, invece, che assumono una funzione monetaria.

La tesi proposta, di escludere dal *bail-in* i depositi bancari intrattenuti nella gestione di portafoglio, consente di delineare i termini più generali del problema della salvezza dei depositi bancari [101]. Alla base delle considerazioni di Minervini, che non voleva che i salvataggi bancari avvenissero con il denaro pubblico, perché è il denaro anche di coloro che non sono titolari dei depositi della banca in crisi [102], si poneva una questione etica. Il problema etico si intreccia con un altro di efficienza economica: in Germania si è giunti ad affermare, in controtendenza, che in ragione di un'asserita minore probabilità del *bail-in* meriterebbero più fiducia le banche piccole, sottolineandosi i possibili effetti drammatici per i saldi positivi dei conti dei clienti delle banche sistemiche [103]. Giusta o sbagliata che sia l'aspettativa, la sua formulazione è indice di un problema antropologico che meriterebbe maggiore analisi anche sul piano della ragionevolezza: l'obbligo di custodia dei depositi è percepito socialmente come un'obbligazione coessenziale all'esistenza della banca. Una sopravvivenza della banca che ha tradito la fiducia dei depositanti va, sul piano dell'aspettativa di mantenimento nel futuro della fiducia presso il pubblico, considerata in termini assai preoccupanti. Non sempre gli uomini sono disposti a perdonare il passato, e nella concorrenza con altre banche una risoluzione che abbia pregiudicato i depositanti potrebbe pesare molto sull'affidabilità, presso il pubblico, anche del nuovo ente che subentri, in continuità, a quello liquidato per effetto della risoluzione.

Le banche non sono imprese come le altre, per la ragione che partecipano della funzione monetaria della banca centrale. Secondo la teoria dell'unità di

---

[101] In argomento, v. ora anche A. BLANDINI, How to overcome crisis (and oneself) without getting overcome*: la fiducia e il* bail-in *dal punto di vista del creditore*, in *Rivista ODC*, n. 2/2017; C. SANDEI, *Il* bail-in *tra diritto dell'insolvenza e diritto dell'impresa*, in *Riv. dir. civ.*, 2017, 880 ss.

[102] G. MINERVINI, *Note sull'assicurazione dei depositi bancari*, cit., 182 («... che il povero cafone del Sud, che non investe una lira in banca, debba contribuire, in quanto cittadino, al ristoro, a me pare (ma forse non sono imparziale) una iniquità che grida vendetta»); v. anche G.B. PORTALE, *Dalla «pietra del vituperio» al «bail-in»*, cit., 28; è interessante anche il dibattito sulla salvezza dei depositi interbancari nella crisi del Banco Ambrosiano, ricostruita in dettaglio da A. PATRONI GRIFFI, *Le crisi bancarie: il caso Ambrosiano*, in part. nt. 65, 160 s. (ove è richiamata la posizione del ministro Andreatta, consonante con quella esposta da G. Carli e richiamata al principio di questo lavoro), in AA.VV., *Banche in crisi. 1960-1985*, cit., 136-162).

[103] W. PHILIPP, *Systemänderung: Amputiertes Aktienrecht für Banken. Das Sanierungs– und Abwicklungsgesetz (SAG)*, cit., 81.

conto [104], i depositi bancari utilizzabili per i pagamenti sono moneta scritturale, cioè supporto monetario al pari della banconota emessa dalla banca centrale: più che come credito, essi sarebbero cioè da intendere come una particolare forma tecnica di supporto della moneta. Tutta la disciplina dei sistemi di pagamento e dei servizi di pagamento, come si è cercato di dimostrare in altra sede [105], concorre a cercare di stabilire nel pubblico e nei clienti delle banche, nella loro funzione comune con gli istituti di pagamento, un livello di fiducia adeguato all'utilizzo della moneta scritturale mediante strumenti di pagamento.

La riduzione o conversione dei depositi bancari costituisce un livello di intrusione dell'autorità pubblica equivalente a quello della immediata sottrazione delle banconote dal portafoglio e deve essere, in base a un principio costituzionale di proporzionalità all'interesse pubblico del sacrificio privato, opzione davvero circoscritta dalla presenza di una situazione di "investimento" nel deposito bancario, effettivamente avvicinabile a quella di chi investa negli strumenti finanziari che dalla banca siano stati emessi [106].

Nel deposito con possibilità di utilizzo nell'ambito di un contratto-quadro di servizi di pagamento sulla funzione di credito prevale quella di custodia della banca. Come è stato efficacemente dimostrato in un classico contributo [107], anche nel deposito irregolare si realizza, ancora più intensamente che nella figura regolare, quella "copertura" dal rischio di perdita o distruzione della cosa depositata, in cui si ravvisa un essenziale aspetto della *utilitas*, cioè della patrimonialità della prestazione di custodia: il custode nel deposito irregolare risponde infatti anche per il rischio di perdita o distruzione fortuita, «per la semplice ragione che se ne elimina in radice la possibile incidenza, grazie al fatto che genus numquam perit e che il depositario non potrà invocare il fortuito come motivo di propria liberazione». Alla luce di questa osservazione, si comprende come non sia discrimine tra deposito regolare e irregolare la facoltà d'uso – che può

---

[104] Per tutti, R. LIBCHABER, *Recherches sur la monnaie en droit privé*, in *LGDJ*, Paris, 1992, 83 ss.; v. ora anche V. DE STASIO-S. BOATTO, *The Euro as Legal Tender from an Italian Perspective*, di prossima pubblicazione negli atti del Convegno (Frankfurt am Main, 21 settembre 2018), a cura di S. Omlor e R. Freitag.

[105] V. DE STASIO, *Ordine di pagamento non autorizzato e restituzione della moneta*, Milano, 2016, 79 ss., 86 ss., 169 ss. e *passim*.

[106] La necessità di distinguere, tra i vari portatori di interessi, i depositanti, e attribuire alla tutela di questi ultimi un ruolo primario, si ricava ora dalla più recente versione del documento sulla *corporate governance* della Banca dei Regolamenti Internazionali (BASEL COMMITTEE ON BANKING SUPERVISION, *Corporate Governance Principles for Banks*), secondo quanto osservato da C. FRIGENI, *La* governance *bancaria come* risk governance*: evoluzione della regolamentazione e trasposizione nell'ordinamento italiano*, 50 ss. e 65 ss., in M. MANCINI-A. PACIELLO-V. SANTORO-P. VALENSISE (a cura di), *Regole e mercati*, cit., 45-71.

[107] ART. DALMARTELLO-G.B. PORTALE, *Deposito (diritto vigente)*, 270, in *Enc. del diritto*, XII, Milano, 1964, 236-274, da cui è tratta anche la citazione che nel testo segue tra virgolette.

essere pattuita anche nel deposito regolare [108] – ma che proprio nel deposito irregolare la libera disponibilità delle somme affidate costituisce una contropartita del servizio di custodia promesso. In una situazione di tassi di interessi negativi [109], quale quella conseguente alla più recente politica monetaria della Banca centrale europea, questa contropartita può avere, in astratto, una valutazione anche inferiore a quella che deve farsi del servizio prestato: e allora «sarà ancora il depositario ad avere ragione di chiedere un compenso, da determinarsi in via differenziale».

Affermata la differenza causale che intercorre tra i depositi bancari e gli altri "investimenti" nell'impresa bancaria, dovrà essere l'interpretazione costituzionalmente orientata a fissare i limiti del *bail-in* rispetto ai rapporti in cui è preminente la funzione di custodia. Travolgere con la riduzione o la conversione l'obbligazione specifica di custodia significa adottare un comportamento che si pone in tensione rispetto alla finalità primaria del *bail-in*, di preservare le funzioni essenziali dell'ente in risoluzione e ripristinare la fiducia del pubblico nella continuazione dell'attività bancaria [110].

---

[108] ART. DALMARTELLO-G.B. PORTALE, *Deposito*, cit., 271, da cui è tratta anche la citazione che nel testo segue tra virgolette; v. anche N. SALANITRO, *Le banche e i contratti bancari*, Torino, 1983, 366; A.A. DOLMETTA, *Funzione di provvista del credito vs. funzione di «custodia» nel contratto bancario di raccolta a vista. Da un'idea di Niccolò Salanitro*, 25, in *Banca, borsa, tit. cred.*, 2013, I, 7-33.

[109] Cfr. S. OMLOR, *Negativzinsen*, 76, in A. FÜRTH-CH. GRÜNEBERG-K. LANGENBUCHER-R. METZ-P.O. MÜLBERT (a cura di) *Bankrechtstag*, 2017, De Gruyter, 2018, 41-77; R. FREITAG, *Negativzinsen im Einlagengeschäft*, 276, s., in *ZBB – Zeitschrift fur Bankrecht und Bankwirtschaft*, 2018, 269-278.

[110] Per un approccio critico al *bail-in* v. ora J.-H. BINDER, *Systemkrisenbewältigung durch Bankenabwichklung? Aktuelle Bemerkungen zu unrealistichen Erwartungen*, in *ZBB*, 2017, 57-71; T.H. TRÖGER, *Zu kompliziert, um zu funktionieren – Eine kritische Bewertung des Bail-in-Instruments im Europäischen Recht der Bankenabwicklung*, in *ZBB*, 2018, 20-42.

Finito di stampare nel mese di febbraio 2019
nella Stampatre s.r.l. di Torino
via Bologna, 220

Diritto Commerciale Interno e Internazionale

Sezione Monografie

1. R. ALESSI, *I liquidatori di società per azioni*, 1994, pp. XII-236.

2. M. MIOLA, *Le garanzie intragruppo*, 1993, pp. XIV-432.

3. F. GUERRERA, *I* warrants *azionari nelle operazioni di aumento di capitale*, 1995, pp. XII-332.

4. P. PISCITELLO, *Società di persone a struttura aperta e circolazione delle quote. Modelli legali ed autonomia statutaria*, 1995, pp. XII-298.

5. L. FARENGA, *La moneta bancaria*, 1997, pp. XIV-234.

6. D. REGOLI, *Offerte pubbliche di acquisto e comunicato agli azionisti*, 1996, pp. XII-288.

7. A. GENOVESE, *L'invalidità dell'atto di fusione*, 1997, pp. XII-284.

8. R. PENNISI, *Attività di direzione e poteri della capogruppo nei gruppi bancari*, 1997, pp. XII-212.

9. A. MIRONE, *Il procedimento deliberativo nelle società di persone*, 1998, pp. XII-292.

10. G. PALMIERI, *Scissione di società e circolazione dell'azienda*, 1999, pp. XII-316.

11. F. GIOIA, *Diritto di marchio e omonimia*, 1999, pp. XIV-214.

12. P. PISCITELLO, *Le garanzie bancarie flottanti*, 1999, pp. XII-212.

13. L. PISANI, *Società di persone "a struttura corporativa"*, 2000, pp. XII-208.

14. S. VANONI, *I crediti subordinati*, 2000, pp. XII-276.

15. P.M. SANFILIPPO, *Funzione amministrativa e autonomia statutaria nelle società per azioni*, 2000, pp. XII-512.

16. R. SANTAGATA, *Il gruppo paritetico*, 2001, pp. XII-332.

17. M. RUBINO DE RITIS, *Gli apporti "spontanei" in società di capitali*, 2001, pp. XII-216.

18. A. MIRONE, *Standardizzazione dei contratti bancari e tutela della concorrenza*, 2003, pp. XII-396.

19. F. BRIOLINI, *I vincoli sui titoli di credito*, 2002, pp. XIV-434.

20. M. CIAN, *La deliberazione negativa dell'assemblea nella società per azioni*, 2003, pp. XII-212.

21. V. MELI, *Rifiuto di contrattare e tutela della concorrenza nel diritto antitrust comunitario*, 2003, pp. XII-296.

22. E. BARCELLONA, *Responsabilità da informazione al mercato: il caso dei revisori legali dei conti*, 2003, pp. XVI-400.

23. C. OSTI, *Nuovi obblighi a contrarre*, 2004, pp. XVI-360.

24. A. CETRA, *L'impresa collettiva non societaria*, 2003, pp. XIV-466.

25. R. MANGANO, *La revocatoria fallimentare delle attribuzioni indirette*, 2005, pp. XIV-254.

26. A. PISANI MASSAMORMILE, *Minoranze, "abusi" e rimedi*, 2004, pp. XII-276.

27. F. GUERRERA, *La responsabilità "deliberativa" nelle società di capitali*, 2004, pp. XIV-478.

28. M. PERRINO, *Le cessioni in blocco nella liquidazione coatta bancaria*, 2005, pp. XX-372.

29. V. GIORGI, *Libertà di informazione e dovere di riservatezza degli amministratori nei gruppi di società*, 2005, pp. VIII-330.

30. M. COSSU, *Società aperte e interesse sociale*, 2006, pp. XIV-402.

31. G.M. BUTA, *La responsabilità nella revisione obbligatoria delle S.p.a.*, 2005, pp. XIV-378.

32. E. MACRÌ, *Patti parasociali e attività sociale*, 2007, pp. XIV-290.

33. U. MINNECI, *Trasferimento di azienda e regime dei debiti*, 2007, pp. X-198.

34. M. MOZZARELLI, *Responsabilità degli amministratori e tutela dei creditori nella s.r.l.*, 2007, pp. XII-312.

35. N. DE LUCA, *Circolazione delle azioni e legittimazione dei soci*, 2007, pp. XVI-464.

36. D. LATELLA, *L'azione sociale di responsabilità esercitata dalla minoranza*, 2007, pp. XVIII-430.

37. F. BRIOLINI, *Le azioni «restitutorie» dei conferimenti in natura*, 2008, pp. XVIII-286.

38. M. CENTONZE, *L'"inesistenza" delle delibere assembleari di s.p.a.*, 2008, pp. XII-260.

39. P. BELTRAMI, *La responsabilità per danni da fusione. Ristampa emendata*, 2008, pp. XII-348.

40. M. RUBINO DE RITIS, *La cointestazione del conto corrente bancario*, 2008, pp. XII-200.

41. V. PINTO, *Funzione amministrativa e diritti degli azionisti*, 2008, pp. X-310.

42. D. LA LICATA, *La struttura finanziaria della società bancaria: patrimonio, patrimonio netto, patrimonio di vigilanza*, 2008, pp. X-266.

43. S. VANONI, *Azioni proprie e contratti derivati*, 2008, pp. XIV-314.

44. F. BARACHINI, *La gestione delegata nella società per azioni*, 2008, pp. XIV-274.

45. R. SANTAGATA, *Patrimoni destinati e rapporti intergestori. I conflitti in società multidivisionali*, 2008, pp. XIV-346.

46. G. STRAMPELLI, *Distribuzioni ai soci e tutela dei creditori. L'effetto degli IAS/IFRS*, 2009, pp. XVI-420.

47. P. GHIONNI CRIVELLI VISCONTI, *Società a responsabilità limitata a struttura chiusa e intrasferibilità delle quote. Seconda edizione*, 2011, pp. XII-380.

48. E. MACRÌ, *Informazioni privilegiate e* disclosure, 2010, pp. XII-232.

49. A. VALZER, *Le responsabilità da direzione e coordinamento di società*, 2011, pp. XII-276.

50. G.P. LA SALA, *Principio capitalistico e voto non proporzionale nella società per azioni*, 2011, pp. XII-280.

51. D. ARCIDIACONO, *I prestiti dei soci nelle società di capitali. Seconda edizione*, 2012, pp. XVIII-358.

52. N. DE LUCA, *La società azionista e il mercato dei propri titoli*, 2012, pp. XVI-264.

53. M. GARGANTINI, *Identificazione dell'azionista e legittimazione all'esercizio del voto nelle S.p.A. quotate*, 2012, pp. XIV-410.

54. C. CARUSO, *Inizio e cessazione della direzione e coordinamento e recesso del socio*, 2012, pp. XIV-274.

55. M. SPERANZIN, *Diritto di sottoscrizione e tutela del socio nella s.r.l.*, 2012, pp. XVI-200.

56. A. VALZER, *Gli strumenti finanziari partecipativi e non partecipativi nelle società per azioni*, 2012, pp. X-430.

57. S.A. CERRATO, *La clausola compromissoria nelle società. Profili sostanziali*, 2012, pp. XVI-200.

58. E. BARCELLONA, *Rischio e potere nel diritto societario riformato. Fra* golden quota *di s.r.l. e strumenti finanziari di s.p.a.*, 2012, pp. XVI-248.

59. A. CETRA, *La persona giuridica amministratore*, 2013, pp. XIV-258.

60. I. KUTUFÀ, *Azioni non emesse e autonomia nella circolazione*, 2013, pp. XVI-224.

61. A. MUNARI, *Impresa e capitale sociale nel diritto della crisi*, 2014, pp. X-174.

62. F. MANCUSO, *Le società emittenti azioni correlate*, 2015, pp. XIV-242.

63. P. GHIONNI CRIVELLI VISCONTI, *Finanziamenti in* pool *e posizione delle banche*, 2016, pp. XII-420.

64. P. AGSTNER, *Il gruppo cooperativo gerarchico*, 2017, pp. XII-220.

65. L. MIOTTO, *Il controllo creditorio difensivo*, 2017, pp. XII-436.

66. M.C. DI MARTINO, *Fusione e soluzioni concordate delle crisi*, 2017, pp. XII-244.

67. C. GARILLI, *Contratto di rete e diritto antitrust*, 2017, pp. XII-284.

68. C. LIMATOLA, *Passaggi generazionali e posizioni di governo nella S.r.l.*, 2017, pp. XII-348.

69. D. LATELLA, *'Sistema' dei controlli interni e organizzazione della società per azioni*, 2018, pp. XVI-304.

70. P. PISCITELLO, *Recesso organizzativo e diritti patrimoniali del socio uscente nelle s.p.a.*, 2018, pp. XII-244.

Sezione Raccolte di Studi

1. C. ANGELICI, *Attività e organizzazione. Studi di diritto delle società*, 2007, pp. XII-356.

2. AA.VV., *Le soluzioni concordate delle crisi d'impresa*, 2007, pp. XII-180.

3. P. ABBADESSA, F. CESARINI (a cura di), *Sistema dualistico e* governance *bancaria*, 2009, pp. XIV-222.

4. G. PALMIERI (a cura di), *Temi del nuovo diritto fallimentare*, 2009, pp. XIV-198.

5. AA.VV., *Amministrazione e controllo nel diritto delle società. Liber amicorum Antonio Piras*, 2010, pp. XVI-928.

6. C. IBBA, M.C. MALAGUTI, A. MAZZONI (a cura di), *Le società "pubbliche"*, 2011, pp. XIV-402.

7. AA.VV., *La struttura finanziaria e i bilanci delle società di capitali. Studi in onore di Giovanni E. Colombo*, 2011, pp. XXII-634.

8. F. BARACHINI (a cura di), *Il diritto dell'impresa in crisi fra contratto, società e procedure concorsuali*, 2014, pp. XVI-208.

9. P. ABBADESSA (a cura di), *Dialogo sul sistema dei controlli nelle società*, 2015, pp. XII-172.

10. F. BRIOLINI (a cura di), *Principio capitalistico.* Quo vadis?, 2016, pp. VIII-424.

11. C. IBBA, I. DEMURO (a cura di), *Il registro delle imprese a vent'anni dalla sua attuazione*, 2017, pp. XVI-336.

12. F. CESARINI, *I crediti deteriorati nelle banche italiane*, 2017, pp. VIII-112.

13. M.C. MALAGUTI, L. OGLIO, S. VANONI (a cura di), *Politiche* antitrust *ieri, oggi e domani*, 2017, pp. XX-220.

14. F. BARACHINI (a cura di), *La tutela del socio e delle minoranze. Studi in onore di Alberto Mazzoni*, 2018, pp. XVIII-302.

15. E. GINEVRA (a cura di), *Efficienza del mercato e nuova intermediazione*, 2019, pp. XIV-250.